普通高等教育规划教材

Daolu Yunshu Qiye Anquan Guanli
道路运输企业安全管理

（第二版）

肖润谋　张　铧　主　编
　　　李百川　主　审

人民交通出版社

内 容 提 要

本教材系统介绍了道路运输企业安全管理的基本理论和方法。内容包括道路运输法律法规常识、道路运输企业安全生产各个主要环节的管理内容、基本方法、新技术。本教材理论联系实际,实用性和可操作性强,既可使学生全面系统了解和掌握道路运输企业安全管理的基本知识,又可作为实际应用指导书,供广大从事道路运输企业生产安全管理的各级管理部门和运输企业管理人员学习参考。

图书在版编目(CIP)数据

道路运输企业安全管理/肖润谋,张铧主编.—2版.—北京:人民交通出版社,2014.1
ISBN 978-7-114-11080-1

Ⅰ.①道… Ⅱ.①肖… ②张… Ⅲ.①公路运输企业—安全管理 Ⅳ.①F540.5

中国版本图书馆 CIP 数据核字(2013)第 301891 号

书　　名:道路运输企业安全管理(第二版)
著　作　者:肖润谋　张　铧
责任编辑:时　旭
出版发行:人民交通出版社
地　　址:(100011)北京市朝阳区安定门外外馆斜街 3 号
网　　址:http://www.ccpress.com.cn
销售电话:(010)59757973
总　经　销:人民交通出版社发行部
经　　销:各地新华书店
印　　刷:北京鑫正大印刷有限公司
开　　本:787×1092　1/16
印　　张:16.5
字　　数:407 千
版　　次:2006 年 10 月　第 1 版
　　　　　2014 年 1 月　第 2 版
印　　次:2017 年 1 月　第 2 版　第 3 次印刷　累计第 7 次印刷
书　　号:ISBN 978-7-114-11080-1
定　　价:36.00 元

(有印刷、装订质量问题的图书由本社负责调换)

前言

随着社会和经济的飞速发展,人员及物资流动日益频繁,道路运输已经成为我国最为主要的运输方式,特别是随着高速公路通车里程的不断推进,道路运输的市场占有率得到了进一步的提高。但由于过去安全意识不强、管理理念陈旧、管理技术落后,使得道路运输安全难以得到保障,每年都有数万人死于道路交通事故,这将严重制约交通运输业的良好发展。为此,必须根据当前的实际形势,结合最新的事故安全理论,为道路运输企业提出一套具有可操作性的系统解决方案。

本书为2006年出版的《道路运输企业安全管理》第二版,是高等院校交通运输工程专业使用的规划教材。本教材继承和发扬了第一版的风格与特色,充分吸取了国内外近年来运输企业安全管理的研究成果,结合编者多年来在安全管理方面教学和科研的经验,并针对当前道路运输企业所面临的亟待解决的问题,修订和增加了相应的内容,重点从"人—车—路—环境"相互协调角度出发,阐述了不同类型道路运输企业的管理理念、管理内容和管理方法与技术,力求反映道路运输企业安全管理的系统性、综合性和实用性。可供道路运输管理部门和道路运输企业参考和培训使用,也可作为高等院校相近专业课程教学的参考书目。

本书由长安大学肖润谋、张铧主编。第一、三、四、五、十二章由肖润谋编写;第二、八章由袁伟编写;第六、七章由阎莹编写;第九、十章由张铧编写;第十一章由牛世峰编写,在本教材编写过程中,主审李百川教授给予了大力支持和指导。

在本书编写过程中,笔者引用了相关国家和部门有关标准、规范以及参考了部分论著和教材的成果,同时部分研究生参与了本教材文字整理工作,在此谨表示衷心的感谢!

由于作者水平有限,对交通运输企业安全管理工作经验不足,书中难免有不妥之处,恳请读者批评指正。

作 者
2013年9月于长安大学

目 录 Mulu

第一章　绪论 ·· 1
　第一节　道路运输及其企业 ·· 1
　第二节　道路运输安全管理的概念和意义 ·· 4
　第三节　安全管理理论与模型 ··· 7
　第四节　道路运输安全管理立法 ·· 10
第二章　道路运输法律法规 ·· 14
　第一节　《道路交通安全法》基本知识 ·· 14
　第二节　机动车与机动车驾驶员 ··· 24
　第三节　道路通行规定 ··· 30
　第四节　法律责任 ··· 34
　第五节　《道路运输条例》 ·· 36
　第六节　《安全生产法》 ··· 43
第三章　道路运输安全生产行业监管 ··· 46
　第一节　道路运输安全管理体制 ··· 46
　第二节　道路运输安全生产监督管理 ·· 48
第四章　道路旅客运输安全管理 ··· 55
　第一节　客运企业的等级划分及条件 ·· 55
　第二节　部门职责及企业对客运的安全管理 ··· 57
　第三节　客运站安全生产管理 ··· 59
　第四节　客运合同中旅客与承运人的义务 ·· 63
第五章　城市公共汽电车及出租汽车客运安全管理 ·· 67
　第一节　城市公共交通概述 ·· 67
　第二节　城市公共汽电车客运安全管理 ··· 71
　第三节　城市出租汽车客运安全管理 ·· 76
　第四节　城市道路公共交通安全应急预案 ·· 80
第六章　道路货物运输的安全管理 ·· 83
　第一节　道路货物运输企业等级划分及条件 ··· 83
　第二节　零担货物运输安全管理 ··· 85
　第三节　整批货物运输安全管理 ··· 87
　第四节　集装箱货物运输安全管理 ·· 88

第五节	大型特型笨重物件运输安全管理	89
第六节	甩挂运输安全管理	92
第七节	超限超载货物运输安全管理	96

第七章 危险货物运输安全管理 100
第一节	危险货物的分类及其主要特性	100
第二节	危险货物的运输包装及标识	116
第三节	危险货物运输安全管理	123

第八章 道路运输企业安全管理机制 135
第一节	安全管理工作的任务和内容	135
第二节	安全管理机构和职责	139
第三节	安全管理措施及事故处理	143
第四节	行车事故统计报告制度	149

第九章 道路运输企业车辆安全管理 153
第一节	车辆安全管理概述	153
第二节	车辆基础安全管理	155
第三节	一般条件下车辆使用安全管理	164
第四节	特殊条件下车辆使用安全管理	167
第五节	车辆维修安全管理	171
第六节	车辆检测安全管理	176

第十章 道路运输企业驾驶员安全管理 179
第一节	驾驶员是交通安全的重要影响因素	179
第二节	驾驶员培训基本知识	181
第三节	企业驾驶员安全管理	184
第四节	驾驶员素质与安全驾驶	191
第五节	驾驶适宜性检测	204
第六节	安全意识与职业道德	209
第七节	事故急救知识	214

第十一章 道路运输企业应急管理 219
第一节	道路运输企业突发事件的概念	219
第二节	道路运输企业突发事件风险管理	221
第三节	道路运输企业突发事件应急管理	224
第四节	道路运输企业突发事件应急保障	231

第十二章 道路运输企业安全评价 233
| 第一节 | 安全评价基本知识 | 233 |
| 第二节 | 道路运输企业安全评价方法 | 243 |

参考文献 257

第一章 绪 论

第一节 道路运输及其企业

一、道路运输业概况

1. 道路运输业发展

随着我国国民经济的发展和人民生活水平的提高,全社会机动车拥有量和机动车驾驶员数量迅速增长,道路交通安全工作始终面临较大压力。据统计,截至2012年底,全国机动车保有量达到2.4亿辆,其中汽车保有量达到1.2亿辆;机动车驾驶员达到2.6亿人,其中汽车驾驶员2亿人。

国民经济和社会发展长期持续保持平稳较快发展的态势,为道路运输业健康快速发展提供了良好的外部条件,为发展现代道路运输业奠定了坚实的环境基础。2012年全国营业性客车完成公路客运量355.70亿人、旅客周转量18467.55亿人公里,比2011年分别增长8.2%和10.2%。全国营业性货运车辆完成货运量318.85亿吨、货物周转量59534.86亿吨公里,比2011年分别增长13.1%和15.9%,平均运距186.72km,提高2.5%。

2012年底,全国共有道路旅客运输经营业户(不含公交和出租)5.55万户,道路货物运输经营业户751.59万户,拥有载客汽车86.71万辆、拥有载货汽车1253.19万辆人,道路运输从业人员2767.87万人。公路客运量、旅客周转量在综合运输体系中所占比重分别为93.51%和55.32%;公路货运量、货物周转量在综合运输体系中所占比重分别为77.78%和34.26%。

2012年底高速公路通车里程达9.62万km,运输发展迅猛,客货运输量增长明显。2012年我国高速公路行驶量3633.75亿车公里,同比增长8.79%。实现货物周转量20275.22亿吨公里,同比增长2.39%。实现旅客周转量11916.25亿人公里,同比增长7.48%。2012年我国高速公路占公路总里程的2.27%,实现的货物周转量占全社会营业性货车货物周转量的34.06%,同比下降4.49%。高速公路上≥20座客车实现的旅客周转量占全社会营业性客车旅客周转量的30.02%,同比下降2.98%。如图1-1至图1-4所示。

道路客货运输量的增幅与国民经济发展的保持一致,充分发挥了国民经济发展的基础性作用,并为之提供了有力的运输服务保障。

2. 道路运输安全形势

由于道路运输生产过程处于开放、动态的道路交通环境之中,受人、车、路和气象等不确定因素影响,道路运输始终是安全风险高、管理任务重的行业。现阶段,我国道路交通安全整体基础还比较薄弱,诱发安全事故的深层次问题还没有从根本上得到解决,我国仍然处在道路交通事故的多发期和易发期。

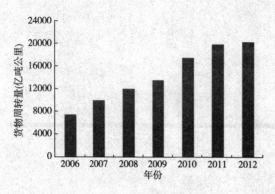

图1-1 高速公路货物周转量

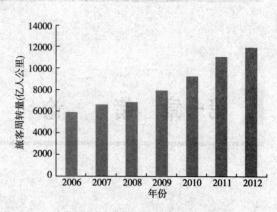

图1-2 高速公路旅客周转量

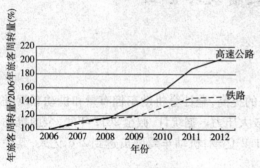

图1-3 旅客周转量增长趋势

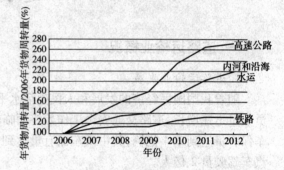

图1-4 货物周转量增长趋势

2012年，全国道路运输行业发生一次死亡3人以上的道路客运事故119起，造成693人死亡；一次死亡10人以上的道路客运事故16起，造成243人死亡，死亡人数与2011年持平，事故数量同比上升6.7%，道路运输安全形势依然严峻。

二、道路运输在国民经济中的地位和作用

道路运输是我国五大运输方式中完成运输量最大，向社会提供就业机会最多，实现营业收入最高的一种运输方式。

道路运输以其机动灵活、运输方便，实现"门到门"的直达运输，运送速度快，原始投资少、资金周转快、经济效益高等优点成为国民经济的重要组成部分。道路运输是国民经济结构中的先行和基础产业，其表现方式是生产过程在流通过程中的继续。没有现代化的道路运输，经济活动就要停顿，社会再生产也无法进行。随着社会主义市场经济体制的建立，道路运输在我国经济建设中的作用更加突出，其主要作用如下：

(1) 道路运输在社会生产和消费过程中起着纽带和桥梁的作用。通过道路运输使经济活动的生产、分配、交换、消费环节和生产活动的产、供、销环节得以联系和互为整体，使经济系统得以循环运转。

(2) 道路运输为不断满足人民物质文化生活中的"出行"需要提供了相当广泛的服务，现代人类社会的衣、食、住、行都与道路运输休戚相关。随着我国综合国力的增强，社会生产力的发展，人们对生活水平和生活质量的要求越来越高。道路运输以其覆盖面大、对道路条件要求不高、运送速度快等优势，遍及广大地区，适应多方面、多种运输需要，为人们"出行"提供了相当广泛的服务。

(3)道路运输为活跃商品市场,推动市场经济的发展起着重要的作用。道路运输可以实现"从门到门"的直达运输,能把工业产品及时地运往广大农村。同时,又把各种农副产品及时地运到城市和工矿区,从而加强了城乡之间的交流,对活跃商品市场,推动市场经济的发展起到了重要的作用。

(4)道路运输的时空效应为提高社会效益和企业的经济效益起到了积极的促进作用。现代汽车运输网络的高速发展,能不断缩短时间和空间的"距离",改变人们的时空观念。发达的道路运输能大量节省时间和缩小空间,减少在途积压资金,提高社会效益和企业经济效益。

三、道路运输业的特征

道路运输是人们利用汽车在一定的道路上实现货物或旅客有目的的位移过程。道路运输业就是专门利用汽车从事客货位移的行业,是一个特殊的物质生产部门。

道路运输业作为国民经济的基础产业之一,与其他物质生产部门相比具有非常独特的特征,主要表现为:

1. 在生产力要素构成方面的独特性

作为一般的物质生产部门,不论是工业还是农业,在从事劳动生产时,各企业都必须具备生产力的三要素,即劳动力、劳动工具和劳动对象。但就道路运输业这个特殊的生产领域来说,道路运输企业只具备劳动力和劳动工具,而不具备劳动对象,当进行运输生产时,只能通过劳动力代价的付出和劳动工具的磨损为劳动对象提供运输服务,而绝对不可以将劳动对象消耗或转化。

2. 在生产和消费过程中表现出独特性

作为一般的物质生产部门,其产品生产过程和消费过程在时间和空间上是相互分离的。它们生产的产品只有以商品的形式进入流通领域后才能被用户消费掉。而道路运输的生产过程与消费过程同时发生、同时结束,表现为运输企业使劳动对象产生位移的生产过程,劳动对象消费运输产品获取使用价值的过程。

3. 在产品形态上具有独特性

作为一般的物质生产部门,其生产活动中劳动对象的形态或属性将被改变,劳动产品以实物形态存在。而运输生产活动不改变运输对象的形态和属性,只改变其空间位置,产品为非实物形态,既不能储存,也不能调拨,产品的消费也只是瞬间完毕。运输产品以吨、吨·公里或人、人·公里予以计量。

4. 在产品的"销售"方面表现出独特性

作为一般的物质生产部门,其产品的销售活动发生在产品生产之后。而汽车运输产品的"销售"活动则发生在生产之前,具有"销售"的前置性。运输企业的生产必须先有货源、客源,再组织运输生产,实现其"位移",先于生产取得营运收入。因此,运输企业的"销售"活动是运输生产的前提条件。

四、道路运输企业的概念

企业是由一定的劳动力组成,拥有资金、物资、设备,从事生产、流通或服务的自主经营、独立核算的商品生产和经营单位,并具有法人资格,是获取盈利的经济组织。它是社会经济活动的基本单位。

企业按照经营范围可分为工业、农业、交通运输、商业、金融等企业;按照生产能力和规模的大小可分为大型、中型、小型企业;按照生产要素在企业总成本中所占的比重可分为劳动密集型、知识密集型等企业;按照集资方式可分为独资、合资、股份制企业;按所有制可分为全民所有制(国营)、集体所有制、个体所有制、私营等企业。如进一步细分,交通运输企业又可分为铁路、道路、水运、航空、管道运输企业。在道路运输企业中,还可分为客运、货运企业等等。

道路运输企业是指拥有一定数量的装运工具、劳动力、资金等要素,主要从事汽车运输生产经营活动,为满足社会需要和获取利润,实行自主经营、自负盈亏、自我发展、自我约束的经济实体。

道路运输企业的概念包括以下四方面的含义:

(1)道路运输企业是经济实体。它不同于事业单位、政府部门,必须追求经济效益并获取利润。

(2)道路运输企业必须具有独立的法人地位,必须是以自己的名义进行民事活动,享有民事权利和民事义务。

(3)道路运输企业必须能自主经营、自负盈亏。道路运输企业必须对运输市场和社会环境的变化及时主动地作出反应,保证自己的产品和服务在品种、质量、成本的供应时间上能随时适应社会和消费者的需求,具有经营上的自主权。企业要有经营自主权就必须进行独立核算,承担其行使经营自主权所带来的全部后果,即必须自负盈亏。

(4)道路运输企业必须承担社会责任。对于道路运输企业概念中的"为满足社会需要"应作较广泛的理解,它不仅指满足旅客和货主的需要,而且包括满足股东、银行、职工、交易对象、同行业竞争者、政府机关,地区社会、一切与之相关社会团体的需要。这就决定了企业不能只为自身谋取利益,而应该肩负社会各方面利益的责任。

五、道路运输相关企业

道路运输相关企业指从事与道路运输密切联系的有关业务的企业,主要有:汽车站(场)、机动车维修企业、机动车综合性能检测站、机动车驾驶员培训学校等。

汽车站(场)是指为车辆进出、停靠,旅客上下,货物装卸、储存、保管等提供服务的设施和场所。

机动车维修企业,是指以维修来恢复机动车技术状况和正常功能,延长机动车使用寿命为作业任务而进行维护和修理的企业。

机动车综合性能检测,是指采用先进的检测仪器设备,在车辆不解体的前提下,准确、迅速地确定车辆技术状况、工作能力,查明故障部位和原因的技术组织措施。从事这一业务的企业,称为机动车综合性能检测站。

机动车驾驶员培训学校,指为使机动车驾驶人员熟练掌握驾驶机动车所需要的有关知识和技能,按照国家有关规定进行专门培训的单位。

第二节 道路运输安全管理的概念和意义

一、安全管理的基本概念

1. 安全生产

"安全生产"有以下几种解释的版本。

(1)在《辞海》中,安全生产定义为:"安全生产是指为预防生产过程中人身、设备事故,形成良好的劳动环境和工作秩序而采取的一系列措施和活动。"

(2)在《中国大百科全书》中:"安全生产是指在保障劳动者在生产过程中的安全的一项方针,也是企业管理必须遵循的一项原则,要求最大限度地减少劳动者的工伤和职业病,保障劳动者在生产过程的生命安全和身体健康。"

(3)在《安全科学技术词典》中:"安全生产是指企业事业单位在劳动生产过程中人身安全、设备安全和产品安全等。"

从上面的定义可以看出,尽管每个定义的字面意思不尽相同,但其实质内容都是一致的,即都突出了安全生产的本质是要在生产过程中防止各种事故的发生,确保设备和人身安全。概括起来说,安全生产是指:生产、经营活动中的人身安全和财产安全,为达到这一目的而采取的生产全过程的预防措施和活动。

2.道路运输安全管理

管理的概念可表达如下:管理就是人们根据事物的客观规律,运用知识和技能,为组织制订目标,协调所有的资源,并引导人们更为有效地完成组织目标的过程。

这一概念表明,管理贯穿于从组织制订目标,到组织实现目标的全过程的活动,即管理只有明确的目标;管理是指特定的人或群体,管理人员是特别种类和有特殊作用的人,他们引导、推动、协调其他人的活动和发掘其他人的潜力,其任务在于指导其他人的活动,即管理是与人一起并通过其他人来更为有效地完成工作;管理者必须综合运用知识和技能,不受任何专业的限制与束缚,协调资源,引导人们的行动,通过一系列管理职能来实现管理,而上述这些都必须根据事物的客观规律来进行,管理就是按照客观规律来设计和维持一种环境,使共同工作的人们用尽可能少的人力、物力、财力投入去实现组织目标的动态过程。

道路运输安全管理,是指道路运输行政管理部门根据相关法律、法规和规范性文件,在管辖范围内,对道路运输企业的客货运输、汽车维修以及各种相关运输服务项目的各类安全技术标准、安全操作规程和从业人员的技术素质进行审核、指导、协调、服务、监督、检查和培训,防止企业在生产过程中产生旅客及其他人员伤亡及货物发生损坏、灭失等安全事故。

总之,道路运输安全管理要使道路运输生产过程在符合安全要求的物质条件、技术保障和工作秩序下进行,防止人身伤亡和车辆、货物损毁及各种危险事件发生,从而保障人们的生命财产安全,促进国民经济持续、稳定、健康的发展。

3.道路运输企业安全管理

道路运输企业安全管理指道路运输企业认真执行道路运输法规、规范和标准,坚持"安全第一,预防为主,综合治理"的方针,按照"政府统一领导、部门依法监管、企业全面负责、群众参与监督、全社会广泛支持"的原则,建立"管生产必须管安全,谁主管谁负责"的安全生产管理责任制,采取科学有效手段,制订切实可行的措施,把交通事故消灭在萌芽状态,确保旅客和货物的人身和财产安全,最大限度地为社会提供安全、及时、经济、方便、舒适的运输服务。

二、安全管理的作用和意义

1.道路运输安全管理的作用

(1)通过有效安全管理,创造良好运输条件,使道路运输设备发挥最大的效能,尽可能地提高运输工具的完好率和工作率,使运输企业和国家获得最大的经济效益和社会效益。

(2)通过采用各种有效的措施和手段,确保行车安全,最大限度地减少人员伤亡和财产损失,维护运输企业和道路运输行业质量信誉,保障人民生命财产安全。

(3)通过加强道路运输安全管理,防止犯罪分子利用车辆作案,维护社会治安,保障政治文明、物质文明和精神文明建设的顺利进行。

2. 道路运输安全管理的意义

安全管理工作是一项十分重要的工作,而作为国民经济大动脉的交通运输,更是安全管理工作中的重中之重。因此,抓好道路运输安全管理对于确保旅客和其他人员人身安全,保障货物安全、完好位移,提高运输企业的经济效益和社会效益,维护运输企业的良好信誉和形象,保障社会稳定,具有十分重要的意义。

(1)安全管理是社会发展的必然要求。生产活动是人类社会最基本的活动。自古以来,人类为了向自然界汲取物质财富,就必须与自然界作斗争。人类劳动的结果是从自然界获得的物质财富越来越多,推动了社会的进步;同时自然界也常给人类以"报复",各类事故的相应发生,直接威胁着人类的安全和生产劳动的顺利进行。人与自然斗争的实践教育了人类,使人类增加了对自然灾害的认识,同时也增长了抵御和控制灾害的能力。学会保护自己是人类从事社会生产劳动的基本需要,这是社会发展的客观规律。违背这一规律,就要遭到自然界的惩罚。

安全管理是劳动者在生产过程中追求最多物质财富和最佳自我保护的具体行为。道路运输企业在生产组织过程中,为了不断满足旅客和货主的合理需求,就必须创造一个安全、舒适的乘坐和装载环境,同时也为运输部门的驾乘人员、服务人员提供更好的劳动条件,使其劳动热情与积极性得以最大限度的发挥。

(2)安全管理是道路运输行业的兴旺之本、效益之路。道路运输行业要搞好生产,除了要有良好的装备和先进的科学技术外,更重要的是要有一支包括一大批认真负责的安全管理人员在内的,训练有素、勇于创新的行业管理和企业职工队伍,一种百折不挠、顽强拼搏的团队精神。有了这一支安全管理的精兵强将,运输行业才会出现迎来送往、安全有序、操作规范、运输市场协调发展的良性营运机制,才能使旅客出行、货物位移、各项服务处处充满安全感,才能使运输行业生机勃勃,营运效益节节上升。所以说,加强安全管理,是道路运输行业的兴旺之本,效益之路。

(3)安全管理是社会稳定的重要因素。现代科学技术的发展,不断给人类带来更加丰富的物质和文明,但同时也给人类招来许多新的威胁和危害。新材料、新能源、新技术、新工艺的应用,工业向大型化、连续化、自动化发展,交通向集约化、高速化发展,人们在享受丰富多彩的现代生活的同时,与环境和安全的矛盾也越来越多。尤其是现阶段正处在企业体制转换,新旧车型交替,能源成分变化,先进与落后生产力并存,市场结构调整,人员素质差距拉大,国际贸易开放,市场竞争越来越激烈的情况下,不断给道路运输行业和企业的安全管理工作带来新的课题,如果不加以妥善处理,不仅容易导致事故的发生,还会激化矛盾,影响社会安定。另外,我国实行计划生育基本国策后,独生子女将成为社会的主要劳动力,一旦发生伤亡事故,至少要影响两个家庭三代人的正常生活。那时人们对伤亡事故将承受更大的精神和经济压力,即使实行高额赔偿抚恤政策,仍难以消除人们的悲痛和损失,社会负面影响将是长期存在的。

(4)安全管理关系到国家的形象和国际贸易。我国的安全生产现状已引起国际社会的关注。在每年的国际劳工组织大会上,常有批评中国职业安全卫生状况的发言,各类事故与职业病问题也是世界人权大会和其他一些国际组织指责中国的说辞之一。几乎每次中国发生特(重)大工伤事故,国外媒体都大肆渲染,国外一些友好人士也对中国的安全生产表示关心。一位劳工组织官员曾说过:"中国已成为政治、经济大国,但不应成为事故的大国。"

此外,中国作为世界贸易组织成员国,必然要面临劳动保护、劳工标准和运输安全等问题的挑战。在2000年联合国贸易与发展会议第十届大会上,虽然发展中国家对劳工标准达成了重要共识,拒绝把劳工标准纳入国际贸易制度中。但是发达国家也在进行紧密磋商,力求协调立场统一行动,企图借保护人权、保护劳工健康之名,行保护发达国家利益、制造关税贸易壁垒之实,从而借"安全生产"来冲击发展中国家,垄断国际贸易。因此,目前许多发展中国家与地区已对这一新的国际动向加以重视,纷纷采取相应防范措施。防范措施之一就是加强安全生产和安全管理,高度重视事故的预防工作,逐步实现与国际劳工标准和其他安全标准接轨。

第三节 安全管理理论与模型

目前,模型分析已经成为各类科学研究的必要方法,对各种不同的安全管理模型进行恰当选择和有效使用是安全管理科学研究中的一个重要问题。本节对安全管理科学研究中采用的各种理论和模型技术进行了整理和叙述,并对各种方法模型的特点作了简要评论。

一、安全管理理论与模型分析

自美国工业安全管理专家海因里希(Heinrich HW)提出安全管理理论以来,安全管理科学在西方得到了长足发展,产生了大量安全管理模型,主要有序贯模型、事故—事件原因模型、流行病学模型、萨里模型和系统模型等。

1. 序贯模型

序贯模型最早是由现代安全管理之父——美国工业安全管理专家海因里希于20世纪30年代初提出来的。

该理论认为,引发事故因素就好比一个个竖立起来按直线排成一行的多米诺骨牌,一件依附于另一件,一件跟随着另一件,一旦第一块骨牌倾倒,就会促使全部骨牌——倒下,从而导致事故的最终发生。在海因里希按序排列的叙述中,原来描绘成多米诺骨牌的因素有系统和社会环境、本人的过错、不安全的行为和(或)不安全的机械设施或劳动环境、事故、工伤。这个原理还解释了事故预防计划怎样和为什么能够奏效。那就是通过预防,消除了导致产生事故(即一种不安全的行为或不安全状况)的某个因素,从而切断了事故序列。

2. 事故—事件原因模型(Accident - Incident Causation Model)

在海因里希研究的基础上,彼得森(Pelersen D.)等安全管理专家对事故发生原因问题进行了进一步探索,并提出了事故—事件原因模型理论。

该模型认为,引发事故的原因并非如序贯模型所认为是单一的,而是存在许多因素,其中人为错误和系统错误是导致事故发生的直接原因。在人为错误的背后,存在着过度负荷、陷阱和错误决策三个更宽泛的类型。过度负荷被定义为"在一种情况下,与负担能力的不匹配",这种不匹配主要来自于负荷类、状态和能力三大类别中各因素的失衡。其中,负荷类包括了作业信息处理及环境和作业危机情形等;状态包括动机、激励、态度和生物节律四项内容;而能力则主要取决于身体状况、心理状态、工作环境、技能知识等。陷阱产生于以下两种因素,一是由个人力量和心理感觉等产生的工作状况期望;二是由个人能力、期望以及相互间的冲突导致的控制冲突。错误决策主要来自于三个方面,一是在工友压力、上级标准、个人价值观等个人情境下产生的所谓合理决策;二是意识倾向、心理问题所产生的下意识错误期望;三是对易发生事故的过低预测。其中,所谓合理决策是导致错误决策的主要因素来源,使得雇员经常有意识或无意识地作出一些错误决定。系统错误内容主要包括安全方针、标准衡量、职责设定等内容,其实在根本上也同样来自于人为失误。

3. 萨里模型(Surry Model)

在前人研究的基础上,著名安全管理专家简·萨里(Jean Surry)从作业者和作业环境的角度提出了一个新的事故因果模型,即萨里模型,如图1-5所示。

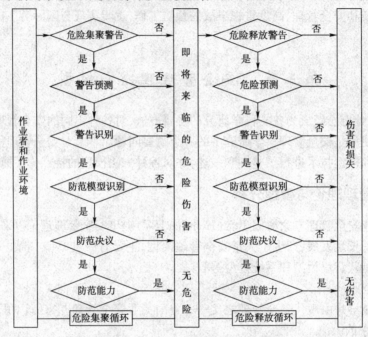

图1-5 萨里模型

萨里模型用两个相似的循环体系把三个基本阶段连接起来。第一个是危险集聚循环,第二个是危险释放循环。也就是说,首先该模型从一种安全的情形中建立了一种危险情形,然后这种危险得以释放,从而造成伤害或事故结果。在这两个循环体系中,萨里对人的行为进行了分割,包括对危险的预感(感知)过程、对危险的认识过程和生理反应过程这样三个过程,其中每个过程又细分成多个小单位。对危险的预感过程包括危险集聚警告和警告预测两个单位;对危险的认识过程包括警告的识别、防范模型的识别和防范决议三个单位;生理反应过程指的是防范能力单位。而三个阶段则指的是环境(不仅包括空间上的,同时包括时间上的)、人对环境的反应和由此所造成的结果。

该模型认为,在特定环境中,该人的危险处境是由于个人行为或是非行为反应造成的。在危险集聚循环中,如果对于一个问题的回答是否定的,则危险将要来临,否则危险将不会增长,且不会发生伤害事故。同样,在危险释放循环中,类似问题被再一次提出,而其对任何一个问题的否定回答都将会导致不可避免的伤害事故。

4. 系统模型(Systems Model)

随着系统安全的发展,许多研究者在系统理论下提出了新的因果关系原理,即系统模型。系统模型认识到了作业者、工具和机器、工作环境之间不可分割的联系。为此,鲍勃·

菲尔恩兹(Bob Firenze)建立了菲尔恩兹系统模型(The Firenze Systems Model)。

该模型认为,无论是机械师还是化学家抑或铸造者以及其他人,每位作业者所执行的工作都是人—机系统网络的一部分。这个系统由机器设备、使用设备的人及其作业环境三大部分共同组成,作业的结果状况根本上决定于这三个因素,即人—机的可靠性和环境的有利性。人的决策失误和机器设备故障都有可能直接导致事故的发生,而环境在这个系统中更是扮演了一个重要的角色,一个不利的环境不仅影响人的行为,同时也会影响机器设备的运作。

从人—机—环境系统到目标即作业这一过程中,中间必须经历决策和由此带来的风险两个过程。也就是说,为了使系统实现目标运作,首先人类单元必须做决策,在这些决策基础上,人们为了实现目标,个人可能会承担一定的风险。在一般情况下,信息越准确、可靠,决策则越有效,因而风险就越小,安全作业目标越容易实现;反之,则决策越无效,风险增加,从而可能导致事故的发生。因此,该模型认为,为了有效地预防和控制事故发生,应为作业者提供大量准确可靠的信息并增加培训,以提高其决策的有效性,降低风险;同时要保证机器设备的可靠性,并提供一个良好的环境。

但是,在一定压力条件下,即使具有足够的决策信息,同样也不能杜绝事故的发生。这是因为,决策者在诸如生理、心理等压力下,可能会因对信息的错误分析和判断导致无效决策而带来风险,引发事故的发生。

任何一种模型都是对现象的一种抽象,是对现实安全活动某些主要特征的把握和描述。在以上模型中,分析事故发生过程和描述事故引发因素是其共同特征。序贯模型对于安全事故发生的引发因素以及内在机理进行了开创性的分析和解释,然而相对于错综复杂的安全事故的发生原因,只是简单地将之归纳为一些总体指标,而没有进行具体的进一步分析和揭示;事故—事件原因模型从人类心理和系统环境方面探讨了事故发生的原因。主要决定于人为错误和(或)系统错误,并对引发事故的因素进行了进一步的具体分类,这是对序贯模型的一个发展;萨里模型则从人类行为出发,分析了人们对(危险)环境的不同反应所形成的不同结果;相对于其他模型,菲尔思兹系统模型从系统角度分析了导致事故发生的因素,并提出了预防和控制事故发生的有效措施。

二、道路运输安全管理保障体系

要实现道路运输安全管理的既定目标,必须建立完善的道路运输安全管理保障体系。

建立完善的道路运输安全管理保障体系,必须从影响交通安全的人员、车辆、道路、站场和法规五个方面来全面考虑。

人员是道路运输安全工作的主体。对所有的道路运输参与者,包括道路运输管理人员特别是驾驶员,要进行安全意识和交通法规教育;对驾驶员还必须定期进行心理、生理检测和技术培训,把不适合驾驶机动车者及时清退出驾驶员队伍。这些都是预防道路运输事故的措施。一旦出现道路运输事故,为了减少伤亡,还必须采取相应的补救措施,即建立健全事故伤害急救系统,以满足应急的需要。

车辆是道路运输安全的关键。要搞好这一关键环节的安全,必须从新车的设计、制造、选购和在用车的安全检测、维护与修理等方面着手,保障车辆的使用性能,特别是与安全有关的性能,保持车辆良好的技术状况,完善车辆的安全结构(包括预防事故和减少损失等两方面的结构)。通过这些措施,力争把车辆机械事故降到最低限度,提高其行驶的安全性。

道路是道路运输安全行驶的基础,一旦基础塌陷就会导致交通事故,所以一定要搞好道路这一基础设施的建设。也就是说,要抓好道路的设计、修建、改造、养护等环节,同时还要及时完善交通信号、标志和标线等交通工程设施,做好高速公路出入口的控制,以及通信和其他安全设施的建设。

站场是道路运输安全生产的枢纽。人归点、车进站,必然使站场成为驾驶员、站务员和旅客获取安全信息的集中点。站场是对从业人员进行安全管理的"指挥部"。所以,完善站场的安全设施,加强科技投入,采用先进管理手段,是道路运输安全管理保障体系中不可缺少的环节。

法规是搞好道路运输安全管理的手段和依据。根据我国当前在道路运输法规建设方面存在的不足,要学习借鉴发达国家的先进经验,不断补充、完善我国的道路运输法规。新制订的法规要与国际通用法规靠拢,从而使我国的道路运输法规建设迈上一个新台阶。

只有搞好人员、车辆、道路、站场和法规五个方面的安全建设,并协调好相互之间的关系,才能使道路运输安全管理工作形成一个完整的保障体系,如图 1-6 所示。

在上述道路运输安全管理保障体系中,道路运输安全管理部门除了切实履行自身的职责外,还要与其他有关部门密切配合和协调,以使道路运输安全管理保障体系的各个环节落实到位。

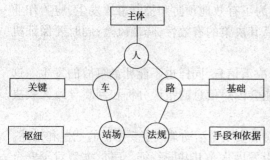

图 1-6　道路运输安全管理保障体系

第四节　道路运输安全管理立法

一、道路运输安全管理立法的意义

道路运输安全管理立法,是实现道路运输安全有序的主要前提和保障,是规范安全生产管理、完善各项规章制度、逐步改善道路运输条件的基本依据,是明确政府、企业及行业主管部门等的安全管理法律责任,落实各级安全生产责任制的基本依据,也是分析事故原因、追究事故责任、做好事故善后处理及防范工作的基本依据。在市场经济条件下,加强道路运输安全管理立法和执法具有十分重要的意义。

(1) 市场经济是法制经济,道路运输安全管理法制建设是市场经济下法律建设的重要内容之一,因为只有通过法律手段,建立并完善各项法规,明确责、权、利三者的关系,加强执法检查和监督管理,才能保证在道路运输生产中人们的生命安全和财产不受损失,才能保障经济的不断增长。

(2) 道路运输安全管理必须用法律来规范。

道路运输安全管理,是一项政策性强、涉及面广和科技含量高的工作。在道路运输过程中要保护旅客、货主及其他人员的生命财产安全,就必须提高车辆、设备、站场、设施的安全可靠性,改善服务条件和文明程度。实现这些措施势必要加大资金投入,但有些企业经营者心存侥幸,不投入或减少投入,盲目追求产值和经济效益;少数政府官员和道路运输行业管理人员受贿渎职,无视安全管理标准,睁一眼闭一眼,放松对企业安全生产的管理,从而导致伤亡事故发生。所以,要用法律来规范政府、行业管理部门、道路运输企业和个人等方面的行为,才能对各种违法乱纪的行为予以法律制裁,保证道路运输市场安全健康发展。

(3)道路运输安全管理立法能促进科技发展。

安全管理的法制化、标准化,对协调该领域的科技发展起着十分重要的作用。道路运输行业体现着科学技术的综合水平,整个道路运输服务系统存在着链式反应关系。安全管理会进一步促使有关部门应用或研制出更坚固、可靠、科技含量更高的车辆和设备(如行车记录仪、GPS等),从而保证安全的实现。

(4)安全管理立法是促进全球化发展的重要内容。

安全管理立法是衡量国家经济发展水平和社会文明程度的重要标志,也是国家形象的体现,是道路运输企业参与国际间市场竞争的必要条件。

随着全球化进程的不断发展,安全生产管理立法也成了协调国家之间利益和矛盾,促进经济全球化发展的重要内容之一。国际标准化组织(ISO)及一些工业发达国家的安全质量标准成了国际上公认的标准,有的甚至成了企业产品走向世界的"通行证"。目前,特别是我国加入WTO后,许多道路运输企业已经取得了ISO9000国际标准认证,尚未取得认证的企业正在积极创造条件,争取资格认证,这对道路运输安全立法和安全管理工作具有很大的促进作用。

二、道路运输安全管理立法的基本原则

随着我国经济体制改革的不断深入,过去那种单凭行政命令进行安全管理的工作方法已不能适应形势发展的需要,必须运用经挤、法律等手段,建立适应市场经济运行机制的安全管理体系。建立和完善法规体系,规范道路运输行业行为,真正做到有法可依、有法必依、执法必严、违法必究。

我国道路运输安全管理立法的基本原则是:

1. 坚持"安全第一,预防为主,综合治理"的方针

"安全第一"就是当生产与安全发生矛盾时,生产必须服从安全。

"预防为主"就是做好事故防范工作,防患于未然,强化源头管理。这是实现"安全第一"的基础。

"综合治理"是一种新的安全管理模式,它是保证"安全第一,预防为主"的安全管理目标实现的重要手段。以对企业和施工现场的综合评价为基本手段,规范企业安全生产行为,落实企业安全主体责任,统筹规划、强化管理、分步实施、分类指导、树立典型、以点带面,稳步推进道路交通运输企业安全质量标准化工作,建立健全包括企业内部安全生产日常管理、运输安全生产过程控制等在内的每个环节、每个流程的安全工作标准、企业规程和责任制,实现与安全生产相关联的每个层级、每个岗位管理的标准化和规范化。安全质量标准化活动除重视运输过程环节的安全外,更要关注企业本身的安全生产管理模式、行为的标准化,达到提高本质安全水平的目的。

2. 明确职责,强化管理

道路运输安全生产需要政府、行业主管部门、企业和员工共同努力,因此要用法律的形式明确各自职责。这样不仅有利于安全操作,而且有利于监督检查,还有利于事故后的调查处理。

3. 鼓励科技进步,促进道路运输行业文明建设

在道路运输安全设施的建设和配置中,应积极采用新的科学技术产品,逐渐采用和普及

诸如行驶记录仪和GPS等对行车安全管理有利的先进设备。企业应建立计算机网络管理系统,既提高管理效率和水平,还可以尽可能地消除运输生产中的不安全因素,增强事故预防能力,提高文明操作程度。

4. 严肃查处事故责任,认真吸取事故教训

立法就是要立足于"惩前毖后、吸取教训"这个精神。通过对事故的调查分析,严肃处理,可以摸索事故发生的规律,找出预防对策,指导安全管理工作。企业也可以从中吸取教训,使有关人员受到教育。

5. 坚持积极慎重方针

我国是发展中国家,道路运输企业大多为中小企业,它们目前还没有能力通过大规模、高档次地提高运输装置水平来改善劳动条件,以达到本质安全和彻底消灭伤亡事故,只能根据当前的经济实力和科技能力,通过执行有关法规、制度来达到相对的基本安全要求。

法律法规具有权威性和稳定性,不成熟没把握的内容不能勉强纳入,否则不但降低了它的权威性,甚至根本无法执行。这样既影响了法律制度部门的形象,又束缚了道路运输生产的发展。所以,制订法律法规,要抱着积极慎重、实事求是的态度和方针。

三、有关法规、规程及标准的基本概念

1. 我国的法规体系

法规是法律、法令、条例、规则和规章等的总称。

我国的法规体系分为五大层次,即宪法、国家颁布的其他法律(如《刑法》、《民法》、《行政法》、《婚姻法》、《公路法》、《道路交通安全法》等)、国务院颁布的行政法规(如《道路运输条例》等)、国家部委颁布的规章(如交通部颁布的《高速公路运行安全管理规定》等)、地方人大和政府颁布的法规和规章。

宪法是国家的根本大法,是法规体系的核心,是制订其他各种法律的依据。

刑法是关于犯罪和刑罚的法律;民法是调整平等民事主体间财产和人身关系的法律;行政法是规范国家机关的组织、职责、权限、行动原则、管理制度和工作程序,是调整各行政机关之间以及机关在其活动中同其他机关、企事业系统、社会团体和公民之间关系的各种法律的总称。交通行政法是行政法的一部分,是调整交通行政管理关系的法律规范的总称。道路运输行政法规又是交通行政法的一部分。

道路运输行政法规是调整道路旅客运输、货物运输、搬运装卸、运输服务、维修检测等经济活动中发生的管理关系、合同关系、运输经营管理关系的法律规范的总称。

2. 道路运输安全规程和安全技术规范

(1) 所谓规程,从词意上理解是指调整人与自然之间关系的规章制度,或者是对政策、制度所做的分章分条的具体规定。

道路运输安全规程,是指在道路运输生产活动中,为了消除能导致人身伤亡或者造成车辆、设备、货物和其他财物危害而制订的对客货运输、站务操作、汽车维修、车辆检测、搬运装卸、驾驶教练等有关安全管理的要求和实施程序的统一规定。其主要内容是规定了安全设施和道路运输生产活动中必须遵守的安全要求。

(2) 所谓规范,从词意上理解就是标准或准则。道路运输安全技术规范是对道路运输生产活动中各个环节有关安全问题所作的一系列具体规定。其内容主要偏重于对技术工作的具体要求和各种标准数值。

以上"规程"和"规范"都是行业内的行政规章,是行政管理的手段,是法律的具体化,也是道路运输企业的工作依据和从业人员的行为准则。这些往往是由政府机关、行业管理部门制定颁布的。

3. 安全标准

标准即衡量事物的准则。

我国安全标准分为三个层次,即国家标准(GB)、行业标准(如交通行业标准 JT)、地方标准。

标准还分为强制标准和推荐标准两种。国家标准是属于强制执行的标准。

有的标准如安全卫生标准还分为管理标准、基础标准和技术标准三类。

四、我国的道路运输安全法规体系

我国的道路运输法规主要分为以下三大类:

1. 关于道路管理的法规

关于道路管理的法规主要有:《中华人民共和国公路法》、《中华人民共和国道路交通安全法》、《中华人民共和国公路管理条例》、《中华人民共和国收费公路管理条例》、《交通运输突发事件应急管理规定》、《道路交通标志和标线》、《公路工程技术标准》、《中华人民共和国公路安全保护条例》等。

2. 关于驾驶员和车辆管理的法规

关于驾驶员和车辆管理的法规主要有:《机动车驾驶员培训管理规定》、《出租汽车驾驶员从业资格管理规定》、《机动车交通事故责任强制保险条例》、《道路运输车辆燃料消耗量检测和监督管理办法》、《道路运输从业人员管理规定》、《机动车驾驶证申领和使用规定》、《机动车维修管理规定》。

3. 关于运输活动及其安全管理的法规

关于运输活动及其安全管理的法律规定主要有三个方面:

(1) 运输法规,主要有《中华人民共和国道路运输条例》、《道路危险货物运输管理规定》、《放射性物品运输管理规定》、《国际道路运输管理规定》、《危险化学品安全条例》等。

(2) 行车安全管理法规,主要有《中华人民共和国安全生产法》、《道路旅客运输及客运站管理规定》、《道路货物运输及站场管理规定》、《国务院关于加强道路交通安全工作的意见》等。

(3) 事故处理法规,主要有《中华人民共和国道路交通安全法》、《中华人民共和国道路交通安全法实施条例》、《道路交通事故处理办法》等。

以上三大类法规中,除第一类外,其余两类中多数与道路运输行业安全管理部门直接有关。

我国道路交通运输业随着国民经济的快速发展而不断提升,与道路交通运输相关的一批法律法规也在相继颁布,但与发达国家交通运输法律法规相比较,仍然有不完善之处,主要表现在法规配套性不足,内容比较原则笼统,缺乏详细的实施细则,所以在实施中灵活度过大,不易掌握和操作;加上公民法制观念不强,执法人员素质较低,导致出现有法不依、执法不严的现象。这些都会对交通安全管理工作带来严重影响。所以,不断完善交通运输法规是摆在我们面前的一项长期而艰巨的任务。

第二章 道路运输法律法规

《道路交通安全法》与《道路运输管理条例》是我国道路运输法律法规体系的重要组成部分，是道路运输从业与执法的主要依据。

第一节 《道路交通安全法》基本知识

一、《道路交通安全法》的产生与发展

在我国，早在原始社会末期，传说中的黄帝时代就有了舟车、指南车。那时候，也有了道路修建工程，开劈山林，以通道路。但是，由于当时社会生产力低下，阶级、国家尚未出现，所以也没有法与法规。

夏禹时期，我国已进入奴隶制社会，国家已经形成。奴隶主阶级为镇压奴隶阶级的反抗而制定了刑律，夏有乱政而作禹刑。当时还设置了管理车辆的行政官职，传说奚仲任夏禹时的车正。至此，法与法规，已开始萌芽。

周王朝时，道路交通法规有了发展。首先，由国家的官职司马、所属的司险，掌九州之图，以周知其山林川泽之阻，而达其道路。由地方官职所属的野庐氏掌达国道路至于四畿。……凡道路之舟车击互者，叙而行之。这说明当时的水陆之道，舟与车往来的狭隘之处，常有撞船、撞车事故，并设人维护秩序。其次，在车辆管理和通行方面也有了简单的规定，如"兵车不中度，不粥于市"，是说不按国家规定制造的车，不准出售、过户。通行的方法是："道路，男子由右，妇人由左，车从中央"。这里是指大夫都邑之轨为例而言的。

秦始皇统一全国后，道路交通法规有了新的发展。各个朝代的通行方法，都反映了官贵民贱、帝王至上的封建特色，却没有统一的通行规则。

秦始皇执政时，以都城咸阳为中心，向各郡地修建了七条驰道，如"东穷燕齐，南极吴越"等。驰道宽五步（六尺为一步），路面以铁椎夯实。路中宽三丈，为皇帝舆马行驶的专用御道，百姓只准在御道两旁的路边行车。秦王朝通令全国"车同轨"：车宽一律六尺，驾车用六马。秦王朝统一了车的规定。

汉代长安城，为不规则的四方城，每方城门三座，城门规定的通行方法是："右为入，左为出，中为御道。"实际上这是右行制规则。

唐代交通已很发达，以长安为中心，通往全国各州。唐代把交通管理列入了法律，在《唐律疏义》中的"杂律"上，就有对破坏桥梁、阻碍交通等犯罪方面的处罚规定。

宋代，有的地区已有了较完善的通行法规，但其中官贵民贱的封建社会特点仍十分鲜明。

据一块开禧元年(1205年)的石碑记载,通告的规则是:

"贱避贵",即贫贱百姓行车走路,要为达官贵人的车马轿舆让路;"轻避重",即轻身、轻车要为负重者、载重车让路;"少避长",青少年要为长者让路;

"来避去",即在坡道上,下来的人或车,要为上去的人或车让路;要为身后急奔而去的人或车让路。

明、清两代,行车走路按封建等级划分,十分严格。天安门前的金水桥,桥正中为皇帝专用的御道桥;两旁为宗室亲王通行的王公桥;再两旁为三品以上官员通行的品级桥等。而普通百姓,则无权通行。

我国古代的道路交通法规,经历了几千年漫长的历史,虽然也有发展,但是较为缓慢,法规内容既零散,又不系统,这是由于社会历史条件所造成的。

到了近代,随着各种车辆日益增多,特别是现代交通工具——汽车的问世与发展,道路交通法规出现较快的发展。1901年,我国出现第一辆汽车,1903年,上海仅有5辆汽车。其后,各大城市才陆续进口了一些汽车。随着车辆和汽车的增多,道路交通也随之发展。1934年12月,国民党政府内政部公布了《陆上交通管理规则》,共十一章,一百零三条,规定了交通标志的种类与含义,规定了通行方法为左行制,1946年改为右行制。随着车辆的增多,国民党在其统治区还公布了一些交通法规,如1940年公布的《全国公路行车通则》,1947年公布的《公路汽车监理实施办法》等。

1949年中华人民共和国成立。建国初期,百废待兴,百业待举,中央政府十分重视交通安全工作。在3年经济恢复时期,中央人民政府政务院于1950年3月批准并公布了《汽车管理暂行办法》,规定了车辆登记、检验、核发牌照、驾驶员考试等;1950年7月中央交通部公布了《汽车管理暂行办法实施细则》,1953年5月进行过修订;1951年5月,中央人民政府公安部公布了《城市陆上交通管理暂行规则》,共七章八十八条,规定了各种车辆靠右行驶,汽车载物的高、宽、长度,非机动车夜晚行驶必须燃灯等,并有"牲畜"和"道路"两章的规定。这个《暂行规则》执行了4年;1955年8月,经国务院批准,由公安部公布了《城市交通规则》,同时宣布1951年的《暂行规则》废止。1955年我国已进入有计划的建设时期,人民生活有所改善,车辆不断增加,用作交通工具的牲畜,已相对减少。所以,1955年规则没再专写"道路"和"牲畜"两章,但增写了"机动车驾驶员"和"交通指挥信号和交通标志"等章节。

1955年的规则经过4年的执行,于1959年9月公安部联合其他部门颁发了《关于城市交通规则的补充规定(草稿)》,共八条二十七款。这是根据当时工农业发展的新情况及存在的新问题而制定的。当时是"大跃进"时期,有些地区冲破了1955年规则中的一些规定,出现"多拉快跑"、"汽车实行列车化"等现象,造成了交通秩序混乱和事故的上升。所以,《关于城市交通规则的补充规定(草案)》明确了车辆装载不准超过规定的载质量,小型汽车时速不得超过60km(比1955年规则高10km),还规定:"客运汽车只准拖挂一辆",并针对自行车发展较多的情况,规定"自行车在拐弯时,要伸手示意"等,以防事故发生。

当时事故多、秩序乱的现象,在公路上也同样出现。因此,于1960年2月和8月,经国务院批准,交通部分别公布了《机动车管理办法》和《公路交通规则》。《关于城市交通规则的补充规定(草案)》的一些内容,也写进了这些法规之内,废止了1950年公布的《汽车管理暂行办法》,适应了当时工农业生产发展形势的需要。1972年公安部、交通部颁布了《城市和公路交通管理规则》,将《城市交通规则》、《公路交通规则》以及《机动车管理办法》合并为一个法规。1988年,经国务院批准颁布了《中华人民共和国道路交通管理条例》,共十章九十三条。2003年10月28日中华人民共和国全国人大常委会讨论通过了《道路交通安全法》,2004年5月1日正式实施《道路交通安全法》。在2007年12月29日第十届全国人民代表大会常务委员会第三十一次会议上提出的《关于修改〈中华人民共和国道路交通安全法〉的决定》,对《道路交通安全法》进行了第一次修订。在2011年4月22日第十一届全国人民代表大会常务委员会第二十次会议上提出的《关于修改〈中华人民共和国道路交通安全法〉的决定》,对《道路交通安全法》进行了第二次修订,修订后的《道路交通安全法》共八章一百二十四条。

二、《道路交通安全法》的立法背景与目的

1. 立法背景

在现代社会,维护道路交通安全十分重要。改革开放以来,我国的道路交通法制取得了较大进展。国务院从1988年开始相继颁布了《中华人民共和国道路交通管理条例》、《道路交通事故处理办法》等行政法规。与之相配套,公安部陆续制定了《高速公路交通管理办法》、《机动车驾驶证管理办法》、《交通违章处理程序》和《机动车登记办法》等15个部门规章。另外,各省、自治区、直辖市也根据各地的实际情况,出台了一批地方性法规和地方政府规章。上述行政法规、规章以及地方性法规的贯彻落实,为加强道路交通管理、维护道路交通秩序、保障道路交通安全提供了法律保障。

然而,随着改革开放的不断深入发展,我国社会经济和人民生活的各个领域都发生了深刻的变化,机动车和交通流量大幅度增加,使道路交通需求迅猛增长,而城乡道路建设相对滞后,道路交通参与者的法制观念普遍淡薄,交通违法现象严重等,致使道路交通安全管理工作存在以下几个突出问题:

(1)道路交通安全形势严峻,道路交通事故,特别是群死群伤的重特大交通事故逐年上升,给国家和人民群众的生命、财产带来严重损失。在《道路交通安全法》颁布前的2004年,全国共发生道路交通事故567753起,死亡99217人(平均每天死亡272人),受伤451810人,直接经济损失27.7亿元。

(2)大中城市的交通拥堵日趋严重,道路通行效率降低,严重影响了人们正常的生产和生活。全国667个城市中,约有2/3城市交通高峰时段主干道机动车车速下降,出现拥堵。一些大中城市交通拥堵严重。

(3)办理机动车登记、检验和驾驶证审验等管理环节没有体现"管住重点、方便一般"的原则,该严管的没管住,该便民的不便民。

(4)《道路交通管理条例》和《治安管理处罚条例》规定的管理手段单一,对违法行为的处罚力度不够,难以有效制止和惩罚道路交通违法行为。

(5)公安交通管理部门及其交通警察的执法行为不规范,乱执法、滥罚款等现象时有发生。

上述问题,归根结底,与道路交通法制不健全有着直接关系。道路交通法规和规章的制订以及交通执法行为缺少必要的、高层次的法律依据。现行的《道路交通管理条例》、《道路交通事故处理办法》、《机动车管理办法》作为行政法规,其权威性、适用性都与当前的道路交通安全、畅通形势不相称。一是,许多内容没有法律规范。长期以来,道路交通作为一项具有广泛社会性的人类基本活动,保障安全与畅通的工作纳入国民经济和社会发展计划尚未有法律规定;政府及有关部门在道路交通中的责任和协作关系没有明确规范;改善交通设

施、改善道路交通需求、发展公共交通、有效调控和管理道路交通的政策规范不明确,致使道路交通的发展难以与城乡发展相适应,道路交通基础建设与有效利用的矛盾长期不能解决。二是,道路交通管理法律规范严重滞后,适应性差。随着我国社会主义市场经济体制的建立和不断完善,有关道路交通管理方面的基本规范,仍然停留在计划经济阶段。《机动车管理办法》自1960年颁以来,40年未作修改,车辆的生产、使用与管理不相协调,特别是机动车及驾驶员交通安全制度规范不明确,造成了大量的事故隐患,不利于经济的可持续性发展。三是,道路交通管理的法律规范层次低,不能充分发挥其规范作用。由于现行道路交通法规不能满足执法实践的要求,主管部门只能靠制订规章、规范性文件甚至通知、答复、批复等文件进行管理,致使管理漏洞多、程序繁杂;许多地方也不得不依靠地方法规来管理,造成道路交通管理规范不统一。目前低层次的道路交通管理法律规范与其他法律规范的不协调越来越多,特别是部门规章与地方性法规的不协调日趋严重,直接影响了执法的权威性与准确性。四是,对道路交通违法行为的处罚种类少,幅度小,力度不够。对严重的道路交通违法行为缺乏严厉的处罚,大量的诸如伪造机动车号牌、非法拼装机动车等严重违法行为,没有处罚的依据;醉酒后驾驶机动车、无证驾驶机动车等社会危害性已达到相当严重程度的交通违法行为,没有承担更严厉法律责任的规定;我国东、南地区和西、北地区的经济发达程度差别较大,各种违法行为的危害程度也有很大不同,处罚的幅度没有反映出这种差别;罚款处罚的200元最高限额已经难以起到惩戒交通违法行为的作用。

因此,制订道路交通安全法,加强道路交通安全管理,保障道路交通安全、畅通,预防和减少交通事故,提高通行效率,规范公安交通管理部门及交通警察的执法行为,是迫切需要的。通过规范道路交通行为,明确权利义务关系,保护道路交通参与人的合法权益;通过确定法律制度,增强道路交通的有效管理,提高管理水平;通过规范执法行为,增强公民的守法意识,保障道路交通的有序、安全和畅通。

2. 立法目的

《道路交通安全法》的立法宗旨就是:为了维护道路交通秩序,预防和减少交通事故,保护人身安全,保护人民、法人和其他组织的财产安全及其他合法权益,提高通行效率。

(1)维护道路交通秩序。

一般认为,交通是指人、货物或信息在人为的作用下发生的位置移动过程。这种位置移动的表现形式,或者说移动的方式,我们称之为交通方式。现代社会主要有铁路、道路、水路、航空、管道、邮政、电信等7种交通方式。所谓道路,依照《道路交通安全法》第119条第1款的规定,是指公路、城市道路和虽在单位管辖范围但允许社会机动车通行的地方,包括广场、公共停车场等用于公众通行的场所。在没有特别说明的情况下,本书中所称的"交通"是指道路交通;"交通管理"也是指道路交通管理。

广义上的道路交通管理事项,包括:公路的建设、养护和管理;城市道路的建设、养护和管理;公路运输的管理;城市公共交通运输的管理;道路交通秩序的管理;机动车辆和非机动车辆的管理;机动车驾驶人员的管理;交通事故的处理等。本法是有关道路交通安全和交通秩序的法律,因此,本法意义上的道路交通管理,主要规范与交通安全和交通秩序直接相关的事项,只包括前述后四项内容。

我们知道,人、车、路和环境是构成道路交通的基本要素。其中人和车是道路交通活动的主体,路是为人和车服务的基础条件,环境要素关注的是其他物质因素,如季节、气候、地形、地貌、建筑物等对交通活动的影响。因此,道路交通管理的基本内容是对人员、车辆、道路、环境四要素的统一、协调和管理。对人员的管理,主要是对行人、乘车人和驾驶人员的管理。通过有效的管理,使行人自觉遵守交通规则,在人行道上右侧行走,不横穿、斜穿道路,不在机动车和非机动车道上行走,在没有划分人行道的道路上只能靠右侧行走,并且不得妨碍车辆通行,通过路口或横过道路时,应当走人行横道或过街设施;驾驶人员包括机动车驾驶人员和非机动车驾驶人员。由于机动车驾驶人员是影响交通安全的主要因素之一,国家对机动车驾驶人员资格实行行政许可制度。只有经过培训,通过考核符合驾驶机动车条件,并领取驾驶证的人员,才能驾驶与其驾驶证记载类型相一致的车辆;对车辆的管理包括对机动车和非机动车辆的管理,如按照车辆的技术规范核发牌照、进行检验等,是要使车辆的技术标准和机械性能符合安全行车的规范,防止因车辆的机械原因引起违章和交通事故;对道路的管理,包括在道路上设置设施,对个人、企事业单位、机关团体非法占用道路的行为进行制止、教育和处罚,对道路施工进行审批的管理活动,目的是使道路能够为交通所用。道路的规划、布局和线形设计不是本法所称的交通管理的内容,而是属于交通行政部门的工作范围,但与交通管理工作密切相关;对环境的管理,从城市交通的角度看,交通环境即交通参与者的行走空间及其周围的建筑、设施、树木,不应当给正常的交通参与者的通行造成盲区,特别是广告或门庭的彩灯不得与交通信号灯同方向摆放或靠近,以防止交通参与者误识交通信号。本法即是围绕上述道路交通的四个基本要素进行立法的。

维护道路交通秩序是交通管理立法的首要目的,这是由道路交通在国民经济和人民生活中的地位确定的。道路交通是一个国家国民经济的主动脉,无论是工业生产还是广大人民的日常生活,都必须通过交通才能进行。道路交通直接涉及社会生产、分配、交换、消费各个领域,是城乡之间、工农之间、部门之间、行业之间经济联系的物质基础和纽带。国家的政治、经济活动,城乡物资、文化交流和人员的来往,以及人们的工作、学习和日常生活,都需要通过交通来进行。同时,道路交通又是联系其他交通方式的纽带,有利于实现一次到位的服务。

交通秩序不仅对国民经济的发展意义重大,还是社会主义精神文明建设的窗口。它直接反映出国家的科学文化水平和管理水平,反映出人民的精神面貌、社会风尚和文明程度。特别是随着我国国际交流的不断扩大,对外开放的城市日益增多,到我国各地进行参观访问、探亲访友、旅游和贸易活动的来宾、外商、华侨和港澳台同胞越来越多。保持良好的交通秩序,对于促进社会主义精神文明建设,维护国家的政治声誉具有非常重要的作用。良好的交通秩序,还能给人们以方便、快捷、舒适的感觉,使人们对国家的前途充满信心。

(2) 预防和减少交通事故,保护人身安全。

本法所称交通事故,是指道路交通事故(不包括铁路、民航、水运等事故)。在道路上发生的撞车、翻车、碰撞等交通行为冲突,也并不都能构成法律意义上的交通事故。根据《道路交通安全法》的规定:交通事故是指车辆在道路上因过错或者意外造成的人身伤亡或者财产损失的事件。

近代以来,交通事故逐渐成为一种社会公害,引起国际社会的广泛关注。从国际范围来看,一方面,汽车保有量的急剧增长和道路交通的迅速发展极大地推动了各国的经济发展;但另一方面,交通事故造成的人员伤亡和财产损失也迅速增加。据有关国际组织统计,全球每年有大约 100 万人死于交通事故;在我国,自 1998 年以来,每年死于交通事故的人数都在 10 万人以上,每年因交通事故造成的直接经济损失不低于 20 亿元。严酷的现实要求我们必须强化道路交通安全工作,预防和减少交通事故。

(3)保护公民、法人和其他组织的财产安全及其他合法权益。

由于道路交通与社会生产和人们的生活密切相关,社会的全体成员都会成为道路交通的参与者。人们的衣食住行,社会组织的日常运转,都离不开道路交通。因此,保护公民、法人和其他组织的财产安全及其他合法权益,关系到国计民生。道路交通安全法不仅要保证交通管理机关发挥应有的职能作用,而且必须确保交通参与者的合法权益,即以法律的形式,确认自然人、法人和其他组织在道路交通活动中的权利和义务,确认人民群众参与道路交通的权利和地位,使他们在参与交通的过程中充分享有自己的权利,以主人翁的态度自觉维护交通秩序。

(4)提高通行效率。

道路交通安全立法的基本目的之一就是要保持道路畅通,使之能够充分发挥其快速、高效的功能。当前,我国道路基础设施与车辆急剧增长的矛盾日益尖锐,混合交通在相当长的时期内难以改变,加之有限的道路被大量的集贸市场占用,更加剧了交通紧张和秩序混乱的状况,交通拥挤和堵塞时有发生。对于这种情况,除了加快道路基础设施的建设外,加强交通管理,积极改进交通指挥,合理使用现有道路,科学组织和疏导交通流量,是保障交通运输畅通、提高道路通行能力和运输效率的有效途径。同时,提高通行效率,充分发挥现有车辆和道路的作用,对整个社会生产力的提高都有重要意义。

三、《道路交通安全法》的适用范围

法律的适用范围,也称法律的效力范围,包括法律的时间效力,即法律从什么时间开始发生效力和什么时间失去效力;法律的空间效力,即法律适用的区域范围;法律对人的效力,即法律对什么人(包括具有法律关系主体资格的自然人、法人及其他组织)适用。

1. 地域效力

《道路交通安全法》的地域效力范围(或称空间效力范围),是中华人民共和国境内,即中华人民共和国国家主权所及的全部领域内。法律空间效力范围的普通原则是适用于制订它的机关所管辖的全部领域(法律本身对其空间效力范围做出限制性规定的除外)。《道路交通安全法》是我国最高权力机关的常设机构——全国人民代表大会常务委员会制定的法律,其效力自然及于中华人民共和国的全部领域。但是,按照我国香港、澳门两个特别行政区基本法的规定,只有列入这两个基本法附件3的法律,才能在两个特别行政区生效。因道路交通安全法没有列入这两个基本法的附件3中,因此,它不适用于香港和澳门两个特别行政区。目前,在香港、澳门特区和台湾省,分别有各自的规范道路交通安全方面的法规。

2. 对人的效力

在法律对人的效力问题上,世界各国有几种不同的立法原则,主要包括:

(1)属人主义,又名国民主义,即法律对具有本国国籍的公民和在本国登记注册的法人或其他组织适用,而不论他们在本国领域内或在本国领域外。外国人即使在本国境内犯法,也不适用本国法律。

(2)属地主义,又名领土主义,即凡在本国领域内的所有人都适用本国法律,而不论是本国人还是外国人。本国人如不在本国领域内也不受本国法律的约束。

(3)保护主义,即以保护本国利益为基础,任何人只要损害了本国利益,不论损害者的国籍和所在地域在哪里,均受该国法律的追究。

(4)以属地主义为基础、保护主义为补充,这也是近代大多数国家所采用的原则。我国法律在对人的效力的问题上也基本采用这个原则,但在道路交通安全法律方面,情况却有所不同。道路交通是以特定的地域为载体的,在同一地域内,人们必须遵守统一的交通法规,否则根本无法实现良好的交通秩序。因此,道路交通安全法贯彻绝对是属地主义,规定凡中国境内的行人、驾驶人员、乘车人以及与道路交通活动有关的单位和个人都必须遵守本法。

以上主体不但包括我国公民、法人和其他组织,还包括外国人、无国籍人以及经过我国政府许可在中国境内从事有关业务活动的外国组织。

《道路交通安全法》中所称的"与道路交通有关的单位和个人",包括下列人员:

(1)参与道路交通管理的单位及其执行职务的人员;

(2)参与道路交通有关纠纷解决的单位及其执行职务的人员;

(3)在道路上进行维修养护道路和道路设施作业的人员;

(4)在道路上设置或维护路灯、电线和自来水、污水、煤气管道等施工作业的人员;

(5)在道路上种植或整修行道树、绿篱、花木的人员;

(6)在道路上摆摊设点、堆物作业、搭棚盖房及进行贸易活动的人员;

(7)在道路上设置和维护交通安全设施、消防设施的人员。

3. 时间效力

本法的新修订版本从 2011 年 5 月 1 日起正式实施。

四、《道路交通安全法》的基本原则

法律的基本原则是对法律规则的高度抽象和概括,是一部法律的灵魂,对立法、执法、司法活动以及社会公众的行为都具有指导意义。《道路交通安全法》基本原则包括了四个方面的内容。

1. 保障道路交通安全的原则

保障道路交通安全,预防和减少交通事故,需要采取多种措施。道路交通安全法在明确规定与保障道路交通安全有直接关系的道路通行基本条件和基本规范的同时,针对近年以来交通事故,特别是群死群伤的重(特)大交通事故逐年上升的实际情况,从以下三个方面作了严格规定:

(1)防止"带病"车辆上路行驶。一是,对营运机动车实行严格的准入制度,规定:准予登记上路的机动车必须符合机动车国家安全技术标准。并且规定,驾驶员在驾驶机动车上道路行驶前,应当对机动车的安全技术性能进行认真检查;不得驾驶安全设备不全或者机件不符合安全技术标准的机动车。为了确保在用机动车符合安全技术要求,又尽可能方便群众,本法在维持现行对机动车实行安全检验制度的同时,针对不同用途、不同载客载货数量和使用年限的机动车要求规定不同的安全检验周期。二是,建立机动车强制报废制度,本法规定:应当报废的机动车必须及时办理注销登记;严禁报废和非法拼装、改装、组装的机动车上路,对上路行驶的报废车、拼装车,由交通警察予以收缴,强制报废。为了防止已经报废的营运客车重新投入使用,规定:报废的大型客、货车以及其他营运车辆应当在公安交通管理部门的监督下解体。通过以上措施,从制度上杜绝"带病"车辆上路行驶,可以有效预防重大交通事故的发生。

(2)防止超载运输。重大交通事故往往与超载有关。因此,本法规定:机动车装载应当符合核定载人数、载质量,严禁超载;对严重超载车辆,公安机关交通管理部门扣留其机动车至违法状态消除(多载的人下车,多载的物卸下),再根据不同情节,给予处罚。

(3)强化对驾驶员的安全管理。机动车驾驶员与道路交通安全直接有关。本法规定：机动车驾驶员符合国务院公安部门规定的驾驶许可条件，经考试合格，取得驾驶证，方可驾驶机动车。此外，本法着重对驾驶员严重影响道路交通安全的行为以及相应的处罚作了规定：一是饮酒、服用国家管制的精神药品或者麻醉药品，患有妨碍安全驾驶机动车疾病或者过度疲劳影响安全驾驶的，不得驾驶机动车；1年内2次以上因醉酒后驾驶机动车被处罚的，除吊销机动车驾驶证外，5年内不得驾驶营运机动车。并对无证驾驶、严重超速行驶等行为规定了拘留和处罚。二是为了加强对驾驶员安全管理的有效性，根据一些地方的成功经验，规定对违法的机动车驾驶员，除依法给予处罚外，实行累积计分制度，对累积达到规定分值的驾驶员，扣留机动车驾驶证，进行交通安全教育，重新考试。

2. 提高通行效率的原则

目前，造成城市道路交通拥堵的重要原因之一，是现行道路交通事故处理办法不适应城市道路交通发展的需要。一是，大量轻微交通事故得不到快速处理，造成交通阻塞。据统计，70%以上的交通事故是仅仅造成车辆及少量物品损失的轻微交通事故，这些事故发生后，当事人都要等交通警察到现场来处理。二是，将公安交通管理部门对交通事故损害赔偿纠纷的调解作为当事人提起民事诉讼的前置程序，既限制了当事人的诉讼权利，又影响了纠纷的处理效率。三是，缺少国际上通行的机动车第三者责任强制保险的机制，致使交通事故的人身伤亡难以得到及时补偿。

针对上述问题，为了缓解城市道路交通拥堵，提高通行效率，本法对现行道路交通事故处理办法作了较大的改革：一是未造成人员伤亡，当事人对事实无争议的道路交通事故，可以即行撤离现场，恢复交通，由当事人自行协商处理损害赔偿事宜。并规定，在道路上发生交通事故，仅造成轻微财产损失，并且基本事实清楚的，当事人有义务先撤离现场后再进行协商处理。从试行这种快速处理办法的实践看，对于缓解交通事故引发的交通阻塞，效果十分明显。二是不再把对交通事故损害赔偿的调解作为民事诉讼的前置程序，对于道路交通事故损害赔偿的争议，当事人可以请求公安交通管理部门调解，也可以直接向人民法院提起民事诉讼。经公安交通管理部门调解，当事人未达成协议或者调解书生效后不履行的，当事人可以向人民法院提起民事诉讼。三是借鉴国外成功经验，本法确立了国家实行机动车第三者责任强制保险制度。鉴于这是一种新的制度，尚待实践、逐步完善。

3. 方便群众原则

在保障道路交通安全的前提下，把为人民群众提供方便作为道路交通安全管理的重要原则。长期以来，机动车办理登记时间过长、手续繁琐、办事程序不透明、对机动车和驾驶证不区分不同情况频繁检验、审验，人民群众意见很大。为了解决上述问题，从既管住重点又方便群众出发，本法区别不同情况，分别规定了不同的管理措施：一是经国家机动车产品主管部门依据机动车国家安全技术标准允许企业投入生产的机动车型，该车型的新车出厂检验符合机动车国家安全技术标准，获得合格证的，新车注册登记时，免于安全技术检验；二是公开办理机动车登记的条件、程序和期限，对符合本法规定条件的，机动车登记机关应当自受理登记申请之日起5个工作日内完成登记审查工作，对符合规定条件的，发给号牌和行驶证。

4. 依法管理的原则

滥罚款、当场处罚不开罚款收据、开罚单不如实填写罚款额、不严格执行罚缴分离制度、随意拦截检查正常行驶的车辆以及公安交通管理部门自办驾校等行为，往往导致腐败，影响交通警察在群众中的形象,必须坚决予以纠正。为此,本法设专章做了详细规定。一是从加强组织建设入手,规定:公安交通管理部门应当根据依法履行职责的需要,加强队伍建设,提高管理水平。有计划地对交通警察进行法制教育和业务培训、考核。考核不合格的交通警察,不得上岗执行职务。二是规定公安交通管理部门及其交通警察的执法必须依照法定的职权和程序,严格执法、热情服务,公开办事程序,简化办事手续,做到公正、严格、文明、高效。三是明令禁止滥发证照、滥施处罚、滥用职权、徇私枉法等职务违法行为。四是针对超标收费、罚没收入不上缴或者不完全上缴国库的行为,本法规定:依照本法颁发牌证等收取费用,必须严格执行国务院价格主管部门核定的收费标准;所收取的费用必须全部上缴国库,依法实施罚款的行政处罚,应当依照有关法律、行政法规的规定,实施罚款决定与罚款收缴分离;收缴的罚款以及依法没收的违法所得,必须全部上缴国库,彻底切断公安交通管理部门行使职权与经济利益的联系。五是规定交通警察必须接受行政监察、公安机关内部监察和上级对下级的层级监督以及社会公众的监督,并规定群众可以举报、检举、控告,收到投诉、检举、控告的机关,应当按照职责分工及时查处。六是规定公安交通管理部门和交通警察有上述职务违法行为的,对负有责任的主管人员和其他直接责任人员给予降级、撤职、开除的行政处分;情节严重,构成犯罪的,依法追究刑事责任;有职务违法行为给当事人造成损失的,依法承担赔偿责任。

五、基本特点

《道路交通安全法》从我国道路交通的实际出发,在总结历史经验和借鉴国外一些发达国家的成功做法的基础上,对道路交通活动中交通参与人的权利义务关系进行了全面规范,具有以下特点:

(1)以保护交通参与人的合法权益为核心,突出保障交通安全,追求提高通行效率。从立法的指导思想、立法目的以及内容上都体现了本法的这一精髓。一是坚持以人为本,预防和减少交通事故,保护交通参与人的合法权益;二是提高通行效率,保障道路交通的有序、畅通。

(2)坚持道路交通统一管理,明确政府及其相关部门在道路交通中的管理职责。明确提出政府应当保障道路交通安全管理工作与经济建设和社会发展相适应;同时又具体地规定政府应当制订道路交通安全管理规划,并组织实施。

(3)将交通安全宣传教育上升为法律规定,明确规定政府以及公安机关交通管理部门,机关、部队、企事业单位、社会团体等单位,教育行政部门、学校,新闻、出版、广播、电视等媒体的交通安全教育义务。这符合我国道路交通事业发展的内在要求,符合现代交通管理工作的特点。

(4)倡导科学管理道路交通。改革开放以来,道路交通发生了深刻变化,随着社会的发展进步,尤其是随着高科技手段在社会各个领域的广泛应用,强化科技意识,运用科学技术,不断提高交通管理工作的科学化、现代化水平,已经成为未来道路交通发展的方向。因此,本法中明确规定提倡加强科学研究,推广、使用先进的管理方法、技术和设备。

(5)通过设立机动车登记制度、检验制度、报废制度、保险制度、交通事故社会救助制度、机动车驾驶证许可制度、累积记分制度等来进一步规范交通管理行为,从法律制度上保障道路交通安全、畅通的实现。

(6)按照以人为本的精神,在通行规范中重点规定了有助于培养规则意识、保护行人的通行规定;在交通事故处理方面对快速处理、自行协商解决、重点保护行人、非机动驾驶员权益等内容做了重大改革。

(7)明确规定了规范执法的监督保障体系。从组织建设、职权、执法程序、禁止性条款、监督、处罚和处分等方面做了系统规定,以解决社会和群众普遍关心的乱扣、乱罚问题。强化执法监督,将司法监督、社会公众监督、舆论监督等融入对交通管理执法的监督之中。

(8)强化职能转变,退出一些事务性、收费性、审批性的工作事项。严禁公安机关交通管理部门及其交通警察举办或者参与举办驾驶学校或者驾驶培训班、机动车修理厂或者停车场等经营活动。

(9)体现过罚相当的法律责任追究原则。统一规定了处罚的种类、强制措施的适用范围,对酒后驾车、超载、超速等严重影响交通安全的交通违法行为,规定了较为严厉的处罚。

六、《道路交通安全法》专门术语的含义

1. 道路

道路是指公路、城市道路和虽在单位管辖范围但允许社会机动车通行的地方,包括广场、公共停车场等用于公众通行的场所。

(1)公路。根据《公路法》的规定,公路按照其在公路网中的地位,分为国道、省道、县道和乡道,包括陆面道路和公路桥梁、公路隧道和公路渡口。

(2)城市道路。根据《城市道路管理条例》的规定,城市道路是指城市供车辆、行人通行,具备一定技术条件的道路、桥梁及其附属设施。

(3)属于单位管辖范围,但允许社会机动车辆通行的道路。如厂矿道路、港区公路、机场道路等,凡是社会机动车可以自由通行的,均按照道路进行管理。

(4)广场。广场是指城市规划在道路用地范围内,专供公众集会、游憩、步行和交通集散的场地,一般分为城市中心广场、站前广场等。

(5)公共停车场。公共停车场是指规划在道路用地范围内专门划设出供车辆停放的车辆集散地,是道路系统中的一个重要组成部分。

2. 车辆

车辆是指在道路上行驶的机动车和非机动车。在轨道内运行的火车、地铁列车等,不属于这里的车辆范围。

(1)机动车,是指以动力装置驱动或者牵引,在道路上行驶的供人员乘用或者用于运送物品以及进行工程专项作业的轮式车辆。机动车包括了各种汽车、无轨电车、电瓶车、摩托车、农用车、轮式专用机械车、轮式拖拉机车组、手扶拖拉机车组、手扶拖拉机变形运输以及被牵引的半挂车和全挂车等。其中轮式专用机械车指有胶轮、可以自行行驶、设计时速在20km以上的机械,如叉车、装载车、平地机、挖掘机等。

(2)非机动车,是指以人力或者畜力驱动,在道路上行驶的交通工具,以及虽有动力装置驱动但设计最高时速、空车质量、外形尺寸符合有关国家标准的残疾人机动轮椅车、电动自行车等交通工具,包括自行车、三轮车、人力车、畜力车、残疾人专用车、电动自行车等。

在道路交通安全法起草的过程中,有的专家建议,在道路交通安全法中应当将装有动力装置驱动的非机动车的设计最高时速、空车质量直接加以明确规定。国务院提交全国人大的道路交通安全法法律草案采纳了专家们的建议,规定:"非机动车,是指以人力或者畜力驱动,在道路上行驶的交通工具,以及虽有动力装置驱动但设计最高时速小于20km/h,空车

质量小于40kg的车辆和设计最高时速小于20km/h,空车质量小于75kg的残疾人机动轮椅车。"但是,在道路交通安全法审议的过程中,有的部门提出:道路交通安全法草案的规定不符合实际情况,而且残疾人机动轮椅车的具体技术参数应由国家质量技术监督部门发布的国家标准或者行业标准加以规范,不属于道路交通安全法规定的范围。道路交通安全法在充分考虑各方面意见并考虑到与目前已经存在或者将要制订、完善的国家技术标准的衔接,没有直接在道路交通安全法中限制最高设计时速和空车质量,只是规定必须符合有关的国家标准。同时,为了保障此类非机动车在非机动车道内的行驶安全,道路交通安全法在非机动车通行规定中限定了此类非机动车的最高行驶速度。

3. 交通事故

新修订的《道路交通安全法》对交通事故的处理作出了更加人性化的规定:

(1)交通事故快速处理。按照规定,在道路上发生交通事故,未造成人员伤亡,当事人对事实及成因无争议的,可以即行撤离现场,恢复交通,自行协商处理损害赔偿事宜。

(2)该法对于救助交通事故的伤者也有了人性化的规定,它规定事故车辆驾驶员应当立即抢救伤者,乘车人、过往车辆驾驶员、过往行人也应当予以协助;交通警察赶赴事故现场处理,应当先组织抢救受伤人员;医院应当及时抢救伤者,不得因抢救费用问题而拖延救治。

(3)造成交通事故后逃逸的,由公安机关交通管理部门吊销机动车驾驶证,且终生不得重新取得机动车驾驶证。对6个月内发生2次以上特大交通事故负有主要责任或者全部责任的专业运输单位,由公安机关交通管理部门责令消除安全隐患,未消除安全隐患的机动车,禁止上路行驶。

第二节 机动车与机动车驾驶员

一、机动车

车辆是道路交通的重要组成部分,是重要的交通运输工具和人们的代步工具。搞好车辆管理对于提高运输效率,节省能源,保障交通安全,维护交通秩序,预防利用车辆进行违法犯罪活动具有重要的意义。此外,车辆包括各种机动车辆和非机动车辆的数量和构成,特别是机动车辆的数量和构成,对国民经济和人民生活的影响极大。及时、准确地掌握各种车辆增减和构成情况,是制订国民经济和社会发展规划,特别是制订运输计划,以及开发利用能源,保障交通安全等必不可少的基础工作。车辆管理就是依据道路交通安全法规、规章、国家有关政策和技术标准,运用行政和技术手段,对上路行驶的机动车、非机动车进行监督和管理。其管理的基本方针是实行车辆牌照制度,包括对车辆进行注册登记、核发牌照和行驶证及进行安全检验等几个方面。

1. 机动车登记

《道路交通安全法》第八条规定:国家对机动车实行登记制度。机动车经公安机关交通管理部门登记后,方可上道路行驶。尚未登记的机动车,需要临时上路行驶的,应当取得临时通行牌证。

机动车登记,是为了加强机动车管理,保护公民、法人和其他组织的合法权益,促进经济、社会发展,保障道路交通安全的行政管理行为。根据2008年10月1日实施的《机动车登记规定》的规定,机动车的登记机关是公安机关交通管理部门的车辆管理所。车辆管理所主要负责办理本行政辖区的机动车登记。每辆机动车不得同时具有两个以上机动车登记编号。

机动车登记的种类分为：注册、过户、变更、抵押、注销登记等。在中国境内道路上行驶的机动车，应当经机动车登记机构办理登记，核发机动车号牌、《机动车行驶证》和《机动车登记证书》。未领取机动车号牌和《机动车行驶证》的，不准上路行驶。对于尚未登记的机动车，需要临时上路行驶的，如购车后，需要驾车去办理牌照等，应当取得临时通行牌证。

2. 机动车必须符合国家安全技术标准

《道路交通安全法》第十条规定：准予登记的机动车应当符合机动车国家安全技术标准。申请机动车登记时，应当接受对该机动车的安全技术检验。但是，经国家机动车产品主管部门依据机动车国家安全技术标准认定的企业生产的机动车型，该车型的新车在出厂时经检验符合机动车国家安全技术标准，获得检验合格证的，免予安全技术检验。

机动车在申请注册登记的同时接受安全技术检验，这是机动车进行注册登记的一个必要条件。对申请注册的机动车进行安全技术检验，是防止"带病"机动车上路，减少道路交通安全隐患的重要举措。在本条中有以下几项内容需要加以解释和说明：

（1）机动车登记注册检验，必须由具有资质的专门检测站进行。机动车接受安全技术检验，必须到具有机动车安全技术检验资质的检测站进行，以保障检测数据的真实可靠。只有具有委托书的检测站方可接受机动车安全技术检测任务。受委托的检测站必须接受公安机关车辆管理部门的监督管理，严格执行机动车检验的法定标准，依照委托的范围对机动车进行安全技术检测，并向车主和公安机关车辆管理部门提供检测数据报告。

（2）机动车注册登记接受安全技术检验，应当按照中华人民共和国国家标准《机动车运行安全技术条件》（GB7258—2012）的规定执行。随着我国机动车工业和道路交通运输事业的发展，车辆的技术性能、制造质量和行驶速度不断提高。为了进一步提高机动车运行安全和减少公害，标准相应提高了车辆路试制动检验初速度，增加了一些车辆的安全结构、装备和减少机动车公害等方面的要求。为了全面、正确执行《机动车运行安全技术条件》（GB7258—2012）国家标准。公安部曾于1997年10月、11月两次发出通知，要求各地公安机关交通管理部门积极完成检测人员和检测设备的调整，严格执行检测标准。对一些不能用设备检测的项目，如转向系横、直拉杆、制动系管路、轮胎型号、轮胎磨损、安全玻璃、后视镜、各种灯光、雨刮器、灭火器等，应按照《标准》要求，加强人工检验，确保车辆的安全部件齐全、有效。

3. 机动车上路行驶的条件

《道路交通安全法》第十一条规定：驾驶机动车上路行驶，应当悬挂机动车号牌，放置检验合格标志、保险标志，并随车携带机动车行驶证。机动车号牌应当按照规定悬挂并保持清晰、完整，不得故意遮挡、污损。任何单位和个人不得收缴、扣留机动车号牌。

机动车注册登记后上路行驶的，必须进行必要的牌证、标志的配置，并保持号牌的清晰、完整和容易识别。机动车号牌是准予机动车在我国境内道路上行驶的法定标志，其号码是机动车登记编号，每辆机动车都有一个唯一的登记编码。通过号牌上记载的编码，交通安全管理部门和其他社会主体得以确定某一机动车的具体身份。机动车号牌必须按车辆制造厂设计的号牌位置和车辆管理机关指定的位置安装。汽车号牌应安装在原来出厂时设置号牌的位置或前面号牌安装在前保险杠左上方，后面号牌安装在尾灯上下；临时号牌帖在前挡风玻璃和后挡风玻璃的显要位置。检验合格标志是证明机动车安全技术性能符合国家规定的标准的有效证明。保险标志是机动车加入法定的机动车第三者责任保险的证明。

《机动车行驶证》是准予机动车在我国境内道路上行驶的法定证件,是机动车上路行驶的资格证。如果机动车号牌、《机动车行驶证》灭失或者丢失,机动车所有人应当及时补领。机动车所有人应当注意保护机动车号牌的清晰和完整,应当经常擦拭,并注意防止磨损和污损。机动车号牌或者《机动车行驶证》辨认不清时,向机动车管辖地车辆管理所申请换发,并交回机动车号牌或者《机动车行驶证》。

4. 机动车安检

《道路交通安全法》中提到:对登记后上路行驶的机动车,应当依照法律、行政法规的规定,根据车辆用途、载客载货数量、使用年限等不同情况,定期进行安全技术检验。对提供机动车行驶证和机动车第三者责任强制保险单的,机动车安全技术检验机构应当予以检验,任何单位不得附加其他条件。对符合机动车国家安全技术标准的,公安机关交通管理部门应当发给检验合格标志。

定期对机动车进行检验,是保证道路交通安全的重要环节。检验的依据是2012年制定的国家标准《机动车运行安全技术条件》。为了全面、准确执行《机动车运行安全技术条件》国家标准,各级公安机关交通管理部门,在原来机动车安全技术检验的基础上进一步加强了检验人员的培训和检测设备的调整。对一些不能用设备检测的项目,如转向系横、直拉杆、制动系管路、轮胎型号、轮胎磨损、安全玻璃、后视镜、各种灯光、雨刮器、灭火器等,应按照国家标准要求,加强人工检验,确保车辆的安全部件齐全、有效。对检验合格的,公安机关交通管理部门应当发给检验合格标志。

定期对机动车进行检验,只是检验机动车是否符合运行安全,各检验机构对于被验车辆不能附加其他条件,只要提供机动车行驶证和机动车第三者责任强制保险单的,就应当进行检验,有的地方在验车时还附加要提供停车车位证明等,是不符合法律规定的,停车泊位证明,只是说明该车有无地方停放,与该车是否符合运行安全标准没有直接关系。

机动车安全技术检验实行社会化。对于仍然沿用公安机关委托给有设备和技术条件的单位进行安全技术检验的,要逐步过渡到安全技术检验实行社会化。国家对机动车辆安全技术检测站规定了管理办法和条件,根据2004年公安部制定的《机动车辆安全技术检测站管理办法》,检测站必须具备的条件是:有检测车辆侧滑、灯光、轴重、制动、排放、噪声的设备以及其他必要的检测设备;每一条检测线至少有工程师或技师技术职务的主任检验员一名,具有一定的汽车理论知识和修理经验,并能熟练地运用检测设备对机动车辆的安全性能作出正确评价的检验员若干名;有相应的停车场地、试车跑道和试验驻车制动器的坡道。要布局合理,根据国家标准设置交通标志、标线,出入口视线良好,不妨碍交通;检测厂房宽敞、通风、照明、排水、防雨、防火和安全防护等设施良好,各工位要有相应的检测面积,检测工艺布置合理,便于流水作业;必须有设备维修人员,保持检测设备经常处于良好的技术状态和精度。机动车可以自由选择符合条件的检验场所。按照《实施条例》的规定,机动车安全技术检验机构对检验结果承担法律责任。《实施条例》规定,质量技术监督部门负责对机动车安全技术检验机构实行资格管理和计量认证管理,对机动车安全技术检验设备检定,对执行国家机动车安全技术检验标准的情况进行监督。机动车安全技术检验项目由国务院公安部门会同国务院质量技术监督部门规定。

机动车安全技术检验应当支付一定的费用,费用标准是由国务院价格主管部门核定的,严禁对机动车安全重复检验、重复收费和机动车定期检验时搭车收费,严禁机动车检测站强制机动车所有人到指定修理厂和尾气治理点修理(调试);严禁要求机动车到指定的场所进行维修、保养;严禁各种摊派行为。

5. 机动车强制报废

《道路交通安全法》中规定:国家实行机动车强制报废制度,根据机动车的安全技术状况和不同用途,规定不同的报废标准。应当报废的机动车必须及时办理注销登记。达到报废标准的机动车不得上路行驶。报废的大型客、货车及其他营运车辆应当在公安机关交通管理部门的监督下解体。

为了保障道路交通和人民群众生命财产安全,鼓励技术进步,节约能源,保护环境,国家规定了机动车报废标准。按照1997年发布的《汽车报废标准》的规定,轻、微型载货汽车(含越野型)、矿山作业专用车累计行驶30万km,重、中型载货汽车(含越野型)累计行驶40万km,特大、大、中、轻、微型客车(含越野型)、轿车累计行驶50万km,其他车辆累计行驶45万km,为达到报废标准。轻、微型载货汽车(含越野型)、带拖挂的载货汽车、矿山作业专用车及各类出租汽车使用8年,其他车辆使用10年,为达到报废标准。

6. 机动车第三者责任强制保险制度

《道路交通安全法》规定:国家实行机动车第三者责任强制保险制度,设立道路交通事故社会救助基金。具体办法由国务院规定。

机动车第三者责任保险,是指根据专门的法律、行政法规的规定,保险车辆在运行过程中发生交通事故,致使第三者遭受人身伤亡和直接财产损失,被保险人依法承担的对受害人的赔偿责任,由保险公司在保险责任限额内承担的法定保险制度。这是国家为了保护道路交通受害人能够得到及时救助而采取的一项法定保险制度。机动车第三者责任强制保险制度,涉及机动车所有人、机动车驾驶员、道路交通事故受害人的合法权益保护,涉及公安道路交通安全管理部门以及保险公司,而且涉及到国家的金融、经济政策,这是一个非常复杂的系统工程,需要各方面的力量积极参与发挥作用。

《道路交通安全法》确立的另外一项制度是关于建立道路交通事故社会救助基金的规定。道路交通事故社会救助基金是为了对肇事逃逸机动车、未投保机动车辆造成的交通事故受害人进行补偿的制度。是对机动车第三者责任保险制度的重要补充。在机动车肇事逃逸后,由于暂时无法确定肇事车辆的身份以及其投保的保险公司,机动车第三者责任保险的赔偿救助机制难以发挥作用。同样,如果事故车辆根本就没有参加第三者责任保险,也没有理由和措施使保险公司理赔。为了保障受害人得到最基本的抢救治疗,弥补机动车第三者强制保险制度可能遗留的保障盲区,道路交通安全法在确立机动车第三者责任强制保险制度的同时,又规定了道路交通事故社会救助制度。

道路交通事故社会救助制度最核心的一个问题是建立这项基金的来源。目前,根据世界各国的现有制度,救助基金的来源主要有以下几个途径:(1)机动车法定保险费包含的补偿基金分摊费用,一般为保险费的1%~2%。(2)基金通过代位追偿而获得的款项。这主要是指在机动车辆肇事逃逸以及肇事机动车未投保法定保险并无力支付赔偿款项场合,道路交通事故受害人或者其继承人可以向道路交通事故补偿基金请求救助补偿,补偿基金在对道路交通事故受害人进行补偿后,依法代位取得了受害人具有的针对事故责任人的赔偿请求权,要求事故责任人赔偿基金因补偿受害人而遭受的损失。(3)对不投保机动车第三者责任强制保险的机动车所有人进行处罚的收入。根据《道路交通安全法》法律责任部分的规定,未按照规定投保机动车第三者责任强制保险的,机动车不得上路行驶,对于上路行驶的,责令投保,并可以由道路交通安全部门处以两倍于保险费的罚款数额,所罚款项纳入社会救助基金。(4)基金孳息。主要包括基金利息以及基金通过其他方式运作而获得的增值收入。(5)其他方面的收入,包括政府可能的财政资助以及社会力量的捐助等。

二、机动车驾驶员

在影响道路交通安全的各种因素中,机动车驾驶员是关键的因素之一。造成道路交通事故的原因是多方面的,一般包括:驾驶员责任、非驾驶员责任、骑自行车人责任、行人过失责任、机件故障、道路状况不良、管理人员责任等多方面原因(有时是主要责任而非全部责任)。在各种交通方式的交通事故中,机动车占80%,其中属于驾驶员责任占70%。

1. 申请机动车驾驶证人的条件

(1)年龄条件。

①申请小型汽车、小型自动挡汽车、轻便摩托车准驾车型的,在18周岁以上,70周岁以下。

②申请低速载货汽车、三轮汽车、普通三轮摩托车、普通二轮摩托车或者轮式自行机械车准驾车型的,在18周岁以上,60周岁以下。

③申请城市公交车、中型客车、大型货车、无轨电车或者有轨电车准驾车型的,在21周岁以上,50周岁以下。

④申请牵引车准驾车型的,在24周岁以上,50周岁以下。

⑤申请大型客车准驾车型的,在26周岁以上,50周岁以下。

(2)身体条件。

①身高:申请大型客车、牵引车、城市公交车、大型货车、无轨电车准驾车型的,身高为155cm以上;申请中型客车准驾车型的,身高为150cm以上。

②视力:申请大型客车、牵引车、城市公交车、中型客车、大型货车、无轨电车或者有轨电车准驾车型的,两眼裸视力或者矫正视力达到对数视力表5.0以上;申请其他准驾车型的,两眼裸视力或者矫正视力达到对数视力表4.9以上。

③辨色力:无红绿色盲。

④听力:两耳分别距音叉50cm能辨别声源方向。

⑤上肢:双手拇指健全,每只手其他手指必须有三指健全,肢体和手指运动功能正常;

⑥下肢:运动功能正常;申请驾驶手动挡汽车,下肢不等长度不得大于5cm。申请驾驶自动挡汽车,右下肢应当健全。

⑦躯干、颈部:无运动功能障碍。

有下列情形之一的,不得申请机动车驾驶证:有器质性心脏病、癫痫病、美尼尔氏症、眩晕症、癔病、震颤麻痹、精神病、痴呆以及影响肢体活动的神经系统疾病等妨碍安全驾驶疾病的;吸食、注射毒品、长期服用依赖性精神药品成瘾尚未戒除的。

2. 机动车驾驶证

在《道路交通安全法》中提到,驾驶机动车,应当依法取得机动车驾驶证。申请机动车驾驶证,应当符合国务院公安部门规定的驾驶许可条件;经考试合格后,由公安机关交通管理部门发给相应类别的机动车驾驶证。持有境外机动车驾驶证的人,符合国务院公安部门规定的驾驶许可条件,经公安机关交通管理部门考核合格的,可以发给中国的机动车驾驶证。驾驶员应当按照驾驶证载明的准驾车型驾驶机动车;驾驶机动车时,应当随身携带机动车驾驶证。公安机关交通管理部门以外的任何单位或者个人，不得收缴、扣留机动车驾驶证。

根据国家有关规定，机动车驾驶证分为中华人民共和国机动车驾驶证（简称驾驶证）、中华人民共和国机动车临时驾驶证（简称临时驾驶证）等。其中，驾驶证是取得正式驾驶员资格的技术证明，凭此证可以在全国道路上驾驶准驾车型的民用机动车。临时驾驶证，是核发给持有我国承认的有效驾驶执照，临时来华需要在道路上驾驶机动车的外国人以及香港、澳门和台湾地区人员的驾驶证件。凭此证可以在规定的时间、路线上驾驶准予驾驶的机动车。

驾驶员应当按照机动车驾驶证载明的准驾车型驾驶机动车。准驾车型代号表示机动车驾驶员准予驾驶的车辆种类，如大型客车、大型货车、小型机动车等，根据机动车驾驶证上的准驾车型代号，机动车驾驶员可以驾驶该代号代表的一种或者几种机动车。机动车驾驶证是允许驾驶机动车的法定证件。为了方便道路交通管理，有利于公安机关交通管理部门的执法活动，机动车驾驶员在驾驶机动车时应当随身携带机动车驾驶证。

3. 机动车驾驶员应当安全驾驶

在《道路交通安全法》中规定：机动车驾驶员应当遵守道路交通安全法律、法规的规定，按照操作规范安全驾驶、文明驾驶。饮酒、服用国家管制的精神药品或麻醉药品，或者患有妨碍安全驾驶机动车的疾病，或者过度疲劳影响安全驾驶的，不得驾驶机动车。任何人不得强迫、指使、纵容驾驶员违反道路交通安全法律、法规和机动车安全驾驶要求驾驶机动车。

这是对驾驶机动车上路行驶的驾驶员的一些基本要求。根据统计分析，在机动车驾驶员交通违章造成的事故中，违章行为主要有：酒后驾车、疲劳驾车、超速行驶、逆向行驶、违章超车、违章会车、违章转弯、违章装载、违章倒车、违章停车、违章掉头等。对于这些违章行为，只要驾驶员能够严格按照交通规则通行，安全、文明驾驶，绝大多数的行为是可以避免的。所以通过提高驾驶员的交通安全意识和法律意识而维护交通安全和秩序、减少事故还有很大的潜力可挖。

所谓"过度疲劳"，是指驾驶员每天驾驶超过 8h 或者从事其他劳动而使体力消耗过大或者睡眠不足，以致行车中困倦瞌睡、四肢无力，不能及时发现和准确处理路面交通情况的。2001 年 10 月，公安部、交通部、国家安全生产管理局发出了加强公路客运交通安全管理的通告，在这个通告中，为了防止驾驶员疲劳驾驶，要求单程在 400km 以上，高速公路 600km 以上的客运汽车，必须配备 2 名以上的驾驶员。从事公路客运的驾驶员一次连续驾驶车辆不得超过 3h，24h 内实际驾驶时间累计不得超过 8h。

本条第三款既是一个禁止条款，又是一个保护条款。禁止是禁止强迫、指使、纵容驾驶员违反道路交通安全法律、法规和机动车安全驾驶要求驾驶机动车的行为；保护是保护意志受到强迫的机动车驾驶员。强迫、指使、纵容驾驶员的情况多发生在其被作为驾驶员雇佣的场合，在这种雇佣关系条件下，驾驶员往往因担心失去工作而丧失意志自由，不得不按照车主的意志违章驾驶车辆。根据道路交通事故统计资料，每年因指使、强迫驾驶员违章驾驶而造成的交通事故都有相当的比例。

4. 机动车驾驶证审验

《道路交通安全法》规定：公安机关交通管理部门依照法律、行政法规的规定，定期对机动车驾驶证实施审验。

对机动车驾驶证进行定期审验是对驾驶员进行管理的一项重要措施。公安机关交通管理部门可以通过对驾驶证的审验,了解驾驶员身体条件状况,驾驶员是否已经超过法定的不得驾驶某种类型车辆的年龄,审核违章、事故是否处理结束等。

目前,根据《机动车驾驶证管理办法》的规定,车辆管理所应对持证人按以下期限进行审验:

(1)对持有准驾车型A、B、N、P驾驶证的及持有准驾车型C驾驶证从事营业性运输的和年龄超过60周岁的,每年审验一次。

(2)对持有其他准驾车型驾驶证的,两年审验一次,免身体检查。车辆管理所对在外地因故不能返回接受审验的,可委托外地车辆管理所代审。对审验合格的,在驾驶证上按规定格式签章或记载。持未记载审验合格的驾驶证不具备驾驶资格。

5. 累计积分制度

《道路交通安全法》中提到:公安机关交通管理部门对机动车驾驶员违反道路交通安全法律、法规的行为,除依法给予行政处罚外,实行累积记分制度。公安机关交通管理部门对累积记分达到规定分值的机动车驾驶员,扣留机动车驾驶证,对其进行道路交通安全法律、法规教育,重新考试;考试合格的,发还其机动车驾驶证。

机动车驾驶员交通违章累积记分制度,是为了维护道路交通秩序,增强机动车驾驶员遵守交通法规的意识,减少道路交通违章行为,预防道路交通事故,而专门设计的一项兼有警示、预防、教育和处罚功能的机动车驾驶员管理和道路交通秩序维持的制度。累积记分制度是目前许多国家的道路交通安全管理采用的一项行之有效的制度。我国近年来开始这项制度的试点工作,也收到了比较好的效果。考虑到这项制度目前仅停留在规章的层面,需要法律作为一项制度加以确立,道路交通安全法专门在驾驶员管理中设置了一条,确立了这项制度的基本原则。

根据2013年1月1日开始正式实施的新的《机动车驾驶员交通违章记分办法》,驾驶员交通违章累积积分制度适用于所有持有中华人民共和国机动车驾驶证的机动车驾驶员。与之前的违章管理办法相比,新实行的交通违章管理办法对驾驶员的违章驾驶行为的扣分更加严厉,单次扣分数更多。

第三节 道路通行规定

一、一般道路通行规定

1. 右侧通行

所谓右侧通行,是指在道路上行进方向的右侧通行。例如,机动车、非机动车驾驶员驾车上道路通行,以前进方向定左右,左手一侧为行进方向的左侧,右手一侧为行进方向的右侧,通行人员应当一律靠右手一侧的道路通行。除有特殊规定的车辆外,一律靠右侧道路行驶。机动车、非机动车驾驶员驾驶车辆在道路上通行应当左侧通行还是右侧通行,这是一个国家和地区历史形成的习惯,并没有特别的原因。在英国、日本和香港等极少数国家和地区,实行的是机动车、非机动车左侧通行,世界上绝大多数国家和地区实行的是右侧通行。在我国大陆地区,实行的是右侧通行原则。其实,我国曾经实行过左侧通行。1858年,英法联军占领天津,强迫清政府签订《天津条约》,开辟长江通商口岸,在《租界捕房章程》中规定:"车子依路之左边行驶,经过(超车)其他同方向前行车时,须依路之右边行。"这里所称

"车子",就是指人力车和畜力车。1934年12月,国民政府公布了第一部全国统一的交通规则——《陆上交通管理规则》,也规定车辆靠左行驶。抗日战争后期,国民政府为打开国际公路,输入大量盟国车辆以配合作战,为适应汽车技术上的需要,节省庞大的汽车改装费用,以及适应世界大多数国家右侧行驶的行车习惯,决定改革车辆左侧行驶为右侧行驶。新中国成立后,鉴于靠右行驶已经成为人们的交通习惯,原有左舵汽车适合靠右行驶,并与世界上大多数国家右侧通行的规定保持一致,就沿用了右侧行驶的规定。

为了保障交通的有序、高效和安全,明确和统一机动车、非机动车在道路上通行实行左侧通行还是右侧通行,很有必要。作为规范道路交通的基本法律,本法应当明确这个道路通行的最基本原则。本条规定,机动车、非机动车实行右侧通行。这是本法对车辆在道路上通行的最基本原则的规定。根据本条约规定,所有机动车、非机动车的驾驶员,在我国任何地方(这里不包括我国香港、澳门特别行政区和我国台湾省)驾驶机动车、非机动车在道路上通行,都必须右侧通行,不得违反,否则就是违反道路交通规则的行为。

2. 机动车的行驶速度

《道路交通安全法》规定:机动车上路行驶,不得超过限速标志标明的最高时速。在没有限速标志的路段,应当保持安全车速。夜间行驶或者在容易发生危险的路段行驶,以及遇有沙尘、冰雹、雨、雪、雾、结冰等气象条件时,应当降低行驶速度。

对于机动车的行驶速度,各国都是根据本国道路的不同情况来决定的,如高速公路、一般公路、城市道路等不同的道路可以规定不同的行驶速度。同时,还可以根据不同的车辆规定不同的行驶速度,如小型客车、大型客车、货运汽车、摩托车、拖拉机等。关于机动车的行驶速度,我国基本上是采取限制机动车最高行驶速度的做法。"限速标志标明的最高时速",是指由各级公安机关交通管理部门或者交通行政主管部门规定在高速公路、公路以及城市道路右侧设置的限速标志牌规定的最高时速。"应当保持安全车速",是指根据不同车型、车速,后面的车辆与前面的车辆之间应当保持一个相对安全的行车距离和行车速度,在遇有紧急情况时,可以应付处置而又不至于发生交通事故。

"应当降低行驶速度",应理解为车速必须降低到规定的最高时速以下或者正常行驶速度以下,并根据行驶的时间、路段、天气以及路上车辆的多少等条件选择安全行驶速度。

3. 机动车避让行人

《道路交通安全法》规定:机动车行经人行横道时,应当减速行驶;遇行人正在通过人行横道,应当停车让行。机动车行经没有交通信号的道路时,遇行人横过道路,应当避让。

机动车行经人行横道时,应当减速行驶;遇行人正在通过人行横道,应当停车让行。行人乱穿道路,人为地增加许多交通线道交叉点,迫使车辆不得不低速行驶,极易引起秩序混乱、事故增多、交通堵塞等现象。为很好地解决这一问题,必须在车行道上划设人行横道,规定行人从固定地点横过车行道,为车辆的安全畅通创造有利条件。对于车辆来说,由于有了行人的自我约束,集中在人行横道处横过道路,才有了在道路其他路段的快捷、畅通。因此,当车辆行经人行横道时,应当减速行驶;如果遇上行人正在通过人行横道,理应停车让行,确保行人在付出义务后行使横过道路的权利。

当机动车行经既没有交通信号,也未施划人行横道的道路时,遇有行人横过道路,应当避让。这也是本法确定的道路交通应当确保安全、畅通原则的具体体现。

4. 机动车载物

《道路交通安全法》中明确规定,机动车载物应当符合核定的载质量,严禁超载;载物的长、宽、高不得违反装载要求,不得遗洒、飘散载运物。

　　机动车行驶证上都标有该车辆核定的载质量,载质量是根据车辆性能核定的该车辆装载货物的最大质量。机动车载物必须严格按照载质量的要求,超过核定的机动车载质量装载货物,会影响车辆的制动性能,同时还会造成车辆不平衡,易发生交通事故。

　　"核定的载质量",是机动车制造厂商在机动车产品说明书上规定的,根据车辆发动机的功率以及车辆底盘各部分的设计计算,并通过实验和实践得出来的机动车载质量。核定车辆载质量,主要是从以下四个方面来考虑的:(1)是否有利于延长车辆使用寿命;(2)是否能保障车辆的转向性能正常可靠;(3)是否保障车辆制动性能正常有效;(4)是否保障车辆本身行驶的安全。在实际使用中,机动车的载质量;还往往与机动车的养护情况和道路的路面结构有关。在使用机动车装载物品时,要根据各种类型机动车正常运行条件下最大允许载荷和使用条件来确定其合理的载质量,禁止超载。

5. 机动车载人

《道路交通安全法》明确规定:机动车载人不得超过核定的人数,客运机动车不得违反规定载货。

　　机动车的载人数,是根据机动车发动机的功率和底盘的设计标准、载质量和车厢的大小以及乘坐安全情况决定的。驾驶室乘坐人数的核定,按1985年7月公安部施行的《城市机动车辆安全检验暂行标准》规定,前排驾驶室内部宽度大于或等于1100mm的核定2人,宽度大于或等于1700mm的核定3人;后排座位长度每满400mm的核定1人。车厢乘坐人数的核定是根据路程、路况。小客车、长途客车在载质量允许条件下,按座位核定人数。机动车载人,必须等于或小于核定的乘坐人数,不得超出。

　　客运机动车主要是用来运载乘客的,但有些客运车辆,特别是大型客运车辆和长途客运车辆都装有载货的行李架。这时载货应严格按照有关规定,所载货物的宽度和长度不得超出行李架,并应将货物在行李架上固定好,以免旅途中由于车辆颠簸或是因紧急制动行李落下砸伤车内人员。

6. 机动车的运营规则

在《道路交通安全法》中指出,禁止货运机动车载客。货运机动车需要附载作业人员的,应当设置保护作业人员的安全措施。

　　货运机动车辆人、货混装是禁止的。货运机动车没有载人所必需的安全设施,特别是在装载的货物高度超过车厢栏板时仍在货物上坐人,十分危险,货车在拐弯、紧急制动时,很容易将上面的人员甩出车外,造成人员伤亡。

　　有些货运机动车在载货的同时需要附载作业人员,如货物的押运人员、装卸人员等的情况下,货运机动车可以附载作业人员,但必须采取安全措施,如给作业人员设置固定的座位,应有防范货物、物品掉落、倒塌措施等。另外,货运机动车只能按需要附载必要的作业人员,其他人员一律不许搭乘货运机动车,更不准货运机动车从事客运。

7. 非机动车行驶速度限制

《道路交通安全法》律中规定:残疾人机动轮椅车、电动自行车在非机动车道内行驶时,最高时速不得超过15km。

　　残疾人机动轮椅车和电动自行车,近几年来发展迅猛。它们改变了以往用人力作为动力的驱动模式,使用起来省时、省力、舒适,对改善残疾人和人们的出行条件,起到了很好的作用,深受群众的欢迎。但长期以来,有关部门对残疾人机动轮椅车和电动自行车到底是属于机动车还是非机动车存在不同看法,相关的管理政策及制作技术标准迟迟不能出台。随着近年来人们生活水平及人们对出行条件的要求不断提高,残疾人机动轮椅车和电动自行车数量增长迅速,迫切需要加强对它们的管理。国内一些大中城市已开始逐步放宽对它们的限制,并将其逐步纳入正常管理渠道。为此,本法决定对它们实行统一的交通管理政策,将它们纳入非机动车范畴统一管理。作为非机动车,它们必须在非机动车道内行驶,最高时速不得超过15km。

8. 行人通行规定

行人应当在人行道内行走,没有人行道的靠路边行走。

推着自行车在人行道上行走,或残疾人摇动着轮椅车在人行道上通行,应按行人对待。胡同、里弄、巷子出口处或路旁建筑物进出口处将人行道截断部分,虽是行人和车辆共同通行的地带,仍可视为人行道,车辆遇行人通过此处时,应减速或停车让行。为保障行人纵向通行有路可走,对人流超饱和的人行道,视情况还可将车行道划出一部分作为人行道,以护栏或在路面上施划的人行道线为界,禁止车辆驶入,专供行人通行。在施划人行道线或用护栏等设施在道路上分隔出的人行道内,行人不受右侧通行规定的限制。

二、高速公路通行规定

1. 高速公路时速限制

行人、非机动车、拖拉机、轮式专用机械车、铰接式客车、全挂拖斗车以及其他设计最高时速低于70km的机动车,不得进入高速公路。高速公路限速标志标明的最高时速不得超过120km。

高速公路是专供机动车高速行驶的公路,其最大的特色是具有强大的通过能力,其通过能力是普通公路的数倍。发达国家的经验证明,高速公路不仅有助于降低交通成本,缩短旅行时间,而且还有助于改善交通安全,减少交通事故。以美国为例,1956年,美国国会通过了《联邦资助公路法案》,确立了高速公路的发展框架。目前,《道路交通安全法》案规定的由联邦政府资助的6.8万km州际高速公路已经全部建成通车。加上各州自己筹资改造后纳入州际公路的道路在内,州际高速公路总长达7.4万km,占全球高速公路里程的一半。高速公路的发展促进了美国国内人员、信息和货物的流通,刺激了生产的发展。我国的高速公路建设是从20世纪80年代开始的。1988年,我国第一条高速公路沪嘉高速公路建成通车。随后,高速公路建设在全国全面铺开。

高速公路限速标志标明的最高的速度不得超过120km。高速公路限速标志是特殊的交通标志,是道路交通信号的一种。高速公路虽然专供机动车高速行驶,但是出于安全因素的考虑,高速公路的各个路段根据具体的道路条件、车流状况等因素,都应规定一定的时速限制并据此设置限速标志。道路条件好、车流少的路段,最高时速一般可以规定得比较高。但是限速标志标明的最高时速不得超过120km。

2. 机动车在高速公路上排障时要设立警告标志

机动车在高速公路上发生故障时,应当依照本法第五十二条的有关规定办理;但是,警告标志应当设置在故障车来车方向150m以外,车上人员应当迅速转移到右侧路肩上或者应急车道内,并且迅速报警。

机动车在高速公路上发生故障时应该采取如下处置措施:

(1) 机动车在高速公路上发生故障,需要停车排除故障时,驾驶员应当立即开启危险报警灯,开启右转向灯驶离行车道,停在应急车道内或者右侧路肩上。机动车修复后需返回行车道时,应当先在应急车道或者路肩上提高车速,并开启左转向灯。进入行车道时,不准妨碍其他车辆的正常行驶。

(2)机动车因故障、事故等原因确实难以移动,不能离开行车道在应急车道内或者右侧路肩上停车时,驾驶员必须立即持续开启危险报警灯,夜间还须同时开启示宽灯和尾灯,并在故障车来车方向150m以外设置故障车警告标志扩大示警距离。驾驶员和乘车人应当迅速转移到右侧路肩上或者应急车道内,并且迅速报警。

第四节 法律责任

一、法律责任

《道路交通安全法》规定道路交通安全违法行为的处罚种类包括:警告、罚款、暂扣或者吊销机动车驾驶证、拘留。

1. 机动车驾驶员饮酒、醉酒驾驶的处罚

《道路交通安全法》对酒驾的处罚做了明确规定:饮酒后驾驶机动车的,处暂扣六个月机动车驾驶证,并处一千元以上二千元以下罚款。因饮酒后驾驶机动车被处罚,再次饮酒后驾驶机动车的,处十日以下拘留,并处一千元以上二千元以下罚款,吊销机动车驾驶证。醉酒驾驶机动车的,由公安机关交通管理部门约束至酒醒,吊销机动车驾驶证,依法追究刑事责任;五年内不得重新取得机动车驾驶证。饮酒后驾驶营运机动车的,处十五日拘留,并处五千元罚款,吊销机动车驾驶证,五年内不得重新取得机动车驾驶证。醉酒驾驶营运机动车的,由公安机关交通管理部门约束至酒醒,吊销机动车驾驶证,依法追究刑事责任;十年内不得重新取得机动车驾驶证,重新取得机动车驾驶证后,不得驾驶营运机动车。饮酒后或者醉酒驾驶机动车发生重大交通事故,构成犯罪的,依法追究刑事责任,并由公安机关交通管理部门吊销机动车驾驶证,终生不得重新取得机动车驾驶证。

在公共交通道路上驾驶机动车是一项需要人的注意力高度集中、四肢协调配合良好的活动,特别是在交通日益发达、机动车数量成倍增长的今天,更是如此。饮酒后人的身体会产生一系列的生理反应,身体中与酒精含量相关的物质达到一定数量会导致注意力的分散、无法集中,身体协调能力下降,超过一定数量,达到醉酒程度,则会产生神志恍惚、无法控制四肢动作的情况。人在这种情况下驾驶机动车会对他人生命财产安全构成什么样的威胁,产生什么样的后果,是可想而知的。因此,本条法律对饮酒后驾车、醉酒后驾车分别规定了较为严格和严厉的处罚措施。只要酒后驾车,虽然神志还清醒,也要一律处一千元以上两千元以下的罚款,并处暂扣一个月以上六个月以下或者吊销机动车驾驶证;醉酒后还驾驶机动车的,除了要约束其至酒醒,还要吊销驾驶证,同时承担相应的法律责任。

对于驾驶营运机动车的驾驶人员,如果是在工作时喝酒或是醉酒驾驶营运机动车辆,将会受到较一般饮酒后驾车、醉酒后驾车更为严厉的处罚。因为营运车辆面对的是社会公众,搭乘众多顾客,直接威胁公众的人身安全,必须严厉惩处。所以本法对饮酒后驾驶营运机动车、醉酒后驾驶营运机动车的,分别规定了更加严厉的处罚。

当然,机动车驾驶员究竟是否饮了酒,是否醉酒,不以任何人声明或指认为准,而要用证据说话。所幸科学的进步,已经有条件为我们提供检测驾驶员是否饮酒、醉酒的仪器,要用它提供的数据来说话。公安机关也应当明确规定认定饮酒、醉酒的数据标准,并予以公示,以便执法对象监督。

本法规定,如果驾驶员在一年内有前两款规定醉酒后驾驶机动车的行为,被处罚两次以上的,则要吊销机动车驾驶证,五年内不得驾驶营运机动车。对这种多次醉酒后驾驶机动车的行为,给予吊销其机动车驾驶证和取消其五年内的驾驶营运机动车资格的严厉处罚是很有必要的。因为这说明行为人不是偶犯,而是屡教不改,只有给予严厉处罚,才能最大限度防止在道路上通行的公众的安全受到威胁。

2. 超载行为的处罚

公路客运车辆载客超过额定乘员的,处二百元以上五百元以下罚款;超过额定乘员百分之二十或者违反规定载货的,处五百元以上二千元以下罚款。货运机动车超过核定载质量的,处二百元以上五百元以下罚款;超过核定载质量百分之三十或者违反规定载客的,处五百元以上二千元以下罚款。有前两项行为的,由公安机关交通管理部门扣留机动车至违法状态消除。运输单位的车辆有上述两条情形的,经处罚不改的,对直接负责的主管人员处二千元以上五千元以下罚款。

机动车超载运输或违反规定运输的危害,我们已经从无数交通事故血的教训中看得很清楚。无论是客运超载还是货运超载。从表面上看多拉一位乘客或多运一吨货不会对机动车带来什么影响,它毕竟是钢筋铁骨造的,所以人们往往为利所驱,对超载不在意,能多拉就多拉。超过一定程度质量,钢铁材质的机动车零部件会扭曲变形,导致车毁人亡。更何况,机动车本身对不同质量的承载有不同的控制能力,超过一定程度,它就无法控制自己的运行。因此,每一辆机动车都有它的特定用途和功能,都有其核定的载质量和载人数。在这方面我们必须要养成尊重科学崇尚理性的精神,严格按照核定的载质量和载人数运行。

机动车上路运输除了不得超载以外,还要遵守公安机关交通管理部门一系列的规定,比如不得客货混运,客运车不得携带易燃易爆危险品,运输燃油、化工原材料、其他可能会污染环境的危险品的机动车必须有经过有关部门认证合格的专用装载设备。有些运输还要事先经过报批。这些规定的目的都是为了保障公众的安全。一些人往往看不到违反规定所潜伏的巨大危险。事实上近年来,就曾发生过用擅自改装的机动车装运危险化学品,严重超载翻车,造成整车含砒霜的化工原料倾倒进入河流的危险局面。这些事故影响的不是几个人而可能是整个流域数万人民群众的生命财产安全。一些运输单位的超载是由于单位负责人为追求经济利益强令驾驶人员这样做的。因此,为了能从根本上有效制止超载的发生,保证公众的生命财产安全对于那些多次发生超载行为,经处罚不改的运输单位,对直接负责的主管人员处二千元以上五千元以下罚款的处罚。

3. 对未投保机动车第三者强制责任保险的处罚

机动车所有人、管理人未按照国家规定投保机动车第三者责任强制保险的,由公安机关交通管理部门扣留车辆至依照规定投保后,并处依照规定投保最低责任限额应缴纳的保险费的二倍罚款。

依照前款缴纳的罚款全部纳入道路交通事故社会救助基金。具体办法由国务院规定。

机动车上路行驶是一种可能会对周围环境造成高度危险的作业,无论机动车驾驶员怎样小心谨慎,由于机动车本身高速行驶和路况千变万化的特点,发生意外事故和造成他人生命财产损失的可能是随时潜伏着的。我国民法第一百二十三条规定,从事高空、高压、易燃、易爆、剧毒、放射性、高速运输工具等对周围环境有高度危险的作业造成他人损害的,应承担民事责任;如果能够证明损害是由受害人故意造成的,不承担民事责任。也就是说,机动车在从事高速运输作业时,给他人造成损害,不管造成事故的责任是否在自己,都要承担一定民事责任,除非能够证明损害是由对方故意造成的。那么机动车在一般情况下要对交通事故承担民事责任,而交通事故造成的生命财产损失常有可能动辄几万、几十万,并非每一个机动车所有者能够负担起的,这就需要依靠保险制度,用众多机动车所有者交纳的保险费帮助某一个出险的机动车所有者赔偿损失。所以,国家实行机动车第三者责任强制保险制度。一般情况下,参加保险都是双方自愿平等协商的行为,但这里所说的强制保险,则是法律、行政法规规定必须参加的保险,不论你是否愿意。法律之所以规定实行第三者责任强制保险,就是为了不特定的交通事故受害者的合法权益能够得到切实保障和及时赔偿。

二、《道路交通安全法》修订

根据《道路交通安全法》的实施经验和主要存在问题,结合社会和经济发展,对该法进行了数次修订。备受关注的《刑法修正案(八)》和修改后的《道路交通安全法》正式实施后,对酒后驾驶等违法行为加大了处罚力度。其中,醉酒驾驶、情节恶劣的追逐竞驶等行为构成危险驾驶罪,将受到法律的严惩。

据公安交通管理部门统计,酒后驾驶违法行为具有明显的时段特征,节假日前后是酒后驾驶违法行为的相对高发期,查获的酒后驾驶违法行为同比工作日期间有明显增加。机动车驾驶员将为自己酒后驾驶机动车行为付出代价。酒后或者醉酒驾驶机动车将会受到相应的惩罚。

对情节更为恶劣的醉酒驾驶机动车和饮酒后驾驶营运机动车的危险行为,除处罚金外,还将吊销机动车驾驶证,追究刑事责任。其中:醉酒驾驶机动车的,由公安机关交通管理部门约束至酒醒,吊销机动车驾驶证,依法追究刑事责任;5年内不得重新取得机动车驾驶证。

此外,修订后的《道路交通安全法》否定了所谓"撞了白撞"的说法。根据该法的规定,如果机动车与行人、非机动车发生交通事故,机动车一方应负责任。如有证据证明非机动车驾驶员、行人有过错,根据过程程度适当减轻机动车一方的赔偿责任。机动车一方没有过错的,承担不超过百分之十的赔偿责任。对无证驾驶、无牌驾驶、严重超速、饮酒醉酒驾驶等一些情节比较严重的违法行为进行了更严肃和更严厉的惩罚。如果机动车发生交通意外,且肇事者逃跑,将吊销其驾驶执照,且终生不得领取新的驾驶证。取消了关于实习驾驶员不准进入高速公路的规定。全国高速公路最高限速从以前的110km/h提高到120km/h。罚款额也出现了明显的提高。

第五节 《道路运输条例》

一、立法目的和宗旨

《道路运输条例》确定的立法目的、宗旨主要有四个:一是维护道路运输市场秩序;二是保障道路运输安全;三是保护道路运输有关各方当事人的合法权益;四是促进道路运输业的健康发展。

1. 维护道路运输市场秩序

建设全国统一市场,维护和健全市场秩序,加强市场监管,维护公平竞争,打击扰乱市场秩序和经营欺诈等违法行为,是行政机关的重要职责。对道路运输活动和运输市场秩序的维护与人民群众的利益密切相关。为了维护道路运输市场秩序,《条例》对进入道路运输市场实行准入管理,设定了进入道路运输市场的行政许可制度,依据行政许可法的原则和精神,明确了从事道路运输经营、道路运输相关业务、国际道路运输的许可条件。《条例》规定,申请从事客运、货运经营的,应当具备以下三个条件:一是有与其经营业务相适应并经检测合格的车辆;二是有符合规定条件的驾驶人员;三是有健全的安全生产管理制度。对于申请从事班线客运经营的,还要求有明确的线路和站点方案。为了保证危险货物运输经营的安全,《条例》对于危险货物运输经营规定了更严格的准入条件,即要求有5辆以上经检测合格的危险货物运输专用车辆、设备,有取得上岗资格证的驾驶人员、装卸管理人员、押运人员,有健全的安全生产管理制度。申请从事道路运输站(场)经营、机动车维修经营、机动车驾驶员培训等道路运输相关业务的,应当具备相应的场地、设施设备、专业人员、技术人员、教学人员、管理人员以及相应的管理制度等条件。此外,由于国际道路运输的特殊性,《条例》对申请从事国际道路旅客、货物运输经营的,增加了两个条件:一是申请主体应当是依照条例第十条、第二十五条规定取得《道路运输经营许可证》的企业法人;二是在国内从事道路运输经营满3年,且未发生重大以上道路交通责任事故。除严把经营主体的"市场准入关"外,对进入道路运输市场的经营者经营行为也要进行必要的规范。为此,条例规定从事道路运输经营以及道路运输相关业务,应当依法经营,诚实信用,公平竞争;任何单位和个人不得封锁或者垄断道路运输市场;不得强迫旅客乘车,不得甩客、敲诈旅客,不得擅自更换运输车辆;不得使用假冒伪劣配件维修机动车等。

2. 保证道路运输安全

道路运输安全直接关系人民群众的人身安全和财产安全,也是条例要着力解决的问题。为此,条例针对道路运输经营中存在的安全问题,从以下八个方面作了规定:一是在道路运输经营的准入条件中规定从事道路运输的车辆应当检测合格,驾驶人员应当符合相关条件,从源头控制不合格的车辆和驾驶人员从事道路运输经营。二是客运经营者、货运经营者应当加强对从业人员的安全教育、职业道德教育,确保道路运输安全。道路运输从业人员应当遵守道路运输操作规程,不得违章作业,驾驶人员连续驾驶时间不得超过4h。三是客运经营者、货运经营者应当加强对车辆的维护和检测,确保车辆符合国家规定的技术状况,不得使用报废的、擅自改装的和其他不符合国家规定的车辆从事道路运输经营。四是道路运输车辆不得超载运输旅客和货物,道路运输站(场)经营者应当采取措施防止超过载运限额和未经安全检查的车辆出站,按照车辆核定载客限额售票,防止携带危险品的人员进站乘车。对于超载行为的处理,规定由公安机关交通管理部门依据道路交通安全法给予处罚,道路运输管理机构要采取措施安排旅客改乘或者强制卸货。五是货运经营者应当采取必要措施,防止货物脱落、扬撒等。六是危险货物运输必须配备必要的押运人员和悬挂危险货物运输标志,托运危险货物的应当向货运经营者说明货物的有关情况。七是机动车维修经营者不得使用假冒伪劣配件维修机动车,不得承修已报废的机动车,不得擅自改装机动车。八是机动车驾驶员培训机构应当按照国务院交通主管部门规定的教学大纲进行培训,确保培训质量。

3. 保护道路运输有关各方当事人的合法权益

保护公民、法人和其他组织的合法权益是公共行政或者行政权力的一个重要使命,是依法行政所追求的最终目标。维护道路运输市场秩序,保障道路运输安全,最终目的是为了保护道路运输有关各方当事人的合法权益,同时只有切实维护道路运输市场秩序,保障道路运输安全,才能真正并且从根本上保护公民、法人和其他组织的合法权益。两者是相辅相成的。因此,《条例》在规定维护道路运输市场秩序,保障道路运输安全的同时,为了防止道路运输经营中发生甩客、甩货等侵害旅客、货主合法权益的行为以及防止道路运输站(场)经营、机动车维修经营和机动车驾驶员培训中损害运输经营者、车主、培训人员利益的行为,还从以下七个方面对客运经营者、货运经营者、相关业务经营者的行为做了规范:一是客运经营者应当为旅客提供良好的乘车环境,保护车辆清洁、卫生,并采取必要的措施防止在运输过程中发生侵害旅客人身、财产安全的违法行为;二是从事包车客运的,应当按照约定的起始地、目的地和线路运输;三是客运经营者不得强迫旅客乘车,不得甩客、敲诈旅客,不得擅自更换运输车辆;四是客运经营者、危险货物运输经营者应当分别为旅客或者危险货物投保承运人责任险;五是道路运输站(场)经营者应当合理安排客运班次,为旅客和货主提供安全、便捷、优质的服务;六是机动车维修经营者应当公布机动车维修工时定额和收费标准,合理收取费用并实行质量保证期制度;七是驾驶员培训机构应当确保培训质量。另外,为了保护广大经营者的利益,《条例》在规定道路运输管理机构实施道路运输管理时,应当遵循公平、公正、公开和便民的原则外,还规定加强对道路运输管理机构及其工作人员的监督管理,提高执法人员的素质,保证公正、高效地执法。《条例》从以下几个方面对道路运输管理机构及其工作人员规定了严格的监督制度和规范执法行为的要求:一是交通主管部门要加强对道路运输管理机构实施道路运输管理工作的指导监督;二是道路运输管理机构要加强对执法队伍的建设,提高其工作人员的法制、业务素质,道路运输管理机构的工作人员未经培训、考核合格的,不得上岗执法;三是道路运输管理机构要建立健全内部监督制度和违法行为举报;四是道路运输管理机构及其工作人员要自觉接受社会和公民的监督;五是道路运输管理机构的工作人员在监督检查时不得乱检查、乱收费、乱罚款、乱设卡,不得随意拦车、不得使用暂扣车辆。

4. 促进道路运输业的健康发展

促进道路运输业的健康发展,与维护道路运输市场秩序、保障道路运输安全,保护道路运输有关各方当事人的合法权益,是相辅相成的。如果能做到维护道路运输市场秩序、保障道路运输安全,保护道路运输有关各方当事人的合法权益,必将促进道路运输业的健康发展。道路运输事业的发展反过来又能更好地满足人民日益增长的物质文化需要。促进道路运输事业的发展既是实现上述三个目的的结果,也是本条例所要达到的目的。

二、适用范围

《条例》规定:(1)从事道路运输经营以及道路运输相关业务的行为(或活动),应当遵守本条例。(2)从事道路运输经营以及道路运输相关业务的人包括公民、法人或其他组织,或者说是单位和个人,应当遵守本条例。

本条例的适用范围主要是道路运输经营活动。道路运输经营包括客运经营和货运经营,在整个道路运输中居于十分重要的地位。改革开放以前,在高度集中的计划经济体制下,道路运输市场是一个封闭的市场,基本上是交通系统所属运输企业独家经营,运输能力发展比较缓慢,"乘车难"、"运货难"的问题十分突出。改革开放以后,为了打破道路运输制约国民经济发展的局面,满足社会经济对道路运输发展的需要,交通运输部出台了"有路大家走车"的道路运输市场开放政策,特别是在1984年国家出台了"国营、集体、个人一起上;

各地区、各部门、各行业一起办"的政策,调动了社会各界兴办道路运输业的积极性,整个道路运输市场迅速发展起来。2003年道路旅客运输总量达到146.4亿人次,旅客周转量7695.6亿人公里。综合运输体系中所占比重达到92.24%和5.72%。全国从事道路旅客运输的业户近41.7万户。道路运输货运量、货物周转量分别达到16亿吨、709.5亿吨公里。道路货运量、货物周转量在综合运输体系中所占比重达到74.29%和13.18%。随着道路运输业的不断发展,道路运输经营活动中也暴露出许多问题,迫切需要对道路活动加以规范。另外,考虑到非经营性危险货物运输也与公众的人身和财产安全密切相关,为了加强管理,条例第八十条规定"从事非经营性危险货物运输的,应当遵守本条例有关规定"。

本条例的适用范围还包括与道路运输相关业务。道路运输相关业务除了站(场)经营、机动车维修经营、机动车驾驶员培训外,还包括其他业务,比如货物仓储、货物装卸、客货运代理、运输车辆租赁等。考虑到站(场)经营、机动车维修经营、机动车驾驶员培训等对保障道路运输安全至关重要,因此条例专门对站(场)经营、机动车维修经营、机动车驾驶员培训等经营活动作了规定。

关于城市公共客运和出租车客运的管理是否使用本条例的问题,存在着不同的意见。城市公共汽车和出租车作为城市居民出行的重要交通工具,从大的方面来讲,也是道路运输的重要组成部分。城市公共汽车驶往乡村和道路旅客运输车辆驶往城市的情况越来越多,特别是随着城乡一体化进程的加快和经营者经营自主权的扩大,城乡界限也越来越模糊,很难人为地区分城市运输和乡村运输。如果人为地把道路运输区分为城市公共客运和乡村客运,既不利于形成统一的道路运输市场,也不利于道路运输经营活动的管理,因此,应当对公共汽车和出租汽车的行为加以规范。但是,考虑到这一问题涉及现行管理体制的改革,情况比较复杂,有关部门正在对这一问题进行研究。为此,条例第八十二条规定,出租车客运和城市公共汽车客运的管理方法国务院另有规定。

三、道路运输经营应遵循的基本要求

道路运输经营者以及道路运输相关业务经营者开展经营活动,应该遵循依法经营,诚实信用和公平竞争的基本要求。

1. 依法经营

这里所说的"法",是指广义上的法,包括法律、法规和规章。这里所说的"依法经营",包含两层意思:

首先,要求经营者主体资格应当合法。由于道路运输经营活动、道路运输相关业务经营活动直接关系旅客、货主以及公众的人身和财产安全。只有符合国家规定安全条件的经营者才有资格开展经营活动。也就是说,从事道路旅客运输、道路货物运输的经营者要有符合国家规定条件的车辆和驾驶人员,要有严格的安全管理制度。从事旅客班线经营的,还要有明确的线路和站点方案。符合上述条件,经过有关的道路运输管理机构审批后,取得经营许可后方可开展经营活动。从事站(场)经营、机动车维修经营、机动车驾驶员培训等道路运输相关业务经营活动的,也要符合本条例规定的条件,经过审批,取得经营许可后,才能从事相关的经营活动。

其次,是道路运输经营以及道路运输相关业务的经营者取得经营许可后,应当严格按照法定的条件和条例规定的经营行为规范开展经营活动,为旅客、货主提供安全、卫生的服务,不得强迫旅客乘车,不得甩客、敲诈旅客,不得擅自更换运输车辆,不得超载运输。道路运

站(场)经营者应当合理安排客运班次,为旅客和货主提供安全、便捷、优质的服务,要采取措施防止超过载运限额和未经安全检查的车辆出站,要按照车辆核定载客限额售票,防止携带危险品的人员进站乘车。机动车维修经营者应当公布机动车维修工时定额和收费标准,合理收取费用并实行质量保证期制度。驾驶员培训机构应当确保培训质量等等。

依法经营是道路运输经营者以及道路运输相关业务经营者的基本义务。市场经济是法制经济,这是市场经济的内在要求。说它是法制经济,就是一切经济活动必须用带有普遍性、强制性的法律来规范、调整。在市场经济体制下,道路运输经营以及道路运输相关业务经营须臾离不开法律的调整和规范。道路运输经营者以及道路运输相关业务的经营者只有做到依法经营管理,才能成为真正的道路运输市场的主体,才能建立规范有序的道路运输市场秩序。本条例规定依法从事道路运输经营及道路运输相关业务,对于贯彻依法治国基本方略,完善社会主义市场经济体制,适应加入世界贸易组织的要求,推进道路运输企业依法经营,依法处理经济纠纷,维护自身合法权益,促进道路运输业健康稳定发展,具有十分重要的意义。同时,这一规定也对道路运输立法提出了更高的要求。要使道路运输经营以及道路运输相关业务的经营者做到依法经营,首先必须建立和完善道路运输法规体系。只有这样,才能保证道路运输经营以及道路运输相关业务的经营者成为互相独立、完全平等的市场主体,才能确保有完全行为能力和责任能力的市场主体对自己的行为结果负责,才能做到保护合法、制裁违法、打击犯罪。

2. 诚实信用

从事道路运输经营以及道路运输相关业务,应当诚实信用。所谓诚实信用,是指道路运输经营以及道路运输相关业务的经营者从事道路运输经营以及道路运输相关业务,对待旅客、货主应保持善意、诚实、恪守信用,反对任何欺诈行为。诚实信用是各国民事法律中的一项重要原则,无论是英美法系,还是中国大陆法系都强调在民事活动中当事人应当遵守诚实信用的原则。

诚实信用是维护旅客、货主合法权益的基本保证。市场经济是法制经济,更是信用经济,即要在人际交往乃至经济活动中建立诚实守信、普遍公正的信用体系。一个缺乏信用的市场,不是一个健康的市场。市场经济行为失信的危害是有目共睹的,它会严重影响社会的投资和消费,破坏企业的正常经营,干扰政府宏观调控政策作用的发挥,甚至造成社会风气的败坏和道德水平的滑坡。道路运输经营者与旅客、货主之间,站(场)经营者与使用者之间,机动车维修经营者与车主之间,驾驶员培训机构与学员之间的法律关系,也是一种合同关系。《中华人民共和国合同法》第十七章规定了运输合同法律关系。《道路运输条例》作为道路运输管理中的一部重要行政法规,强调从事道路运输经营以及道路运输相关业务应当诚实信用,除强调《合同法》的要求外,主要是针对道路运输经营以及道路运输相关业务经营中存在的欺诈旅客、货主和消费者等违背诚实信用原则的不正当经营行为,通过行政干预和行政处罚来维护道路运输市场正常的经营秩序,保护旅客、货主的合法权益。如《条例》第七十条规定:"违反本条例的规定,客运经营者、货运经营者有下列情形之一的,由县级以上道路运输管理机构责令改正,处 1000 元以上 3000 元以下的罚款;情节严重的,由原许可机关吊销道路运输经营许可证:(1)不按批准的客运站点停靠或者不按规定的线路、公布的班次行驶的;(2)强行招揽旅客、货物的;(3)在旅客运输途中擅自变更运输车辆或者将旅客移交他人运输的。"第七十三条规定:"违反本条例的规定,机动车维修经营者使用假冒伪劣配件维修机动车,承修已报废的机动车或者擅自改装机动车的,由县级以上道路运输管理机构责令改正,有违法所得的,没收违法所得,并处违法所得2倍以上10倍以下的罚款;没有违法所得或者违法所得不足1万元的,处2万元以上5万元以下的罚款,没收假冒伪劣配件及报废车辆;情节严重的,由原许可机关吊销其经营许可;构成犯罪的,依法追究刑事责任。"《条例》这样规定,是建设社会信用体系,完善信用市场监督管理体系和失信惩戒制度的重要体现。

3. 公平竞争

从事道路运输经营以及道路运输相关业务,应当公平竞争。公平竞争主要是要求道路运输经营以及道路运输相关业务的经营者之间应当依照同一规则行事,并通过提高服务水平和管理水平等正当手段进行竞争,不得通过暴力或者其他强制手段限制其他经营者经营,不得垄断客源、货源,不得采取诋毁或者低价倾销的方式进行竞争。特别是一些道路客运经营者、货运经营者同时兼营站(场)经营的,不得利用自己的优势地位排挤其他道路经营者,应当平等地为他们提供进站停车、发车的机会。《条例》为此也有针对性的规定:"道路旅客运输站(场)经营者应当为客运经营者合理安排班次","道路运输站(场)经营者应当公平对待使用站(场)的客运经营者和货运经营者,无正当理由不得拒绝道路运输车辆进站从事经营活动","无正当理由拒绝道路运输车辆进站从事经营活动的,由县级以上道路运输管理机构责令改正,处5000元以上2万元以下的罚款"。

公平竞争是维护道路运输市场秩序的基本要求。市场经济是竞争经济。同世界上的任何事物一样,竞争具有两重性。在竞争作用下,可以产生积极的企业行为和社会效果,推动市场经济健康发展;同时由于利益驱动的影响,同样也可以产生消极的企业行为和社会效果,使得一些经营者企图不通过自己的正当努力和商业活动来获取市场中的竞争优势。不正当竞争既具有民事侵权性质,又具有扰乱社会经济秩序的特征。正是由于不正当竞争具有不同于一般民事侵权行为的社会危害性质,产生了通过《反不正当竞争法》,综合运用民事的、行政的和刑事的手段对其进行调整的需要。在我国道路运输领域,不仅存在不正当竞争行为,而且有些地方已经发展得相当严重。这些行为限制道路运输市场竞争,抑制道路运输市场应有的活力,破坏道路运输市场机制,甚至成为影响道路运输安全的一个重要原因。为维护道路运输市场秩序,鼓励和保护公平竞争,制止不正当竞争行为,保障道路运输安全,保护道路运输各方当事人的合法权益,本条例规定从事道路运输经营以及道路运输相关业务应当公平竞争。国家保障道路运输经营以及道路运输相关业务的经营者在道路运输市场活动中进行公平竞争,鼓励诚实的经营者通过自己的努力,取得市场优势,获得良好的经济效益,使道路运输市场活动始终保持竞争的公平性和有效性,使公平竞争始终成为道路运输经营以及道路运输相关业务发展的动力,促进道路运输业健康发展。

四、道路运输管理应遵循的原则

道路运输管理应当公平、公正、公开和便民,主要是指在对道路运输活动实施行政许可、监督检查、行政处罚时要做到公平、公正、公开和便民。这一规定是根据行政许可法和行政处罚法的要求,并针对道路运输管理活动中存在的问题,作出的规定。

1. 公平、公正原则

道路运输管理应当公平、公正。公平、公正的本意是公平正直、没有偏私。行政法律制度上的公平、公正原则要求行政机关在履行职责、行使权力时,不仅在实体和程序上都要合法,而且还要合乎常理。实施行政许可,进行监督检查、行政处罚遵循公平、公正原则,要求平等地对待所有人和组织,禁止搞身份上的不平等。在设定行政许可时,不能对个人和组织因为地位(规模)、经济条件、来自地区的不同而规定不同的条件;在实施行政许可时,不能对符合法定条件或者标准的个人和组织实行歧视待遇,尤其是根据招标投标、拍卖或者统一考试决定行政许可,更是如此。比如,道路运输管理机构在实施行政许可时对申请从事道路客运经营、货运经营以及道路运输站(场)经营、机动车维修经营、机动车驾驶员培训等道路运输相关业务的,只要符合本条例第八条、第二十二条、第二十四条、第三十七条、第三十八条、第三十九条分别规定的条件,就应当给予经营许可。在实施监督检查时,道路运输管理机构的工作人员应当严格按照职责权限和程序进行监督检查,不得乱设卡、乱收费、乱罚款。在实施处罚时,要严格按照法定的程序,根据当事人违法行为的性质、情节和造成的后果,给予适当的处罚,不得滥用职权或者徇私舞弊。当然,在实施行政许可时,不能狭隘地理解公平、公正的原则。公平、公正主要是强调同等条件下的公平。对于一些资源有限或者有数量控制的许可,比如客运班线的经营许可,应当是"优中选优",并不是所有符合基本条件的申请人,都能得到经营许可。道路运输管理机构在实施许可时可以采取招投标的方式,选择最符合条件的经营者。实践中,有人认为公平标准很难把握,因此,他们认为公平、公正是没有标准的。但是,大多数人认为,公平、公正是有标准的,只是对标准的性质有不同认识。主张坚持公平、公正原则,从主观上看,实施道路运输管理应当符合管理的目的,排除不相关的考虑。如果实施道路运输管理,一味追求本部门乃至个人利益,把许可权作为"寻租"、创收的手段,就背离了管理的目的,应是不公平、不公正的。从客观上看,主要看实施行政许可是否合乎常理,能否得到大家的认同。如果条件相同而给予不同的行政许可决定,条件不同又给予相同的行政许可决定,公众都会有判断,这就是不公平、不公正的。为了使道路运输管理的公平、公正标准具有客观性、可操作性、可监督性,应当尽可能把行政许可的条件、应受处罚的行为、种类和幅度具体化。

2. 公开原则

道路运输管理应当公开,公开的本意是不加隐蔽。行政法律制度上的公开通常是指国家行政机关某种活动或者行为过程和结果的公开,其本质是对公众知情权、参与权和监督权的保护。在道路运输管理过程中,凡是有关道路运输许可的规定都必须公布,未经公布的,不得作为实施行政许可的依据。实施道路运输行政许可和对道路运输违法活动实施处罚时,遵循公开原则的基本要求是:(1)实施的主体要公开,谁有权实施哪些行政许可和行政处罚,应当让公众周知;(2)实施的条件应该是规范的、明确的、公开的,不允许在行政许可和行政处罚的实施条件上搞"模糊战术";(3)行政许可实施的程序,包括申请、受理、审查、听证、决定、检查等程序都应当是具体、明确和公开的;(4)行政许可的实施期限是公开的;(5)行政许可的决定和行政处罚的结果,应当予以公开,公众有权查阅(涉及国家秘密、商业秘密和个人隐私的情况除外)。

道路运输管理机构在行使监督检查权、行政处罚权的过程中也应当遵守公开、公正、公平的原则。

本条例之所以规定道路运输管理应当公平、公正、公开,是因为公平、公正、公开是现代行政程序中的三项重要原则。政府对道路运输的管理方面主要包括三个方面:行政许可、监督检查、行政处罚。因此,道路运输管理,应当公平、公正、公开,主要是指在对道路运输活动实施行政许可、监督检查、行政处罚时要做到公平、公正、公开。这一规定是根据行政许可法和行政处罚法的要求,并针对道路运输管理活动中存在的问题作出的规定。其根本目的就是保证各级交通主管部门、道路运输管理机构及其工作人员始终坚持依法行政，始终坚持执法为民，维护和实现广大人民的根本利益。因此，在道路运输管理中强调要遵循公开、公平、公正原则，对于规范道路运输管理行为，保护公民、法人和其他组织的合法权益，保障和监督行政机关正确行使行政权，都有重要意义。

3. 便民原则

道路运输管理应当便民。所谓便民，就是在道路运输管理过程中管理机构应当采取措施，为公民、法人和其他组织廉价、便捷、迅速地提供道路运输管理中的有关情况，为当事人申请并获得道路运输经营许可或者开展道路运输活动提供必要的方便条件。为了体现便民的原则，本条例在规定道路运输经营申请时尽可能地做到让当事人能够就地申请。为了方便申请人，本条例第十条改变了过去将经营资格审批和班线审批分开审批的做法，规定申请客运经营资格时，可以同时申请班线审批，简化了审批程序；对予以许可的，同时向申请人投入运输的车辆配发车辆营运证，不得搞两次审批。对从事跨省、自治区、直辖市行政区域客运经营的，本条例除明确规定向所在地的省、自治区、直辖市道路运输管理机构提出申请外，还进一步规定，有关省、自治区、直辖市道路运输管理机构在颁发《道路运输经营许可证》前，应当与运输线路目的地的省、自治区、直辖区道路运输管理机构协商；协商不成的，应当报国务院交通主管部门决定。将沟通协商的责任规定由政府部门承担，避免当事人来回奔波。另外，为了便于申请人能够及时全面地了解班线运输供求的情况，合理地安排投资和经营方向，本条例第十二条规定，县级以上道路运输管理机构应当定期公布客运市场供求状况；第四十八条规定，国务院交通主管部门应当及时向社会公布由中国政府与有关国家政府签署的双边或者多边道路运输协定确定的国际道路运输线路。这些规定都是便民原则的具体体现。

便民也是我国法律制度的重要价值取向，是行政机关履行行政职责、行驶行政权力应当恪守的基本准则。本条例规定道路运输管理必须遵循便民原则，具有特殊意义，也具有很强的针对性。一个时期来，道路运输管理环节过多、手续繁琐、期限过长等，使老百姓办事难，且成本越来越高。在起草条例过程中，针对解决这些问题所形成的共识是，便民原则不仅要明确规定为实施行政许可应当遵循的原则，而且要贯穿在道路运输管理的全过程，包括设定行政许可和实施日常管理的各个环节。

贯彻执行这些原则，需要进一步完善有关制度，做好有关工作。比如，贯彻执行公开、便民原则，需要进一步完善有关公开立法的制度、政府公报制度、探索行政许可决定公开和供公众查询的渠道。贯彻执行公正、公平原则，也需要完善相关制度，如回避制度、受理与决定相对分开制度。

第六节 《安全生产法》

道路运输安全，属于安全生产范畴，所以，在道路运输经营活动时，除遵守《道路交通安全法》和《道路运输条例》外，也需要严格按照《安全生产法》的要求来进行。

改革开放，特别是近十年来，安全生产已经不再仅仅是一般的工作要求，而是一种法定的权利和义务。能否保证生产经营活动的安全，涉及我们是否真正贯彻落实"科学发展观"、是否真正实践"三个代表"重要思想、是否依法经营企业、是否真正尊重人权的重大政治问题。因此生产经营单位的主要负责人、安全生产管理人员及全体员工务必牢固树立安全生产思想。

安全是最大的效益,切不可只重经济效益,而忽视安全生产,要始终把维护人的生命安全放在第一位,发展绝不能以牺牲人的生命和健康为代价,人的生命权是人最根本的权利,抓安全生产就是"以人为本"的具体体现。

从总体情况来看,当前有相当多的人在生产经营活动中安全生产的意识比较淡薄。一些生产经营单位特别是非国有企业负责人依法安全生产经营的意识还很缺乏,不能在市场经济条件下正确处理发展经济、追求效益与保证安全生产的关系,安全生产管理混乱。一些企业受利益驱动,片面追求发展速度,忽视甚至放弃安全生产管理,致使一些企业安全生产基础工作薄弱、规章制度松弛,安全生产责任制形同虚设,不具备基本的安全生产条件,一些企业设置没有必要的安全管理机构和人员,企业负责人的安全责任不明确,有关事故责任追究制度不落实,一些企业安全生产投入严重不足,企业安全技术装备老化、落后,甚至带病运转,存在大量事故隐患。

一、安全生产法律法规的概念

安全生产法律法规是指调整在生产过程中产生的同劳动者或生产人员的安全与健康以及生产资料和社会财富安全保障相关的各种社会关系的法律规范的总和。安全生产法律法规是国家法律体系中的重要组成部分,通常说的安全生产法律法规是对有关安全生产的法律、规程、条例、规范的总称。

1. 广义的安全生产法律法规

广义的安全生产法律法规是指我国保护劳动者、生产者和保障生产资料及财产安全的全部法律规范。例如,关于安全生产技术、安全工程、工业卫生工程、生产合同、工伤保险、职业技术培训、工会组织和民主管理等方面的法规。

2. 狭义的安全生产法律法规

狭义的安全生产法律法规是指国家为了改善劳动条件,保护劳动者在生产过程中的安全和健康,以及保障生产安全所采取的各种措施的法律规范。例如,劳动安全卫生规程、对女工和未成年工劳动保护的特别规定、关于安全生产组织管理制度的规定等。

二、安全生产法律法规的作用

安全生产法律法规是国家法律体系的一部分,因此它具有法的一般特征。随着我国法制的不断健全,有关安全生产方面的法律、法规已逐步完善,其作用越来越大。

1. 为保护劳动者的安全健康提供法律保障

安全生产法律法规是以搞好安全生产、工业卫生,保障职工在生产中的安全、健康为前提的。它不仅从管理上规定了人们的安全行为规范,也从生产技术、设备上规定了实现安全生产和保障职工安全健康所需的物质条件。

2. 加强安全生产的法制化管理

安全生产法律法规是加强安全生产法制化管理的章程,很多重要的安全生产法律法规都明确规定了各个方面加强安全生产、安全生产管理的职责,推动了各级领导特别是企业领导对劳动保护工作的重视,把这项工作纳入领导和管理的重要议事日程。

3. 指导和推动安全生产工作的开展,促进企业安全生产

安全生产法律法规反映了保护生产正常进行、保护劳动者安全健康所必须遵循的客观

规律,对企业搞好安全生产工作提出了明确要求。同时,由于它是一种法律规范,具有法律约束力,要求人人都要遵守,这样,它对整个安全生产工作的开展具有国家强制力推动的作用。

4. 促进生产力发展,保证企业效益的实现和国家经济建设事业的顺利发展

通过安全生产立法,使劳动者的安全健康有了保障,职工能在符合安全健康要求的条件下从事劳动生产,从而必然会激发他们的劳动积极性和创造性,也使企业领导在生产经营决策上,以及在技术、装备上采取相应措施,以改善劳动条件、加强安全生产为出发点,加速技术改造的步伐,推动社会生产力的提高。从而为劳动者提供安全、卫生的劳动条件和工作环境,为生产经营者提供可行、安全、可靠的生产技术条件,从而产生间接的生产力作用。

三、《安全生产法》的立法目的

根据《安全生产法》第一条的规定,安全生产法的立法目的是:加强安全生产的监督管理,防止和减少生产安全事故,保障人民群众生命和财产安全,促进经济发展。

1. 加强安全生产的监督管理

安全生产的监督管理指在生产经营活动中,为避免发生造成人员伤害和财产损失的事故而采取相应的事故预防和控制措施,以保证从业人员的人身安全,保证生产经营活动得以顺利进行的相关活动。"安全生产"一词中所讲的"生产",是广义的概念,不仅包括各种产品的生产活动,也包括各类工程建设和商业、娱乐业以及其他服务业的经营活动。

2. 防止和减少生产安全事故,保障人民群众的生命和财产安全

生产安全事故,是在生产经营活动中发生的意外突发事件的总称。通常会造成人员伤亡或财产损失,使正常的生产经营活动中断。许多作业活动或多或少、或大或小存在着某些可能会对人身和财产安全造成损害的危险因素。

从人类生产活动的现实情况看,要想在生产经营活动中完全避免安全事故还难以做到。但只要对安全生产有高度的重视,尊重科学,措施得当,事故是可以预防和大大减少的。

3. 促进经济发展

安全生产是在生产经营活动的过程中保证安全,不是单纯为安全而安全,不能脱离生产经营活动讲安全。保证生产安全,本身也是为了保证生产经营活动的正常进行,促进经济的健康发展。

四、《安全生产法》的适用范围

空间效力。由于法律空间效力范围的普遍原则,是适用于制定它的机关所管辖的全部领域。《中华人民共和国安全生产法》是全国人大常委会制定的法律,其效力自然及于中华人民共和国的全部领域。

对人的效力,即《安全生产法》适用的主体范围,依照本法第二条的规定,包括一切从事生产经营活动的国有企业事业单位、集体所有制的企业事业单位、股份制企业、中外合资经营企业、中外合作经营企业、外资企业、合伙企业、个人独资企业等,不论其经济性质、规模大小如何,只要从事生产经营活动的,都必须遵守《中华人民共和国安全生产法》的各项规定,违反者将受到法律的追究。《安全生产法》的适用的范围只限定在生产经营领域。不属于生产经营活动中的安全问题,如公共场所集会活动中的安全问题、正在使用中的民用建筑物发生垮塌造成的安全问题等,都不属于本法的适用范围。

第三章 道路运输安全生产行业监管

第一节 道路运输安全管理体制

一、安全管理体制的历史沿革

安全管理体制问题涉及社会主义市场经济的建立、经济体制的改革方向。我国1993年以前的安全管理体制是"三结合"管理体制，即国家监察、行政管理、群众监督。这在社会主义计划经济体制下发挥了很大的作用，促进了我国安全生产工作的开展。1993年国务院《关于加强安全生产工作的通知》中规定了安全管理实行企业负责、行业管理、国家监察、群众监督的"四结合"安全管理体制，其中行业管理是一种新的提法。2010年国务院《关于进一步加强企业安全生产工作的通知》中坚持"安全第一、预防为主、综合治理"的方针，全面加强企业安全管理，健全规章制度，完善安全标准，提高企业技术水平，夯实安全生产基础；强化安全生产监管部门对安全生产的综合监管，全面落实公安、交通、国土资源、建设、工商、质检等部门的安全生产监督管理及工业主管部门的安全生产指导职责，形成安全生产综合监管与行业监管指导相结合的工作机制，加强协作，形成合力。在计划经济体制下，所谓行业管理，在我国一般指国务院各级政府的产业部门或称主管部门对企业实行的直接或间接的行政管理，是一种政府的行政行为。与国外发达的市场经济国家所说的行业管理有所不同。国外的行业管理是指同种行业为实现某种经济利益而成立的一种处于国家与企业之间的非政府组织，行使非政府职能，对其行业内的生产、经营活动起协调、指导和引导作用，既可以代表企业利益与政府进行沟通，又能协助政府行政机构在行业内推动国家法令和政策的实施，起到政府与企业之间的桥梁作用。随着我国经济体制改革的深入，行业主管部门对企业的管理职能正在向这个方向转变。由于条件不同，有些部门的改革比较深入，已基本形成了类似于国外发达国家行业管理式的行业总会，而有些部门仍然代表国家政府行使职能，还有一些部门则处于两者之间。

鉴于目前我国道路运输行业的现状，道路运输行业主管部门的安全管理在安全生产工作中仍有政府行政管理的职能，行业安全管理对道路运输行业安全生产还会起一定的促进作用。

近年来，随着经济体制改革的深化和我国安全形势的发展，国务院提出了"努力构建'政府统一领导、部门依法监管、企业全面负责、群众参与监督、全社会广泛支持'"的安全生产工作新格局，建立长效机制，实现安全生产的"长治久安"的新管理体制。

二、安全管理体制的含义

1. 政府统一领导

政府统一领导就是要求各级政府把安全生产纳入重要议事日程,形成强有力的安全生产工作组织领导和约束激励机制。

2. 部门依法监管

部门依法监管就是要求加快地方各级安全生产监管机构和队伍建设,落实编制、人员和经费,理顺各方面的关系,依法履行职责,严格考核奖惩,尽快形成责权明确、行为规范、监督有效、保障有力的安全生产监管体系。

强化行业部门职责,切实履行监管职责。政府有关部门要根据国家有关安全生产的方针、政策、法规和标准,依法对本行业的安全生产工作进行管理,要通过规划、组织、协调、指导和监督检查,加强对行业所属企业及归口单位安全生产工作的管理,减少因工伤亡事故和控制职业危害。

政府有关部门要转变安全生产的行政管理职能,充分发挥协调、指导和引导功能,起到政府与企业之间的桥梁作用,要根据行业的特点和生产中的突出问题与薄弱环节,继续推进安全生产专项治理工作。编制行业的中长期专项治理规划和年度专项治理计划,对所属企业的专项治理工作情况进行检查和验收,制订长效管理办法,推动行业安全工作的发展。

建筑、化工、煤炭、石油、烟花爆竹等安全生产的重点行业要按照行业规章和标准,强化行业和企业内部的安全管理,加强安全宣传教育和培训工作,指导企业不断健全和完善安全管理制度,督促企业落实各级安全生产责任制,引导企业进行安全生产投入和安全技术改造,提高企业自身安全生产能力。

公路、水运、铁路、民航、消防、旅游、商贸、公共场所等部门,要根据国家和省有关安全生产的法律、法规规定,切实履行安全管理和监督检查职能,要根据公共事业的安全生产特点,加强安全生产综合治理,加大安全基础设施的投入,强化执法监督检查,力争控制和减少社会影响较大的恶性事故。

3. 企业全面负责

企业全面负责要求强化企业安全生产责任的主体地位。所有企业必须自觉执行《安全生产法》关于生产经营单位安全保障的各项规定,健全完善安全生产各项规章制度,依法保证必需的安全投入,加强安全质量管理,规范安全生产行为。

强调管生产必须管安全这个原则,企业要负起搞好安全生产的重任。企业全面负责就是企业在其经营活动中必须对本企业安全生产负全面责任,企业法定代表人是安全生产的第一责任人。各企业应建立安全生产责任制,在管生产的同时,必须搞好安全工作,这样才能达到责、权、利的相互统一。安全生产作为企业经营管理的重要组成部分,对生产发挥着极大的保障作用。不能将安全生产与企业效益对立起来,具体地说,企业应自觉贯彻"安全第一,预防为主,综合治理"的方针,必须遵守行业安全生产的法律、法规和标准,根据国家和有关部门的规定,制订本企业安全生产规章制度,必须设置安全管理机构,配备安全管理人员,对企业实行全员、全过程、全方位的安全生产管理。企业还应负责提供符合国家安全生产要求的工作场所、生产设施,特别是加强对有毒有害、易燃易爆等危险物品的仓储、装卸和特种运输设备的管理,对从事危险物品运输和操作的人员都要严格培训。

4. 群众参与监督

群众参与监督即同时发挥工会、共青团等群团组织的作用,依法维护和落实企业职工对安全生产的参与权与监督权,鼓励职工监督举报各类安全隐患,对举报者予以奖励。有关部门和地方要进一步畅通安全生产的社会监督渠道,设立举报箱,公布举报电话,接受人民群众的公开监督。

强化工会社团作用,发挥社会监督支持。建立安全生产工作中政府、企业、劳动者三方协调机制,成立由三方代表组成的委员会,及时沟通意见,建立协调关系,逐步完善企业集体合同的订立,将安全生产的重大问题纳入集体协商范畴。

各级工会组织对安全生产工作依法实行监督,维护劳动者合法权益。工会组织在安全生产工作中有权参与重大问题决策,参与安全管理的全过程。对违反安全生产法律和法规的行为,有权制止、申诉和控告。企业法定代表人(企业经营者或非法人企业的负责人)应向职工代表大会或职工大会报告安全生产情况,对职工代表的咨询和建议要给予合理答复。各级安全生产监督管理部门在对企业进行监督检查时,要吸收工会或工人代表参加。

5. 全社会广泛支持

通过大力发展安全文化事业,加强宣传教育,在全社会营造"关爱生命、关注安全"的舆论氛围。

充分发挥新闻媒体的舆论监督作用,深入宣传关于安全生产的方针、政策和法律、法规,大力宣传在安全生产中作出突出成绩的单位和个人,披露严重违反安全生产法律法规的现象,对发生重大责任事故或造成重大社会不良影响事故的单位和责任人员予以曝光。

鼓励全社会对安全生产工作进行监督,对他们提出的批评建议和举报要认真研究,组织落实,回复意见,切实做好安全生产的信访工作。

第二节 道路运输安全生产监督管理

一、监督管理的指导思想

对道路运输安全生产进行监督管理的基本指导思想是:

(1)坚持"安全第一、预防为主、综合治理"的方针,按照建立社会主义市场经济体制的要求,切实转变政府职能,健全道路运输安全生产监督机制,全面落实安全生产责任制;

(2)切实加强对道路运输经营者、营运车辆、营运驾驶员和汽车客运站的源头管理;

(3)全面提高全行业安全生产的管理水平;

(4)最大限度地预防和减少道路交通事故,特别是群死群伤的特大交通事故。

二、监督管理保障体系

1. 建立健全安全管理工作机构

为切实加强对道路运输安全生产监督管理工作的领导,应建立健全安全管理工作机构,认真落实行业管理,确保道路运输安全生产监督管理工作的正常进行;要选派熟悉业务、善于联系群众、敢于坚持原则的人员充实到安全管理机构,并组建专门的道路运输安全生产监督队伍。在努力提高管理人员和监督队伍的业务素质和思想道德水平,规范执法行为,提高执法水平的同时,为其配备必要的安全检测技术装备,加强监督力度,以便把主要精力放到预防事故的工作上,加强道路运输安全的源头管理,从严从速处理各类重大责任事故和伤亡事故。

2. 建立健全安全生产责任监督机制

按照"属地管理、分级负责"的原则,制订和完善安全生产监督管理工作程序,一级抓一级,层层落实,确保组织到位、任务到位、责任到位、措施到位、处罚到位。

3. 制订安全生产发展目标,并完善考核和评估制度

制订科学有效的道路运输安全生产中长期发展规划,明确并落实阶段性目标;构建体现科学发展观和正确政绩观要求的工作实绩考核评价体系,实行道路运输安全生产监督管理工作的定期评估制度。

4. 加强安全生产信息化建设

加强安全生产信息化建设,逐步建立高效灵敏、反应快捷、运行可靠的信息系统,及时掌握安全生产动态,做好信息的收集、汇总发布与管理工作,提高安全生产监督管理信息化水平。按照《道路运输行业事故统计制度》(交公路发[2004]435号)的要求,结合本地实际,建立完善的事故统计分析制度,提高道路运输安全生产监督管理工作的针对性和实效性。

5. 制订并不断完善应急预案,提高应对突发事件的能力

特别要制订群死群伤、危险化学品等道路运输事故的应急预案,确保发生事故后能进行及时有效的救助,减少事故造成的损失。

6. 做好安全宣传教育工作

(1)通过各种手段开展宣传活动,大造舆论,广泛深入地开展道路运输安全的法制教育,不断增强人民群众的自我保护意识,自觉监督和抵制违反安全生产规定的各种行为。

(2)加强对从业人员的安全教育。近年来,由于挂靠车辆的大量发展,一定程度上给道路运输安全带来极大隐患,由于道路运输经营者和车主片面追求经济效益,出现了不少安全事故。此外,道路运输企业中青年员工不断增加,他们在为企业补充新鲜血液的同时,如何提高他们的安全意识和服务素质,也是摆在道路运输行业安全管理部门面前当务之急的任务。

(3)把安全教育的重点放在企业。道路运输行业安全管理部门要把安全生产宣传教育的重点放在道路运输企业,在抓好企业一般安全生产教育的同时,突出抓好企业法人代表及特种作业人员的安全生产培训,并按国家有关规定进行考核、认证。教育企业领导和行业从业人员增强法制观念,认真学习和严格遵守道路运输安全生产法律、法规和操作规程,遵守劳动纪律。

7. 建立良好的互动机制

加强与公安、安全监管等部门的沟通与配合,建立良好的安全生产监督互动机制,形成工作合力。

三、监督管理的任务和职责

各级交通主管部门负责组织领导本行政区域内的道路运输安全生产监督管理工作。各级道路运输管理机构负责具体实施道路运输安全生产监督管理工作。

各级交通主管部门及道路运输管理机构在道路运输安全生产监督管理中的主要任务和职责是"三关一监督",即严把道路运输企业市场准入关、严把营运车辆技术状况关、严把营运驾驶员从业资格关、搞好客运站安全监督。

1. 严把道路运输企业市场准入关

严把道路运输企业市场准入关,一是完善运输市场准入制度;二是在对企业进行开业审批、线路审批以及经营资质等级评定时,要把其安全生产条件——企业保障道路运输安全生产的制度、机构、驾驶员管理、车辆管理等,作为必备条件纳入审查内容。具体要求如下:

(1)全面审查企业的安全生产管理制度,包括企业全员安全管理制度、安全会议制度、安全事故分析会制度、安全生产公告制度、安全考核制度、安全检查制度、奖励激励制度、安全责任追究制度、从业人员培训制度、行车日志制度、驾驶员告诫制度、档案管理制度等。

(2)审查安全生产机构,包括专门的安全生产管理机构的设置,安全管理人员的配备,安全管理人员的适应性条件等。

(3)审查对驾驶员的管理情况,包括相应的从业资格证、聘用合同、考核记录、辞退制度、安全教育培训制度、驾驶员信息管理系统等。

(4)审查车辆技术状况和等级。拟投入运营的车辆必须经检测合格,且技术状况达到与经营线路相适应的等级。

(5)对申请从事班线客运经营的,应对运行方案,道路状况进行审查,其中对道路状况不符合开行条例的客运班线不予审批;对夜间(晚22时至早6时)运行无法避开三级以下(含三级)山区公路的客运班线不予审批;对企业三年内发生过重、特大责任行车事故的不予审批;对发生事故的企业未按"四不放过"原则进行处理的不予审批。

所谓"四不放过",即:事故原因不查清不放过;事故责任者得不到处理不放过;整改措施不落实不放过;教训不汲取不放过。

建立道路运输企业档案的主要内容包括:道路运输企业基本情况、企业类别、经营资质、安全生产状况检查记录,服务质量投诉记录以及违章处罚记录等。

督促已进入市场的道路运输企业,严格按照《道路运输企业安全生产管理规则》的要求,制订切实可行的安全生产管理规范。

按照《道路运输企业安全管理评价指标体系和标准》对企业安全生产状况进行定期检查和评估。结合检查和评估情况,建立道路运输企业安全质量信誉考核制度,由设区的市级道路运输管理机构对本行政区域内的道路运输企业的安全生产管理情况进行排序,并向社会公示。

对排名末位及评估"不安全"的企业,责令其限期整改,逾期不能改正且达不到安全生产条件的,应依法吊销其运输经营许可证。

2. 严把营运车辆技术状况关

严把营运车辆技术状况关,一方面要严格执行车辆检查准入和技术等级评定制度;另一方面要加强定期维护和综合性能检测,确保车辆技术状况良好,减少因机械造成的事故。具体要求如下:

(1)对进入道路运输市场的车辆,严格按照国家标准《营运车辆综合性能要求和检验方法》(GB 18565—2001)、《道路车辆外廓尺寸、轴荷及质量限值》(GB 1589—2004)的规定进行审查,不符合标准的车辆一律不得准入道路运输市场。

(2)对进入道路运输市场的客车,严格按照《营运客车类型划分及等级评定》(JT/T 325—2013)及《营运客车类型划分及等级评定规则》进行类型划分和等级评定,对在用营运客车进行等级年度复核,确保车辆等级和类型与其经营业务相适应。

(3)按照统一的格式和要求建立道路运输车辆档案,主要内容包括:道路运输车辆基本情况、技术等级、营运客车类型划分及等级、道路运输车辆所属单位和道路运输车辆变更以及交通事故记录等,并逐步实行电子档案。

(4)定期上门检查运输经营者的道路运输车辆技术档案,督促运输经营者认真执行营运车辆的维修和检测制度,做好行车日志和相关记录。重点加强对危险货物运输、高速公路客运、旅游客运、800公里以上的超长线路客运的车辆技术档案的检查。

(5)积极引导营运载客汽车、重型载货汽车、半挂牵引车、危险货物运输车安装使用符合国家标准的汽车行驶记录仪或GPS等先进技术装备,加强对车辆的动态监管。

(6)对达不到《营运车辆综合性能要求和检测方法》(GB 18565—2001)、《营运车辆技术等级划分和评定要求》(JT/T198—2004)要求的车辆,要强制其退出道路运输市场。

3.严把营运驾驶员从业资格关

严把驾驶员从业资格关的重点是:严格执行从业资格制度,加强对驾驶员职业道德、安全意识、法规及业务培训。具体要求是:

(1)严格审查营运驾驶员的考试申请条件,监督考核员严格按照统一的考试大纲和考试要求实施考试,做好考试记录,严把考试关。

(2)严格按规定的程序核发从业资格证,使用全国统一的营运驾驶员从业资格管理软件,逐步实行从业资格证电子化、管理网络化,实现信息共享。

(3)建立营运驾驶员档案,主要内容包括:培训记录,从业资格考试申请表,培训结业证、驾驶证和身份证等相关证件复印件,违章和交通事故记录等。

(4)督促营运驾驶员严格执行《营运驾驶员安全操作规范》。

(5)加强营运驾驶员的信誉考试,对严重违章的营运驾驶员要通过插放事故案例录像、发放宣传手册等方式进行再教育,重点进行监管。造成重、特大道路运输责任事故的,对营运驾驶员培训、考试、发证等情况进行责任倒查。

4.搞好汽车客运站安全监督

对汽车客运站安全监督的具体要求是:

(1)对客运站进行开业审查时,必须将客运站保障安全生产的场所、人员、设备、设施、业务操作规程和安全管理制度等纳入审查内容,并按照《汽车客运站级别划分和建设要求》(JT/T200—2004),进行实地验收。

(2)建立客运站档案,主要内容包括:客运站基本情况、级别、安全生产管理机构、安全检查人员名单、安全生产状况检查记录等。

(3)督促客运站严格执行《汽车客运站安全生产管理规范》。按照《汽车客运站安全管理评价指标体系和标准》的要求对客运站进行检查评估,结合检查情况,建立客运站安全质量信誉考核制度,由设区的市级道路运输管理机构对本行政区域内的客运站的安全生产管理情况进行排序,并向社会公示。对排名末位及评估"不安全"的客运站,责令其限期整改,逾期不能改正且达不到安全生产条件的,应依法吊销其运输经营许可证。

四、行业监管的工作内容

1.建立和完善运输市场准入制度

这是行业监管的第一道关,所以交通主管部门要严把这一关。要把运输企业安全生产资质条件作为许可审批和企业经营资质评定的重要内容,并实行安全一票否决制。申请从事道路运输经营业务的,如不符合安全生产条件,一律不得审批或者核准;在客运线路审批中,对安全生产制度不健全或者存在重大安全隐患的企业,不得审批新的客运线路。

2. 加强市场监管,规范市场秩序

严厉打击无牌、无证等非法经营行为,维护公平竞争的市场秩序,为道路运输安全生产创造良好的市场环境。

把企业安全生产状况作为企业晋升经营资质的重要指标,作为客运线路招标的资格条件。

对不具备安全生产条件或存在严重安全隐患的企业,要限期整改;逾期不改或整改后仍达不到要求的,要降低资质直至取消经营许可。

逐步建立运输企业安全生产管理档案,对企业安全生产状况实行动态管理。

3. 全面落实经营者的安全责任

经营者(企业)是安全生产的主体,要把强化企业内部安全生产管理作为企业经营管理的重点,即要建立健全安全生产责任制,健全组织机构,配备安全管理人员,保证必要的经费投入;要改变"以包代管"和"挂靠经营"的粗放型经营模式;搞好车辆检测和维护,及时发现和消除事故隐患,提高车辆技术状况;加强对职工(尤其是驾驶员)的安全教育,提高安全意识,遵守规章制度和操作规程。

建立事故责任追究制度和事故报告制度。发生事故,尤其重、特大责任事故,除对事故当事人给予严肃处理外,对企业主要负责人和分管负责人及有关部门负责人都要追究其相关责任。构成犯罪的要追究刑事责任;发生重、特大事故,要按规定时间逐级上报。

4. 加强营运车辆的技术管理

坚持和完善运输车辆等级评定制度。车辆在进入运输市场前和营运中都要进行定期审验,严格按照强制性国家标准《营运车辆综合性能要求和检验方法》的要求进行综合性能检测,确定技术等级,核定经营范围。不合格的车辆不能参与营运。

强化车辆定期维护制度,认真落实车辆定期维护和二级维护竣工检验制度,确保车辆技术状况良好。

规范营运车辆综合性能检测行为,即实行全国统一的"汽车综合性能检测报告单";监督综合性能检测站严格按照国家有关技术标准和规范进行检测;核定检测收费标准;不按规定要求进行检测的单位(站),要限期整改或停业整顿。

5. 加强对营运驾驶员的从业资格管理

加强驾驶员培训市场的监管,督促培训单位严格按照交通运输部部颁教学计划、教学大纲进行培训,切实提高培训质量。

严格执行营运驾驶员从业资格证制度,按照《营业性道路运输驾驶员职业培训管理规定》,加强对营运驾驶员职业培训、从业资格考试和发证工作。重点加强对大客车、汽车列车和危险货运驾驶员的从业资格管理。无从业资格证的驾驶员不得从事道路运输经营活动。

加强营运驾驶员的日常监督管理,包括完善档案管理,定期进行生产知识和法规轮训,进行动态管理,即发生重大责任事故的驾驶员,或适宜性检测不合格的驾驶员,要淘汰,取消从业资格。

6. 加强客运站安全管理

按照《汽车客运站安全生产管理规范》的要求,建立健全安全管理制度,配备安全管理人员,落实责任和安全生产制度;严格执行车辆进出站的例行检查制度;严禁旅客携带易燃、易爆、危险化学品进站、上车,一级汽车站和客流量较大的二级站要配备危险品检查仪;加强对驾驶员和车辆的资格检查,落实班车报班工作制度;不售超员票,严禁超员车辆出站。

7. 加强危险货物运输管理

认真贯彻落实《危险化学品安全管理条例》和《道路危险货物运输管理规定》,加强对从事危险货物运输经营单位、运输工具及人员的安全管理。

全面贯彻实施道路危险货物运输企业资质认证制度,对达不到资质条件的,坚决取消其道路危险货物运输资格。严禁个体运输户从事危险货物运输。

加强对危险货物运输车辆的技术管理,确保车辆技术状况符合规定要求。

加强对危险货物运输从业人员的培训,未取得从业资格证书的人员,不得从事危险货物运输作业。

8. 治理超载违章和超限运输

《中华人民共和国道路运输条例》第三十五条规定:"道路运输车辆运输旅客的,不得超过核定的人数,不得违反规定载货;运输货物的,不得运输旅客,运输的货物应当符合核定的载重量,严禁超载;载物的长、宽、高不得违反装载要求。"

根据有关部门统计,货车超载超限运输肇事占交通事故总数的30%以上,占货车事故的55%以上。客车群死群伤也多由超员引起。人们把车辆超载、超限称为"公路第一杀手",直接威胁着公共交通安全。所以必须加大治理力度,保护人民群众生命财产安全。

五、监督管理的方式及要求

安全生产监督管理工作应当采取上门检查、在规定的时间和地点检查、暗访等方式进行。

在道路运输经营场所、客货集散地,对《道路运输企业安全生产管理规则》、《汽车客运站安全生产管理规范》、《营运驾驶员安全操作规范》的执行情况进行监督检查。

在规定的时间和地点,重点对道路运输企业安全生产的文件、制度、记录和有关资料进行检查。

在道路运输经营场所、客运站和客运车辆上,对安全生产情况进行明察暗访,并做好记录。

对明察暗访中发现的问题,应通报给道路运输企业和客运站。对存在重大安全隐患的,责令限期整改,并向有关部门通报,检查记录和整改验收结果存入相关档案。

监督检查过程中,应有2名以上的工作人员参加,并不得干扰道路运输企业、客运站及营运车辆的正常经营活动。

六、树立道路运输安全管理执法权威

道路运输安全管理人员必须加强对道路运输行业安全的监督检查,公正、权威地履行职责,揭露、纠正、惩戒违反道路运输行业安全生产法规、规章的行为,保证各项法律、法规正确实施,真正做到有法必依、执法必严、违法必究,树立道路运输安全管理执法权威。

值得提醒地是道路运输行业管理部门在实施安全管理过程中,常有一些阶段性集中治理活动,例如集中治理超载、超限运输等,而这些治理活动常常要与公安部门互相配合,一起行动,这是很正常的。但在配合过程中,有的道路运输安全管理部门由于考虑到公安部门的执法措施和执法力度比运管部门大,容易形成"配角",有的甚至为图省事,把所属的场地、设备等"租借"给公安部门,把自己的执法队伍从台前撤到幕后,这是很不妥当的。诚然,在某些执法环境和场合,公安部门的执法力度相对较大,但作为道路运输行业的安全管理部门应当和公安部门在同一个安全整治活动中密切配合,不宜依赖公安部门来进行安全执法。因为过多的依靠外部力量,只能导致运管部门的执法权威下降,甚至导致执法阵地的萎缩和丧失。从依法行政的要求看,运管部门把行政执法权"租借"给其他部门,或者在正常的管理职责内退居二线甚至退至幕后,都是一种违法、失职行为。因此,道路运输行业管理部门应树立起自己的执法权威,不折不扣地履行好自己的安全管理职责。

道路运输安全管理执法权威来自完善的法律法规、高素质的执法队伍和先进的执法装备条件。目前,各省都已形成了初具规模的道路运输安全管理法律体系,物质装备上也有了相当大的改善,但在执法队伍中,执法人员尤其是基层执法人员文化素质、法律素质、管理素质相对偏低,不按正确的执法程序执行,不按规定随意处罚、粗暴执法及执法不力等现象,也是影响道路运输安全管理执法权威的关键因素。因此,现阶段必须对道路运输安全管理人员加强培训,迅速提高安全管理人员的素质,规范执法行为,树立道路运输安全管理执法权威。

第四章 道路旅客运输安全管理

第一节 客运企业的等级划分及条件

根据中华人民共和国交通行业标准《道路旅客运输企业等级》(JT/T 630—2005)规定,客运企业等级分为一、二、三、四、五级。不符合企业法人条件的经营单位不评定企业等级。

一、一级企业条件

1. 运输能力

企业在上一年度完成客运量750万人次或客运周转量75000万人公里以上。

2. 资产规模

企业净资产4亿元以上,客运资产净值(包括车辆设备、车站设施等,下同)3亿元以上。

3. 车辆条件

企业自有营运客车500辆以上,客位15000个以上且高级客车在150辆以上、客位4500个以上,或拥有高级营运客车200辆以上、客位6000个以上;营运客车新度系数在0.6以上,车辆新度系数计算公式如下:

$$\alpha = 1 - [\Sigma(V_1 \times t_1)]/V_n \times 96 \qquad (4-1)$$

式中:α——车辆新度系数;

V_1——单车原值;

t_1——单车实际使用月数(超过96的按96计算);

V_n——全部营运车辆原值。

营运客车级别遵照《营运客车类型划分及定级评定》(JT/T 325—2013)的规定(下同)。

4. 经营业绩

上一年度总营业收入3亿元以上,其中客运营业收入2亿元以上。

5. 安全状况

上一年度行车责任安全事故率不高于0.1次/车,责任安全事故死亡率不高于0.02人/车,责任安全事故伤人率不高于0.05人/车。

6. 服务质量

上一年度旅客向行业主管部门投诉企业服务质量的次数(情况属实的,下同)不高于0.02次/车,省级及以上新闻媒体报道企业重大服务质量事故(情况属实的,下同)不高于2件,行业主管部门对企业不规范经营行为进行处罚的次数不高于0.1次/车。

二、二级企业条件

1. 运输能力

企业在上一年度完成客运量 150 万人次或客运周转量 15000 万人公里以上。

2. 资产规模

企业净资产 4000 万元以上，客运资产净值 3000 万元以上。

3. 车辆条件

企业自有营运客车 100 辆以上、客位 3000 个以上且高级客车在 30 辆以上、客位 900 个以上，或拥有高级营运客车 40 辆以上、客位 1200 个以上；营运客车新度系数在 0.6 以上。

4. 经营业绩

上一年度总营业收入 4000 万元以上，其中客运营业收入 3000 万元以上。

5. 安全状况

上一年度行车责任安全事故率不高于 0.1 次/车，责任安全事故死亡率不高于 0.02 人/车，责任安全事故伤人率不高于 0.05 人/车。

6. 服务质量

上一年度旅客向行业主管部门投诉企业服务质量的次数不高于 0.02 次/车，省级及以上新闻媒体报道企业重大服务质量事故不高于 2 件，行业主管部门对企业不规范经营行为进行处罚的次数不高于 0.12 次/车。

三、三级企业条件

1. 运输能力

企业在上一年度完成客运量 90 万人次或客运周转量 8000 万人公里以上。

2. 资产规模

企业净资产 1500 万元以上，客运资产净值 1000 万元以上。

3. 车辆条件

企业自有营运客车 50 辆以上，客位 1500 个以上且中高级客车在 15 辆以上、客位 450 个以上，或拥有高级营运客车 20 辆以上、客位 600 个以上；营运客车新度系数在 0.55 以上。

4. 经营业绩

上一年度总营业收入 1500 万元以上，其中客运营业收入 1000 万元以上。

5. 安全状况

上一年度行车责任安全事故率不高于 0.12 次/车，责任安全事故死亡率不高于 0.03 人/车，责任安全事故伤人率不高于 0.08 人/车。

6. 服务质量

上一年度旅客向行业主管部门投诉企业服务质量的次数不高于 0.04 次/车，市级及以上新闻媒体报道企业重大服务质量事故不高于 2 件，行业主管部门对企业不规范经营行为进行处罚的次数不高于 0.15 次/车。

四、四级企业条件

1. 运输能力

企业在一上年度完成客运量 20 万人次或客运周转量 1200 万人公里以上。

2. 资产规模

企业净资产 300 万元以上,客运资产净值 200 万元以上。

3. 车辆条件

企业自有营运车辆 10 辆以上、客位 200 个以上;营运客车新度系数在 0.5 以上。

4. 经营业绩

上一年度营业收入 300 万元以上,故小客运营业收入 200 万元以上。

5. 安全状况

上一年度行车责任安全事故率不高于 0.15 次/车,责任安全事故死亡率不高于 0.1 人/车,责任安全事故伤人率不高于 0.12 人/车。

6. 服务质量

上一年度旅客向行业主管部门投诉企业服务质量的次数不高于 0.1 次/车,市级及以上新闻媒体报道企业重大服务质量事故不高于 2 件,行业主管部门对企业不规范经营行为进行处罚的次数不高于 0.2 次/车。

五、五级企业条件

未达到四级企业条件的客运企业。

第二节 部门职责及企业对客运的安全管理

为了维护道路客运市场秩序,预防和减少交通事故,政府各部门应各负其责,运输企业应切实加强对道路旅客运输的安全管理。

一、各部门对道路客运安全管理的职责

1. 组织领导

各级人民政府承担道路客运安全工作的领导,组织协调有关部门整顿道路客运秩序,改善道路客运环境。

2. 职责分工

公安机关负责道路交通秩序管理和治安管理,保障道路交通安全和畅通;交通主管部门依照国家和各省的交通行业标准、规范和制度,负责对客运企业的生产安全进行指导和监督。

交通主管部门设置客运线路和站(点),应当合理规划,方便群众,考虑道路容量和交通安全因素,不妨碍道路畅通。

客运线路和站(点)在设置前,交通主管部门应当征求公安等有关部门的意见。有关部门对客运线路和站(点)设置有异议的,交通主管部门应当与提出意见的部门协商;协商不成的,由同级人民政府协调解决。

交通、公安、工商、建设等有关部门应当加强配合,保障客运站(点)周围具备良好的道路交通环境。

交通主管部门依照国家有关规定组织实施并负责监督检查,对客运企业实行经营资质等级制度和质量信誉考核制度。根据客运企业的资质等级,确定其可经营的客运线路种类。根据对客运企业质量信誉的考核结果,重新确认或调整该企业的经营资质等级及所经营的

客运线路种类。

二、企业对道路客运的安全管理

1. 加强领导

道路客运企业应当加强对安全生产的领导,建立安全生产管理机构,制订有关安全生产管理制度和措施,加强对驾驶员及其他有关从业人员的安全教育,推行安全生产责任制。

2. 加强驾驶员的安全管理

道路客运企业的各类驾驶员,应当遵守国家和本省对营运客车驾驶员的条件规定。企业应抓好驾驶员的应聘和安全管理等工作。

3. 出站车辆的门检管理

客运车站应当建立和完善门检工作制度,配备合格的门检工作人员。

客运车站对出站车辆必须进行安全检查,发现车辆有机械事故隐患、人员超载等不安全因素的,应当制止其出站,待不安全因素消除后方可放行。

4. 车辆营运过程中的安全管理

道路旅客运输经营者和驾乘人员应当在客运途中维护旅客人身及财产安全,完善旅客运输安全防范措施,进行必需的安全常识宣传,维护车内秩序。在发生危及旅客人身和财产安全的特殊情况时,根据具体情况,采取制止、呼救、报警、停车和组织旅客疏散等措施;发生旅客受伤情况时,应当设法及时抢救;对已经发生的案件,要设法保护现场。

在道路客运车辆营运过程中,客运企业及其从业人员应当遵守下列规定:

(1) 营运车辆不得超速行驶;

(2) 营运车辆上行李、物品应当按规定装载,不得超载;

(3) 营运车辆不得超过核定的载人数载客;

(4) 不得使用威胁手段或纠缠方法强行揽客。

5. 报废车辆的管理

凡达到国家汽车报废标准的客运车辆,应当按时办理报废、注销登记,并按规定予以解体,不得继续行驶。

6. 协助维护客运治安秩序

道路客运企业及其从业人员应当协助公安机关维护客运治安秩序,在客运过程中发现违法犯罪行为的,应当予以制止或者控制,并及时向公安机关报告。在必要情况下,驾乘人员应见义勇为,保护旅客的人身安全,绝不能放任不法行为的发生。

三、禁用车辆和禁止行为

1. 禁用车辆

禁止使用货车、摩托车、拖拉机、残疾人专车、农用车、未经主管部门批准的拼装客车、未经主管部门批准擅自改装或者改型的客车和已达到报废标准的客车从事道路客运经营业务。

2. 禁止行为

在道路客运过程中,禁止一切个人、单位的下列行为:

(1) 携带、运载、使用易燃、易爆、剧毒、放射性等危险物品和各类违禁品;

(2) 进行赌博、诈骗、敲诈勒索等违法活动;

(3) 其他违反治安管理法规的行为。

此外,乘客及客运企业从业人员还应当遵守下列规定:

(1)不得在交通繁忙地点随意拦车;

(2)不得向车窗外抛掷物品;

(3)车辆行驶中,不得擅自开门或者跳车。

第三节　客运站安全生产管理

一、汽车客运站的性质、任务和级别划分

1. 汽车客运站的定义和性质

汽车客运站是公益性交通基础设施,是道路旅客运输网络的节点,是道路运输经营者与旅客进行运输交易活动的场所,是为旅客和运输经营业者提供站务服务的场所,是培育和发展道路运输市场的载体。

汽车客运站一般配有站房、停车场和服务设施以及专门的站务人员,是从事客运服务的营业性机构。

汽车客运站的最大特征,是在这里运输生产与销售在同一过程中进行,所以它集运输生产、经营和服务于一体,是运输企业三大基层单位之一,在企业的生产经营中具有十分重要的地位和作用。

2. 汽车客运站的功能

汽车客运站的功能具有多重性。它首先是企业客运生产的现场,负责集散旅客、发售车票、组织车辆、按班运送旅客,是企业客运经营计划的具体执行者,因此具有运输组织功能;其次它又是组织客源,接待乘客候车、乘车,提供服务的场所,其服务周到和满意的程度,直接关系到企业的信誉和经营,所以具有服务功能;另外它还有中转、换乘功能,多式联运功能,通讯、信息功能,辅助服务功能等。

3. 汽车客运站的任务

汽车客运站的任务,可归纳为以下几条:

(1)保证完成和超额完成企业下达的旅客发送计划和营收计划;

(2)搞好生产现场管理,组织驻站和参运车辆,按客班运行图进行有计划、有秩序的客运生产经营工作;

(3)搞好"三容"(站容、车容、仪容),查堵"三品"(易燃、易爆、化学危险品),加强治安工作,建立优良的车站秩序,做到优质服务;

(4)加强营收管理工作,严格票证的领用、核发、销号制度,堵塞营收漏洞,加速资金周转;

(5)做好后勤服务工作;

(6)加强经济学、市场学等业务教育和政治思想工作,提高站务人员的素质和业务水平。

4. 汽车客运站的级别划分

根据车站设施和设备配置情况、地理位置和设计年度平均日旅客发送量(简称日发量)等因素,车站等级划分为五个级别以及简易车站和招呼站。

1)一级汽车站

设施和设备符合中华人民共和国交通行业标准《汽车客运站级别划分和建没要求》（JT/T 200—2004）有关一级站的相应配置（表4-1 和表4-2），且具备下列条件之一：

（1）日发量在10000人次以上的汽车站；

（2）省、自治区、直辖市及其所辖市、自治州（盟）人民政府和地区行政公署所在地，如无10000人次以上的车站，可选取日发量在5000人次以上具有代表性的一个车站；

汽车客运站设施配置表　　　　　表4-1

设施名称			一级站	二级站	三级站	四级站	五级站
场地设施		站前广场	●	●	★	★	★
		停车场	●	●	●	●	●
		发车位	●	●	●	●	★
建筑设施	站房	候车厅（室）	●	●	●	●	●
	站务用房	重点旅客候车室（区）	●	●	★		
		售票厅	●	●	★	★	★
		行包托运厅（处）	●	●	★	★	—
		综合服务处	●	●	★	★	—
		站务员室	●	●	●	●	●
		驾乘休息室	●	●	●	●	●
		调度室	●	●	●	★	
		治安室	●	●	★		
		广播室	●	●	★		
		医疗救护室	★	★	★	★	★
		无障碍通道	●	●	●	●	●
		残疾人服务设施	●	●	●	●	●
		饮水室	●	★	●	★	●
		盥洗室和旅客厕所	●	●	●	●	●
		智能化系统用房	●	★	★		
		办公用房	●	●	●	★	
	生产辅助用房	汽车安全检验台	●	●	●	●	●
		汽车尾气测试室	★	★	—	—	—
		车辆清洁、清洗台	●	●	★	—	—
		汽车维修车间	★	★	—	—	—
		材料库	★	★	—	—	—
		配电室	●	●	●	●	●
		锅炉房	★	★	—	—	—
		门卫、传达室	★	★	★	★	★
	生活辅助用房	司乘公寓	★	★	★	★	★
		餐厅	★	★	★	★	★
		商店	★	★	★	★	★

注："●"代表必备；"★"代表视情况设置；"—"代表不设。

(3)位于国家级旅游区或一类边境口岸,日发量在 3000 人次以上的车站。

汽车客运站设备配置表　　　　　　　　　　　　表 4-2

设施名称		一级站	二级站	三级站	四级站	五级站
基本设备	旅客购票设备	●	●	★	★	★
	候车休息设备	●	●	●	●	●
	行包安全检查设备	●	★	★	—	—
	汽车尾气排放测试设备	★	★	—	—	—
	安全消防设备	●	●	●	●	●
	清洁清洗设备	●	●	★	—	—
	广播通讯设备	●	●	★	—	—
	行包搬运与便民设备	●	●	★	—	—
	采暖或制冷设备	●	★	★	★	★
	宣传告示设备	●	●	●	★	★
智能系统设备	微机售票系统设备	●	●	★	★	★
	生产管理系统设备	●	★	★	—	—
	监控设备	●	★	★	—	—
	电子显示设备	●	●	★	—	—

注:"●"代表必备;"★"代表视情况设置;"—"代表不设。

2)二级汽车站

设施和设备符合交通行业标准 JT/T 200—2004 中有关二级站的规定(表 4-1 和表 4-2),且具备下列条件之一:

(1)日发量在 5000 人次以上,不足 10000 人次的车站;

(2)县以上或相当于县人民政府所在地,如无 5000 人次以上的车站,可选取日发量在 3000 人次以上具有代表性的一个车站。

3)三级汽车站

设施和设备符合交通行业标准 JT/T200—2004 中有关三级站的规定(表 4-1 和表 4-2),日发量在 2000 人次以上,不足 5000 人次的车站。

4)四级汽车站

设施和设备符合交通行业标准 JT/T200—2004 中有关四级站的规定(表 4-1 和表 4-2),日发量在 300 人次以上,不足 2000 人次的车站。

5)五级汽车站

设施和设备符合交通行业标准 JT/T200—2004 中有关五级站的规定(表 4-1 和表 4-2),日发量在 300 人次以下的车站。

6)简易汽车站

达不到五级站要求或以停车场为依托,具有集散旅客、停发客运班车功能的汽车站。

7)招呼站

达不到五级站的要求,具有明显的等候标志和候车设施的车站。

客运站应当为旅客提供安全、方便、舒适、文明的候车环境,为经营者提供停车、组客、发车等经营条件和公平、公正的经营环境,其中安全是重中之重。预防事故发生,减少旅客人身伤亡和财产损失贯穿于一切工作之中。因此客运站应根据《中华人民共和国安全生产法》和交通运输部有关道路旅客运输安全生产的规定,努力搞好安全生产管理工作。

二、建立健全安全生产管理制度

汽车客运站必须认真履行安全生产与管理职责,建立健全安全生产与管理机构,一、二级客运站应配备专职安全管理人员,三级以下(含三级)客运站配备兼职安全管理人员,制订并落实各项安全生产与管理制度,积极开展各项安全宣传工作。

汽车客运站应与进站经营的道路运输企业或经营业户签订安全责任书,明确双方的安全责任。

汽车客运站应制定恶劣气候的应急预案、客流量突增的应急预案、突发事件(火灾、疾病等)的应急预案,有效应对安全生产中出现的重大事件,保障广大旅客的生命财产安全。

汽车客运站应按国家有关规定设置消防设施和消防器材,并对其进行定期检查,确保齐全有效。

汽车客运站应建立健全安全生产检查、登记台账,并妥善保管备查。

三、认真做好安全检查

汽车客运站应认真做好安全检查工作,并从以下几方面着手:

(1)汽车客运站应采取有效措施,严禁旅客携带易燃、易爆和其他危险物品进站、上车。一级汽车客运站和年平均日旅客发送量在7000人次以上的二级汽车客运站应配置X光行包检查设备。其他客运站必须设立易燃、易爆和其他危险物品检查点,指定专人负责检查。

(2)汽车客运站应严格按照营运客车的载客定额发售车票检票。

(3)汽车客运站从事营运客车安全例行检查(以下简称"安检")的人员应具有汽车维修质量检验员资格,三级以上(含三级)汽车客运站必须设置车辆检查地沟(台)。

(4)汽车客运站安检对日行程300km以上的车辆实行每班次检查一次,对日行程不超过300km的车辆实行每日检查一次。

(5)汽车客运站必须落实客运驾驶员的休息制度,提供必要的休息服务设施,保证驾驶员的正常休息。

(6)汽车客运站应加强对营运客车出站的管理,有下列情形之一的不得载客出站:

①驾驶证、从业资格证、行驶证、道路运输证、客运线路标志牌不齐全或不符合规定的;
②车辆无报班安检合格通知单的;
③驾驶员饮酒、身体不适、情绪严重不佳的;
④日行程超过400km的普通客运班线或超过600km的高速公路客运班线以及夜班车驾驶员数量不足的车辆(有途中换班制度的除外);
⑤车辆超载、超限的;
⑥气候恶劣不宜行车的。

(7)汽车客运站应按照以下工作程序对营运客车进行安全例行检查:

①营运客车必须在报班前按《汽车客运站营运客车安全例行检查项目及要求》进行安检。车站安检人员应对车辆的制动、转向、灯光、传动系统、轮胎气压和磨损程度及消防设施等逐一进行检查,不能漏检(因车辆结构原因需拆卸检查的除外),在确定车辆技术状况良好的情况下填写安检表,安检人员与驾驶员分别签字后出具"安检合格通知单",并加盖客

运站安全例行检查印章。安检不合格的车辆应及时进行修理,修理后复检合格的签发"安检合格通知单"。

②客运调度部门在收到"安检合格通知单"后对驾驶证、从业资格证、行驶证、道路运输证、客运线路标志牌进行检查登记,合格后准予报班。

③汽车客运站对进站旅客的行包进行安全例行检查,严禁旅客携带危险物品进站、上车,对查获的危险物品要进行登记并妥善保管或按规定处理。

④汽车客运站在检票和办理行包托运时,要严格按照车辆的载客和行包装卸定额上客和装载行包,并如实签发路单和行包票据。

⑤汽车客运站对出站的营运客车再次清点旅客人数,核对营运驾驶员的从业资格证等证件,并让受检客车驾驶员在"出站登记表"上签字,确认无误后放行(即进行门检)。

⑥因气候恶劣(暴风、暴雨、浓雾、大雪等)能见度低于30m以及塌方、路阻等原因不宜行车时,值班站长应暂停发班,并及时通知营运客车驾驶员和旅客,启动应急预案。

四、汽车客运站营运客车安全例行检查项目及要求

汽车客运站营运客车安全例行检查项目及要求如下:

(1)转向:横(直)拉杆、转向球销、转向节及臂应无损伤,球销不得松旷;各部件连接齐全、完好,锁止可靠,转向灵活。

(2)制动:不得有漏油、漏气现象,行车制动系统工作正常;各连接锁销齐全、完好、牢靠;手制动有效;气压仪表工作正常。

(3)传动:传动轴、万向节不得有松旷现象;各连接部位螺栓齐全、完好,紧固可靠。

(4)灯光:前照灯、防雾灯、转向灯、小灯、刹车灯、尾灯安装牢靠,完好有效;雨刮器工作正常。

(5)轮胎:不得有严重磨损(轮胎花纹深度不得小于2mm)、破裂和割伤;轮胎气压符合要求。

(6)悬挂:不得有断裂、移位现象。

(7)随车安全设施:配备有三角木、消防锤,在冰雪道路上运行必须配备有防滑链;灭火器有效。

第四节 客运合同中旅客与承运人的义务

车票即为客运合同。由于从事公共运输的承运人(客运企业及汽车站)的服务对象并不是什么特定的人,因此,为避免与每个顾客签订合同的繁琐,节省缔约成本,承运人都制定了格式合同——车票。由于格式合同在一定程度上限制了缔约的自由,为了平衡承运人与旅客的利益,法律上对从事公共运输的承运人设定了一系列特别的义务。

客运合同是双务合同;即双方都享有权利,又承担义务,且一方的权利正是另一方的义务。

一、旅客的义务

1. 支付票款义务

旅客的主要义务是支付约定的票款。《合同法》第292条规定:"旅客、托运人或者收货

人应当支付票款或者运输费用。承运人未按照约定路线或者通常路线运输增加票款或者运输费用的,旅客、托运人或者收货人可以拒绝支付增加部分的票款或者运输费用。"

旅客运输,如班车客运、城市公交车客运、出租车运输、旅游车运输等都采用了格式合同。在格式合同下,票款支付的标准是由承运人预先公布的,旅客不得讨价还价。当然作为承运人则应遵循我国运价管理的有关规定制定价格,亦即不得擅自涨价;不过在签订包车客运合同时,允许旅客与承运人就包车费用(即票款)进行协商。

2. 持有效客票乘坐义务

《合同法》第 294 条规定了"旅客应当持有效客票乘运。旅客无票乘运、超程乘运、越级乘运或者持失效客票乘运的,应当补交票款,承运人可以按照规定加收票款。旅客不交付票款的,承运人可以拒绝运输"。

所谓"有效客票"是指符合旅客与承运人之间签订的运输合同约定条件的客票。如何判定,主要看客票上所记载的乘运时间、乘运地点、乘运路程、乘运等级等内容。如果旅客提前或推后乘坐、超程乘坐、越级乘坐等,就认为旅客不是持有效客票乘坐。旅客没有履行这个义务应当承担责任,一是补交票款或按规定加收票款,二是拒绝运输。

3. 为超限量携带的行李办理托运手续的义务

《合同法》第 296 条规定:"旅客在运输中应按照约定的限量携带行李。超过限量携带行李的,应当办理托运手续。"

携带行李本是旅客的一项权利(携带权),它是指旅客在乘坐运输工具时,有权按约定免费携带一定数量的行李。行李指旅行途中的生活必需品或小件物品。但应注意,行李并不包括免费搭乘的小孩,小孩属免票搭乘的旅客,同样享受旅客的权利。

但如果所携带的行李超过限量,则旅客有义务办理托运手续。

4. 旅客不得携带违禁物品义务

《合同法》第 297 条规定:"旅客不得随车携带或者在行李中夹带易燃、易爆、有毒、有腐蚀性、有放射性及可能危及运输工具上人身和财产安全的危险物品或其他违禁物品。"

同时还规定:"有违反前款规定的,承运人可以将违禁物品卸下、销毁或者送交有关部门。旅客坚持携带或者夹带违禁品的,承运人应当拒绝运输。"

二、承运人的义务

1. 运送强制义务

《合同法》第 289 条规定:"从事公共运输的承运人不得拒绝旅客、托运人通常、合理的运输要求。"

运送强制也称缔约强制,是指承运人对旅客和托运人提出的通常的、合理的运输要求不得拒绝。这一点主要针对出租车借故拒载。

2. 安全运送义务

《合同法》第 290 条规定:"承运人应当在约定时间或者合理期间内将旅客、货物安全运输到约定地点。"所以安全运输是承运人的一项基本义务。

所谓安全运送义务,是指在运送旅客中,承运人应采取各种措施保障运输过程中旅客人身免受损害的义务。

法律中之所以规定安全运送义务,是因为旅客运输合同是双务合同,旅客支付运费(票款)购买的就是承运人提供安全、及时、舒适的运送服务,因此承运人收取了运费就应当提供约定的运送任务。

基于这条法律,如果在运输过程中旅客伤亡,承运人就应承担相应的责任,除非承运人能证明该伤亡系旅客故意、重大过失或者自身健康原因造成的。这一点与《道路交通安全法》的有关规定是一致的。

3. 及时运送义务

《合同法》第290条同时规定了这条义务和责任。

所谓及时运送义务是指承运人应当在约定的期间或者合理的期间内将旅客及其行李运抵目的地的义务。

所谓约定的期间,应既包括准时起运时间,也包括准时到达时间。客运合同是格式合同,列车表上的内容是承运人预先拟定的,旅客信其内容才买票,也就是同意订入合同内容。所以有些人认为客票是合同,客票以外的列车时刻表并非合同内容,因之晚点到达不算违约,这是站不住脚的。

所谓合理期间是指当事人未约定运输时间或约定不明确的情况下,承运人按通常的运输条件可将旅客运达目的地所需的时间。

4. 告知义务

《合同法》第298条规定:"承运人应当向旅客及时告知有关不能正常运输的重要事由和安全运输应当注意的事项。"

告知的内容包括两个方面:

(1)不能正常运输的事项和重要理由,包括不能按运输合同约定的内容(如发车时间)正常运送的事项及理由(如大雾、道路塌陷、大雪、恐怖事件等),以及相应的处理措施(如推迟、取消等)。

(2)保证安全运输应注意的事项,如不能携带违禁品;手和头不能伸出车外;车未停稳不准上下;不准随意开车门;不准妨碍驾驶操作;不准向外扔物等。

如果承运人未曾告知旅客,旅客遭受了损失,承运人要承担相应赔偿责任。即使是由不可抗拒的因素(雾、雪、路陷等)所致,但未告知,也要赔偿。

5. 对旅客救助义务

《合同法》第301条规定:"承运人在运输过程中,应当尽力救助患有急病、分娩、遇险的旅客。"

这里要强调的是:承运人的救助义务是法定义务,而不是约定义务;救助行为不属于无因管理行为。

所谓无因管理是指没有法定或约定义务,而为了他人利益免受损失,自愿管理他人事务或为他人提供服务的行为。

既然《合同法》中规定了承运人尽力救助是法定义务,因此如果承运人未尽力救助而给旅客造成损害的,当然应当承担赔偿责任。

承运人履行救助义务所支出的费用的承担问题有以下几种情况:

(1)因旅客患急病、分娩,承运人支付的救助费用由旅客承担。

(2)因第三人的过错而造成旅客遇险的,承运人支付的救助费用,应先由承运人支付,然后由承运人向第三人进行追偿。

(3)由承运人过错造成旅客遇险的,承运人实施救助所支付的费用,由承运人承担。

承运人未尽救助义务与未履行安全运送义务是有区别的。例如旅客患急病死亡,从安全运送来说,承运人不应当承担赔偿责任;但如果旅客患急病,承运人未尽力救助,则应对其未履行救助义务向旅客承担责任。

三、汽车站的注意义务

案例:某地汽车站发生一案,一名旅客在汽车站候车室不小心滑倒摔伤,造成骨折,住医院花去一万余元的医疗费。事后这名旅客向法院起诉,要求汽车站承担赔偿责任。

法院经查明后做出如下判决:旅客行走时未注意察看,自己应负主要责任;但旅客滑倒是因候车室积水所致,汽车站未及时清理候车室积水,也未向旅客作出告知和警示,则对旅客安全未尽到合理限度范围内的注意义务,故应承担次要责任,因此判汽车站向这位旅客赔偿4000元。对此有人不理解,不明白判决的理由是什么。现对此案的判决做如下说明。

1. 判决的理由

(1)《消费者权益保护法》中规定:"经营者应当保证其提供的商品或者服务符合保障人身、财产安全要求。对可能危及人身、财产安全的商品和服务,应当向消费者作出真实的说明和明确的警示。"

(2)《合同法》也规定,在汽车站与旅客之间还存在由诚实信用原则建立起来的与客运合同有关的通知、协助、保密、保护等附随义务。其中,合理限度范围内的注意义务内涵在其中。

基于汽车站与旅客之间形成的客运合同关系和经营者与消费者的关系,汽车站应当对旅客的安全承担合理限度范围内的注意义务。

2. 合理限度范围内的注意义务

合理限度范围内的注意义务是指作为一个普通正常的经营者,一个诚实善良的经营者,对旅客的安全应当能达到的注意程度。

如候车室瓜皮果壳遍地,而车站却视而不见,那么造成旅客滑倒摔伤,车站就要承担相应的责任;如果车站已尽到了注意义务,旅客摔倒受伤是自己乱扔瓜皮所致,车站就可免负责任。又如,两名旅客在候车室发生纠纷厮打,如果车站长时间无人出来调解劝阻,则可以认定车站对旅客的安全未尽到"合理限度范围内的注意义务",因此在致害人下落不明或无赔偿能力时,汽车站就要对受害旅客承担相应的赔偿责任。当然如果事发突然,一方将另一方打伤后随即逃离现场,车站不可能立即注意,则车站不应当承担责任。

这里所规定的注意义务,必须是一个正常的诚实善良的经营者应该能够做到的。不能超越经营者的能力和极限,要求其履行义务。

在本案中,候车室长期积水,车站没有采取清理措施,也没有设立警示标志来提醒旅客注意,由此而致旅客滑倒摔伤,车站就应当承担相应责任。所以法院的判决是正确的。

3. 英、美、法的"香蕉皮规则"

消费者在商场或公共场所踩到香蕉皮摔倒受伤又找不到肇事者的话,业主是否要承担赔偿责任?法官不能断然判决,要香蕉皮出来"说话"。法官先观察香蕉皮的颜色,如果已经发黑,说明丢在地上很久了,业主本应有足够时间发现并丢入垃圾箱,以免客人滑倒掉伤。业主没有发现就存在过失,就要承担责任。如果香蕉皮是白白黄黄的,说明刚丢不久,业主不可能立即注意到,因此,就不必承担责任。这就是所谓的"香蕉皮规则",它已在英、美、法等国家采用。这个规则对我们有参考意义,即业主应当对消费者的安全负责,但并无绝对保证的义务。

第五章 城市公共汽电车及出租汽车客运安全管理

第一节 城市公共交通概述

一、城市公共交通发展概述

城市公共交通（Urban Public Transit）是城市中供公众使用的经济型、方便型的各种客运交通方式的总称。城市公共交通是城市社会经济正常运转的基础保障，是城市综合环境的基础组成部分，是实现城市功能的重要元素，也是衡量一个城市综合竞争力的重要标志，更与每个市民的日常生活息息相关。近年来，我国城市公共交通事业取得了快速发展，截至2012年底，全国拥有城市公共汽电车运营车辆47.49万辆，运营线路38243条，运营线路总长度71.46万km，对满足社会公众基本出行需求发挥了重要作用。

城市公共交通的概念包括广义和狭义两层含义，广义的城市公共交通是指所有供公众使用的交通方式，包括客运和货运、市内和区域间运输的总体。狭义的城市公共交通仅指在规定的路线上，按固定的时刻表，以公开的费率为城市公众提供短途客运服务的系统。在国内，长期以来，公共交通系统主要是常规地面公共交通汽电车，轨道交通仅在北京、上海等城市有，出租车在客运交通中扮演了多重角色（服务对象具有公众性、行驶却是自由的）。本章所讲的城市公共交通系统，是指狭义的大众公共交通系统，主要集中在常规地面公共交通系统以及出租车系统上。

1. 城市公共交通的特征

(1) 城市公共交通为公众提供大众化的、共享的出行方式。

这是城市公共交通存在和发展的首要目的。城市公共交通必须通过大量的投入和科学的运营管理来创造具有足够吸引力的客运服务能力及服务水平，从而促进尽可能多的居民选择这种共享的大众化的出行方式，并为其提供良好的服务，以便有效地利用现有的城市交通资源。

(2) 城市公共交通是受多种因素影响的动态复杂系统。

城市的人口数量、人口密度、工作岗位的数量和分布、城市用地性质和形态以及社会经济状况和发展速度都对城市公共交通产生直接或者间接的影响。如城市道路网的最大通行能力、公共交通的高峰小时输送能力、停车场的最大容纳能力等都要适应随机发生的最大交通负载的要求，否则就难以保证城市交通的正常运行。

(3) 城市公共交通具有社会化、半福利化的经济属性。

利用社会化、半福利化的公共客运交通方式来控制、替代非社会化的个体客运方式和企事业单位自备通勤车辆的盲目发展和自发性膨胀,从而在车辆购置、节约能源和减少环境污染方面获得可观的经济效益和明显的社会效益。城市公共交通所具有的这种社会化、半福利化的经济属性,决定了它的运行机制和发展机制。在为社会创造可观的宏观经济效益和明显的社会效益的同时,要在低票价、不盈利,甚至亏损条件下,既要搞好经常性运营又要扩大自己的客运服务能力。

2. 国内城市公共交通系统发展趋势

随着城市公共交通各项方针政策的贯彻实施和改革措施的逐步落实,特别是"优先发展城市公共交通"战略的确立已成为社会各界的共识,我国城市公共交通必将在新世纪得到稳步发展,其发展的主要趋势概括如下。

(1)公共交通结构多元化。

为满足不同层次的需求,提升公共交通系统整体服务水平,在经济比较发达的大城市将逐步建立起以大中运量快速轨道交通为骨干,以地面常规公共交通为主体,辅之以其他客运交通方式的多层次的符合生态及环保要求的城市客运交通体系。公共汽、电车的技术性能向大功率、大容量、低地板、低污染方向发展,并将形成大中小型高中低档多样化的城市公交车辆系列,更好地满足不同层次的客运需求。城市出租汽车在经过20世纪90年代的迅猛发展之后,转为有计划、有控制的发展。

(2)大中运量快速轨道交通系统建设速度加快。

城市快速轨道交通,特别是地铁经过多年来的不断完善,已发展成为一种运量大、速度快、准时、节能、安全、可靠、舒适、污染小的现代化立体交通系统,不仅能有效地满足大城市不断增长的城市客运交通需要,而且还会为城市带来多方面的间接经济效益和社会、环境效益。

鉴于快速轨道交通建设前期准备工作深入、周密与否,将直接关系着投资规模、施工质量、质量水平和未来可持续发展水平,因此,近年来城市快速轨道交通系统规划理论与方法的研究日益受到重视。另一方面,快速轨道交通造价高,建设资金问题一直是制约我国城市轨道交通发展的关键因素,而快速轨道交通的建设规模和标准,以及轨道交通建设所采用的设备,直接影响着工程造价,因此,在规划建设中,将充分考虑国情和财政实际承受能力,在交通功能上,明确供求适度平衡;在设备采用上,坚持立足国内,在引进国外先进设备的同时引进技术,实现合作生产和促进国产化;在资金筹措上,探索多种模式的筹资渠道。

(3)有计划地建设综合客运交通枢纽设施。

随着多方式、多层次客运交通网络的建立,综合客运交通枢纽设施的配套建设也将有计划的展开。合理规划、设计综合客运交通枢纽,是改善公交系统、方便出行换乘、提高公交服务质量和运营效益的重要环节。

衔接城市对外交通与市内交通间的客运枢纽,是实现交通方式转换、交通性质改变的场所,通过客运枢纽的合理布设,可节省乘客进、出城时间,保证交通连续;便捷地连接城市各功能分区的客运枢纽,可合理地组织城市交通、均衡客流分布;将各种公共交通线路相衔接的城市综合客运枢纽,既有利于公交线路优化调整、增加公交运营线路的应变能力、提高公交运营效率,更可方便乘客换乘,减少换乘次数,缩短出行时间,从而提高公共交通的竞争力,吸引客流,对充分发挥各种交通方式的优点、改善城市客运交通结构有重要的引导作用。此外,客运枢纽可以充分利用地面和地下空间,实行土地综合利用,为节约城市用地创造条件。

(4)高新技术逐步应用于城市公共交通。

伴随着科学技术的进步和城市经济的发展,在城市公共交通系统规划、建设及运营管理中将大力推广高新技术。如公共运营管理上广泛应用 GPS(全球卫星定位系统)、AVM(车辆自动监控系统)、与 PIS(乘车信息系统)等新技术,从而建立起公交运营调度部门、公交驾驶员(或公交车辆)与乘客之间的密切联系;GIS(地理信息系统)将广泛应用于公交线网规划、公交运营计划及乘客信息系统的建立。其中,GIS 在公交线网规划方面的主要应用有:公交客运走廊分析、公交线路方案评价、公交服务可达性分析等。而基于 GIS 的乘客信息系统具有计算速度快、数据更新方便、结果表现直观等诸多优点。总之,高新技术的应用将使城市公交规划管理建立在充分的调查分析和全面的信息利用之上,从而大大提高公交规划管理决策水平,改善公交的服务质量,更好地满足乘客需求,增强公共交通的竞争力。

综上所述,客运预见在 21 世纪,随着我国经济的快速健康发展、高新技术和先进的管理、调度手段的广泛应用,城市公共交通系统将逐步实现信息化、智能化,公共交通服务质量将大大改善,公共交通竞争力将大大增强。在一些经济比较发达的大城市将初步形成以大中运量轨道交通为骨干,公共汽车、无轨电车、出租汽车综合协调发展的公共交通系统,城市居民的出行将更加方便、快速和舒适。

二、城市公共交通的分类

公共交通系统有多种不同的分类方法,按各种交通方式在城市客运交通系统中的地位,可将城市公共交通系统分为常规、快速大运量、辅助和特殊系统四类,他们有着不同的客运量、车速、运营成本、收益、优缺点及适用范围特性。

常规公共交通系统包含公共汽车、有轨电车、无轨电车,其特点是灵活机动,成本较低,是使用最广泛的公共交通系统,一般是城市公交系统的主体。

快速大运量公共交通系统又称为轨道交通系统,包括地铁、轻轨、高速铁路,是指可以快速地运送大批量乘客的系统,它运量大,速度快,可靠性高,并可促进城市土地开发,但造价很高,一般是城市公共交通的骨架。

辅助公交系统包括出租车、摩托车,在城市公交系统中起着辅助和补充作用。特殊公交系统包括轮渡、缆车等,在特殊条件下使用。良好的城市公共交通系统应是多种方式的灵活组合,形成多层次的立体网路。

1. 公共汽(电)车

城市公共汽电车系统是路面公共交通,根据动力类型一般分为公共汽车、无轨电车及有轨电车三种。

(1)公共汽车。

公共汽车是目前世界各国使用最广泛的公共交通工具,靠燃气或燃油为动力。公共汽车之所以被广泛使用,是由于它的机动灵活,只要有相宜的道路,就可以通行,并且公共汽车运行所需的附属设施的投资,较之其他现代化公共交通工具也最少。公共汽车的车辆类型包括单机、小型巴士、铰接式、双层客车等,有效地适应了不同乘客不同层次的需求,以及实际运营中的灵活性和经济性。

(2)无轨电车。

无轨电车以直流电为动力,需要架空的触线网、整流站等设备,行驶时能偏移触线网两侧各4.5m左右，可以靠人行道边停站，必要时也可超越其他车辆。但初期投资较大，而且行驶时因受架空触线的限制，机动性不如公共汽车。其优点是噪声低、启动加速快、变速方便。

（3）有轨电车。

有轨电车的设备类似于无轨电车，但它不仅需要电力架空线，还需要固定的轨道和专设的停靠站台。其轨道线路可以与城市道路结合也可以分离。与城市道路结合的有轨电车线路允许其他车辆行驶，但有轨电车优先。它具有运载能力大、客运成本低的优点。由于与其他交通混合运行，有轨电车运营组织比较困难。随着城市的发展，有轨电车的延伸受到阻碍，一般被公共汽车替代，加上有轨电车机动性差、车速低、制动性能差以及行驶时噪声大等缺点，因此，许多城市纷纷拆除了有轨电车线，或将有轨电车改建为轻轨。

2. 出租汽车

出租汽车是一种不定线路、不定车站、以计程或计时方式营业、为乘客提供门到门服务的较高层次的公共交通工具。与常规公共交通相比，出租车可达性高、舒适度好、速度快，但交通费用高。

三、目前城市公共交通存在的主要问题

1. 公交行政管理体质有待理顺，机构有待完善，分工与职责有待明确

我国目前城市交通客运管理体制不统一，公共汽车、出租汽车、城间交通运输，基本上是部门分割，多家管理。现行交通客运管理体制基本上可分为三种不同模式，一是由三个不同的部门管理，如太原、西安等；二是交通部门和公用部门或城建部门分割管理，如长沙、兰州等；三是一体化管理，即由交通部门统一管理，如深圳、广州等。目前第二种模式最为普通。此外，与城市交通有关的行政管理机构主要还有公安部门等。城市交通部门交叉、职责不明的体制，常导致政出多门，政令矛盾，既降低了管理效率，又削弱了宏观调控功能。

2. 法律法规建设滞后

交通法规是管理交通的法律依据和主要手段。我国目前城市化进程很快，但城市交通还没有形成一套完善的法律法规体系，能遵守的法律只有《中华人民共和国城市规划法》（以下简称《城市规划法》）和《中华人民共和国道路交通安全法》。其中，《城市规划法》仅对城市道路交通的规划建设提出了总的原则，尚无配套实施的法规体系；《中华人民共和国道路交通安全法》又偏重于交通的运行管理。由于缺乏系统的法律法规，城市交通规划中的随意性、盲目性和短期性常常难以避免。这方面需要借鉴公路运输管理经验，尽快建设和完善法规体系。

3. 城市公交规划欠缺，公交基层设施严重不足

改革开放以来，我国城市道路面积有了大幅度增加，但仍远远落后于车辆及交通量的增长速度。致使公交线网整体水平低，有些区域人口密度较高，公交出行潜在需要量大，而公交线网密度低。分析表明，造成公交服务密度低、重复率高，设置服务盲区的主要原因既有道路条件的制约，又有公交线网布局和线路设置的不科学。

一些城市公交基层设置十分不足。公交停车场规模偏小，首末站用地没有保障。而首末站是保障公交车正常运营调度的基层设施，首末站的不足，给公交正常的运营调度带来极大的困难。公交站场用地严重缺乏，占道经营现象严重。此外枢纽站点数量少，类型单一，主要考虑市区内部公交线路之间的衔接，没有完全考虑与其他交通方式的衔接；中途站点的

布设受到交通管理及城市用地条件的影响,不能很好地满足乘客方便乘车的要求,造成乘客步行距离过长,或换乘不便,这一点在中心商业区尤为突出。

4. 缺乏广泛的公交优先通行保障措施

公交优先包括两个基本方面的内容,一是对公交的扶持,二是对其他方式的限制。公交扶持的措施包含了政策优先、投资优先、规划和设施建设的优先、发展大容量交通方式、道路和交通管理上的优先等。

在我国,公交优先的政策还不完善,道路交通环境也不好,居民出行的交通方式结构发育不合理。路面通过效率低的个体交通发展迅速,大大增加了车辆运行对路面使用的需求,加剧了道路交通紧张状况。总的来看,目前公交优先名不副实,财政支持力度不大,并没有得到大力推广。

第二节　城市公共汽电车客运安全管理

一、城市公共汽车运行组织系统

1. 运营组织管理模式

公共交通是一个特殊的行业,其特殊性在于其具有公益性和商业性双重特性。公交线路运营组织管理的主体是运营公司,而运营组织管理的主体是政府职能部门。运营管理通过管理法规、规章和监管执行。

经营权指线路经营者通过招标、申请审批和委托的方式获得的一定期限内线路经营的权利。

专营权指线路经营者依照法律规定程序获得的,在一定期限内按规定独家经营一条线路的权利。专营权是在经营权的基础上,授予企业独家经营权,保证其他线路不与其复线(指一条线路覆盖另一条线路70%以上或者覆盖主要客流站点)。通常采用招标方式将专营权出让给经营者。在上海市,将公交线路分成三类,分别给予1年、3年和7年的经营权。政府可以将城市公共交通经营权在一定时期内有偿转让给经营者,也可以在制定的区域或线路上按照专营合同由有资格的企业承担经营。

(1)专营的形式。

目前,公共交通的专营形式主要有区域专营和线路专营两种。区域专营是在制定区域内有一家或几家政府认定有资格的企业在一定期限内承担已有线路和新辟线路的营运。线路专营是政府通过招投标、拍卖等方式,在一定期限内将制定线路交由中标单位独家经营。

(2)经营权、专营权出让。

国内专营权大多数采用有偿出让的办法。《广州市城市公共汽电车专营管理规定》"获得专营权企业必须办理签订专营合同、缴交款项等手续";武汉、长春、南昌等则是将专营区域或线路上的公共汽车经营指标(公交车的专用营运牌照)通过招投标或者拍卖方式,给企业有偿使用,只有获得经营指标的车辆,才可以在制定区域或线路上运营,实质上也是有偿出让经营权。

2. 运营调度管理

运营调度根据线路客流、车辆和道路的实际情况,管理车辆、行车人员,确定车辆的行驶方案,保证线路正常、高效率运行。运营调度系统是智能公交系统的基本组成部分,包括:车辆实时监测和控制;数字地图处理;自动排班引擎,如车辆/驾驶员自动排班、实时调度等;以及根据采集数据分析营运状况、改善网络资源规划。

公交线路通常有三级运营调度:一条线路的调度站,设在具有调度业务功能的车站;调度室(调度分中心),管理区域内若干条线路;中心调度室,负责整个线路的调度管路。

(1)静态调度。

公交运营调度内容包括确定线路发车计划、运行计划时刻表、人员调度、车辆调度以及区域调度等内容,其目标是在满足城市公共交通客流需求的条件下,提高运营组织效率,提高公交运营服务质量与运营管理水平。

(2)动态调度。

根据道路交通情况、车辆运行状况、突发事件及其他实时信息,修改规定的车辆运行时刻表,以保证车辆准点率、发车间隔,维持设定的服务水平。实时调度包含两方面的内容:调度方案的实时调整,即线内调度或跨线调度;运行监控,电子站牌实时信息显示。动态调度中最核心的调度形式为实时放车调度与紧急情况实时调度。

二、城市公共汽电车的分类

公共汽电车,指在城市道路上循固定路线,有或者无固定班次时刻,承载旅客出行的机动车辆。一般的公共汽车均以提供最大的载客量为目标,大部分空间均摆设座位,通道等空间亦供乘客站立。城市公共汽车可以按以下几种分类。

1. 按运行区域划分

(1)市区公共汽电车:用于城市市区客运的公共汽电车。

(2)社区公共汽电车:用于社区或由社区至主干道公交车站之间进行客运的公共汽电车。

2. 按动力的能源划分

(1)柴油公共汽车。

(2)汽油公共汽车。

(3)天然气公共汽车。

(4)无轨、有轨电车。

(5)电动公共汽车。

3. 按车型结构划分

(1)铰接公共汽车(挂接公共汽车):有些公共汽车会以两节车身来增加长度及载客量,并在两节车身间加设可伸缩的接合位置(类似火车车卡之间的接驳部分)以辅助转向。

(2)低地台公共汽车(低地板公共汽车):车厢地台比旧款公共汽车更贴近路面,并且不设梯级。全车低地台的被称为低地板公共汽车,而后半车厢有二三台阶而前半车厢低地板的被称为低入口公共汽车。这些公共汽车装有设施以方便行动不便的乘客(如乘坐轮椅的人士),并缩短上落所需的时间。

4. 按尺寸划分

(1)双层公共汽车:以车身长度再可细分类,常见有10m、12m、13.7m、15m。

(2)大型公共汽车:车辆长大于10m,或载客量超过60人的公共汽车。

(3)中型公共汽车:车辆长大于7m,且小于(等于)10m,载客量约30~40人的公共汽车。

(4)小型公共汽车:车辆长大于6m、且小于(等于)7m,载客量一般在8~20人之间的公共汽车。

(5)BRT公共汽车:BRT(Bus Rapid Transit)是一种介于快速轨道交通与常规公交之间的新型公共客运系统,是一种大运量交通方式,通常也被人称作"地面上的地铁系统"。它是利用现代化公交技术配合智能交通和运营管理,开辟公交专用道路和建造新式公交车站,实现轨道交通运营服务,达到轻轨服务水准的一种独特的城市客运系统。BRT公共汽车即用于BRT系统的公共汽车。

三、城市公共汽电车的安全性能

公共汽车的安全性能,是指车辆在行驶中不发生倾翻和事故的能力。安全性能主要取决于公共汽车的稳定性、制动性以及相关操纵机构与信号设备的可靠程度。

1.稳定性

公共汽车的稳定性,指车辆在行驶中抵抗侧滑和倾翻的能力,它包括纵向稳定性和横向稳定性。

(1)纵向稳定性。

纵向稳定性是指车辆上坡下坡时,不发生绕前后轮轴颠覆的能力。机动车辆的纵向稳定与否,与车辆的重心位置有直接关系。

在大多数情况下,车辆开始纵向颠覆前,车轮要是在上升阶段滑溜,车辆也将因车轮与路面之间的附着力不足而倒溜。

当车辆上坡时,则在颠覆之前会出现倒溜而不会颠覆,当车辆下急坡或紧急制动时,也可能会失去纵向稳定性。在车辆行驶中,路面条件的不断变化会使作用在前后车轮上的法向反力随之变化。当前轮法向反力变小时,路面附着力减小,作为转向轮就使行驶方向不易控制;如果后轮法向反力变小,作为驱动轮就使牵引力不足。为防止发生纵向倾翻,车辆结构上应能保证车辆滑移出现在颠覆之前。但车辆上下陡坡,人为重心过高,拖挂牵引位置也高,再加上驾驶方法不当,也会使车辆失去纵向稳定而发生颠覆。

(2)横向稳定性。

横向稳定性是指车辆在横向倾斜的道路上行驶或在急转弯时,不发生左右侧滑的能力,使车辆发生横向侧翻的作用力,既与道路的横向倾斜角度有关,也与曲线行驶离心力有关。

在横向倾斜道路上直线行驶,发生侧翻与否,主要在于横向倾斜角的大小。

当路面对水平面的倾斜角为α时,绕通过右轮与路面接触点的轴线的力矩方程式为:

$$P_1 \cdot B + G \cdot h \cdot \sin\alpha - G \cdot B/2 \cdot \cos\alpha = 0 \quad (5-1)$$

式中:P_1——左轮与路面支撑反力;

B——轮距;

h——重心高度;

G——车辆总重力。

当车辆发生横向颠覆时,左轮将离开路面,$P_1=0$,则造成颠覆车辆的重力与路面平行的分力由式(5-1)可得:

$$G \cdot h \cdot \sin\alpha - G \cdot B/2 \cdot \cos\alpha = 0 \quad (5-2)$$

$$\tan\alpha = B/2h \quad (5-3)$$

式(5-3)即车辆在横向倾斜路面上直线行驶,发生横向颠覆时的横向坡度角。轮距B

与重心高度 h 是评价横向稳定性能的车辆构造参数。轮距愈大,重心高度愈低,横向稳定性愈好。式(5-3)中的 $B/2h$,称为横向稳定系数。

车辆在横向坡道上行驶,沿路面平行的分力力图使车辆横向滑溜,但也会遇到胎面与路面间附着力的抵抗。所以轮距愈宽重心愈低的车辆,抵抗横向颠覆的能力愈强。一般情况下,事先不发生侧滑便颠覆的现象很少发生,只有在横向坡度角很大且载荷分布不当才可能发生。

(3) 前后车辆的甩动。

车辆发生横向滑移,在横向稳定性中是假定前后轮轴同时开始的,但在一般情况下,前后轮轴的横向滑移并不一定同时开始,往往是在某一轮轴上出现。这种前后轮轴的横向滑移现象成为甩动,即车辆一根轮轴滑动的横向稳定性,前后车轮都可能出现横向滑移的甩动现象,但后轴甩动比前轴甩动的危险性大,而且后轴产生甩动的可能性较大。

车辆转弯半径、轮距愈大,附着系数、后轴所承受质量与重量重新分配系数愈大,则横滑稳定性愈好,车辆行驶的速度可愈高;而空气阻力因素愈大,重心高度高,则横向稳定性愈差,在一定半径下转弯行驶,稳定运动的速度也就愈低。

2. 制动性

公共汽车的制动性,指车辆在行驶中能否按需要有效地减速或停车的能力。公共车辆的制动过程,是将车辆动能转化为另一种能量的过程,这种能量的转化是通过装置于车轮的制动器来完成的。

车辆在行驶中能被强制地减速以致停车,最根本的因素在于制动器所产生的摩擦阻力,即制动力。从行车安全上看,制动减速度愈大,制动效果愈好。但过大的制动减速度,对乘客舒适与安全不利。

制动时间是间接评价制动性能的参数。车辆的制动过程所需要的时间包括驾驶员反应时间、制动系机械反应时间、制动减速度或制动力增长时间、持续制动时间以及制动解除时间。

制动距离是综合评价车辆制动性能的参数。它所反映的车辆制动性能比较简单而且直观。一般而言的制动距离,是指从踩制动踏板到车辆停止所走过的距离。这一距离的长短取决于制动系统的反映情况及制动力使车辆产生的减速度情况。

3. 操纵机构与信号设备的可靠性

涉及车辆安全的操纵机构,主要是指控制车辆行驶方向的转向系统和控制车辆行驶速度的制动系统。至于车辆安全的信号设备,主要是与制动有关的信号设备,这些机构与信号设备的可靠性程度,也直接关系着车辆的安全性。

四、城市公共汽车驾驶人员管理

公交车交通事故的主要责任在于驾驶员本身,而不安全的驾驶习惯更是其中一个重要的因素。为更好地预防控制公交车交通事故,公共汽车驾驶人员管理应做好如下几个方面:

(1) 提高驾驶员资格考试门槛,提升驾驶员素质。驾驶员必须遵纪守法,作风正派,有良好的职业道德,有良好的生活习惯,无违法乱纪的行为,安全意识强,驾驶记录优良,未发生过安全责任事故。

(2) 加强对交通法规的宣传工作,让驾驶员了解和认识交通法规,充分发挥法制的作用,加强安全教育,强化驾驶员的交通意识,做到文明行车行路,不违章。

(3)定期检查驾驶员安全操作规程。做到行车前、行车途中、行程完毕、夜间行车、雨天行车、雾天行车、涉水行车、行车故障及事故处理等均按照规章制度执行。

(4)加强驾驶员安全学习及培训。驾驶员每月至少参加两次安全学习,学习安全法规、企业安全管理制度、岗位工作规范、岗位操作技能、安全救援措施和方法、职业道德、优质服务、事故案例分析等。

(5)定期考核驾驶员,制订合理的奖惩措施。

五、安全管理与行车事故预防

1. 安全管理

(1)创新管理体制和经营模式有利于公交安全。

城市公共交通系统应由城市交通管理部门独立管理,由公交公司独立经营,采取公交管理与运营相分离的模式,所有的场站设施、线路、车辆、司售人员都直接从属于城市交通管理局。城市交通管理局每年制订用于公交基础设施投资和公交运营的收支预算提请上级交通管理局批准。城市公共交通作为一种提供准公共物品的行业,同时公共交通的投入大、建设周期长、回报率低、社会福利性高,仅凭其票款收入无法支付公交场站的规划、建设和保护以及车辆的更新换代,所以需要政府给予一定的财政补贴。

通过城市公共交通的财政补贴,政府从政策、规划等方面给公交企业以支持,通过补贴方式改善公交企业的经营环境,从而增强公交企业在市场上的竞争力。有利于城市公共交通的发展,同时由于稳定了司售人员的经济收入,杜绝了因完成经济指标而发生的"狂奔"和"超员"现象,从而保证公共安全。

(2)落实企业主体责任和部门监管责任,强化道路交通安全源头管理。

①建立健全公交安全管理制度。公交公司必须按照安全管理的法律法规,进一步建立安全操作规程、安全生产责任制及安全监督检查、驾驶员和车辆安全生产管理的制度。

②严格公交企业站点安全管理。公安交通部门要督促公交公司加强公交站牌的安全管理,严格"五不出站",加强公交车辆发班前的检查,禁止在未经检查签字的情况下擅自发车。

③严格公交车辆及驾驶员管理。公交公司必须建立公交车辆及驾驶员安全管理档案,实行户籍化管理。公司内部检查部门和公安交管部门要加强公交车辆及驾驶员安全管理档案的督促检查,掌握情况。公安交管部门要建立严格的客运车辆延期报废审批制度,对公交车辆延期报废要从严把关。

④严格实行公交车辆强制保养制度。为确保公交企业车辆安全技术状况良好,公交车辆每月必须确定1天时间进行保养维护,保养日禁止上路营运。

⑤加强公交车辆运行安全监控。公交公司和公交管理局要密切配合,对车辆运营过程进行全过程监控,建立好安全运营平台,并对公交事故的处理做到快速、安全、妥善。

(3)加大执法力度,强化道路执法管理。

①加大执法力度,保持严管态势。公安交管部门要最大限度投入警力,狠抓勤务责任落实,加强道路巡逻控制,对严重交通违法行为要严格查处。通过严格管理,促使交通参与者保持良好的交通出行习惯。

②加强对公交车辆的路边检查。

③建立完善公交车辆严重交通违法行为举报奖励制度。发动广大群众监督和举报公交

严重交通违法行为。公交管理部门应制订方案,细化措施,保证举报奖励制度落到实处。

④开展公交营运车辆跟车暗访检查。公交管理部门和交通部门应组织暗访组,以普通乘客身份乘坐公交运营车辆,对驾驶员的不按规定停车、擅自改变线路、驾车时打手机、抽烟、交谈等交通违法行为进行摄像取证,对危及安全的严重交通违法行为,要立刻制止并纠正。

(4)加强公交安全宣传,营造良好的交通环境。

通过公交电视、网络等宣传工作开展公交安全宣传工作,进一步提高广大交通参与者的交通法制观念、交通安全常识和交通文明意识。开展道路交通事故案例评析,播报实时路况。

2.行车事故预防

(1)健全组织机构,明确责任制。

健全行车安全管理职能机构,配备与企业经营相适应的行车管理人员。企业法人是行车安全第一责任人,明确各级安全管理的职责和权限,形成至上而下完整的安全管理系统,健全岗位责任制。

(2)加强对从业人员的教育,树立安全第一的观念。

开展职业道德与法纪教育,使从业人员牢固树立安全第一的观念,自觉遵守法规和各项规章制度,做到"马达一响,集中思想;车轮一动,想到群众",培养一支遵章守纪、严于律己、文明礼貌、道德高尚的从业人员队伍,保障行车安全。

(3)加强培训辅导,提高队伍素质。

在预防工作中,对驾驶员进行技术理论培训和操作技能辅导,是十分重要的。驾驶员了解汽车行驶的基本原理、人车路环境与行车安全的关系、人的心理和生理对行车安全的影响等,掌握汽车驾驶技能、维修保养技能、特殊情况下驾驶操作技能,培养驾驶员具有理性的头脑、应变能力,全面提高驾驶员队伍行车安全素质。

(4)总结行车规律,指导行车时间。

在预防管理中,管理人员探索和总结行车事故的规律,推广和应用科学的事故防范驾驶操作技能,使新、老驾驶人员迅速积累行车经验,掌握安全行车的主动权。制订线路行车安全驾驶操作细则,帮助驾驶员掌握运营线路特点,按照规范操作要求行驶。

(5)应用新科技,开展安全防范。

鼓励和支持行车安全科学技术研究,积极推广应用行车安全先进技术,提高科技防范能力。如:目前研制和推广的车辆行事信息记录仪和GPS卫星定位系统,加强对车辆运营动态的监控和管理,确保行车安全的目的。

第三节 城市出租汽车客运安全管理

一、城市出租汽车运行组织系统

1.出租车的运行方式基本有三种,包括:

(1)路抛模式。

这种模式就是出租车在指定范围内随意行车,遇到乘客就搭载,并带到乘客的指定地点下车。这种方式极大限度地提高了出租车的随意性,方便乘客。不过,这种模式的问题就是造成繁华区行车高峰时流量过大,偏远地区出租车缺少,同时由于这种方式对于总体出租车行车线路来说具有很大的盲目性和随机性,造成空驶率过高,而且在如今油价居高不下的情况下,产生很大的成本,对原本的出租车行业造成极大的冲击。

(2)停车点模式。

出租车都停靠在一定的停车点,当有客人需要乘车时通过移动通信装置向出租车公司的信息系统发送信号,然后派最近的出租车前去接客,并在将客人送到指定地点以后再驾驶到最近的停车点等候命令。这种行车方式通过信息系统的建立和利用,大大提高了出租车的运行效率,减少空驶率,降低成本,同时保证了服务质量。不过,这种模式加长了对客户需求的反应时间,同时对交通的便利性有较高的要求。

(3)停车点候车+电调要车。

第三种方式就是前两种的结合,这种"停车点候车+电调要车"方式是一种理想运营方式,克服了出租车路抛模式的种种弊端,但具体实施起来难度较大。要实现这种营运模式,首先要有统一的调度平台的支撑,还需要规划布局完善的路边上下客的候客点。

这三种方式各有优缺点,根据具体的情况应采取最合适的方案。例如,德国采用的就是第二种停车点模式,这是因为德国的交通十分便利,同时德国的高速公路是不限速的,所以这些特点可以弥补第二种方式在响应时间上的不足。而仅第一种方式的国家和地区现在日渐减少,第三种方式的使用范围正在扩大,使用哪种方式在于适应国情区情。

2. 出租车经营模式

我国大中城市出租汽车在经营模式上,主要有以下三种形式:

(1)承包租赁经营。

车辆产权、经营权为出租汽车公司所有,或车辆产权为驾驶员个人所有,但经营权仍属出租汽车公司,车主通过承包租赁方式开展经营,并向出租汽车公司上缴承包费、经营使用费等费用,这是各地采取的主要经营模式。对产权归个人、经营权属公司的车辆,每月收取经营使用费。

(2)挂靠经营。

车辆产权、经营权均归车主个人持有,但挂靠在出租汽车公司名下。采取这种经营模式的出租汽车公司与驾驶员之间是一种服务与被服务的关系。车主定期向挂靠公司缴纳一定的服务费,出租汽车公司主要为车主提供代缴各种税费、组织相关培训、协助开展车辆年检等服务。

(3)个体经营。

车辆产权、经营权归车主个人持有,车主以个体为单位开展运营,按规定缴纳各种费用。随着各地政府不断推进公司化运营,目前采用这种方式运营的出租车越来越少。

二、城市出租汽车运输业户的开业安全条件

出租汽车客运业户开业,须具备下列开业安全条件:

(1)有与经营范围、规模相适应的安全、机务、业务等岗位人员和相对稳定的驾驶人员。驾驶员应具有正式驾驶执照,具有规定的实际驾驶资历,并取得运营机构颁发的出租汽车从业资格证和岗位服务证。

(2)出租汽车客运经营企业的主要负责人,必须持有经市级交通主管部门统一培训和核发的岗位证书。

(3)拥有符合规定数量的证照齐全、达到二级车况等级以上的客运车辆。

(4)有不低于车辆原值5%的流动资金,并提供会计事务所或审计事务所出具的有效资信证明。

(5)有符合规定并与其车辆数相适应的固定停车场地。属租赁、借用停车场地的,应提供一年以上合法有效的租赁、借用场地合同或协议,每辆车停车面积不得小于车辆投影面积的2倍。

(6)申请人为企业的,还必须有企业章程、合法的法定代表人和健全的经营管理机构。

(7)法律法规或规章规定的其他安全条件。

三、城市出租汽车驾驶人员管理

城市出租汽车驾驶人员管理必须做到以下几点:

(1)出租车驾驶员必须满足以下条件,不满足其中任何一条的经营者不得聘用。

①遵纪守法,作风正派,有良好的职业道德,有良好的生活习惯,无违法乱纪的行为,自愿遵守经营者各项管理规定;

②安全意识强,驾驶记录优良,未发生过死亡1人以上(包括1人)或重伤3人(包括3人)以上的安全责任事故;

③最近一个驾驶证记分周期内,无一次记6分及以上或合计记满12分的违章记录;

④未受到过吊扣驾驶证处罚;

⑤未受到过注销从业资格证的处罚;

⑥身高1.6m以上,听力、视力、辨色力、身体运动能力正常,身体素质和心理素质好,通过县级以上医院体检证明符合驾驶营运车辆标准;

⑦具有高中以上文化程度,安全驾驶5年以上,安全行车20万km以上,男性年龄不超过55周岁,女性不超过50周岁;

⑧经公司安全科组织岗前培训,并考试合格后,方能聘用;

⑨驾驶本公司营运客车必须持有《中华人民共和国机动车驾驶证》C型以上驾驶证;

⑩驾驶本公司营运客车必须持有符合规定的相关证件。

(2)聘用单位需依法订立劳动用工合同,并按规定程序申领相关证件。

(3)驾驶员一经聘用,必须服从公司统一管理,遵守公司各项规章制度,按时参加各级政治、业务学习和职业道德培训,提高法律意识、服务意识和文明意识,培训内容包括:

①行业部门有关安全生产的文件、规定、会议精神等;

②公司近期安全工作安排;

③近期全国事故通报,近期公司事故通报;

④近期驾驶员违章行为通报;

⑤驾驶员安全操作规程、驾驶员安全职责等公司安全要求;

⑥其他相关安全工作。

(4)被聘用的驾驶员应按时向聘用单位(出租汽车经营者)缴纳承包费,及时维修、保养车辆,遇到事故应及时通知公司和经营者,积极配合相关人员进行处理。

(5)建立健全驾驶员和聘用驾驶员档案,掌握驾驶员基本情况。

(6)驾驶员安全操作规程分为行车前、行车中、行程完毕,必须按照规程来执行。

①行车前:检查所需证件和随车工具是否齐全、有效,对车辆的安全技术状况进行出车

前检查,重点检查车辆的制动、转向、传动及灯光信号等装置,检查车容、车貌是否整洁,检查车辆油箱的油、水箱的水是否充足,车辆启动时,检查各种仪表、气压是否正常,检查车辆随车必备的消防器材、警示标志、应急锤等安全设施设备是否齐全有效,发现车辆有故障应立即报修,确保技术状况完好,相关不齐全有效的应补齐全有效。

②行车途中:自觉遵纪守法,服从交通管理人员的指挥和检查,做到起步平稳、方向不晃、换挡不响,严禁不踩离合踏板换挡,做到汽车换挡的顺序、脚轻手快、加油均匀,不猛打方向和临近障碍物急刹车,做到双手不脱离转向盘,严禁打手机,做到不脱挡滑行、硬吃排挡。行进陡坡、长坡和溜坡路段时严禁熄火空挡滑行,因转向、制动、传动、灯光、刮水器、轮胎等发生故障影响行车安全时,应立即停车检查。油路故障时,严禁直流供油,超、会车前应观察前方车辆动态后,鸣号示意对方来车(夜间用灯光)。遇大雨、大雾、视线不清、交叉路、弯道、狭路、桥梁、繁华地段、隧道等严禁超车。在情况不明、视线不清以及通过交叉路口、狭路、桥梁、弯道、险坡、车站和繁华地点时,应减速缓行或停车查明情况后再通行。在行车中停车休息时,要按照"行车前安全检查"的项目进行安全检查,发现有故障应立即修理,确保车辆技术状况完好。

③行程完毕:做好车辆的清洁卫生,关闭电源,推进空挡位置,拉紧驻车制动器。要按照"行车前安全检查"的项目进行安全检查,发现有故障应立即报修,确保车辆技术状况完好。车辆停放好后要做好防火、防盗、防暴、防洪的预防工作。

四、安全管理与行车事故预防

1. 安全管理

(1)出租汽车客运经营者必须严格遵守以下有关安全的几点规定和要求:

①严格遵守国家法律、法规、规章,接受道路运政机构和有关部门的管理、监督、检查和业务指导。

②必须有一位领导人负责安全管理工作,并根据车辆数量相应设置保卫和形成安全管理机构,或配备保卫和形成安全管理人员,建立治安保卫和交通安全组织,做好本单位出租汽车的治安保卫和交通安全工作。

③建立健全安全责任制度和治安防范措施。

④加强内部管理,经常对从业人员进行遵纪守法、职业道德和安全教育,搞好专业培训,不断提高从业人员素质和服务质量。

⑤坚决执行政府下达的战备、抢险救灾和外事等各项应急任务。

⑥保持车辆良好的安全技术状态和车容整洁,保证安全防护设施和消防设备齐全有效,并配备必要的安全技术防范装置。

⑦优先采用安全性能高的环保节能车辆,逐步建立和完善先进的指挥调度和监督管理系统。

⑧出租汽车投入使用后达到国家规定的车辆使用年限或行驶里程的,经营者必须更新车辆。提前更新的,原车辆符合安全技术有关标准的,允许转为非营运车辆。

⑨出租汽车经营者对管理的从业人员违反营运、安全管理规定的,依法承担相应责任。

(2)出租汽车驾驶员在营运服务时,必须做到:

①遵守交通、治安管理法及有关规章制度。

②不得承运携带物品超过车内及行李箱容积和负荷的乘客。

③车辆受阻期间,未经租用人同意,不得招揽他人同乘。

④有权拒载携带管制刀具、易燃、易爆等危险品的人员;无人照顾的精神病人、酗酒者以及其他危险人员乘车需有陪同监护。

⑤有权抵制非法检查。

⑥乘客租车前往外地、郊县或偏僻地区的,可以要求乘客随同前往就近的出租汽车出城登记点办理登记手续,乘客应予以配合。乘客不配合办理手续的,可以拒载。

⑦发现有违法犯罪嫌疑的人,应及时报告公安部门和本单位的保卫部门。

⑧对老弱病残孕优先服务,对急需抢救的人员应当予以救助。

2. 行车事故预防

(1)出租车行车事故预防,营运单位应该做到以下几点:

①全面开展教育,贯彻安全行车观念,提高驾驶员安全预防意识。

②抓住重点对象,新的驾驶员及有事故记录的驾驶员是安全预防的重点,要通过认真分析、及时跟踪、细心帮教、严格管理,杜绝在他们身上发生重特大交通事故。

③加强检查力度,对每天回场周检的车辆,突出检查重点安全部件,发生问题及时整改。

④严格维修保养,将车辆电器线路、电子仪器、灭火器等安全部件作为车辆维修保养的必检项目,确保设施设备运行良好投入营运。

⑤开展现场巡检,增加上路上线安全检查的次数和密度,发现问题及时处理。

⑥进行排队摸底,有的放矢开展安全管理教育工作。

⑦掌握信息动态,通过GPS平台及时掌握和了解驾驶员及车辆信息,对驾驶员的安全行车进行有效的监控,防止疲劳驾车现象。

⑧车辆安全检查,定期对营运的所有车辆进行一次全面安全检查,同时,接受上级单位对车辆的专项安全检查。

(2)出租车行车事故预防,公安交警单位应该做到以下几点:

①定期检查出租车公司建立的基础台账是否按要求填写相关数据、基础台账相关责任人的照片是否符合规定、相关责任人的指纹是不是由本人按规定采集、反映相关责任人的各种证件复印件收集是否全面。

②查漏补缺,同时,要求基础台账采集工作滞后的出租车公司尽快完善,并下达限期整改通知,对基本符合标准的出租车公司及从业人员基础信息资料,统一收集并存档。

③针对各出租车公司的管理制度、措施相继进行了检查,主要是检查管理制度对违法驾驶员违法行为的处罚是否有明确规定,对驾驶员的违法情况是否进行了认真清理总结,法制安全教育是否取得效果,内部处罚力度是否够大,相关措施是否落实到人头,奖惩措施是否过硬有效,发生重大事故负主要责任以上和记满12分的驾驶员以及不适宜从事客运的驾驶员是否坚决采取停运整顿措施。

第四节　城市道路公共交通安全应急预案

一、城市道路公共交通安全应急预案制订目的

为建立、健全各种安全事故的救援体系及运行机制,提高公共交通相关部门应对各种生产安全事故的能力,最大限度地减少安全生产事故造成的经济损失和降低事件影响,保障公

交系统正常的安全生产秩序,正确、快速、有效地处置安全生产事故,城市公共交通安全应急预案的制订是必不可少的。

二、城市道路公共交通安全应急预案原则和内容

1. 城市道路公共交通安全应急预案原则

(1)以人为本、平稳结合、科学应对、预防为主,减少危害。以保障公共交通安全稳定、保障人民群众生命安全健康、保障国家集体财产安全作为首要任务,最大程度地减少安全生产事故造成的人员伤亡和危害,应急处置中,切实加强应急救援人员的安全防护工作。

(2)预防为主,防救结合。始终坚持"安全第一,预防为主,综合治理"的方针,认真贯彻落实上级有关安全生产应急工作的法律法规、规章制度和要求,大力开展安全文化建设,努力提高全体员工防范安全生产事故的意识,切实落实各项预防措施,做好应对安全生产事故的思想准备、组织准备、物资准备等各项准备工作。在公司系统生产经营过程中,对各类可能引发安全生产事故的危险源、危险因素及时进行分析、预警,做到早发现、早报告、早处置。一旦发生安全生产事故,应有组织、有措施地启动预案,做到反应迅速,措施果断,控制事态发展,把事件损失和影响降到最低程度。

(3)统一目标,分级负责。按照分类管理、分级响应、条块结合为主的应急管理体制要求,各单位、部门须落实正职是安全生产事故应急处置工作的第一责任人制度,各部门按照职责分工做好安全生产事故应急处置的有关工作。根据安全生产事故的范围、性质和危害程度,对安全生产事故实行分级处置。事故单位发生安全生产事故后,由其负责事故的前期处置,领导部门负责事故的应急指挥工作。

(4)依法规范,加强管理。依据有关法律和行政法规,加强企业应急管理,使应对安全生产事故的工作常态化、规范化、制度化、法制化。建立健全安全生产事故应急组织体系、应急预案体系和应急保障体系,加强安全生产事故应急队伍宣传与教育、培训与演练、实施与评估等各项工作。

(5)协同应对,保障重点。在应急处置安全生产事故时,要将企业应急管理工作纳入市交通运输系统和社会中,充分利用自身和社会的资源优势,协同应对,努力降低事件损失和应急成本。同时,作为公共交通企业,在应急处置安全生产事故时,要将保证公共交通安全稳定放在第一位,采取必要手段重点防止事故范围进一步扩大。在公共交通恢复中,优先保证广大市民出行方便,尽快恢复社会正常生活秩序。

(6)依靠科技、提高素质。深入贯彻落实科学发展观,加强公共安全科学研究和技术开发,采用先进的监测、预测、预警、预防和应急处置技术及装备,充分发挥专家队伍和培训教育工作,提高公司系统自救、互救和应对各类安全生产事故的综合素质。

2. 城市道路公共交通安全应急预案内容

(1)预防与预警。

影响公司系统主要危险源包括公共交通营运中的交通事故造成的人员伤亡、车辆的损坏;场站危险源(加气站、加油站)设备事故;运输危险化学品(液化气、燃油)严重泄漏等事故;影响公司系统安全的突发消防安全事件主要包括场站、办公区、车辆、油库、气站锅炉等突发的火灾事件。为切实预防和减少火灾事故的发生,最大限度地减少经济损失。重点采取人防、技防、犬防。24小时不定时巡查及定期对设备检验。

在对安全生产事故预测的基础上,公司系统各单位应当根据安全生产事故可能发生、发

展的等级、趋势和危害程度，按照各自的职责，及时作出必要的预警。

根据安全生产事故的划分标准和预警要求以及上下一致的原则，公司安全生产事故预警级别划分为红色预警、橙色预警、黄色预警、蓝色预警。有可能发生Ⅰ级响应（特别重大）事故的情况下，启动红色预警；有可能发生Ⅱ级响应（重大）事故的情况下，启动橙色预警；有可能发生Ⅲ级响应（较大）事故的情况下，启动黄色预警；有可能发生Ⅳ级响应（一般）事故的情况下，启动蓝色预警。

（2）应急响应。

前期处置：公司系统发生Ⅰ级、Ⅱ级、Ⅲ级、Ⅳ级安全生产事故后，车辆驾驶员和乘务人员立即组织自救并报告所在公司。同时，事件单位在立即报告公司指挥中心和上级主管部门的同时，立即启动相应应急预案，成立现场应急指挥部，采取措施控制事态发展，组织开展应急救援工作，并根据有关规定向人民政府通报事件情况。

应急行动：公司接到安全生产事故后，根据事故级别向市政府及上级有关部门进行事故信息报告。同时，按照分级响应的原则，启动公司相关应急预案，应急办及相关应急处置小组立即奔赴事件现场进行现场应急指挥和应急处置。

应急结束：遇险人员得救或部分人员失踪，经必要时间寻找和搜救，现场应急救援指挥部确认无生还希望的，经应急处置后事故现场得以控制，环境符合有关标准，可能导致次生、衍生事故隐患消除后，经现场应急救援指挥部确认，报请公司批准，结束现场应急处置工作，并由公司宣布应急状态结束。

（3）信息发布。

应急办公室拟定事故信息发布内容、方案，经应急领导组审查后，及时采用适当方式发布信息，组织报道。新闻宣传配合应急办公室，组织主要新闻媒体严格按照有关规定，做好信息发布工作。

（4）保障措施。

①指挥保障：城市公共交通特大安全事故应急指挥地点设在交通局，交通局办公室应指定专门场所，满足决策、指挥和对外应急联络的需要。基本功能包括接收、显示和传递城市公共交通特大安全事故信息，接收、传递城市公共交通应急组织和应急响应的有关信息，保证与各有关部门之间信息传输的畅通。

②通讯保障：逐步建立以城市公共交通特大安全事故应急响应为核心的通讯系统和保障制度，保证应急响应期间应急领导小组与市政府、市应急办、行业管理部门及运输企业联络的需要。

（5）宣传、培训与演习。

应急领导小组办公室负责通过各种新闻媒体和其他宣传方法向公众宣传、普及城市公共交通安全及应急救援的基本概念与知识。

应急领导小组办公室要有计划地开展对参与城市公共交通特大安全事故应急准备与响应的人员培训工作。

应急领导小组办公室要有计划地开展城市公共交通安全事故的应急救援演习。

第六章 道路货物运输的安全管理

第一节 道路货物运输企业等级划分及条件

根据中华人民共和国交通行业标准《道路货物运输企业等级》(JT/T631—2005),货运企业等级分为一、二、三、四、五级。

一、一级企业条件

1. 资产规模

企业净资产 4 亿元以上,货运资产净值 3 亿元以上。

各级企业的货运资产包括车辆设备、车站设施等。

2. 车辆条件

货运企业自有营运货车总载质量不少于 7000t,其中:载质量为 8t(含)以上货车的载质量不少于 5000t 或专用货车不少于货车总数的 50%,或厢式货车和集装箱专用车不少于货车总数的 60%;符合《道路车辆低频廓尺寸、轴荷及质量限值》(GB1589—2004)规定的货车不少于货车总数的 80%;营运货车新度系数在 0.60 以上。

3. 站场设施

货运企业至少自有或长期租赁 1 个一级货运站和 2 个二级货运站,或自有、长期租赁、投资参股的货运站场的建设规模及年完成的换算货物吞吐量相当于 1 个一级货运站和 2 个二级货运站。货运站场级别应符合《汽车货运站(场)级别划分和建设要求》(JT/T402—1999)的规定。

货运站场包括仓储设施、物流基地等,各级企业均参照执行。

以下各级货运站场级别均符合 JT/T402—1999 的规定。

4. 经营业绩

上一年度总营业收入 3 亿元以上,其中货运营业收入 2 亿元以上。

5. 安全状况

上一年度行车责任安全事故率不高于 0.1 次/车,责任安全事故死亡率不高于 0.02 人/车,责任安全事故伤人率不高于 0.05 人/车。

6. 服务质量

上一年度托运人向行业主管部门投诉企业服务质量的次数不高于 0.02 次/车,省级及以上新闻媒体报道企业重大服务质量事故不高于 2 件,行业主管部门对企业不规范经营行为处罚的次数不高于 0.15 次/车。

各级企业均只统计属实的投诉次数和报道次数。

二、二级企业条件

1. 资产规模

企业净资产1亿元以上,货运资产净值6000万元以上。

2. 车辆条件

货运企业自有营运货车总载质量不少于1400t,其中:载质量为8t(含)以上货车的载质量不少于1000t或专用货车不少于货车总数的40%,或厢式货车和集装箱专用车不少于货车总数的50%;符合GB1589—2004规定的货车不少于货车总数的70%;营运货车新度系数在0.60以上。

3. 站场设施

货运企业至少自有或长期租赁2个二级货运站,或自有、长期租赁、投资参股的货运站场的建设规模及年完成的换算货物吞吐量相当于2个二级货运站。

4. 经营业绩

上一年度总营业收入6000万元以上,其中货运营业收入4000万元以上。

5. 安全状况

上一年度行车责任安全事故率不高于0.1次/车,责任安全事故死亡率不高于0.02人/车,责任安全事故伤人率不高于0.05人/车。

6. 服务质量

上一年度托运人向行业主管部门投诉企业服务质量的次数不高于0.02次/车,省级及以上新闻媒体报道企业重大服务质量事故不高于2件,行业主管部门对企业不规范经营行为进行处罚的次数不高于0.2次/车。

三、三级企业条件

1. 资产规模

企业净资产2000万元以上,货运资产净值1200万元以上。

2. 车辆条件

货运企业自有营运货车总载质量不少于650t,其中:载质量为8t(含)以上货车的载质量不少于400t或专用货车不少于货车总数的30%,或厢式货车和集装箱专用车不少于货车总数的45%;符合GB158—2004规定的货车不少于货车总数的60%;营运货车新度系数在0.55以上。

3. 站场设施

货运企业至少自有或长期租赁2个三级货运站,或自有、长期租赁、投资参股的货运站场的建设规模及年完成的换算货物吞吐量相当于2个三级货运站。

4. 经营业绩

上一年度总营业收入1200万元以上,其中货运营业收入1000万元以上。

5. 安全状况

上一年度行车责任安全事故率不高于0.12次/车,责任安全事故死亡率不高于0.03人/车,责任安全事故伤人率不高于0.08人/车。

6. 服务质量

上一年度托运人向行业主管部门投诉企业服务质量的次数不高于 0.04 次/车,省级及以上新闻媒体报道企业服务质量事故不高于 2 件,行业主管部门对企业不规范经营行为进行处罚的次数不高于 0.25 次/车。

四、四级企业条件

1. 资产规模

企业净资产 400 万元以上,货运资产净值 240 万元以上。

2. 车辆条件

货运企业自有营运货车总载质量不少于 300t,其中:载质量为 8t(含)以上货车的载质量不少于 150t 或专用货车不少于车辆总数的 20%,或厢式货车和集装箱专用车不少于货车总数的 40%;符合 GB1589—2004 规定的货车不少于货车总数的 60%;营运货车新度系数在 0.50 以上。

3. 站场设施

货运企业至少自有或长期租赁 1 个四级货运站,或自有、长期租赁、投资参股的货运站场的建设规模及年完成的换算货物吞吐量相当于 1 个四级货运站。

4. 经营业绩

上一年度总营业收入 400 万元以上,其中货运营业收入 240 万元以上。

5. 安全状况

上一年度行车责任安全事故率不高于 0.15 次/车,责任安全事故死亡率不高于 0.1 人/车,责任安全事故伤人率不高于 0.12 人/车。

6. 服务质量

上一年度托运人向行业主管部门投诉企业服务质量的次数不高于 0.1 次/车,省级及以上新闻媒体报道企业服务质量事故不高于 2 件,行业主管部门对企业不规范经营行为进行处罚的次数不高于 0.3 次/车。

五、五级企业条件

未达到四级企业条件的货运企业。

第二节 零担货物运输安全管理

一、零担货物运输的概念

托运人一次托运货物计费重量为 3t 及以下的,称为零担货物运输。

在零担货物运输中,一般也包括快件货物运输和特快件货物运输。"快件货物运输"和"特快件货物运输"是指以定线、定点运输为基础,在一定距离内限定货运到达时间的一种运输组织形式。在规定的距离和时间内将货物运达目的地的,为快件货物运输;应托运人要求,采取即托即运的,为特快件货物运输。

快件货物运输的具体要求是从货物受理日 15 时起算,300km 运距,24h 内运达;1000km 运距,48h 内运达;2000km 运距,72h 内运达。特快件货物运输是指按托运人的要求,随托随运,货物运达时间的计算,按托运人将货物交付给承运人起运的具体时刻起算,不得延误。开展快件货物运输和特快件货物运输一般应有固定的运输路线和货物到达站点,运输经营人应向社会开展承诺服务。

二、零担货物运输的特点

1. 主要特点

公路零担货物运输的主要特点是一次性托运量小,托运批次多,托运时间和到站分散,一辆货车所装货物往往由多个托运人的货物汇集而成并由几个收货人接货。零担货物运输的主要特点是:

(1)计划性差;

(2)组织工作复杂;

(3)单位运输成本较高。

2. 优点

(1)灵活方便。零担货运不仅有以车就货、上门取货、送货到家的灵活性,而且经营方式灵活多样,货物托运多至吨、少至千克,批量不限,一次托运,一次收费,全程负责,一车多主,集零为整,运送及时。

(2)运输安全、迅速、经济。零担货物运输一般具有零担专用车厢,具有防淋、防晒、防火、防盗等性能;专人专职专责,事故较少,安全系数高;运输班期短,周转快。

(3)有利于建立货运网络,实现货畅其流。零担运输已遍及全国,为建立四通八达的全国货运网络,实现货畅其流打下了良好的基础。

(4)有利于提高运输工具效率,节约运力与能源。零担运输货源、车辆、人员相对稳定,往返配载概率大,有利于提高车辆运用效率,降低行车消耗,提高经济效益。

三、零担货物运输的安全管理

1. 严格按照安全资质要求承运

零担货物运输必须按有关规定承运。下列货物不得按零担货物托运:

(1)需要冷藏加温运输的货物;

(2)规定按整车办理的货物(装入铁路批准使用爆炸品保险箱运输的除外);

(3)易于污染其他货物的污秽品(经过卫生处理不致污秽其他货物的除外);

(4)蜜蜂;

(5)不易计算件数的货物;

(6)未装入容器的活动物(铁路局管内零担运输办法允许者除外);

(7)一件质量超过2t、体积超过$3m^3$或长度超过9m的货物(发站认为不致影响中转站或到站卸车作业者除外)。

2. 零担贵重货物运输的安全管理

贵重货物,本身价值昂贵,在运输过程中承运人须承担较大责任。如贵重金属、精密仪器、高档电器、珍贵艺术品等。这些年来,随着社会的发展和人们生活水平的提高,零担货物的品质普遍在升值,所以,必须在零担贵重货物运输过程中,加强对仓储、理货和运输的安全管理。

3. 零担危险货物运输的安全管理

在有资格受理零担危险货物运输时,其受理、仓储、搬运、装卸、运输等全过程各个环节都应严格遵守《汽车危险货物运输规则》,严禁与普通零担货物混存、混装。

4. 禁运、限运零担货物运输的安全管理

凡属法规禁运或限运的零担货物,受理时应检验有效证明,而且担负经营与运输作业的相关业户在具备料理能力和经营特种货物运输资格的条件下,方可受理与承运。

5. 安全装卸设施

零担货运站应设置方便车辆装卸货物的高站台和相应的安全装卸器具。

6. 其他特种零担货物运输的安全管理

开展集装箱等特种运输的零担货运站应配备专门作业区域和专用装卸机械。

7. 长距离零担货物运输驾驶员的安全管理

零担货物运输运距超过300km的,须配2个驾驶员,超长运距的零担货物运输,还要求保证驾驶员能离车休息。

四、零担货运的发展

为促进零担运输的发展,最重要的是组建专业化的运输公司,要像行包公司、快运公司一样,组建零担运输公司,实现资源的最优配置,实现零担运输的利益最大化。调整零担运输组织,降低运输成本,逐步取消沿途零担车及中转整零车,扩大零担业务车站的辐射范围,以利于集中货源。零担运输单位要大力推广计算机管理,提高现代化管理水平,建立全路零担货物运输网络平台,实现信息共享,随时优化运输方案。

近年来,零担运输已失去原有的市场,各地市的运输企业也弃货从客,零担运输朝市场化、物流化发展。零担运输未来的发展方向应该是行包运输和集装箱运输。特别是集装箱运输具有保证货物安全,简化货物包装、节省包装费用、便于实现装卸搬运机械化和开展联运等优点,因此,在办理零担运输的过程中,要积极向货主推荐集装箱运输,逐步实现零担运输向集装箱运输的转变。

第三节 整批货物运输安全管理

一、整批货物运输的概念

托运人一次托运货物计费质量3t以上或不足3t,但其性质、体积、形状需要一辆汽车运输的,为整批货物运输。

整批货物运输,是我国城乡现阶段最为广泛应用的道路货物运输形式,除零担货物运输、集装箱货物运输外,其余都属整批货物运输范畴。在各种货物运输方式中,整批货物运输占据货运量的比例相当大。随着我国国民经济的发展和高等级公路网络的形成,整批货物运输的平均运距将越来越长,必将促进营运方式、运力结构和车辆技术的变革,是具有广阔发展前景的货物运输方式。

下列货物必须按整批运输:

(1) 鲜活货物:如冻肉、活牛、羊、猪、兔、禽、蜜蜂、鱼虾等。

(2) 需要专用车辆装运的货物:如汽油、氨水等液态货物;大型特型笨重物件或价值昂贵、运输责任重大的贵重货物等。

（3）不能与其他货物并装的危险货物或轻泡货物。

（4）易于污染其他货物的污秽品,如垃圾、炭黑、湿的毛皮等。

（5）不易计件的散装货物:如煤、焦炭、矿石、砂石料等。

二、整批货物运输的安全管理

1. 货厢的安全管理

货车车厢是运送货物的容器,货厢安全直接影响货运的质量与安全。货厢必须坚固无破损。对装运过有毒、易污染以及危险货物、流质货物的,应对车辆进行清洗和消毒。如货物性质特殊,还需对车辆进行特殊清洗和消毒。

2. 装载安全

货物要堆码整齐,捆扎牢固,关好车门,不超宽、超高、超重,保证运输全过程安全。

装载时防止货物混杂、撒漏、破损,严禁有毒、易污染物品与食品混装,危险货物与普通货物混装。

整批货物装载完毕后,敞篷车辆如需遮篷布时必须遮盖严密,绑扎牢固,关好车门,严防车辆行驶途中松动和甩物伤人。

第四节　集装箱货物运输安全管理

一、集装箱货物运输的定义

采用集装箱为容器,使用汽车运输的,即:采用汽车承运装货集装箱或空箱的过程称为集装箱货物运输。

二、集装箱货物运输过程中的安全管理

1. 集装箱货物运输的特点

由于集装箱汽车运输是以集装箱为运送单位,所以在运输过程中,箱内货物不必中途卸下重装,具有运输单元化、直达化、标准化、专业化、系列化及装卸机械化等特点,是一种新型、高效、先进和安全的运输方式,因而是各种运输方式开展多式联运的最佳形式。

集装箱汽车运输归纳起来主要有以下优点:

（1）减轻装卸劳动强度,提高装卸效率。

（2）可以充分发挥甩挂运输的优势,加快货物送达速度,加速车辆和其他运输工具的周转,是疏港、疏站集散运输和公路直达运输的最佳运输方式。

（3）节约货物包装费用,简化运输程序,方便交接手续。

（4）保障运输安全,提高货运质量,减少货损货差,具有良好的社会效益。

（5）降低货运成本,提高经济效益。

2. 集装箱货物运输车辆的安全要求

集装箱货物运输车辆应是技术状况良好,带有转锁装置,与所载集装箱要求相适应,能满足所运载集装箱总质量的要求。

集装箱货物运输车辆通常采用单车形式或牵引车加半挂车的列车组合形式。半挂车分

为框架式、板式和自装自卸式等。

3. 装载货物要求

集装箱货物运输应配备集装箱专用装卸机械和装拆箱作业机械,装卸机械应有装箱专用吊具,装卸机械的额定起重量要满足集装箱总质量的要求,装拆箱作业机械要能适应进箱作业,以保证集装箱装卸的安全作业。在装箱作业进行之前,应对集装箱的卫生条件和技术条件进行认真的目测检查。集装箱内进行货物装卸作业时,应严格按照有关的操作规程,并应尽可能采用相应的装卸搬运机械作业,例如手推搬运车、输送式装箱机、叉车等,以减轻劳动强度,提高装卸作业效率。

为了防止发生货物事故,需要采用与该包装相适应的装载方法,利用集装箱装载的典型货物有:箱装货、波纹纸板货、捆包货、袋装货、货板(托盘)货、危险货物等。

集装箱运输过程中,由于跨越不同的国家和地区,经受多种自然的、地理的条件影响,不仅会因气候的不同导致箱内气压、湿度、温度方面的变化,而且由于长途的跋涉和几经换装搬运,集装箱会受到很大的震动、冲击、颠簸和摇晃,最终箱内货物容易损坏,甚至发生严重事故。为了确保集装箱货运质量,必须根据货物的性质、特点、规格等注意集装箱货物的合理配载、装载和固定。

4. 集装箱货物运输的责任规定

集装箱货物运输的责任规定有以下内容:

(1)集装箱可以装载在甲板上,无需事先协商,并按一般货物的运输责任处理;

(2)凡由发货人或货方装箱的集装箱只要铅封完整,承运人对所装货物的灭失或损坏不负责任;

(3)发货人或货方如因装箱不当因而造成承运人方面的人身伤害或损失概由发货人或货方负责。

因此货方装箱前必须检查集装箱,妥为积载,以保障货运安全。

第五节 大型特型笨重物件运输安全管理

交通运输部 2000 年发布的《汽车货物运输规则》(简称《货规》)中设定了"大型特型笨重物件"的称谓,它是将交通运输部《道路大型物件运输管理办法》中的"大型物件"和原《货规》中的"长大笨重货物"合并而称。

一、大型特型笨重物件运输的概念

因货物体积、质量的要求,需要大型或专用汽车运输的,为大型特型笨重物件运输。

大型特型笨重物件是指货物的长度在 6m 及以上,高度在 2.7m 及以上,宽度在 2.5m 及以上,单件质量在 4t 及以上的货物。

大型特型笨重物件,按其长度、宽度、高度以及单件质量不同共分为六个等级。各级分类范围均在 2000 年发布的《货规》中有明确划分。

二、大型物件运输业户开业的安全条件

从事大型物件运输的业户,除必须具备普通货物运输开业的安全条件外,按交通运输部《道路大型物件管理办法》的规定,还应具备下列安全条件:

(1)至少拥有1辆能运载三级以上大型物件的专用车。

(2)大型物件运输车辆驾驶员,必须具备5万km以上安全行车的驾驶经历。

(3)营业性道路大型物件运输业户,按其设备、人员等分为四类,各类的开业安全条件如下:

①一类道路大型物件运输业户开业安全条件。

a. 车辆装备:具有装载整体大型物件实际能力在20t以上100t以下的超重型车组,包括牵引车和挂车(半挂车、凹式低平台挂车),并有相应的配套附件。车组技术状况良好,在重载条件下能顺利通过8%的道路坡度。

b. 技术人员:具有助理工程师以上职称的汽车运用专业技术人员不少于1人;主管技术的车队长须有从事大型物件运输2年以上的实际经验。

c. 技术工人:具有符合《交通行业工人技术等级标准》(以下简称《等级标准》)的超重型汽车列车驾驶员、超重型汽车列车挂车工、公路运输起重工的技术等级不低于初级。凡尚未按《等级标准》考核的地区,可根据《等级标准》规定的技术要求进行应知、应会、工作实例等考核。

d. 技术、安全规章:具有上级或本单位制定印发的车组和起重装卸机工具的使用技术、安全操作规定、质量保证制度等规章。

e. 历史记录:已开业户应提供以往运过的主要大型物件的质量、外形尺寸、件数、安全情况和货主反映的材料。

②二类道路大型物件运输业户开业安全条件。

a. 车辆装备:具备装载整体大型物件实际能力在100t及100t以上、200t以下的超重型车组,包括牵引车和挂车(半挂车、凹式低平台挂车、长货挂车、其他变型挂车),并有相应的配套随件。车组技术状况良好,在重载条件下能顺利通过8%的道路坡度。

b. 技术人员:设有分管技术的副经理;具有工程师以上职称的汽车运用专业技术人员不少于1人;主管技术的车队长须有从事大型物件运输4年以上的实际经验。

c. 技术工人:具有符合《等级标准》的超重型汽车列车驾驶员、超重型汽车列车挂车工、公路运输起重工,其中各类工种的中级工人不少于1人。凡尚未按《等级标准》考核的地区,可根据《等级标准》规定的技术要求进行应知、应会、工作实例等考核。

d. 技术、安全规章:具有上级或本单位制定印发的车组和起重装卸工具的使用技术、安全操作规定、质量保证制度等规章。

e. 历史记录:已开业业户应提供以往运过的主要大型物件质量、外形尺寸、件数、安全情况和货主反映的材料。

③三类道路大型物件运输业户开业安全条件。

a. 车辆装备:具有装载整体大型物件实际能力在200t及200t以上、300t以下的超重型车组,包括牵引车和挂车(半挂车、凹式低平台挂车、长货挂车、3纵列或4纵列挂车、其他变型挂车),并有相应的配套附件。车组技术状况良好,在重载条件下能顺利通过8%的道路坡度。

b. 技术人员:设有分管技术的副经理;具有高级工程师职称的汽车运用专业技术人员不少于1人;主管技术的车队长须有从事大型物件运输6年以上的实际经验。

c. 技术工人:具有符合《等级标准》的超重型汽车列车驾驶员、超重型汽车列车挂车工、公路运输起重工,其中各类工种的高级工人不少于1人。凡尚未按《等级标准》考核的地区,可根据《等级标准》规定的技术要求进行应知、应会、工作实例等考核。

d. 技术、安全规章:具有上级或本单位制定印发的车组和起重装卸工具的使用技术、安全操作规定、质量保证制度等规章。

e. 历史记录:已开业业户应提供以往运过的主要大型物件质量、外形尺寸、件数、安全情况和货主反映等材料。

④四类道路大型物件运输业户开业安全条件。

a. 车辆装备:具有装载整体大型物件实际能力在 300t 及 300t 以上的超重型车组,包括牵引车和挂车(半挂车、凹式低平台挂车、长货挂车、3 纵列或 4 纵列挂车、其他变型挂车),并有相应的配套附件。车组技术状况良好,在重载条件下能顺利通过 8% 的道路坡度。

b. 技术人员:设分管技术的副经理或总工程师;具有高级工程师职称的汽车运用专业技术人员不少于 2 人;主管技术的车队长须有从事大型物件运输 10 年以上的实际经验。

c. 技术工人:具有符合《等级标准》的超重型汽车列车驾驶员、超重型汽车列车挂车工、公路运输起重工,其中各类工种的高级工人不少于 1 人。凡尚未按《等级标准》考核的地区,可根据《等级标准》规定的技术要求进行应知、应会、工作实例等考核。

d. 技术、安全规章:具有上级或本单位制定印发的车组和起重装卸工具的使用技术、安全操作规定、质量保证制度等规章。

(4)经营范围。

①一类道路大型物件运输业户,允许承运一级大型物件;

②二类道路大型物件运输业户,允许承运一、二级大型物件;

③三类道路大型物件运输业户,允许承运一、二、三级大型物件;

④四类道路大型物件运输业户,允许承运一、二、三、四级大型物件。

三、大型特型笨重物件运输受理和运输过程中的安全管理

1. 受理大型特型笨重物件运输时的安全管理

承运和装卸大型特型笨重物件,承运人提供的车辆和装卸机械,必须能保证货物在长度、高度和单件质量方面的安全作业要求。

承运大型特型笨重物件的级别必须与批准经营的运输类别相符,不准受理经营类别范围以外的大型特型笨重物件。

受理大型特型笨重物件托运时,承运人除了按照特种货物办理承运手续外,还应再派对大型特型笨重物件装卸、运载操作有相当经验的人员,会同托运人到货物现场,对货物与装车场地及装卸方式方法等进行实地勘察,核对落实,决定能否受理或采取一定的安全加固措施后方可受理。若遇畸形的大型特型笨重物件,应向托运方索取货物说明书,同时应随附货物外形尺寸的三面视图(侧视、正视、俯视),以"+"表示重心位置,要事先拟订周密的装运方案和运行路线,必要时应让托运方报请公安机关或其他有关部门审查后再予受理。

2. 勘察现场时的安全要求

承运单位对大型特型笨重物件的装卸场地进行现场勘察核实时,要坚持安全第一、防范为主的原则。一般应注意以下几点:

(1)认真核实货物长度、宽度、高度、实际毛重、体形、重心、包装与标志,应用皮尺度量货物最高、最长、最宽部位,细致察看货物包装或底座的牢固程度是否符合机械吊装要求。

(2)仔细勘察装卸现场及周围环境,上下、前后、左右有无装卸障碍物与其他设置。如

车辆能否靠近货物、能否适应装卸机械操作,机械设施是否良好,装车场地土质是否松软或地面是否平坦,是否需要铺垫木板、钢板或方木等。

(3) 车辆通过的路面、桥涵、港口、码头等的载重负荷能力及弯道、坡道等能否适应。

3. 装卸大型特型笨重物件时的安全操作

装卸大型特型笨重物件时,不论采用机械装卸或人工装卸,都要严格按照装卸安全操作规程,还应特别注意检查装卸工具,装卸工人要明确分工,密切配合,专人发号,统一步调进行操作。如需机械操作,应先确认起吊跨度,检查机械负荷能力是否适应,并应留有一定的安全保险系数,严禁超跨度、超重作业和违章操作。配备司索、发号人员,司索人员要做到索套绑吊稳固、慢起稳落,不得将手脚伸入已吊起的货物下方,直接去取垫衬物;发号人员负责作业现场监督指挥,确保卸货物安全。

装载不可解体的成组笨重货物时,应使货物全部支重面均衡地、平衡地放置在车厢底板或平板上,使其重心尽量位于车辆纵横中心线的交叉点。如不能达到此要求,则应对货物重心的横向移动,加以严格控制。一些特殊集重或畸形偏重的货物,下面应垫以一定厚度的木板,使其在运行中保持稳定。

大型物件装车后必须用垫木、蚂蝗攀、铁丝或钢丝绳固定牢固,以防滑动。特别对一些圆柱体及易于滚动的货物如卷筒、轧辊等,必须使用座架或凹木加固;装运钢板长度超过车身时,应在后栏板用坚固木垫高成前低后高状,严禁用砖头、石块、朽木作垫隔。

4. 运输大型特型笨重物件时的安全操作

承运人运输大型特型笨重物件,应携带大型特型笨重物件运输标志牌和核准证,以备路检。须按有关部门核定的路线行车,白天行车时,悬挂标志旗;夜间行车和停车休息时装设标志灯。

装载大型特型笨重物件的大型专用车辆的运输,应由托运方配备随车电工、勤杂工人,携带所需材料和工具,协助车辆行驶途中排除障碍。必要时,承运方需配备专门车辆在前引导护送,以便顺利通行和提示来往车辆注意。

车辆运行应按有关部门指定的时间、路线行驶。为保证所载货物的稳定,须低速行驶。必要时应邀请有关部门在通过有关路段和桥梁、涵洞时作技术指导。

第六节 甩挂运输安全管理

早在20世纪中叶,甩挂运输就被我国的多个部门提倡,然而仅停留于口头上。直到90年代国家经贸委、公安部、交通运输部联合发布《关于开展集装箱牵引车甩挂运输的通知》,鼓励有条件的公路运输企业开展集装箱牵引车甩挂运输,才使此项工作有了起色。进入21世纪,交通运输部发布的《道路运输业发展规划纲要(2001—2010年)》提出,在货运方面,鼓励发展厢式、罐式运输车、半挂汽车列车、集装箱专用运输车、大吨位柴油车;对鼓励发展的新型运力,要认真研究具有可操作性的政策措施,加快发展。不过因具体的政策不到位和时机不成熟,作为新型运力的甩挂运输仍停留在风雨飘渺的征程上,发展仍然步履蹒跚。从数量上看,挂车数量少,拖挂比低,2008年我国共有营运载货汽车761万辆,但牵引车只有25万辆(仅占3.2%),挂车仅28万辆,牵引车和挂车的比例为1∶1.2,远远不能适应甩挂运输发展的需要。

自20世纪40年代起欧美等发达国家便开始尝试甩挂运输。经过多年的发展,甩挂运输在西方发达国家和新兴工业化国家已得到长足发展,成为干线运输的主力依托。在美国、加拿大、西欧等发达国家,甩挂运输所完成的货运周转量占道路货运总周转量的70%~80%,牵引车与挂车拥有量之比普遍达到1:2.5以上;在新加坡、韩国等新兴工业化国家,也得到广泛的应用,新加坡牵引车与挂车拥有量之比更高达1:7。与这些国家相比,我国甩挂运输严重滞后。

随着近两年我国节能减排工作的开展,甩挂运输逐渐得到多个部委的重视。2009年12月29日,交通运输部等5部委联合发布《关于促进甩挂运输发展的通知》,敦促各级地方交通运输部门及企业为甩挂运输的推进共同努力。2010年10月27日,交通运输部、国家发改委联合发布《关于印发〈甩挂运输试点工作实施方案〉的通知》,确定试点期限为2年,并于2010年11月26日在福州召开"全国甩挂运输试点工作会议"。10个试点省市的相关领导以及26家试点企业的负责人均参加了该次会议,交通运输部、国家发改委与会领导的讲话,宣示着一系列紧锣密鼓的工作部署过后,甩挂运输迎来了实质性发展阶段。以福建省为例,至2012年4月底,共有甩挂运输牵引车13598辆、挂车18332辆,拖车与挂车的比例为1:1.35,但甩挂运输量占总运输量的比重不到10%。

甩挂运输是道路货运规模化、网络化、集约化发展的必然产物,发展甩挂运输是客观规律要求,也已成为一项十分紧迫的任务。

一、甩挂运输的含义

所谓"甩挂",就是当配送车将满载的集装箱送到目的地时,车头与集装箱可以分离,车头再将满载的另一个集装箱运回,从而减少配送车返程的空载率,并最大限度地节约等候装卸的时间。

甩挂运输就是带有动力的机动车将随车拖带的承载装置,包括半挂车、全挂车甚至货车底盘上的货箱甩留在目的地后,再拖带其他装满货物的装置返回原地,或者驶向新的地点。这种一辆带有动力的主车,连续拖带两个以上承载装置的运输方式被称为甩挂运输。甩挂运输,狭义上讲是牵引车拖带半挂车及货物运至某地后卸除半挂车,再换上另一辆半挂车继续运输,广义上则指带有动力的机动车将随车拖带的承载装置(半挂车、全挂车、货车底盘上的货箱等)甩留在目的地后,再拖带其他承载装置驶向新的地点。

二、甩挂运输的特点

据测算,甩挂运输可以提高车辆运输效率30%以上,降低成本30%,可以使汽车燃油消耗量降低20%~30%。甩挂运输作业法在实际应用当中体现出如下优势:

(1)节省时间。挂车的组织模式消除了牵引车的等待装卸时间,不仅提高了驾驶员的工作效率,也最大限度地消除了不同场站装卸效率的差异。

(2)提高运力。甩挂运输增加了牵引车的有效运行时间,提高了单车利用率。合理协调了货物运输与装卸作业时间,提高了车辆运输生产率和货物的流转速度。

(3)降低成本。完成同等运输量,可以减少牵引车的数量,降低牵引车的购置费用和运行费用。同时企业可以尽可能减少雇佣驾驶员的数量,节约相应支出。

(4)节能环保。甩挂运输"一带多"的形式,提高了牵引车的工作效率和挂车的吨位利用率,减少了车辆对道路的占用,降低了能源消耗,减少汽车排放污染。

(5)促进多式联运发展。可以促进实现以汽车甩挂运输为基础的铁路驮背运输、水运滚装等方式的联合运输,充分发挥各种运输方式的技术经济优势,减少货物装卸作业,提高铁路车辆和轮船的装卸效率。

三、甩挂运输对车辆的要求

1. 基本要求

甩挂运输对车辆的基本要求具体包括以下几个方面:

(1)车辆结构设计的匹配:规定牵引座、牵引销的安装位置(前后);承载面高度(上下);车轴布置与安装位置等要求,保证质量分配合理、运动不干涉并满足列车的设计与使用性能要求。采用标准化的车厢/货箱结构与尺寸,适应标准货物托盘的使用、固定,提高货物装载量。

(2)安全连接的匹配:要求牵引座、牵引销的机械连接件型号尺寸统一;牵引车与半挂车电器连接型式与规格统一、协调;气制动连接器型式与规格统一、协调、可靠;ABS 接口型式协调适用;各种连接件的安装位置耦合顺畅、操作便利。保证组成列车后,各种连接的性能优良、安全可靠,确保行车安全。

(3)牵引车与半挂车性能的优化匹配:通过优化设计确保列车有充足的动力储备和良好的燃油经济性,并在列车的制动协调性、行车稳定性、通过性等方面满足行车安全要求。

(4)辅助装备的适应性:半挂车支承装置应安全可靠、操作方便;快速接驳辅助工具应使用方便、快捷,通用性好;货物装卸装备应与货物及其包装方式、设施条件相适应且性能优良;采用涵盖车辆、货物、驾驶员以及行车计划在内的,便于甩挂运输调度和货运行业统计管理的电子标签和信息采集、传输技术,满足甩挂运输管理系统的统一要求且有高度的信息安全性、通讯有效性、数据准确性等。

2. 技术参数

在具体技术参数方面,交通运输部行标《道路甩挂运输车辆技术条件》(征求意见稿)规定如下:

(1)牵引车牵引座结合面离地高度 $H = 1280 \sim 1320mm$。但目前大部分牵引车并不符合这一规定,这就要求牵引车厂家必须重新设计和生产牵引车。由于半挂车的高度确定是以牵引车的高度为基础,如若牵引车的高度变化不大,那么半挂车的高度设计则更好掌控。

(2)牵引车牵引座的牵引销孔至驾驶室后端固定物的距离 $L \geq 2120mm$。目前几乎没有 4×2 的长头牵引车是符合这一标准的,这也需要牵引车厂家重新设计制造 4×2 的长头牵引车;而半挂车产品的设计基本上是在国家标准规定的范围内,只要按标准执行则无需重新设计。

(3)汽车列车比功率(发动机净功率/总质量)$\geq 5.40kW/t$。GB 1589—2004 规定汽车列车的最大总质量为 49t,牵引车净功率最小应为 360PS,有相当一部分牵引车功率达不到要求。实际行驶时还存在超载现象,比功率更低,况且总质量变大,牵引销的尺寸也会改变,不利于甩挂运输的互换性要求。所以,这一项对牵引车厂家有很大影响。同时该项要求也将促进挂车的轻量化发展,同一辆牵引车连接不同的挂车时,其中自质量最轻的挂车装载的货物可以最大化,从而使运输效率最高。

(4)半挂车相对于牵引车的纵向倾角、侧向倾角、铰接角以及牵引车与半挂车之间的自由空间,应符合《道路车辆牵引车与半挂车之间机械连接互换性》(GB/T 20070—2006)。在牵引车实际设计中,部分牵引车生产厂家并没有充分考虑到这一点,从而导致汽车列车不匹配。这一约束表面看似乎是针对半挂车产品,但实际上是对牵引车的设计导向。

四、甩挂运输的政策完善和管理措施

道路运输企业的实践和调研结果证明:不合理的交强险、繁琐的年检、不合理的报废年限规定等都是制约甩挂运输大力发展的最主要因素。

1. 减少挂车检验次数

目前,对挂车的年度安全检测和牵引车一样,一年需要办理多次审验手续,包括公安部门的一次年审,交通部门的四次季度检测和一次营运检测。企业反映每次检测的手续复杂,占用大量营运时间,消耗企业大量精力和时间,特别是开展甩挂运输后,由于一辆牵引车配备多辆挂车,对于企业而言,应对开展甩挂运输所有的挂车进行检测将变得更为麻烦。

挂车应按照《道路交通安全法》及其实施条例进行定期安全技术检验,确保符合国家规定的安全运行条件及相关技术标准。道路运输管理部门不再要求对挂车进行二级维护强制保养和综合性能检测。

2. 调整挂车保险

根据目前规定,道路运输企业的牵引车、半挂车在交强险、车辆险和第三者责任险这三种险种上必须分别投保,缴纳相应的保险费用。但出现索赔时,赔付不能以牵引车、半挂车的保额累加给予赔付,只按牵引车或半挂车其中之一的限额给予赔付。对于开展汽车甩挂运输的多辆挂车,要分别缴纳交强险、承运人责任险、车辆险和第三者责任险,这对从事汽车甩挂运输的企业而言,保险费用过高也是一项值得探讨的问题。

由于挂车不具备动力,具有"可移动的集装箱"的属性,在车辆保险方面,应研究调整挂车交强险,科学设定征收对象。

3. 完善甩挂车辆海关监管制度

境内承运海关监管货物的甩挂运输车辆(集装箱拖头车)应当依照相关规定办理注册登记手续,在甩挂车辆办结海关监管手续后,经海关同意,牵引车与挂车可以分离,提高牵引车周转效率。海关依照有关规定实施监管。

4. 调整通行费征收办法

道路通行费实行"年票制"征收的地区,对道路运输经营者所拥有的汽车列车应按照一车一挂的标准征费,对超出牵引车数量的其余挂车不再征费。

5. 推进甩挂运输车辆装备标准化

车辆装备技术的标准化是发展甩挂运输的必备条件,要组织制订和推广应用牵引车、挂车连接的相关技术标准,引导制造企业严格执行国家统一标准生产牵引车和挂车,为发展甩挂运输提供技术保障。

6. 完善挂车证件管理

按照既简便适用又有利于监管的原则,完善挂车证件携带、保管与交接管理。挂车道路运输证和机动车行驶证应随车流转。

7. 鼓励运输企业拓展运输网络

各地应消除地方保护和制约运输一体化发展的相关制度和政策障碍,鼓励和支持符合条件的道路运输企业异地设置经营网点(分支机构),逐步形成区域性或全国性的甩挂运输网络。

8. 鼓励企业加强协作

鼓励运输企业之间、运输企业与大型制造企业、商贸企业、专业商品市场、货运站之间，通过联营、参股、合作等方式加强协作，整合运力和货源资源，提高集约化、规模化、网络化、组织化程度，提高甩挂运输的运行质量和整体效益。

9. 加大资金投入

完善枢纽站场设施改造传统货运站场，适应甩挂运输需要。站场设施（包括甩挂运输运行中心）是发展甩挂运输的重要基础条件，具有一定的公益性。应通过政策引导，进一步加大对站场建设的投资力度，按照甩挂运输作业和技术特点，借鉴发达省市的先进经验，对传统货运站场进行升级改造，逐步构建层次清晰、功能完善、衔接顺畅的站场节点体系，支撑甩挂运输的发展。加快综合交通枢纽建设，促进公铁等多种运输方式间的有效衔接和一体化运输。鼓励利用公路甩挂运输发展水路滚装运输、铁路驼背运输和集装箱多式联运，实现公铁、公水间的快速中转和无缝衔接，推进综合交通运输体系建设。

第七节 超限超载货物运输安全管理

随着我国国民经济的快速发展和对外开放的需要，在公路上行驶的重型卡车、大型平板车、汽车列车、集装箱运输车以及其他载重卡车超限运输，其数量和比重逐年大幅增加。日益发展的超限超载运输势必导致公路早期破坏和桥梁的损坏、道路交通事故频发、严重影响了行车安全，危及人民群众的生命财产安全。因此，加强对超限超载运输的科学管理，显得十分重要。

一、超限超载货物运输的定义

公路运输是多种运输方式的一种，本文所指的超限超载运输，如不经特别指出，均为公路货物超限超载运输。

公路货物运输中的超限是指超过路面设计承载的标准。超限货物运输是公路运输中的特定概念，具体指在公路上行驶的车辆、工程机械，其总质量、轴载质量、外形尺寸三者之一超过限值标准者（指超长、超宽、超重、超高），称之为公路超限运输。超限运输包括外形几何超限和轴载质量及车货总质量超限两大类型。

超载，指汽车装载货物时超过汽车额定载质量，对超载的核定，主要关注是汽车性能以及由此而引发的行车安全性。汽车制造企业对其生产的每种车辆都会按国家标准规定和产品设计要求给出车辆的具体质量参数，包括整备质量、总质量、轴载质量。超载运输所超过的限值是针对车辆而言的，特别是车辆结构的承载能力。

在我国，与公路超限超载运输相关的法律法规和技术标准有《超限运输车辆行驶公路管理规定》、《道路车辆外廓尺寸、轴荷及质量限值》、《公路工程技术标准》、《公路沥青路面设计规范》和《公路水泥混凝土路面设计规范》等。这些标准和法规都对货车的车货总质量、轴载质量以及超限尺寸作出了相应规定，作为车辆运营中装载货物质量的限值。

二、超限超载货物运输的特性

超限货物运输组织与一般货物运输有所不同，具有以下特殊性：

1. 特殊装载要求

超限货物运输对车辆和装载有特殊要求,一般情况下超重货物装载在超重型挂车上,用超重型牵引车牵引,而这种起重型车组是非常规的特种车组,车组装上超限货物后,往往质量和外形尺寸大大超过普通汽车、列车,因此,超重型挂车和牵引车都是用高强度钢材和大负荷轮胎制成,价格昂贵。

2. 特殊运输条件

超限货物运输条件有特殊要求,途经道路和空中设施必须满足所运货物车载符合和外形储存的通行需要。道路要有足够的宽度、净空以及良好的曲度,桥涵要有足够的承载能力。这些要求在一般道路上往往难以满足,必须事先进行勘测,运前要对道路相关设施进行改造,如排除地空障碍、加固桥涵等,运输中采取一定的组织技术措施,采取分段封闭交通,大件车组才能顺利通行。

3. 特殊安全要求

超限货物一般均为国家这些重点工程的关键设备,因此超限货物运输必须确保安全,万无一失。在运输中,要对运输路线进行勘察筛选;对地空障碍进行排除;对超过设计荷载的桥涵进行加固;搞好全程护送;协调处理发生的问题等等。

三、超限超载货物运输的安全管理

1. 超限超载货物运输存在的问题

从超限超载货物的运输要求看,要求运输企业具有一定的装备实力、技术力量、安全保障、组织管理、赔偿能力和经营规模。超限超载货物装车后,运输时需要有关部门配合进行排障、护送。近年来,一些运输企业组织超限运输随意性很大,甚至违规运输,致使公路养护和改造费用剧增。

超限超载货物运输涉及的管理部门较多,而涉及的道路、桥涵、电信、管线等方面的管辖权又属于不同的行业,在不同的地方又属于不同的管理部门。这种状况不利于超限超载货物安全运输的管理。

《公路法》及《超限运输车辆行驶公路管理规定》都严禁车辆超限超载。公路超限超载运输的危害主要表现在以下几个方面:

(1) 严重破坏公路设施,缩短公路使用寿命。公路路面在有效使用期内随超限超载运输车辆轮胎碾压变形次数的增加增强而直接影响公路的使用寿命。

(2) 增加国家对公路建设、改造、养护的投入。根据中国交通工程研究部门的研究报告显示,当车辆轴载质量由 10t 提高到 13t,除公路使用寿命由 8 年降为 3.9 年外,还有重大的损失不可忽视。

(3) 严重影响公路的安全畅通。由于超限超载运输造成的路面病害,不仅严重影响行车速度,更为重要的是造成众多的安全事故。

(4) 造成国家规费大量流失,影响公路建设资金筹措。由于超限超载运输的恶性竞争,车主为了揽取生意竞相压价,导致运价降低,而运价下滑又刺激了超限运输,从而形成了恶性循环;为了少缴规费,货运车辆"大吨小标"的现象越来越严重,导致了国家交通规费大量流失,造成公路建设和公路养护资金的投入减少。

(5) 造成汽车行业的畸形发展。一些汽车制造企业和改装企业为了迎合购车者少缴交通规费和保险费的心理,随意生产大吨位车轴少的重型车。伪造型号和技术参数,大车小标识,降低吨位促销,造成汽车行业的畸形发展。

2. 安全管理措施

超限超载货物运输管理涉及交通安全、车辆生产、运输市场、收费管理和群众利益等诸多问题。加强超限超载货物运输的安全管理措施包括:

(1)继续推进计重收费,完善收费政策。

计重收费方法是经济治理货物超限超载运输的重要手段,是通过在收费站设置计重检测设备,并依据检测的车轴数、车货总重进行计量收费,当车辆超限超载运输时,则对其超出部分追加收费,超量越多,收费也越多。实行计重收费改变了原来按车型收费的模式,体现了公平原则。

计重收费可以有效抑制超限超载运输,计重收费的计费直接与车辆的质量挂钩,空载车辆或正常装载车辆收费较少,而对超限超载运输车辆,对其超过限值部分采取加倍计费,对违法运输经营者予以必要的经济惩罚。计重收费通过经济和价格手段,有效切断了超限超载运输经营者的经济利益驱动链条。鉴于计重收费的经济调节作用结合部分地方计重收费工作,进一步调整计重收费标准,逐步使计重收费政策更加趋于科学化。

(2)设立超限运输组织权威机构。

鉴于超限货物运输的特殊性,超限运输车辆行驶公路的管理工作实行"统一管理、分级负责、方便运输、保障畅通"的原则。国务院交通主管部门主管全国超限运输车辆行驶公路的管理工作。县级以上地方人民政府交通主管部门主管本行政区域内超限运输车辆行驶公路的管理工作。超限运输车辆行驶公路的具体行政管理工作,由县级以上地方人民政府交通主管部门设置的公路管理机构负责。

(3)综合规划道路建设。

在公路上行驶的车辆的轴载质量应当符合《公路工程技术标准》的要求,但对有限定荷载要求的公路和桥梁,超限运输车辆不得行驶。在道路建设规划中,要为超限货物运输留有余地,特别是一些与大型厂矿企业连接的线路,在资金允许的情况下,尽可能提高一些桥梁等级,建设一至二条特殊超限货物运输通道。

(4)完善制度,制订相应的法律法规。

各地党委政府应加强对运输市场的宏观调控;及时制订一些规范性法律文件,建立健全法律制度,规范超限货物运输市场的管理程序。

①申请与审批。超限运输车辆行驶公路前,其承运人应按有关规定向公路管理机构提出书面申请。公路管理机构在接到承运人的书面申请后,应在15日内进行审查并提出书面答复意见。公路管理机构在审批超限运输时,应根据实际情况,对需经路线进行勘测,制订通行方案,并与承运人签订有关协议,同时应签发《超限运输车辆通行证》。

②通行管理。通过审批的超限运输车辆,应严格按照通行管理规定组织运输,未经公路管理机构批准,不得在公路上行驶。公路管理机构应加强对超限运输车辆行驶公路的现场管理,并可根据实际情况派员护送。在公路上进行超限运输的承运人,应当接受公路管理人员依法实施的监督检查,并为其提供方便。

(5)加强监督和查处力度,强化管理手段。

政府相关职能部门应合理调控运力,规范运输行为,促进运输市场运力和运量的供求平衡;推广集装箱化运输方式,规范公路货运车辆类型,特别是特殊产品运输车辆的类型;加大查处违规企业力度,加强汽车生产环节的控制管理,禁止生产违规超限车辆的类型;公安交警部门要加强车辆落户的源头管理,严惩违规擅自改装车辆的单位和个体业主;公路部门应对公路承载能力重新检查并作出明显标志。

(6)推广 IT 等新技术的应用,加强超限流动检测治理工作。

建立超限运输线路的桥涵、市政基础设施等主要信息数据库,逐步建立超限货物运输信息平台,为企业运输提供信息服务。同时,应用现代信息管理技术手段,在关键路段设置轴重检测设备,对过往车辆进行自动检测并对恶意或严重超限的车辆收取补偿费等方式,对超限车辆形成一种有形的威慑。

第七章　危险货物运输安全管理

据世界卫生组织统计，目前仅用于工农业的化工物质就达60万种，并且每年还要增加3000余种，在这些物质中，有明显或潜在危险的就达3万余种。近几年我国每年通过公路运输的危险货物超过2亿t。除运输量上升以外，道路危险货物运输的品种越来越多，危险特性越来越复杂，危险程度也越来越高。

与普通货物运输相比，由于危险货物具有爆炸、易燃、毒害、腐蚀、放射性等危害特性，在运输、装卸过程中稍有不慎，便可能造成重特大人员伤亡、财产损失和环境污染，因此对危险货物运输的安全性要求就不能等同于普通货物。

不过运输实践证明，只要掌握危险货物的性质和变化规律，正确鉴别危险货物与非危险货物，认真做好包装、运输与装卸、储存和保管防护、承托运手续和单证，严格控制可能导致发生事故的各种外界条件，危险货物是完全可以安全运输的。

第一节　危险货物的分类及其主要特性

一、危险货物的定义

新修订实施的《危险货物分类和品名编号》（GB6944—2012）将危险货物定义为：具有爆炸、易燃、毒害、感染、腐蚀、放射性等危险特性，在运输、储存、生产、经营、使用和处置中，容易造成人身伤亡、财产损毁或环境污染而需要特别防护的物质和物品。

危险货物的定义包含性质、危险后果及特别防护三方面的要求：

（1）具有爆炸、易燃、毒害、感染、腐蚀、放射性等危险特性。这非常具体地指明了危险货物本身所具有的特殊的性质，是造成火灾、灼伤、中毒等事故的先决条件。

（2）容易造成人身伤亡、财产损毁或环境污染。这指出了危险货物在一定条件下，由于受热、明火、摩擦、振动、撞击、洒漏或与性质相抵触物品接触等，发生化学变化所产生的危险效应。不仅是货物本身遭到损失，更严重的是危及人身安全、破坏周围环境。

（3）在运输、储存、生产、经营、使用和处置中需要特别防护。这里所说的特别防护，不仅是一般运输普通货物必须做到的轻拿轻放、谨防明火，而且是要针对各种危险货物本身的特性所必须采取的"特别"防护措施。例如，有的爆炸品需添加抑制剂；有的有机过氧化物需控制环境温度。大多数危险品的包装和配载都有特定的要求。

以上三个要求，缺一则不成为危险货物。

二、危险货物的分类

《危险货物分类和品名编号》(GB 6944—2012)将危险货物按其主要特性和运输要求分为9类(各类可分为若干项),并规定了各类危险货物的定义或划分标准。

第1类:爆炸品;
第2类:气体;
第3类:易燃液体;
第4类:易燃固体、易于自燃的物质、遇水放出易燃气体的物质;
第5类:氧化性物质和有机过氧化物;
第6类:毒性物质和感染性物质;
第7类:放射性物质;
第8类:腐蚀性物质;
第9类:杂项危险物质和物品,包括危害环境物质。

危险货物的分类,有的是根据货物的物理性质;有的是根据货物的化学性质,如氧化性物质和腐蚀性物质;有的是结合货物的物理和化学性质,如易燃液体和易燃固体;还有的是根据货物对人身伤害的情况(如放射性物质和毒性物质)。总之,哪一种特性在运输的危险中居主导地位,就把该货物归为那一类危险品。上述的分类标准,并不是相互排斥的,大多数危险货物都兼有两种以上的性质。因此,在注意到某种货物的主要特性时,必须注意到该货物的其他性质。

三、各类危险货物的特性

1. 爆炸品

1)爆炸品的定义

本类货物系指在外界作用下(如受热、撞击等),能发生剧烈的化学反应,瞬时产生大量的气体和热量,使周围压力急剧上升,发生爆炸,对周围环境造成破坏的物品,也包括无整体爆炸危险,但具有燃烧、抛射及较小爆炸危险,或仅产生热、光、音响或烟雾等一种或几种作用的烟火物品。

根据爆炸时发生的变化性质,爆炸可分为:物理爆炸、化学爆炸和核爆炸。上述定义非常明确地指出"爆炸品"的爆炸现象是属于化学爆炸,即指物质因得到起爆的能量而迅速分解,释放出大量的气体和热量的过程。

2)爆炸品的特性

决定爆炸品爆炸性能强弱的指标主要有3个:

(1)感度(亦称敏感度)。

感度是指爆炸品在外界作用下发生爆炸反应的难易程度。引起某爆炸品爆炸所需的起爆能越小,则其感度越高,危险性也越大。

不同爆炸品所需起爆能的大小是不同的,其敏感度也是不同。如TNT对火焰的敏感度较小,但如用雷管引爆则立即爆炸。即使同一种爆炸品,所需起爆能大小也不是固定不变的。如同样是TNT,在缓慢加压的情况下,它可经受几千千克压力也不爆炸,但在瞬间撞击情况下,即使冲击力很小,也会引起爆炸。这就是爆炸品的运输装卸作业中不能摔碰、撞击的原因。了解爆炸品的敏感度这一特性对安全运输意义重大。

在运输装卸过程中,温度变化及机械作用的影响是不可避免的,所以在各种形式的感度中,主要是确定爆炸品的热感度和撞击感度。

①热感度:指爆炸品在外界热能作用下发生爆炸变化的难易程度。一般用"爆发点"来表示。爆发点是指物质在一定延滞期内发生爆炸的最低温度。延滞期则指从开始对炸药加热到其发生爆炸所需要的时间。表 7-1 给出了在不同延滞期下 TNT 的爆发点。可见,同一爆炸品,延滞期越短,爆发点越高;延滞期越长,爆发点越低。虽未受高热,但受低热时间足够长的话,也会诱发爆炸。因此,在运输中一定要使爆炸品远离热源或采取严格隔离措施。

TNT 炸药在不同延滞期下的爆发点　　　　　　　　　　　　表 7-1

延滞期	5s	1min	5min	10min
爆发点(℃)	475	320	285	270

②撞击感度:指爆炸品在机械冲击的外力作用下,对冲击能量的敏感程度。冲击感度高,说明其对外界冲击能量的敏感度高,易于引起爆炸。反之,冲击感度低,说明其对冲击能量的感度低,不易引起爆炸。如装卸时不慎使炸药由高空落下车辆在行驶中发生剧烈的冲击、震动等均属这一类。

(2)威力和猛度。

①威力:指炸药爆炸时的作功能力,即炸药爆炸时对周围介质的破坏能力。威力的大小主要取决于爆热的大小、爆炸后气体生成量的多少以及爆温的高低。

②猛度:又称猛性作用,系指炸药爆炸后爆轰产物对周围物体(如弹壳、混凝土、建筑物或矿石层等)破坏的猛烈程度。其大小可用爆轰压和爆速来衡量。

爆炸品的威力和猛度越大则炸药的破坏作用越强。衡量威力和猛度的参数很多,运输中采用爆速,即爆炸品本身在进行爆炸反应时的传播速度(m/s),爆速越大,单位时间内进行爆炸反应的爆炸品越多,其爆炸威力也越大。通常将爆速是否大于 3000m/s 作为衡量爆炸品威力强弱的一个参考指标。常见炸药的爆速等参数见表 7-2。

常见炸药的爆速等参数　　　　　　　　　　　　表 7-2

炸药品名	爆速(m/s)	1kg 炸药爆炸后所产生的气体量(L)	1kg 炸药爆炸后所产生的热量(kJ)
黑火药	500	280	2784
硝化甘油	8400	716	4196
硝化纤维	6300	765	4291
梯恩梯	6990	727	4187
特曲儿	7740	710	4564
黑索金	8380	908	6280
泰安	8400	780	6389
雷汞	4500	315	1541
迭氮铅	4500	310	1089

(3)安定性(稳定性)。

爆炸品的安定性是指爆炸品在一定的储存期间内,不改变自身的物理性质和化学性质(即爆炸性能)的能力。爆炸品本身是一种不稳定的化学体系,即使在正常的保管条件下,也会产生某种程度的物理或化学变化,所以,长期储存不安定的爆炸品或在一定外界条件(如环境温湿度等)影响下,不仅会改变爆炸品的爆炸性能,影响正常使用,而且还可能发生燃烧和爆炸事故。

根据我国汽车运输的特点,以保持在环境温度不超过45℃(可允许短期略超过45℃)的条件下,运输期间货物不发生分解,不改变其使用效能,即可认为该货物安定性符合安全运输要求。同时,为增加运输过程中的化学安定性,对某些炸药,在运输途中必须加入一定量的水、酒精,或其他钝感剂(如萘、二苯胺、柴油等)。

综上所述,爆炸性是运输过程中对安定性的最大威胁。其中感度和安定性是用来衡量货物起爆的难易程度,而威力和猛度则关系到一旦发生爆炸所产生的破坏效果。一般来讲,可选用爆发点低于350℃、爆速大于3000m/s、撞击感度在2%以上为爆炸性的3个主要参考数据。三者居其一,即可认为具有爆炸性。

3)爆炸品的分类

由于各种爆炸物品特性差异,其危险程度也各不相同。《危险货物分类和品名编号》(GB 6944—2012)将爆炸品按危险程度分为6类:

第1类:有整体爆炸危险的物质和物品;

第2类:有迸射危险,但无整体爆炸危险的物质和物品;

第3类:有燃烧危险并有局部爆炸危险或局部迸射危险或这两种危险都有,但无整体爆炸危险的物质和物品;

第4类:不呈现重大危险的物质和物品;

第5类:有整体爆炸危险的非常不敏感物质;

第6类:无整体爆炸危险的极端不敏感物品。

4)常见的爆炸品

(1)火药、炸药及起爆药。

①火药。火药又叫发射药,是极易燃烧的固体物质,量大时或在密闭状态下也能转变为爆炸,但军事上主要利用其燃烧有规律的性质,用作枪弹、炮弹的发射药和火箭、导弹的推进剂及其他驱动装置的能源。

②炸药(猛炸药):炸药是相对稳定的物质,在一般情况下比较安定,能经受生产、储存、运输、加工和使用过程中的一般外力作用。只有在相当大的外力作用下(如受热、撞击)才能引爆,通常是用装有起爆药的起爆装置来激发其爆炸反应。

炸药爆炸时化学反应速度非常快,在瞬间形成高温高压气体并释放出大量热量,以极高的功率对外界作功,使周围介质(如建筑,交通设施等)受到强烈的冲击、压缩而变形或破碎。

(2)火工品及引信。

装有火药或炸药,受外界刺激后产生燃烧或爆炸,以引燃火药、引爆炸药或做机械功的一次性使用的元器件和装置统称火工品。它是靠简单的激发冲量(如加热、火焰、冲击、针刺、摩擦)引起作用,产生火焰,点燃发射药或引信药剂(延期药、加强药和时间药)引爆雷管、炸药。

引信是装配在弹药中,能够控制战斗部(如炮弹的弹丸,火箭的弹头,地雷的雷体和手榴弹的弹壳等)在相对目标最有利的地位或最有利的时间完全引起作用的装置。而引信中能够适时起激发作用的元件就是火工品。火工品都是小的炸药元件,具有比较高的感度。

(3)烟花爆竹。

根据中华人民共和国烟花爆竹国家标准规定,烟花爆竹是以烟火药为原料制成的工艺美术品,通过着火源作用燃烧(爆竹)并伴有声、光、色、烟、雾等效果的娱乐产品。

烟花、爆竹大部分产品用药量甚少,用药量最多占30%,70%左右为泥土、纸张等杂物,就决定了它具有较好的安定性。但如其包装不妥或对其爆炸危险性认识不足,同样也会造成爆炸事故。因此对烟花、爆竹的包装要求不能低估。应绝对禁止旅客夹带烟花爆竹。

2. 气体

1)气体的定义

本类货物包括压缩气体、液化气体、溶解气体和冷冻液化气体、一种或多种气体与一种或多种其他类别物质的蒸气的混合物、充有气体的物品和烟雾剂,并应符合下述两种情况之一者:

(1)在50℃时,蒸气压大于300kPa的物质;

(2)温度在20℃时,在101.3kPa标准压力下完全是气态的物质。

以上定义是以货物的物理特性为依据的。即在50℃时的蒸气压力大于300kPa,或温度在20℃时,在101.3kPa标准压力下完全是气态的物质,经压缩或降温加压后,储存于耐压容器或特制的高绝热耐压容器(俗称钢瓶)内或装有特殊溶剂的耐压容器中,均属该类危险货物。

2)气体的物理特性

此处仅讨论与危险货物有关的气体的几个物理性质。

(1)气体的液化。

物质由气态转变为液态的过程叫做液化。

气体只有将温度降低到一定程度时施加压力才能被液化。若温度超过此值,则无论怎样增大压力都不能使之液化。这个加压使气体液化所允许的最高温度叫做临界温度。不同气体,临界温度不同。气体在临界温度时,还需施加压力才能被液化。在临界温度时,使气体液化所需要的最小压力叫做临界压力。不同气体,临界压力也各不相同。几种气体的临界温度和临界压力见表7-3。

几种气体的临界温度和临界压力　　　　表7-3

气体名称	临界温度(℃)	临界压力(MPa)	气体名称	临界温度(℃)	临界压力(MPa)
氦气	-267.9	0.23	乙烯	9.7	5.07
氢气	-239.9	1.28	二氧化碳	31.0	7.29
氖气	-228.7	2.59	乙烷	32.1	4.88
氮气	-147.1	3.35	氨气	132.4	11.13
氧气	-118.8	4.97	氯气	143.9	7.61
甲烷	-82.1	4.63	二氧化硫	157.2	7.77
一氧化碳	-138.7	3.46	三氧化硫	218.3	8.38

通常在常温下使用和储运气体,而且灌装气体的容器不绝热,即容器内外的温度是一样的。因此,临界温度低于常温的气体是压缩气体,临界温度高于常温的气体是液化气体。无论是处于压缩状态,还是处于液化状态,气体的临界温度越低,危险性越大。

(2)气体的物理爆炸。

物质因状态或压力发生突变而形成的爆炸现象称为物理爆炸。如锅炉的爆炸、气体钢瓶的爆炸等。

气体要储存和运输,必须灌装在耐压容器中。根据不同气体的临界温度和临界压力,气体耐压容器所承受的内压也不同,最低的1MPa,最高达15MPa以上。

按规定压力装灌合乎质量要求和安全标准容器内的气体,在正常情况下不会发生危险。但当受到剧烈撞击、振动、高温、受热时,会使容器内压力骤增,该压力超过容器的耐受力时就会发生气瓶爆炸。在实际运输中,气瓶发生爆炸的主要原因往往是超过规定过量充装气体,或使用过期的应报废的钢瓶。此时如再加上撞击、高热等因素,气瓶爆炸的危险性就更大了。气瓶爆炸后,紧跟着的往往是易燃气体的化学爆炸或有毒气体的扩散、产生比物理爆炸更严重的后果。因此,防止气瓶的物理爆炸是保证气体储运安全的首要事项。储运气瓶应轻拿轻放,远离火源,防止日晒,注意通风散热。

(3)气体的溶解性。

某些液体对某种气体有特大的溶解能力。如氨气、氯气可以大量溶解在水里,乙炔可以大量溶解在丙酮中。利用这个性质可以储运某些不易液化或压缩的气体。乙炔就是如此。乙炔钢瓶内填充了多孔性物质,再注入丙酮,然后把乙炔加压灌入,使之溶解在丙酮中。把这种溶解在溶剂中的气体称为溶解气体。

溶解有气体的溶剂受热后,气体会大量逸出,从而引起容器爆炸。特别是乙炔钢瓶,如果从火灾中抢救出来,瓶内的多孔材料可能熔结,溶剂可能挥发,钢瓶就失效。此时如果再用来灌装乙炔,就可能造成大事故。所以,乙炔钢瓶经火烤后就不能再使用。

利用气体在水中的溶解性,一旦发现某些易溶于水的气体逸漏时,可用水吸收扑救。

3)气体的主要危险性

(1)容器破裂甚至爆炸。本类货物都是灌装在耐压容器中,内部承受着几兆帕压力的容器本身就是一种危险货物。由于受热、撞击等原因造成容器内压急剧升高,或者由于容器内壁被腐蚀,容器材料疲劳等原因使容器的耐压强度下降,都会引起容器的破裂甚至爆炸。

(2)由于气体物质本身的化学性质引起的危险。由于各种气体的化学性质差别很大,有的易爆易燃、有的有毒、有的具腐蚀性等,气体如果溢漏出来,因其本身的化学性质,则可能引起火灾、爆炸、中毒、灼伤、冻伤等事故。即使是化学性质很不活泼的惰性气体的溢漏,也会引起窒息死亡。

针对气体的不同化学性质所引起的各种危险,应采取相应有效的预防措施。

4)气体的分类

危险货物(气体)按其化学性质分为3项:

(1)易燃气体。

这项气体泄漏时,遇明火、高温或光照,即会发生燃烧或爆炸。燃烧或爆炸后的生成物对人体具有一定的刺激或毒害作用。

常见可燃气体、蒸气的参数见表7-4。

(2)非易燃无毒气体。

非易燃气体主要是惰性气体和氟氯烷类的制冷剂和灭火剂。这项气体泄漏时,遇明火不燃。直接吸入体内无毒、无刺激、无腐蚀性,但高浓度时有窒息作用。

必须给予十分重视的是,有些气体如氧气、压缩空气、一氧化二氮等本身不可燃,但它们有强烈的氧化作用,可以帮助燃烧,称之为氧化性气体(助燃气体)。氧化性气体实质上是气体状的氧化剂,它比液态或固态的氧化剂具有更强烈的氧化作用,所以,不能忽视氧化性气体的危险性。

常见可燃气体、蒸气的参数表 表7-4

可燃气体	自燃点(℃)	爆炸极限(体积%)		危险度 $H = \dfrac{X_2 - X_1}{X_1}$
		下限 X_1	上限 X_2	
氢气	585	4.0	75	17.7
二氧化碳	100	1.25	44	34.3
硫化氢	260	4.3	45	9.5
氰化氢	538	6.0	41	5.8
氨	651	15.0	28	0.9
一氧化碳	651	12.5	74	4.9
乙炔	335	2.5	81	31.4
甲烷	537	5.3	14	1.7
丙烷	467	2.2	9.5	3.3
己烷	260	1.2	7.5	5.2

(3) 毒性气体。

本类气体的毒性指标与第6类(毒性物质)的毒性指标相同。泄漏时,对人畜有强烈的毒害、窒息、灼伤、刺激等作用。其中有些还具有易燃性或氧化性。毒性气体的储运注意事项也必须遵守毒性物质的有关规定。主要的有毒气体有:液氯、氰、光气、溴甲烷、二氧化硫、液氨等。其中储运量最大的是液氯、液氨和二氧化硫。

5) 常见的气体

(1) 压缩氧。

氧气本身不能燃烧,但它是一种极为活泼的助燃气体,几乎能与所有的元素化合生成氧化物。

氧气浓度对它的化学性质有很大影响,超过正常比例的氧气能使燃烧迅猛。特别是油脂在纯氧中的反应要比在空气中剧烈得多,当高压氧气(即高压空气)喷射在油脂上就会引起燃烧或爆炸,实质就是油脂与纯氧的反应,所以氧气瓶(包括空瓶)绝对禁油。储氧钢瓶不得与油脂配装,不得用油布覆盖;储运氧气钢瓶的仓间、车厢、集装箱等不得有残留的油脂;氧气瓶及其专用搬运工具严禁与油脂接触,阀门、轴承都不得用油脂润滑;操作人员不能穿戴沾有油污的工作服和手套。

(2) 压缩氢。

氢气的爆炸范围极宽,为4%~75%,所以氢气是一种极危险的气体。在运输过程中,氢气瓶漏气后会与空气或氧气混合,一旦遇明火或高温即可发生强烈爆炸,这一点要求运输人员充分重视。美国"挑战者号"航天飞机起飞时爆炸,其原因即是燃料箱渗漏,液氢与液氧在机体外相遇混合形成氢氧混合气后被飞机外壳的高温点燃,于是酿成了美国航天史上最惨重的失败。

氢气有极强的还原性,能与许多非金属直接化合。氢气不能与任何氧化剂尤其是氧气、氯气混储、混运。

(3) 氯。

氯气是一种黄绿色的剧毒气体,有强烈的刺激气味。空气中如浓度超过0.1~0.5mg/m³,人吸入后会发生咽喉、鼻、支气管痉挛,眼睛失明,并导致肺炎、肺气肿、肺出血而死亡;如超

过 $2.5g/m^3$,则会立即使人畜窒息死亡。依据氯气的特性,当氯气瓶漏气时可大量浇水,或迅速将其推入水池,或用潮湿的毛巾捂住口鼻,以减轻危害。

氯气是很活泼的物质,有极强的氧化性。如铜能在氯气中燃烧;氯气与易燃气体能直接化合,其混合气遇光照会发生爆炸;氯与非金属如磷、砷等接触也会发生剧烈的反应甚至爆炸。氯气与有机物接触也会发生强烈反应。储运中要加以注意。

(4)无水氨。

氨极易溶于水,1体积的水可溶解700体积的氨。所以,当液氨钢瓶漏气时,以大量水浇之或将其浸入水中,就可暂时减少进入空气中氨气量,以免发生更大事故。

氨有强烈的刺激性气味,能使人窒息死亡,属有毒气体,在储运中应注意防止刺激眼睛,烧伤皮肤,引起呼吸困难或强烈窒息性咳嗽。但少量的氨能刺激神经,昏迷人嗅到氨的气味可以恢复知觉。所以,有时也用很稀的氨气来急救昏迷的病人。

氨遇酸能化合生成铵盐,所以氨气钢瓶要远离任何酸类物质。

(5)溶解乙炔。

溶解乙炔俗名电石气。电石受潮后放出的气体即为乙炔。

乙炔非常容易燃烧,也极易爆炸,其闪点 -17.8℃,爆炸极限2.3%~72.3%。在液态和固态下或在气态和一定压力下有猛烈爆炸的危险,受热、震动、电火花等因素都可以引发爆炸,因此不能在加压液化后储存或运输。

乙炔与铜、银、汞等重金属或其盐类接触能生成乙炔铜、乙炔银等易爆炸物质,故凡涉及乙炔用的器材都不能使用银和含铜量70%以上的铜合金。

工业上是在装满石棉、活性炭或硅藻土等多孔物质的钢桶或钢罐中,使多孔物质吸收丙酮后将乙炔压入,以便储存和运输。相比于其他气体,一旦泄露,任何的静电火花都会引起爆炸,因为防止乙炔的泄漏显得更为重要。

3. 易燃液体

1)定义及分类

本项货物包括:

(1)易燃液体:在其闪点温度(其闭杯试验闪点不高于60.5℃,或其开杯试验闪点不高于65.6℃)时放出易燃蒸气的液体或液体混合物,或是在溶液或悬浮液中含有固体的液体;本项还包括:在温度等于或高于其闪点的条件下提交运输的液体;或以液态在高温条件下运输或提交运输、并在温度等于或低于最高运输温度下放出易燃蒸气的物质。

(2)液态退敏爆炸品:系指溶解或悬浮在水中或其他液态物质中形成一种均匀的液体混合物,以抑制其爆炸性质的爆炸性物质。

2)易燃液体的特性

(1)高度挥发性。

一般来讲,沸点低的液体,挥发性也大。易燃液体大多是低沸点液体,在常温下就能不断的挥发。不少易燃液体的蒸气又较空气重,易积聚不散,特别在低洼处所、通风不良的仓库内及封闭式货厢内易积聚产生易燃易爆的混合蒸气,造成危险隐患。

(2)高度易燃性、易爆性。

易燃液体的挥发性较大,极易挥发成蒸气并在液池表面与空气形成可燃性混合物,当混合物浓度达到一定范围(即爆炸极限)时,一旦遇明火或加热就会与空气中的氧化合而引起燃烧或爆炸。易燃液体爆炸极限范围越宽,燃烧、爆炸的可能性越大;温度升高,易燃液体挥发量增大,易燃易爆性增大;相同温度下,易燃液体闪点越低,越易挥发,易燃易爆性越高。

(3)易燃液体的有毒性。

大多数易燃液体除具有易燃、易爆的危险特性外,还具有不同程度的毒性。易燃液体可通过皮肤、消化道或呼吸道被人体吸收而中毒。如长时间的吸入醚蒸气会使人麻醉,深度麻醉可致人死亡。易燃液体蒸气浓度越大,毒性也越大。

3)常见的易燃液体

(1)苯。

苯属于重要的工业原料,广泛用于乙烯、酚的制成,以及合成橡胶、乳酸漆、塑料、黏合剂、农药、树脂、香料等工业。

苯难溶于水,故不能用水扑救苯引起的火灾;有毒,人和动物吸入或皮肤接触大量苯进入体内,会对造血器官与神经系统造成损害,空气中最高允许浓度10ppm。苯与氧化剂反应剧烈,易于产生和积聚静电。

(2)二硫化碳。

本品极易燃,其蒸汽能与空气形成范围广阔的爆炸性混合物。接触热、火星或氧化剂易燃烧爆炸并分解产生有毒的硫化物烟气。与铝、锌、钾、氟、氯、迭氮化物等反应剧烈,有燃烧爆炸危险。高速冲击、流动、激荡后可因产生静电火花放电引起燃烧爆炸。有毒,空气中含量达到 $15g/m^3$ 时,半小时即可致人死亡。

(3)汽油或车用汽油。

汽油挥发性极强(会使局部空间氧气浓度降低,使人窒息死亡),不溶于水。其蒸气与空气能形成爆炸性混合物,遇火种、高温氧化剂等有火灾危险。用作溶剂的汽油没有添加其他物质,故毒性较小。而用作燃料的车用汽油因加入四乙基铅等作抗爆剂,而大大增加了毒性(致癌)。

4. 易燃固体、易于自燃的物质、遇水放出易燃气体的物质

1)定义及分类

根据国家标准和本类货物的燃烧条件不同的特点,第4类危险货物(易燃固体、易于自燃的物质、遇水放出易燃气体的物质)分为3类,其定义如下:

(1)易燃固体、自反应物质和固态退敏爆炸品

本类货物包括容易燃烧或摩擦可能引燃或助燃的固体;可能发生强烈放热反应的自反应物质;不充分稀释可能发生爆炸的固态退敏爆炸品。

易燃固体的燃点都很低,遇空气(或氧或氧化剂)、遇火、受热、摩擦或与酸类接触等都能引起剧烈的燃烧甚至爆炸,并可能散发出有毒烟雾或有毒气体的固体物质。所以,易燃固体在储存、运输、装卸过程中,应当注意轻拿轻放,避免摩擦撞击等外力作用。易燃固体同时具备3个条件:燃点低;燃烧迅速;放出有毒烟雾或有毒气体。这3个条件缺一不为危险货物。

(2)易于自燃的物质。

本类货物包括:①发火物质;②自热物质。

其中,发火物质指即使只有少量物品与空气接触,在不到5min内便能燃烧的物质,包括混合物和溶液(液体和固体)。自热物质指除发火物质以外的与空气接触不需要能源供应便能自己发热的物质。

易于自燃的物质的主要特点是不需外界火源作用,自身在空气中能缓慢氧化放热并积

热不散,达到其自燃点而自行燃烧。因此,对运输来讲,此项货物最主要的危险是自行发热、燃烧,有些甚至在无氧条件下也会自燃。

(3)遇水放出易燃气体的物质。

本类货物系指与水相互作用易变成自燃物质或能放出危险数量的易燃气体的物质。有些不需明火,即能燃烧或爆炸。

本类物质必须具备3个条件:在常温或高温下受潮或与水剧烈反应,且反应速度快;反应产物为可燃气体;反应过程中放出大量热,可引起燃烧或爆炸。

2)主要特性

(1)易燃固体的主要特性。

①需明火点燃。虽然本项物质燃点较低,但自燃点很高,在常温条件下不易达到,故不会自燃,需要明火点着以后,才能持续燃烧。

②高温条件下遇火星即燃。环境温度越高,此类物质越容易着火。当外界的温度高达此类物质的自燃点时,不需明火,就会自燃。

③粉尘有爆炸性。该项物质的粉尘因与空气接触表面积大,燃烧速度极快,遇火星即会爆炸。

(2)易于自燃的物质的主要特性。

①不需受热和明火,会自行燃烧。隔绝这类物质与空气接触是储运安全的关键。

②受潮后,会增加自燃的危险性。

③大部分易于自燃的物质与水反应剧烈。易于自燃的物质会自动发热,其原因是与空气中的氧发生反应。对易于自燃的物质储运保管中关键的防护措施是阻隔其与空气的接触。采取何种措施阻隔易于自燃的物质与空气的接触要看具体品种而言。

(3)遇水放出易燃气体的物质的主要特性。

①遇水(受潮)燃烧性。此项物质化学特性极其活泼,遇湿(水)会发生剧烈化学反应,产生可燃性气体和热量。当这些可燃性气体和热量达到一定浓度或温度时,能立即引起自燃或在明火作用下引起燃烧。

②爆炸性。遇水放出易燃气体的物质中的碳化钙(电石)等,会与空气中的水分发生反应,生成易燃气体。放出的易燃气体与空气混合达到一定量时,遇明火即有引起爆炸的危险。

③毒害性。遇水放出易燃气体的物质均有较强的吸水性,与水反应后生成强碱和有毒气体,接触人体后,能使皮肤干裂、腐蚀并引起中毒。

④自燃性。主要是硼氢类物质和化学性质极活泼的金属及其氢化物(在空气中暴露时)均能发生自燃。

综上所述,虽然按燃烧的不同条件把第4类危险货物分为3项,每项货物都有其具体的特征,但它们的共同危险特征是具有易燃性、腐蚀性、毒害性和爆炸性。

3)常见的易燃固体、易于自燃的物质和遇水放出易燃气体的物质

(1)硫。

又称硫磺或硫磺,是硫元素构成的单质,黄色晶体,性脆,很容易研成粉末。硫磺往往是散装运输。由于性脆、颗粒小、易粉碎成粉末散在空气中,有发生粉尘爆炸的危险。

硫与氧化剂(如硝酸钾、氯酸钠)混合,就形成爆炸性物质,敏感度很强。我国民间生产的爆竹、烟花等,以硫磺、氯酸钾以及炭粉等为主要原料。

(2)白磷或黄磷。

黄磷是白色或淡黄色的半透明的蜡状固体。黄磷必须浸没在水中,若包装破损使水渗漏,导致黄磷露出水面,就会自燃。

黄磷有剧毒。黄磷自燃的生成物氧化磷也有毒。在救火过程中应防止中毒。黄磷对皮肤有刺激性,可引起烧伤。

(3)钠、钾等碱金属。

钠、钾等碱金属是化学性质最活泼的金属元素。二氧化碳不能作为碱金属火灾的灭火剂。因为二氧化碳能与钠、钾等碱金属起反应。干砂也不能用于扑救碱金属的火灾。

由于这些金属与煤油、石蜡不反应,所以把钠、钾等浸没在这些矿物油中储存,使其能与空气中的氧和水蒸气隔离。应当注意,用于存放活泼金属的矿物油必须经过除水处理。这些物质的包装如损漏,则非常危险。

5. 氧化性物质和有机过氧化物

1)定义和分类

第5类危险货物(氧化性物质和有机过氧化物)分为2项:

(1)氧化性物质。

本类货物系指本身不一定可燃,但通常因放出氧或起氧化反应可能引起或促使其他物质燃烧的物质。

(2)有机过氧化物。

本类货物是指分子组成中含有过氧基的有机物质,该物质为热不稳定物质,可能发生放热的自加速分解。

2)氧化性物质和有机过氧化物的特性

氧化性物质的化学性质差异较大,不能笼统地认为氧化性物质都是危险货物。被列入危险货物的氧化性物质是一种化学性质比较活泼的物质,既可以用作化学试剂及化工原料,也可用作化肥。氧化性物质本身不一定可燃,但可放出氧而引起其他物质的燃烧。

(1)氧化性物质的特性。

本项货物在遇酸、受热、受潮或接触有机物、还原剂后即可分解放出原子氧和热量,引起燃烧或形成爆炸性混合物的危险。

①氧化性。在其分子组成中含有高价态的原子或过氧基。高价态原子有极强的夺取电子能力,过氧基能直接释放出游离态的氧原子,两者都具有极强的氧化性。

②不稳定性,受热易分解。不少氧化性物质的分解温度小于500℃,这些物质经摩擦、撞击或接触明火,局部温度升高就会分解放出氧,促使可燃物的燃烧。

③化学敏感性。氧化性物质与还原剂、有机物、易燃物质或酸等接触时,有的能立即发生不同程度的化学反应。如氯酸钾或氯酸钠与蔗糖或淀粉接触,高锰酸钾与甘油或松节油接触,三氧化铬与乙醇等混合,都能引起燃烧或爆炸。

④与水作用分解。有些氧化性物质,特别是活泼金属的过氧化物,若遇有机物、易燃物即引起燃烧;这些氧化性物质应防止受潮,灭火时严禁用水,酸碱、泡沫、二氧化碳灭火扑救。

⑤毒性和腐蚀性。氧化性物质一般都具有不同程度的毒性,有的还具有腐蚀性,人吸入或接触可能发生中毒、灼伤现象,操作时应做好个人防护。

(2)有机过氧化物的特性。

有机过氧化物具有前述氧化性物质的特点,而且比无机氧化物有更大的危险性,其危险主要表现为：

①有机过氧化物比无机氧化物更容易分解。其分解温度一般在150℃以下，有的甚至在常温或低温时即可分解，故需保持低温运输。

②有机过氧化物绝大多数是可燃物质，有的甚至是易燃物质；有机过氧化物分解产生的氧往往能引起自燃；燃烧时放出的热量又加速分解，循环往复极难扑救。

③有机过氧化物分解后的产物，几乎都是气体或易挥发的物质，再加上易燃性和自身氧化性，分解时易发生爆炸。

3) 常见的氧化性物质和有机过氧化物

(1) 硝酸钾。

硝酸钾又称钾硝石、火硝。该物质为强氧化剂，与有机物接触能燃烧爆炸，遇热则分解放出氧气。当硝酸钾与易燃物质混合后，受热甚至轻微的摩擦冲击都会迅速的燃烧或爆炸。

硝酸钾遇硫酸会发生反应生成硝酸，所以硝酸盐类不能与硫酸配载。

(2) 氯酸钾。

氯酸钾为白色晶体或粉末、味咸、有毒。与还原剂、有机物（如糖、面粉）、易燃物（如硫、碳、磷）或金属粉末等混合可形成爆炸性混合物，经摩擦、撞击或加热时即爆炸。

氯酸钾是一种敏感度很高的炸响剂，有时候甚至会在日光照射下自爆。近几年，由于烟花爆竹引发的重大安全事故中有70%就是因为氯酸钾爆炸引起的，所以我国现在严禁在烟花爆竹中使用氯酸钾。

因包装破损，氯酸钾撒漏在地后被践踏发生火灾的事故时有发生。此外氯酸盐不可与浓硫酸配载。

6. 毒性物质和感染性物质

1) 定义和分类

第6类危险货物（毒性物质和感染性物质）分为2类：

(1) 毒性物质。

本类货物系指经吞食、吸入或皮肤接触后可能造成死亡或严重受伤或健康损害的物质。

毒性物质的毒性分为急性口服毒性、皮肤接触毒性和吸入毒性。

(2) 感染性物质。

本类货物系指含有病原体的物质，包括生物制品、诊断样品、基因突变的微生物、生物体和其他媒介，如病毒蛋白等。

2) 毒性物质和感染性物质的特性

(1) 毒性物质的危险特性。

按毒性物质的定义，属于毒性物质的危险货物繁多复杂。按其化学组成，可划分为有机毒性物质和无机毒性物质两大部分。

毒性是毒性物质的主要性质。若用闪点、燃点、燃速、腐蚀性等指标衡量，毒性物质中又有不少是易燃品和腐蚀性物质。也就是说，各种毒性物质还有很多其他化学特性。与运输装卸作业有关的如下：

①有机毒性物质具可燃性。毒性物质中的有机物都是可燃的，这些物质一旦遇明火、高热或与氧化剂接触会燃烧爆炸，燃烧时会放出有毒气体，加剧毒性物质的危险性。

②遇酸或水反应放出有毒气体。因此，氰化物不得与酸性腐蚀性物质配装。

③腐蚀性。有不少毒性物质对人体和金属有较强的腐蚀性，强烈刺激皮肤和黏膜，甚至

会发生溃疡加速毒物经皮肤的入侵。

(2)感染性物质的危险特性。

感染性物质的危险特性在于其能使人或动物感染疾病或其毒素引起病态,甚至死亡。包括遗传性的微生物和生物、生物制品、诊断样品和临床及医疗废物。

感染性物质的运输需经当地省(自治区、直辖市)政府卫生行政部门批准。

运输中传染病菌(毒)种的容器若发生破损,应遵循以下原则:

①迅速查明容器被损坏的原因和菌(毒)种名称;

②及时划定被污染的范围,并实施严格消毒;

③及时登记接触者名单,必要时进行医学观察或留验、化学预防、应急免疫接种及丙种球蛋白保护;

④事故发生时,提请运输部门向当地交通、卫生行政部门(或卫生防疫站)报告事故情况,必要时请求协助处理;

⑤如鼠疫杆菌、霍乱弧菌和艾滋病病毒的容器破损,应在立即处理的同时,向当地政府卫生行政部门和卫生部报告。

3)常见的毒性物质

(1)氢氰酸、氰化钡、氰化钾及氰化钠等氰化物。

大多数氰化物属剧毒物质,但易被分解为低毒或无毒的物质。如氰化钾与水作用会逐渐被分解成甲酸钾和氨。

(2)砷、砷粉及其化合物。

砷的俗名为砒,为元素砷的单质。纯的未被氧化的砷是无毒的,但因为砷易氧化,表面几乎都生成了剧毒砷的氧化物,所以砷也列为剧毒品。

砷与氢的化合物叫砷化氢,是气体,极毒,当砷化氢分子中的氢原子被有机化合物中的烃基取代后得到的有机砷化合物则叫做胂。胂类化合物也大都具有毒性。

一般,砷的可溶性化合物都具有毒性。砷及其化合物可用作药物和杀虫剂等。

(3)发动机燃料抗爆剂混合物(四乙基铅)。

四乙基铅又名四乙铅,为无色油状液体,主要作汽油抗爆剂,毒性较大,主要侵害中枢神经系统。

7. 放射性物质

1)放射性物质的定义

本项货物是指含有放射性核素且其放射性活度浓度和总活度都分别超过 GB11806—2004 规定的限值的物质。其中,GB11806—2004 即为国家标准《放射性物质安全运输规程》,该标准的颁布对各种运输方式(包括陆地、水运和空运)的放射性物质运输都具有指导作用。

放射性物质是危险货物的独立组成部分。放射性物质的危险性在于它所放出的射线对人体产生极大的危害,可致病、致畸、致癌,甚至可致死。放射性物质有块状固体、粉末、晶粒、液态和气态等各种物理形态。

2)放射性物质的分类

按放射性活度或安全程度,将其分为五类:

(1)低比活度放射性物质,指在不考虑周围屏蔽材料的情况下,其比活度等于或低于一定限值的放射性物质。

(2) 表面污染物体,指物体本身并不属于放射性物质,但表面散布着放射性核素的固态物体。

(3) 可裂变物质。

(4) 低弥散物质,为特殊形式的放射性物质,指限定弥散程度及不允许粉状的固体放射性物质或装有放射性物质的小密封容器。

(5) 其他形式的放射性物质。

3) 放射性物质的包装

放射性物质的包装,根据所装物质的性质和表面污染情况或辐射水平,可以分为豁免型包装、工业型包装、A 型包装、B 型包装和 C 型包装。

(1) 豁免型货包外表面上任何一点的辐射水平不得超过 5MSv/h。货包必须贴有放射性标志,在运单上必须注明:"豁免放射性物质"字样。

(2) 工业型货包只能盛装低比活度放射性物质和表面污染物体。其盛装内容物的放射性活度的限制,是以在离未屏蔽内容物 3m 处的辐射水平,不得超过 1CSv/h(1Sv = 10^2 CSv)。

(3) A 型包装和 B 型包装,用于包装放射性同位素,可裂变物质等高比活度的放射性物质。A 型货包,可以不需要有关主管当局单独批准,但要在包装的表面注明是 A 型货包;当活度超过限量时,则应采用 B 型包装。

(4) C 型包装是指其放射性活度超过 $3000A_1$(特殊形式)或超过 $3000A_2$(其他形式),其包装设计须满足放射性物品的有关包装规定。

4) 放射性物质的运输等级

放射性货包按运输指数将其分为三个等级。要说明的是,这个等级并不是放射性物品本身的危险等级,而是指货包的安全等级。再之放射性货包等级的含义也与其他危险货物包装等级的含义相反。以 I 级货包的放射性危害最弱,即最安全;而 III 级货包的辐射水平最强,放射危险最大,最不安全,运输指数可达到 10。货包运输指数大于 10 的,更危险,禁止运输,需在其外表加屏蔽层,直至运输指数小于 10,才可接受运输。

5) 放射性物质的防护

放射性物质的辐射防护包括外照射防护和内照射防护两种:

(1) 外照射防护。

外照射防护指对人体外放射源构成的辐射场的防护。目的是尽可能减少人体所接受的剂量。防护的方法是屏蔽防护、时间防护和距离防护。

① 屏蔽防护。一是对辐射源进行屏蔽。二是对人员进行屏蔽,要求运输装卸人员必须穿戴规定的铅手套、铅围裙和防护目镜等。运输时在车厢四周加屏蔽层,使屏蔽层表面的辐射水平降到 $5\mu Sv/h$ 以下。

② 时间防护,即尽量减少对人的照射时间。对装卸人员每人每天接触或接近放射性物品的作业时间必须进行限制。在限定时间内不能完成作业的,必须换人操作。

③ 距离防护。在装卸作业中,为增大操作距离,使用适当长度的工具,就能起到防护作用。汽车运输中的行车人员、中转仓库保管人员等,与货包之间的距离必须遵守安全距离。

(2) 内照射防护。

为防止放射性物质经消化道、呼吸道或皮肤进入人体,应采取如下措施:

① 为防止由消化道进入体内,作业时禁止吃东西、饮水或以其他部位接触口腔。作业时穿好工作服、戴口罩、戴手套,作业后立即清洗并换上清洁衣服。

②为防止经呼吸道进入体内,仓库内保持清洁和良好通风等。

③为防止经皮肤进入体内,作业时要防止物品的外包装割破皮肤。如果皮肤破伤,立即送医院治疗。

8. 腐蚀性物质

1) 腐蚀性物质的定义

本类货物系指能通过化学作用使生物组织接触时会造成严重损伤、或在渗漏时会严重损害甚至毁坏其他货物或运载工具的物质。

各种腐蚀性物质接触不同物质发生腐蚀反应的效应及速度是不同的,说明各种腐蚀性物质腐蚀性强弱不一。各物质的耐腐蚀性也参差不齐。

从运输角度考虑,腐蚀不仅要看对材料的破坏,还应特别考虑对人体的伤害。同时也不能虑及长期的缓慢的腐蚀,而只能以即时的化学或电化学腐蚀作用为准。

2) 腐蚀性物质的分类

以酸碱性作为主要分类标志,再考虑其可燃性,将腐蚀性物质分为以下几类:

(1) 酸性腐蚀品。

按化学组成分为无机酸性腐蚀品和有机酸性腐蚀品2种:

①无机酸性腐蚀品,如硝酸、硫酸、氯磺酸等;

②有机酸性腐蚀品,如甲酸、溴乙酰、三氯乙醛、冰醋酸等。其中绝大多数是可燃的。

(2) 碱性腐蚀品。

包括碱性无机物和碱性有机物。其碱性越大腐蚀越强,两种碱性物质相比,无机碱比有机碱的腐蚀性大。酸碱相比,一般碱性腐蚀品的腐蚀性要比酸性腐蚀品的腐蚀性弱一些,无机碱比无机酸的腐蚀性弱,有机碱比有机酸的腐蚀性弱。

(3) 其他腐蚀品。

即不显酸性也不显碱性的腐蚀品,包括无机物(如次氯酸钠、漂白粉等,有氧化性)和有机物(如甲醛等,有可燃性)。

为防止经呼吸道进入体内,仓库内保持清洁和良好通风等。

3) 腐蚀性物质的特性

腐蚀性物质是化学性质非常活泼的物质,能与很多金属、非金属及动、植物机体等发生化学反应。腐蚀性物质不仅具有腐蚀性,很多腐蚀性物质同时还具有毒性、易燃性或氧化性等性质中的一种或数种。

(1) 腐蚀性。

腐蚀是物质表面与腐蚀性物质接触后,发生化学反应而受到破坏的现象。

①对人体的腐蚀(化学烧伤或化学灼伤)。具有腐蚀性的固体、液体、气体或蒸汽都会对皮肤表面或器官的表面(如眼睛、食道等)产生化学烧伤。

②对物质的腐蚀。腐蚀性物质中的酸、碱甚至盐都能不同程度地对金属进行腐蚀。它们会腐蚀金属的容器、车厢、货舱、机舱及设备等。

(2) 毒性。

腐蚀性物质中有很多物质还具有不同程度的毒性。如五溴化磷、偏磷酸、氢氟硼酸等。特别是具有挥发性的腐蚀性物质,如发烟硫酸、发烟硝酸、浓盐酸、氢氟酸等,能挥发出有毒的气体和蒸气,在腐蚀肌体的同时,还能引起中毒。

(3) 易燃性和可燃性。

有机腐蚀性物质具有可燃性。这是所有有机物的通性。有些强酸强碱的腐蚀性物质，在腐蚀金属的过程中可放出可燃的氢气。当氢气在空气中占一定的比例时，遇高热、明火即燃烧，甚至引起爆炸。

（4）氧化性。

腐蚀性物质中的含氧酸大多是强氧化剂。一方面，强氧化剂与可燃物接触时，即可引起燃烧甚至爆炸。另一方面，氧化性有时也可被利用，发生"钝化"现象。根据这一特点，对运输浓硫酸可采用铁制容器或铁罐车装运，用铝制容器盛放浓硝酸。

（5）遇水反应性。

腐蚀性物质中很多物质能与水发生反应，并放出大量的热量。遇水反应的腐蚀性物质都能与空气中的水汽反应而发烟（实质是雾，习惯上称烟），其对眼睛、咽喉和肺均有强烈刺激作用，且有毒。由于反应剧烈，并同时放出大量热量，当满载这些物质的容器遇水后，则可能因漏进水滴而猛烈反应，使容器炸裂。所以，尽管没有给这些物质贴上"遇潮时危险"的副标志，其防水要求应和4.3项危险货物（遇湿易燃物质）相同。

4）常见的腐蚀性物质

（1）硫酸。

硫酸是重要的工业原料，硫酸的运输量和储存量在整个酸性腐蚀性物质中占首位。

稀硫酸具有酸的一切通性。能腐蚀金属，能中和碱，并能与金属氧化物和碳酸盐作用。

浓硫酸具有脱水性，所以浓硫酸与高氯酸不能配载混储；同时也具有吸水性，稀释浓硫酸时必须十分小心，应将浓硫酸缓缓加入水中。若把水倒入浓硫酸中，开始时因水较轻浮在酸的表面，当水扩散至酸中时，即放出溶解热，可发生局部沸腾，会剧烈溅散而伤人；此外还具有强氧化性，故浓硫酸不宜与盐类混贮配载。事实上浓硫酸不宜与任何其他物质配载。

（2）硝酸。

一种重要的强酸。硝酸的水溶液无论浓稀均具有强氧化性及腐蚀性，溶液越浓其氧化性越强。粉末状金属则能与硝酸起爆炸性反应。硝酸在发生腐蚀反应的同时一般总会生成有毒气体 NO 和 NO_2 中的一种。炸药和硝酸有密切的关系。最早出现的炸药是黑火药，它的成分中含有硝酸钠（或硝酸钾）。后来，由棉花与浓硝酸和浓硫酸发生反应，生成的硝酸纤维素是比黑火药强得多的炸药。

（3）氢氯酸（盐酸）。

工业中，盐酸的重要性仅次于硫酸和硝酸。浓盐酸和稀盐酸均为强酸，具有一切酸的特性。盐酸起火时，可用碱性物质如碳酸氢钠、碳酸钠、消石灰等中和，也可用大量水扑救。盐酸严禁与碱类、胺类、碱金属、易燃物或可燃物等混装混运。运输途中应防曝晒、雨淋，防高温。

9. 杂项危险物质和物品，包括危害环境物质

1）杂项危险物质和物品的定义

本项货物是指具有其他类别未包括的危险的物质和物品，如：危害环境物质、高温物质和经过基因修改的微生物或组织。其中危害环境物质是指对环境或生态产生危害的物质，包括对水体等环境介质造成污染的物质以及这类物质的混合物。高温物质是指在液态温度达到或超过100℃，或固态温度达到或超过240℃条件下运输的物质。经过基因修改的微生物或组织是指有目的地通过基因工程，以非自然发生的方式改变基因物质的微生物和组织，该微生物和组织不能满足感染性物质的定义，但可通过非正常天然繁殖结果的方式使动物、

植物或微生物发生改变。

2) 常见的杂项危险物质和物品

由定义可知,杂项危险物质和物品具有磁性、麻醉、毒害或其他类似性质。

(1) 磁化材料。

永久磁铁以及含有磁性零部件的设备仪表、光学仪器、移动电话、家电产品等货物,距包装件表面任何一点 2.1m 处的磁场强度 $H \geqslant 0.159 A/m$ 的,在航空运输时要作为"磁化材料"运输。此项物质在其磁场强度范围内,对飞机的导航、通讯设备有一定的影响,干扰飞行罗盘的准确性,从而影响飞机安全。

(2) 固态二氧化碳(干冰)。

干冰是固态的二氧化碳,人体接触之瞬间即能严重冻伤。因此,在每次接触干冰的时候,一定要小心并且用厚绵手套或其他遮蔽物才能触碰干冰。

由于干冰升华的二氧化碳具有窒息性,能引起呼吸急促甚至窒息死亡,故使用干冰请于通风良好处,切忌与干冰同处于密闭空间。

3) 杂项危险物质和物品的补充说明。

当某种物质对某种运输方式有一定的危险性,但又不具备前列的 8 类危险货物的任何一种特性而可以归入其中某一类时,有的"危规"如国际海事组织(IMO)和国际航空运输协会(IATA)的《运输危险货物规则》都为此设立了第 9 类杂类。我国《危险货物分类和品名编号》(GB 6944—2012)和《危险货物品名表》(GB 12268—2012)中也列出了杂类危险货物的品名,我国的这两个标准中的杂类是专为航空运输而设的。被确认为危险货物的物品,经特殊包装、抑制,基本上都能采用水路、铁路、公路等运输方式,但不能都采用民用航空运输方式。众所周知,汽车是能真正实现门到门服务的一种运输工具。过去,汽车运输危险货物不设第 9 类危险货物。随着科学技术的不断发展,在运输过程中呈现的危险性质不包括在前 8 类危险性中的新物质即第 9 类危险货物不断涌现,新物质的数目也越来越多,此类危险货物的某些特性也会对汽车运输安全性产生影响;加之新技术在汽车上的应用,如 GPS 等先进装置,加大了汽车受磁场(第 9 类危险货物)干扰的倾向;一定运输天气下,此类物质具有麻醉、刺激或其他类似性质,会使驾驶人员情绪烦躁或不适,危及运输安全。这样,现代汽车运输安全也应考虑杂类危险货物,按其货物特性采取相应措施。

第二节 危险货物的运输包装及标识

从管理学和经济学的角度来说,商品包装是为了保护商品品质的完好和数量的完整所采取的措施。在国际国内贸易中,除少数商品外,绝大多数商品都需要有一定的包装;商品的包装是实现商品价值和使用价值,并使商品价值增值的重要手段;对于危险货物来说,其货物包装还具有确保运输安全以及人民生命财产安全的重大意义。

一、危险货物运输包装基本要求

1. 危险货物运输包装的作用

危险货物的危险性主要取决于其自身的理化性质,同时也要受到外界条件的影响,如温度、雨雪水、机械作用以及不同性质货物之间的影响。对于危险货物运输包装来说,除了一般的经济学、市场营销学上的意义外,还具有如下重要的作用:

（1）能够防止被包装的危险货物因接触雨雪、阳光、潮湿空气和杂质而使货物变质，或发生剧烈化学反应所造成的事故；

（2）可以减少货物在运输过程中所受到的碰撞、振动、摩擦和挤压，使危险货物在包装的保护下保持相对稳定状态，从而保证运输过程的安全；

（3）可以防止因货物撒漏、挥发以及与性质相悖的货物直接接触而发生事故或污染运输设备及其他货物的事情发生；

（4）便于储运过程中的堆垛、搬动、保管，提高车辆生产率、运送速度和工作效率；

（5）可以防止放射性物质放出的射线对人体的内照射和外照射所造成的危害。

2. 危险货物运输包装的基本要求

根据危险货物的性质和运输的特点以及包装应起的作用，危险货物的运输包装必须具备以下基本要求：

（1）包装材质应与所包装的危险货物的理化性质相适应。

危险货物对包装材料有腐蚀作用，要求相应的包装材质必须耐腐蚀。危险货物包装容器与所装货物直接接触的部分，不应受该物质的化学或其他作用的影响。包装与内装物直接接触部分，必要时应有内涂层或进行相应处理，以使包装材质能适应内装物的物理、化学性质，不使包装与内装物发生化学反应而形成危险产物或导致或削弱包装强度。

（2）危险货物运输包装应结构合理，具有一定强度，防护性能好。其构造和封闭形式应能承受正常运输条件下的各种作业风险，不应因温度、湿度或压力的变化而发生任何渗（撒）漏，包装表面应清洁，不允许黏附有害的危险物质。

《危险货物运输包装通用技术条件》（GB 12463—2009），把危险货物的包装强度分为三个等级。Ⅰ级包装适用内装危险性较大的货物；Ⅱ级包装适用内装危险性中等的货物；Ⅲ级包装适用内装危险性较小的货物。

新修订的《危险货物品名表》将除第1类、第2类、第7类、5.2项和6.2项物质以及4.1项自反应物质，需要包装的危险货物按其具有的危险程度划分为三个包装类别：Ⅰ类包装：具有高度危险性的物质；Ⅱ类包装：具有中等危险性的物质；Ⅲ类包装：具有轻度危险性的物质。并在品名表的第5列"包装类别"中列出了该危险货物应使用的包装等级。

在国际危险货物运输中，确定采用哪个等级包装的依据是货物的危险程度。除第2类气体和第7类放射性物品的包装另有规定外，《国际海上危险货物运输规则》《国际公路运输危险货物协定》等的危险货物品名表中对各自所列危险货物都具体指明应采用包装的等级，这既表明了该货物的危险等级，又强调了等级的重要性。基本形式与我国的《危险货物品名表》中的"包装类别"相似。

（3）包装的封口应与所装危险货物的性质相适应。

一般来说，危险货物包装的封口应严密不漏。特别是挥发性强或腐蚀性强的危险货物，封口更应严密，但对有些危险货物不要求封口严密，甚至还要求设有排气孔。应如何对待某种危险货物包装封口，要根据所装危险货物的性质决定。

（4）内、外包装之间应有适当的衬垫。衬垫材料应具备一定的缓冲、吸附和缓解作用。

（5）运输危险货物包装应能适应一定范围的温度、湿度变化。

（6）包装货物的件重、规格和形式应满足运输要求，以便于装卸、积载、搬运和储存。

（7）包装的外表应按规定标明各种包装标志

危险货物运输包装必须具备国家规定的《危险货物包装标志》（GB 190—2009）。标志应正确、明显和牢固、清晰。一种危险货物同时具有两种以上危险性质的,应分别具有表明该货物主次特性的主次标志。一个集合包件内具有几种不同性质的物货,所有这些货物的危险性质标志都应在集合包件的表面标示出来。

为了说明货物在装卸、保管、运输、开启时应注意的事项(如易碎、禁用手钩、怕湿、向上、吊装位置等),危险货物运输包装上必须同时粘贴有《包装储运图示标志》(GB/T 191—2008)。包装的表面还必须有内装货物的正确品名(必须与托运书中所列品名一致)、货物的质量等运输识别标志以及表明包装本身的质量等级的标志等。

(8)危险货物运输包装必须按规定进行性能试验,经试验合格后并在包装表面标注上持久、清晰、统一的合格标记后方可使用。

(9)盛装爆炸品包装的附加要求。

①盛装液体爆炸品容器的封闭形式,应具有防止渗漏的双重保护。

②除内包装能充分防止爆炸品与金属物接触外,铁钉和其他没有防护涂料的金属部件不得穿透外包装。

③双重卷边接合的钢桶,金属桶或以金属做衬里的包装箱,应能防止爆炸物进入隙缝。钢桶或铝桶的封闭装置必须有合适的垫圈。

④包装内的爆炸物质和物品,包括内容器,必须衬垫妥实,在运输中不得发生危险性移动。

⑤盛装有对外部电磁辐射敏感的电引发装置的爆炸物品,包装应具备防止所装物品受外部电磁辐射源影响的功能。

二、危险货物运输包装分类

危险货物运输包装的分类主要有以下3种分类方法:

1. 按危险货物的物质种类分类

(1)通用包装。

一般来说,通用包装主要适用于易燃液体、易燃固体、易于自燃的物质和遇水放出易燃气体的物质、氧化性物质和有机过氧化物、毒性物质和感染性物质等货物。

(2)爆炸品专用包装。

对爆炸品来说,其运输包装必须进行专用包装,甚至在爆炸品之间都不能相互替用。一般来说,为了保证爆炸品在储运过程中的安全,爆炸品的生产设计者在设计、生产爆炸品时,往往根据本爆炸品所必须满足的防火、防振、防磁等要求,同时也设计了该爆炸品的包装物,而且其包装设计需与爆炸品的设计同时被批准,否则不得进行爆炸品的生产。

(3)气体(气瓶)专用包装。

气体危险货物的专用包装,其最显著的特点是能承受一定程度的内压力,所以又称压力容器包装。

(4)放射性物质包装。

由于各种放射性物质的特殊性,对其包装的要求应符合国家技术监督局正式实施的有关国家标准或规定。

(5)腐蚀性物质包装。

某种腐蚀性物质只能用某种材料包装,某件包装用于一种腐蚀性物质后,如能重复使用,也只能用于该腐蚀性物质而不能移作它用。

(6)特殊物品的专用包装。

某些物品由于某种特殊性质而需采用专门包装。

2. 按危险货物的包装材料分类

(1)木制包装。

包括天然板材和胶合板、木屑板等人工板材。木制运输包装可分为木桶包装和木箱包装2大类。

(2)金属制包装。

金属制包装的主要形式有桶(包括罐)和箱(包括盒、听)包装2大类。其基本性能表现为牢固、耐压、耐破、密封、防潮,其强度是所有通用包装中最高的。它是运输危险货物中使用最多、最广的包装方式之一。其所用的主要金属材料是各种薄钢板、铝板和塑料复合钢板等。

(3)纸制包装。

纸质包装主要有纸箱、纸盒、纸桶、纸袋等。纸制包装的特点是防震性能很好,经特殊工艺加工,强度可与木材相比。如果纸塑复合,可使纸质包装的防水性和密封性大大提高。

(4)玻璃、陶瓷制包装。

各种玻璃瓶、陶坛、瓷瓶等包装,其特点是耐腐蚀性强但很脆、易碎,所以又称易碎品。

(5)棉麻织品及塑料编织纤维包装。

用棉麻织品及塑料编织纤维做成的包装,一般统称袋。在危险货物运输包装中也具有较多的用途。

(6)塑料制包装。

塑料制包装的形状比较多。桶、袋、箱、瓶、盒、罐等都可用塑料制造。塑料包装的特点是质轻、不易碎、耐腐蚀。与金属、玻璃容器比较,其耐热、密封、耐蠕变性能相对要差一些。

(7)编织材料包装。

编织材料包装主要是指由竹、柳、草三种材料编织而成的容器。常见的有竹箩、竹箱、竹笼、柳条筐、柳条篓、薄草席包、草袋等。编织包装容器的荆、柳、藤、竹、草等物必须具备不霉、不烂、无虫蛀,而且编织紧密结实的基本要求。

3. 按危险货物的包装类型分类

(1)桶类。

桶类中有钢(铁)桶、铝桶、钢塑复合桶、木琵琶桶、胶合板桶、硬质纤维板桶、硬纸板桶、塑料桶等。

(2)箱类。

箱类包装一般包括以箱为外包装的集装箱、铁皮箱、危险货物保险箱、木箱、胶合板箱、纤维板箱、刨花板箱、瓦楞纸箱、钙塑板箱等。

(3)袋类。

包括棉布袋、麻袋、乳胶布袋、塑料袋、纸袋、集装袋等。

三、危险货物运输包装标志

1. 运输包装标志的作用

货物运输包装标志的基本含义,是指用图形或者文字(文字说明、字母标记或阿拉伯数字)在货物运输包装上制作的特定记号和说明事项。运输包装标志有三方面的内涵:一是运输包装标志是在收货、装卸、搬运、储存保管、送达直至交付的运输全过程中区别与辨认货物的重要基础;二是运输包装标志是一般贸易合同、发货单据和运输保险文件中记载有关事项的基本组成部分;三是运输包装标志还是包装货物正确交接、安全运输、完整交付的基本保证。

货物运输包装标志对每个环节都起着决定性作用。主要表现在以下3个方面:

(1)直接表明了货物的主要特性和发货人的要求与意图。

(2)在流通过程中,运输包装标志一般要在单证、货物上同时表现出来。它是核对单证、货物并使单货相符,以便正确、快速地辨认货物,高效率地进行装卸搬运作业,安全顺利完成流通全过程,准确无误地交付货物等环节的关键。

(3)运输包装标志还可以节省制作大量单据的手续与时间,而且易于称呼。

2. 运输包装标志分类和内容

目前,运输包装标志可以分为识别标志、储运指示标志和危险货物包装标志等3类。

1)识别标志

识别标志是识别不同运输批次之间的标志。主要包括:

(1)主要标志。在贸易合同和文件上一般简称"嘿(唛)头",是以简明的几何图形(如三角形、四边形、六边形、圆形等图形)配以代用简缩字或字母,作为发货人向收货人表示该批货物的特定记号标志。所用的特定记号,以公司或商号的代号表示。有的则直接写明托运人和收货人的单位、姓名与地址的全称。我国民航总局规定:在每件货物上都必须用全称。

(2)目的地标志。亦称到达地或卸货地标志。目的地标志用来表示货物运往到达地的地名。国内即为到达站站名,国外为到达国国名和地名。

(3)批数、件数号码标志。该标志表示同一批货物的总件数及本件的顺序编号,其主要用途是便于清点货物。

(4)输出地标志。亦称为生产地或发货地标志。它是用来表示货物生产地或发货地的地名。国内即为始发站站名,国外为原产国名、产地地名或发货站的国名、地名以及站名。

值得注意的是:目的地和输出地标志不能使用简称、代号或缩写文字,必须以文字直接写出全名称。如果是国际货物运输,还必须用中、外两种文字同时对照标明。

(5)货物的品名、质量和体积标志。

(6)运输号码标志。即货物运单号码。

(7)附加标志。亦称为副标志。它是在主要标志上附加某种记号,用以区分同一批货物中若干小批或不同的品质等级的辅助标志。

2)包装储运图示标志

包装储运图示标志是根据货物对易碎、易残损、易变质、怕热、怕冻等有特殊要求所提出的搬运、储存、保管以及运输安全等的注意事项。我国国家标准《包装储运图示标志》(GB/T 191—2008)分为以下几种:

(1)易碎物品。表示运输包装件内装易碎品,因此搬运时应小心轻放。

(2)禁用手钩。表示搬运运输包装件时禁用手钩。

(3)向上。表明运输包装件的正确位置是竖直向上。

(4)怕晒。表明运输包装件不能直接照晒。

(5)怕辐射。表明包装物品一旦受辐射便会完全变质或损坏。

(6)怕雨。表明包装件怕雨淋。

(7)重心。表明一个单元货物的重心。

(8)禁止翻滚。表明不能翻滚运输包装。

(9)此面禁用手推车。表明搬运货物时此面禁放手推车。

(10)禁用叉车。表明不能用升降叉车搬运的包装件。

(11)由此夹起。表明装运货物时夹钳放置的位置。

(12)此处不能卡夹。表明装卸货物时此处不能用夹钳夹持。

(13)堆码重量极限。表明该运输包装件所能承受的最大重量极限。

(14)堆码层数极限。表明相同包装的最大堆码层数,n 表示层数极限。

(15)禁止堆码。表明该包件不能堆码并且其上也不能放置其他负载。

(16)由此吊起。表明起吊货物时挂链条的位置。

(17)温度极限。表明运输包件应该保持的温度极限。

国际标准化组织推荐的货物搬运图示标志有 7 种,表示 8 种意思的搬运注意事项,适用于装有一般货物的运输包装标志,如图 7-1 所示。图示标志的颜色最好底色是白色,以黑色涂印。

3)危险货物运输包装标志

危险货物运输包装标志,也称为危险性能标志。危险性能标志的制定,是以危险货物的分类为基础,以便于根据货物或包件所贴的标志的一般形式(标志图案、颜色、形状等),识别出危险货物及其特性,并为装卸、搬运、储存提供基本指南。

我国国家标准《危险货物包装标志》(GB 190—2009)规定主标志 15 个,副标志 6

图 7-1 包装储运图示标志

个,使用方法与联合国危险货物专家推荐委员会的规定相似。标志的图案有:炸弹开花(表示爆炸)、火焰(表示易燃)、骷髅和交叉的大腿骨(表示毒害)、三圈形(表示传染)、三叶形(表示放射性)、从两个玻璃器皿中溢出的酸碱腐蚀着一只手和一块金属(表示腐蚀)、一个圆圈上面有一团火焰(表示氧化性)和一个气瓶等。

危险货物包装件外表面可贴 1 个主标志,说明该危险货物的类别和特性;也可贴 2 个或 2 个以上的标志,按货物标志粘贴的位置顺序可确定主、副标志。如自上而下贴 3 个标志,说明最上边的为主标志,下边 2 个为副标志;自左而右的贴法,说明左边是主标志,其余为副标志。主标志说明是最应注意的危险性,副标志说明该货物兼有其他危险性,是多种危害兼备的危险货物。

需要说明的是:航空运输危险货物除采用上述的联合国推荐的标志外,还有 2 种危险货物包装标志:即磁化材料和仅限货机标志。

3. 运输包装标志的使用要求

(1)每件货物包装的表面都必须有识别标志和相应的储运图示标志和货物性能标志。

(2)标志的文字书写应与底边平行。带棱角的包装,其棱角不得将标志图形或文字说明分开。书写、粘贴标志都应标在显著的位置,以利识别。如箱形包装,箱的相对两侧都必须有各种标志;袋形包装袋的两大面,桶形包装的桶盖和桶身的对应侧面都必须有必备的标志。总之,每一包装必须有两组以上相同的标志,其位置应在相对的两侧。"由此吊起"和"重心点"两种标志,使用时应根据要求粘贴、涂打或钉附在货物外包装的实际准确位置。

(3)如一个集合货物包件内有两种以上不同性质的危险货物,如从包件外不能一目了然地看清包件内各包装标志的话,集合包件外除识别标志外,还必须具有包件内各种货物的性能标志。包件内的各包装必须有齐备的各种标志或标识。

(4)放射性货物的性能标志,要正确填写内装物品的核素符号与放射性活度,如有运输指数的,必须准确填写。填写的数字应清晰、不褪色。

(5)如一种危险货物除主要危险性能外,还有比较重要的副性能,应分别标有相应的主性能标志和副性能标志。磁性物质标志的使用应与其他任何主副标志同时并用。

(6)货物的运输包装上,禁止有广告性、宣传性的文字或图案,以免与包装标志混杂,影响标志的正常使用。包装在重复使用时,应把原有的(废弃的)包装标志痕迹清除干净,以免与新标志混淆不清而造成事故。同时,不准在包装外表乱写乱涂任何与标志无关的文字或图案。

4. 危险货物危险性能评价标志

长期以来,全世界各国和有关国际组织都在着力研究货物危险性的评价标志和系统方法。不少国家或部门从不同的角度提出了危险货物危险性能的评价方法。综合起来,可以归纳成 5 种危险性:火灾的危险性、健康上的危险性、反应危险性、对生物资源的危险性和对环境的危险性等。每种危险性再分别根据定性或定量标准分成 5 个等级,即:几乎无危险性、较小危险性、中等危险性、高等危险性和激烈危险性。

(1)火灾的危险性。根据货物闪点高低将其分成 5 等。

(2)健康上的危险性。根据对皮肤、眼睛的腐蚀刺激程度和 LD50 或 LC50 的值将其分为 5 等。

(3)反应危险性。反应危险性又称化学活动性。主要是从与水的反应性(禁水性)和自身反应性两方面考虑。分别根据反应温度的高低、使货物温度上升的程度以及反应产物是否有气体生成或是否有聚合反应等将其分为 5 等。

(4)对生物资源的危险性。主要是指某物质在生物体内的积聚从而造成损害。根据被污染的水、气、食物经口摄产生急性或慢性中毒的危险程度将其分为 5 等。

(5)对环境的危险性。主要是指对海上自然环境的影响和毒性的耐久性。

很显然,与运输危险货物密切相关的是前 3 种危险性。美国防火协会(NFPA)采用称作 704M 制的标志体系来表示这 3 种危险性,并用特定的标志贴在危险货物包装的表面,如一旦发生火灾或其他危险时,消防或其他工作人员便能迅速识别货物的危险性能和等级。

四、危险货物运输包装英文标识

随着我国市场经济的发展,尤其是我国加入 WTO 以后,我国的进出口贸易逐年扩大,其中危险货物运输量也大幅度增加。面临未来的国际贸易运输量的不断增加,许多危险货物也将被"请"进或"请"出国门,所以,在危险货物的外包装上,仅能识别危险货物的分类及危害性显然不能满足运输危险货物业务的需要,还要求我们能识别货票、包装以及装箱单上的简单英文标识,这也是从事运输危险货物业务人员必须"应知"、"应会"的重要内容之一。

运输危险货物的主要用语有:说明性标记词语和警戒性标记词语。说明性标记词语如:CENTRE OF BALANCE(重心);BOTTOM(下部或底部);BOILING POINT(沸点)等。警戒性标记词语如:AVOID COMPACT(防止冲击碰撞);BE WARE OF FUME(严防漏气);DO NOT CRUSH(切勿挤压)等。

第三节 危险货物运输安全管理

改革开放以来,随着国家法制化进程的加快,我国十分重视对危险货物运输的立法管理,颁布实施了一系列涉及有关危险货物运输的法律、法规、条例和强制性技术标准,对加强道路危险货物运输管理起到了积极的推动作用。

一、危险货物运输相关法规及标准

我国道路危险货物运输的主要法规是《危险化学品安全管理条例》、《中华人民共和国道路运输条例》,涉及道路危险货物运输的法规有《中华人民共和国安全生产法》、《中华人民共和国刑法》、《中华人民共和国固体废物污染环境防治法》、《中华人民共和国道路交通安全法》、《特种设备安全监察条例》、《医疗废物管理条例》、《民用爆炸物品安全管理条例》、《放射性物品运输安全管理条例》、《放射性物质安全运输规程》和《道路危险货物运输管理规定》等。

1.危险货物运输行政法规

1)《危险化学品安全管理条例》(国务院令 2011 年第 591 号)

国务院对危险化学品安全管理十分重视,2011 年修订通过了《危险化学品安全管理条例》(2011 年 12 月 1 日起施行)。该条例是危险化学品道路运输安全管理现行法规中内容最全面、层次最高的法规,其涉及道路危险货物运输的规定主要有:

(1)条例适用范围。
(2)有关危险化学品定义。
(3)有关交通部门的职责。
(4)有关资质认定制度。
(5)有关持证上岗制度。
(6)对托运人(企业)的有关要求。
(7)对承运人(企业)要求。
(8)对从业人员的要求。
(9)事故报告要求。

2)《中华人民共和国道路运输条例》(2012 修订)

《中华人民共和国道运输条例》2004 年 4 月 14 日国务院第 48 次常务会议通过,2004 年 4 月 30 日中华人民共和国国务院令第 406 号公布;根据 2012 年 11 月 9 日中华人民共和国国务院令第 628 号《国务院关于修改和废止部分行政法规的规定》修正,自 2013 年 1 月 1 日起施行。该条例分总则、道路运输经营、道路运输相关业务、国际道路运输、执法监督、法律责任、附则等。主要内容有:

(1)从事危险货物运输经营的,向设区的市级道路运输管理机构提出申请。

(2)申请从事危险货物运输经营的,应当具备四项基本条件:①有 5 辆以上经检验合格的运输危险货物专用车辆、设备;②有经所在地设区地市级人民政府交通部门考试合格,取得上岗资格证的驾驶人员、装卸管理人员、押运人员;③运输危险货物专用车辆配有必要的通讯工具;④有健全的安全生产管理制度。

(3)运输危险货物应当采取必要措施,防止危险货物燃烧、爆炸、辐射、泄漏等。

(4)运输危险货物应当配备必要的押运人员。

(5)托运危险货物的,应当向货运经营者说明危险货物的品名、性质、应急处置方法等情况,并严格按照国家有关规定包装,设置明显标志。

(6)危险货物运输经营者应当为危险货物投保承运人责任险。

(7)法律、行政法规规定必须办理有关手续后方可运输的货物,货运经营者应当查验有关手续。

(8)违反本条例的规定,未取得道路运输经营许可,擅自从事道路运输经营的,由县级以上道路运输管理机构责令停止经营;有违法所得的,没收违法所得,处违法所得 2 倍以上 10 倍以下的罚款;没有违法所得或者违法所得不足 2 万元的,处 3 万元以上 10 万元以下的罚款;构成犯罪的,依法追究刑事责任。

《中华人民共和国道路运输条例》所称的"危险货物"应该以强制性国家标准《危险货物品名表》(GB 12268—2005)为准。但根据"专项(专门)法律优先通用法律"的原则,要特别注意《危险化学品安全管理条例》和《烟花爆竹安全管理条例》、《民用爆炸品安全管理条例》,对危险化学品和烟花爆竹、民用爆炸品运输的要求。

3)《道路危险货物运输管理规定》

为规范道路货物运输市场秩序,保障道路危险货物运输安全,保护环境,维护道路危险货物运输各方当事人的合法权益,根据《中华人民共和国安全生产法》和《危险化学品安全管理条例》、《中华人民共和国道路运输条例》等国家有关法律、法规,并根据现代科学技术的发展,交通运输部于 2013 年重新修订了《道路危险货物运输管理规定》(中华人民共和国交通部令 2013 年第 2 号、2013 年 7 月 1 日实施)。

新"危规"共有:总则、道路危险货物运输许可、专用车辆及设备管理、道路危险货物运输、监督检查、法律责任与附则共七章七十一条。

该规定首先定义了:(1)危险货物以列入国家标准《危险货物品名表》(GB12268—2012)的为准,未列入《危险货物品名表》的,以有关法律、行政法规的规定或者国务院有关部门公布的结果为准;(2)道路危险货物运输车辆,是指满足特定技术条件和要求,从事道路危险货物运输的载货汽车(以下简称专用车辆);(3)道路危险货物运输,是指使用载货汽车通过道路运输危险货物的作业全过程。

此外,该规定对从业人员、运输车辆以及违法处罚等都进行了详细的说明。

2.危险货物运输技术标准

道路危险货物运输及其管理,是一项技术性很强的工作。近年来,我国在加强道路危险货物运输法制化过程中,颁布了不少有关危险货物的技术标准。

1)主要的国家标准

(1)《危险货物分类和品名编号》(GB 6944—2005)。

《危险货物分类和品名编号》由中国国家标准化管理委员会2005年7月27日修订发布,2005年11月1日实施,以代替原标准GB 6944—86。

(2)《危险货物品名表》(GB 12268—2005)。

《危险货物品名表》由中国国家标准化管理委员会2005年7月27日修订发布,2005年11月1日实施,以代替原标准GB 12268—1990。该标准是依据《危险货物分类和品名编号》(GB 6944—2005)的分类定义和编号规定,把所能收集到的国际、国内危险货物品名,逐一分类、分项、编号,形成单独一册的品名表,便于查找。

(3)《道路运输危险货物车辆标志》(GB 13392—2005)。

本标准规定了道路运输危险货物车辆标志的分类、规格尺寸、技术要求、试验方法、检验规则、包装、标志、装卸、运输和储存,以及安装悬挂和维护要求。本标准适用于道路运输危险货物车辆标志的生产、使用和管理。

2)其他的国家标准

道路危险货物运输涉及内容广泛,有关危险货物在包装、包装标志、储运图示等方面,国家均制定有相关国家标准,这些标准均与道路危险货物运输及其管理活动有关,必须予以执行。这些相关标准主要有:

(1)《道路运输爆炸品和剧毒化学品车辆安全技术条件》(GB 20300—2006);

(2)《道路运输液体危险货物罐式车辆第1部分金属常压罐体技术要求》(GB 18564.1—2006);

(3)《道路运输液体危险货物罐式车辆第二部分非金属常压罐体技术要求》(GB 18564.2—2008);

(4)《危险货物运输包装通用技术条件》(GB 12463—2009);

(5)《危险货物包装标志》(GB 190—2009);

(6)《包装储运图示标志》(GB/T 191—2008);

(7)《气瓶颜色标记》(GB 7144—1999);

(8)《运油车、加油车技术条件》(QC/T 653—2000);

(9)《危险货物命名原则》(GB/T 7694—2008);

(10)《放射性物质安全运输规程》(GB 11806—2004);

(11)《机动车驾驶员身体条件及其测评要求》(GB 18463—2001);

(12)《危险货物运输爆炸品认可、分项程序及配装要求》(GB 14371—2005);

(13)《危险货物运输爆炸品认可、分项试验方法和判据》(GB/T 14372—2005);

(14)《化学品安全技术说明书》(GB/T 16483—2008);

(15)《危险货物运输包装类别划分方法》(GB/T 15098—2008);

(16)《危险货物运输车辆结构要求》(GB 21668—2008);

(17)《化学品安全标签编写规定》(GB 15258—2009);

(18)《液体石油产品静电安全规程》(GB 13348d2009);

(19)《职业性接触毒物危害程度分级》(GB/Z 230—2010)。

从事道路危险货物运输的单位、经营人员和管理部门,应时刻关注这些标准的最新版本,正确指导和管理道路危险货物运输活动。

3. 行业标准

1)《汽车运输危险货物规则》(JT 617—2004)

该标准为我国道路危险货物运输业强制性技术标准,主要应用者是从事道路危险货物运输的管理人员及从业人员。该标准规定了汽车运输危险货物的托运、承运、车辆和设备、运输、从业人员、劳动防护等基本要求,适用于汽车运输危险货物的安全管理。主要分为:适用范围、规范性引用文件、术语和定义、分类和分项、包装、标志和标签、托运、承运、车辆和设备、运输、从业人员、劳动保护、事故应急处理等内容。

2)《汽车运输、装卸危险货物作业规程》(JT 618—2004)

该标准也是我国道路危险货物运输业的强制性技术标准,主要应用者是从事道路危险货物运输的从业人员及管理人员。该标准规定了汽车运输或装卸危险货物的基本要求和安全作业要求,适用于爆炸品,压缩气体和液化气体,易燃液体,易燃固体、自燃物品和遇湿易燃物品,氧化剂和有机过氧化物,毒害品和感染性物品,放射性物品,腐蚀品和杂类等危险货物的汽车运输和装卸。主要分为:范围、规范性引用文件、术语和定义、通则、包装货物运输和装卸要求、散装货物运输和装卸要求、集装箱运输和装卸要求、部分常见大宗危险货物的运输和装卸要求等内容。

3)《公路、水路危险货物运输包装基本要求和性能试验》(JT 0017—88)

该标准对公路、水路运输危险货物包装作了规定,它不仅是保护产品质量不发生变化,而且是防止运输过程中发生燃烧、爆炸、毒害、腐蚀和放射性污染等事故的重要条件之一,也是安全运输的基础。

该标准分为:引言、包装等级、基本要求、包装型号、包装标记、包装容器、性能试验,共计七部分,详细内容在本书第一篇第六章中专述。

上述标准的有关内容,请参阅《道路危险货物运输安全监管手册——国家、行业标准篇》。

除上述三个行业标准外,相关标准还包括:

4)《气瓶直立道路运输技术要求》(JT/T 773—2010)

5)《道路货物运输企业等级》(JT/T 631—2005)

6)《营运车辆技术等级划分和评定要求》(JT/T 198—2004)

7)《汽车导静电橡胶拖地带》(JT230—95)

8)《汽车维修业质量检验人员技术水平要求》(JT/T 425—2000)

9)《职业汽车驾驶员适宜性检测评价方法》(JT/T 442—2001)

10)《固定式压力容器安全技术监察规程》(TSG R0004—2009)

11)《移动式压力容器安全技术监察规程(征求意见稿)》(TSG R0005—2010)

二、危险货物运输企业管理内容

道路危险货物运输是技术性、专业性很强的运输种类,对运输企业(单位)的资质、技术条件、车辆设施、安全管理、从业人员素质等均有严格的要求。由于道路危险货物运输的高危险性,企业(单位)内部必须制订健全的管理制度和科学的技术规范,建立完善的安全管理体系,确保运输生产的安全。

运输企业管理是指为实现企业目标,完成企业任务,对企业运输生产经营活动进行计划、组织、指挥、协调和控制的一系列管理工作的总称。因运输货物的特殊性,道路危险货物运输企业管理大概涉及以下一些内容。

1. 企业法律责任

《安全生产法》要求"生产经营单位的主要负责人对本单位的安全生产工作全面负责";《公司法》强调"公司以其全部资产承担债务、民事责任";《危险化学品安全管理条例》要求"危险化学品单位发生危险化学品事故造成人员伤亡、财产损失的,应当依法承担赔偿责任;拒不承担赔偿责任或者其负责人逃匿的,依法拍卖其财产,用于赔偿"。由此可知,企业法人对本企业的运输安全责任,企业是运输全过程安全管理的主体。由于企业管理人员、道路危险货物运输从业人员(驾驶、押运、装卸管理人员)等都是企业职工,其调度、运输、押运等行为都是职务行为、企业行为。故企业也要为其职务违法行为承担相关的法律责任。

2. 企业职能部门

根据道路危险货物运输管理的需要,运输企业应设置以下职能部门:

(1)安全技术部门。负责从事危险货物运输作业人员的安全教育,定期或不定期进行企业内部的安全检查,负责安全防范和事故处理工作。

(2)运务调度部门。负责危险货物受理、验货、理货、调度车辆承运、交接、货损货差的商务事故处理;由有化工专业职称的技术人员负责配载、隔离、安全防护工作。

(3)统计部门。按国家标准分类统计危险货物运量报告和统计台账管理。

(4)财务部门。负责对危险货物运输专用发票的管理,执行交通运输部《货物运价规则》的分级收费规定。

(5)医疗保健部门。负责危险货物运输作业人员定期体格检查,事故现场的人员抢救,并负责急救知识培训工作。

(6)车辆清洗、消毒部门。负责危险货物运输车辆的清洗、消毒工作。

(7)劳动防护用品清洗、消毒、保管部门。负责对用完的劳动防护用品清洗、消毒、统一保管工作,按危险货物作业单发放相应的防护用品及其收回工作。

3. 业务受理

业务受理是生产活动的开始。受理业务时,应认真填写托运单,并认真核对托运单上所填写货物的编号、品名、规格、件重、净重、总重、收发货地点、时间以及所提供的单证是否符合规定。对第一次接受承运的危险货物必须向托运人索取《化学品安全技术说明书》(CSDS),获取危险货物安全数据清单,方可受理。对于爆炸品、剧毒品,须有公安部门提供的准运证明,方可受理。对于未列入《危险货物品名表》的危险货物,托运人出具《危险货物鉴定表》后,方可受理。

4. 生产调度

生产调度工作是通过车辆运行作业计划和调度命令,将企业内部各个生产环节(特别是车队、技术、厂场、装卸等部门的工作)作出合理安排,使其在时间、空间上平衡衔接、紧密配合,形成动作协调的整体,以保证运输生产的连续性和均衡性。其主要任务是确保合同、受托货物、调运计划和运输生产计划的完成。主要内容有:

(1)各级调度部门应严肃认真执行国家有关法规,通过运力和运量的平衡,合理安排运输生产。

(2) 严格审查受理业务的托运单,逐份审查品名、编号、载质量等,根据托运单编制车辆运行作业计划。

(3) 根据所运的危险货物特性、质量,选配合适的运输车辆。运输液体危险货物常压罐车的选配应依据货物与罐体材质的相容性。

(4) 审查、核实计划调度签发的行车单与托运单所列项目是否一致。向单位员工介绍货物的理化特性、运输、装卸注意事项,防护措施及应急救援方法,并向他们提供所运危险货物的《道路运输危险货物安全卡》等资料。

(5) 执行单车运行作业计划,随时与作业现场、车辆保持联系,了解作业与车辆运行情况。对车辆运行中出现的问题,及时分析研究,采取措施,调整出车计划,组织新的平衡,保证运输生产顺利、连续进行。对临时调配的紧急任务,应采取积极措施确保任务完成。

(6) 加强现场管理和车辆运行指挥。针对现场、路线、货源等具体情况,采取不同的车辆调度方法,提高车辆运行效率,并不断研究改进调度工作。

5. 车辆技术管理

车辆技术管理要坚持预防为主和技术与经济相结合的原则,对运输车辆实行择优选配、正确使用、定期检测、强制维护、视情修理、合理改造、适时更新和报废的全过程管理。它是企业整个技术管理的基础,其目的是要充分发挥车辆的使用性能,保持车辆技术状况良好,确保行车安全,提高车辆运输效率,降低运行消耗,获得良好的经济效果。

1) 车辆技术等级评定和检测

根据《营运车辆技术等级划分和评定要求》(JT/T 198—2004),按时参加车辆技术等级评定,危险货物运输车辆技术状况必须达一级;车辆每年必须进行一定次数的二级维护及检测;罐车的罐体每年必须到质检部门指定的检测机构检测,检测合格方可从事营运。

2) 车辆装备

车辆装备是根据一般运行条件和企业的具体情况而设置的,它分为经常性和临时性装备两种。

车辆经常性装备是指车辆出厂时,由厂方根据一般运行条件而装备的各种仪表、照明和电气设备、汽车和发动机附属装备、拖挂装备、备胎、随车工具和车厢等,以及企业根据具体情况增设的经常性装备。车辆经常性装备应符合《机动车运行安全技术条件》(GB 7258—2004)、《汽车及挂车外部照明和光信号装置的安装规定》(GB 4785—2007)、《货运全挂车通用技术条件》(GB/T 17275—98)、《货运半挂车通用技术条件》(JT/T 328—97)等国家及部颁标准。

由于危险货物运输的特殊性,根据需要车辆须装设一些临时性装备,如:

(1) 危险货物运输车辆应安装符合《道路运输危险货物车辆标志》(GB 13392—2005)规定的车辆顶灯、标志和标牌;

(2) 根据国家有关规定,车辆配置运行状态记录装置;

(3) 运输易燃易爆危险货物车辆的排气管应安装隔热和熄灭火星装置,并配备导静电橡胶拖地带装置;

(4) 车辆应有切断总电源和隔离电火花装置,切断总电源装置应安装在驾驶室内;

(5) 在装运易燃易爆危险货物时,应使用木质底板等防护衬垫措施;

(6) 装载液体危险货物的罐车,其装备条件应符合《汽车运输液体危险货物常压容器(罐体)通用技术条件》(GB 18564—2001)规定。

3) 车辆的技术档案

车辆技术档案是指车辆从新车购置接收到报废整个寿命期内,车辆技术性能状况、运行使用和检测维修情况的完整记录。建立准确、完整的技术档案,可以及时、准确地掌握车辆技术性能的变化情况,以便采取有效的技术措施,使车辆更好地适应本地区的使用条件,充分发挥车辆的技术性能。对车辆技术档案中所记录的大量第一手资料整理和分析,是企业技术部门探索车辆技术性能变化规律,客观评价并比较各种车辆的适宜性,选择更为合适的新车型,以及制订并完善车辆维修制度的主要依据和方法;同时也是考察和评价基层技术管理工作的依据之一。

车辆技术档案的内容设置要力求简明扼要,主要内容突出。一般应包括以下几个方面:

(1) 车辆履历、装备和技术性能记录。

主要包括:履历资料;装备资料,包括经常性装备和临时性装备;车辆的型号、技术速度、载质量吨位等规格和技术性能方面的资料;总成改装和变动情况方面的资料等。

(2) 车辆运行记录。

主要记录车辆的行驶里程、油耗水平、技术故障发生的次数及部位、原因等方面的资料。

(3) 车辆维护、修理、检测记录。

主要记录车辆维护、修理、检测的日期、间隔行驶里程和总里程,总成维修检测技术状况和修理部位及原因等资料。

(4) 车辆的寿命周期记录。

主要记录车辆的实际寿命期限、寿命期内的磨损情况评估等方面的资料。

(5) 车辆肇事记录。

主要记录车辆肇事的次数、报废和损坏情况、肇事原因等。

车辆技术档案的具体内容、项目和表格形式等,企业可根据管理部门制定的基本内容与格式及企业的具体情况拟定。目前,大多数汽车运输企业已使用计算机进行档案管理,在这一方面已具备了良好的管理条件。

4) 车辆运行安全

机动车辆的安全性,必须符合《机动车运行安全技术条件》(GB7258—2004)的规定。为确保车辆的运行安全,应制订车辆维护制度,并根据制度有关规定,有计划地按周期安排维修作业,同时做好详细的记录,存入车辆技术档案备查。

(1) 机动车辆要做到"五不出车"。

即:制动器不灵不出车;转向系统有故障不出车;喇叭不响不出车;灯光不亮不出车;安全设备、各类证件不齐全不出车。严禁车辆"带病"运行,并做好出车前、行驶中、收车后车辆三检查。

① 出车前的检查。

a. 出车前检查证照是否齐全,检查机车外观和喇叭、灯光是否齐全有效。

b. 检查油、水、电是否缺漏和各种仪表及安全设施是否良好有效。

c. 车辆轮胎的气压和货车货物的牢固状况及连接部位的牢靠情况。

② 行驶中的检查。

a. 检查水温、油温、各种仪表工作情况及轮胎气压。

b. 检查制动器有无拖滞发热现象,各连接部位的牢靠性。

c. 检查有无漏水、漏油、漏气和一切安全设施是否有效。

③收车后的检查。
a. 清理全车卫生,检查油、水、电、汽有无滴漏现象。
b. 没有加防冻液的车辆,冬天应放出水箱、缸体的水,夏天应定期放水。
c. 检查各连接部位和货物的牢固性和车胎气压。
(2)根据车辆运载货物种类、性质不同,配备相应的安全设施和设备,并保证齐全有效。
①轻质燃油罐车,含加油罐车和运油罐车两种(以下简称油罐车)。油罐车的制造工艺、技术要求、试验、检验等,应符合国家标准《轻质燃油油罐汽车通用技术条件》(GB9419)的规定。
②装运易燃液体、腐蚀性物质等罐车,其罐体制造厂应有质检部门批准核发的许可证,产品有合格证及有关文件资料。其罐体应能承受一定的压力,具有足够的强度,适合所装危险货物的性能,并应根据不同货物的需要配备泄压阀、防波挡板、压力表、液压计、导除静电等相应的安全装置。
③装运危险货物集装箱、大型气瓶或氧气瓶集装架的车辆必须设置有效的紧固装置。
④装运有机过氧化物的车辆,应根据危险货物的特性选用相应的控温、冷藏、防振、防爆等特殊车型,也应有隔热和熄灭火星装置以及导除静电的装置。
⑤装运其他类别的运输危险货物车辆,应根据所运危险货物的性质,采取相应的遮阳、控温、防爆、防火、防振、防水、防冻、防粉尘飞扬、防撒漏等措施。

5)车辆在特殊条件下的使用

汽车在特殊条件下的使用,是指由于气候恶劣、道路特殊、运行条件恶化情况下的行驶。汽车在特殊条件下运行,其使用性能变坏,运行材料消耗增加,零件磨损严重,必须采取相应措施,以改善汽车的工作状况和使用性能,防止机件损坏,确保行车安全,并尽量减少原材料的消耗。

(1)车辆在低温条件下的使用。
①做好预热保温工作。出车前,事先要对发动机预热,散热器和发动机罩上加装保温套,蓄电池加装保温装置。
②更换油液,调整油电路系统。柴油发动机要选用适合温度要求的低凝点柴油(气温5℃到-5℃,应换用-10号柴油;-5℃到-20℃,应换用-20号柴油;-20℃以下,应换用-35号柴油);换用低温季节制动液;选用合适防冻液;调整发动机调节器,增大发电机充电电流;适当增大蓄电池电解密度;适当增加断电器触点闭合角度;火花塞电极间隙适当调小;化油器要调整油平面高度和加速油泵行程,使混合气增浓。
③当通过冰雪和泥泞道路时,轮胎要配装防滑链。
(2)车辆在高温条件下的使用。
高温条件下使用应采取发动机隔热、轮胎防爆等技术措施:
①结合二级维护进行季节性维护,对汽油发动机供油系统,要采取隔热、降温等有效措施,防止气阻;要加强对冷却系统的维护,保持缸体水套、水泵、散热器、机件完好,水循环有效,及时清除水垢和沉淀物,防止发动机过热,经常添加冷却水,风扇皮带张紧度适当,一旦发动机过热不得用冷水浇泼缸体外部。
②调整发动机减少充电电流,蓄电池电解液密度适当降低,保持电瓶通气孔畅通。汽油机应调低化油器油面高度,减小加速泵行程。
③根据轮胎储备情况,组织整车换胎或将成色较好的轮胎装车使用;在行车途中注意控

制轮胎温度和气压,必要时应将车辆停于阴凉处,待胎温降低后再继续行驶,严禁用放气或冷水浇泼方法来降低轮胎的气压和温度,防止轮胎的人为损坏。

(3)车辆在高原、山区条件下的使用。

①在高原地区改善发动机性能的措施。在高原地区行驶的车辆,发动机功率下降,燃料经济性变坏,其改善措施有:提高发动机压缩比;采用增压技术措施;调整油电路等。

②汽车在高原、山区条件下改善制动效能的措施。汽车在高原、山区行驶时,由于制动频繁,使得制动效果差,其主要措施有:加强维护,适当缩短维护周期,确保制动系统工作正常,制动可靠。

6. 运输管理

1)定车

应该将危险货物运输车辆固定下来,不能在完成危险货物运输任务后,不经必要处理和清洗就运输其他物质,以防止危险货物泄漏、污染而造成事故。如1992年8月3日上午8时许,安庆市发生了一起食物中毒事件,造成34人中毒、10人死亡的惨重教训。起因就是剧毒农药1605撒漏污染了车厢,间隔10余天后又用该车运输食用面粉而造成。这说明车辆不固定是潜在隐患的祸根。

2)定人

要求驾驶人员固定,以使其既能熟悉和钻研所运危险货物的特性及防范措施,又能掌握所驾驶的车辆性能。

3)定任务

要求运输单位根据货源或生产企业的生产任务核定车数,没有危险货物运输任务不予定车。

4)定防护用品清洗点

作业人员从事危险货物运输装卸货物后,其防护用品应集中清洗、集中存放,依据危险货物品种类,使用相应的防护用品,防止中毒事故的发生。

5)定车辆清洗消毒点

危险货物运输完毕应及时清洗、消毒。运输毒性物质、放射性物质、腐蚀性物质及具有毒害、腐蚀及放射性的易燃易爆品的运输单位,应具有清洗、消毒设施,所产生的污水处理应符合国家环保法规定。尚不具备消毒设施的单位,应到环保局指定的危险货物处理厂进行车辆、容器的清洗和消毒。

7. 从业人员管理

1)从业人员条件

由于危险货物运输的特殊性,从事危险货物运输的作业人员,包括驾驶人员、押运人员及装卸管理人员,必须具备一定的条件方可从业。

(1)从业人员均应具备初中以上学历;

(2)驾驶人员取得相应机动车驾驶证,年龄不超过60周岁;

(3)从业人员必须熟悉有关安全生产的法律法规、标准和安全生产规章制度、安全操作规程,了解所装运危险货物的性质、危害特性、包装物(容器)的使用要求和发生意外事故时的处置措施;

(4)驾驶人员、押运人员、装卸管理人员须经设区的市级人民政府交通主管部门考试合格,取得相应道路危险货物运输从业资格证,持证上岗。

2)安全教育和培训

《中华人民共和国安全生产法》第二十一条规定"生产经营单位应当对从业人员进行安全生产教育和培训";《危险化学品安全管理条例》第三十七条规定"危险化学品运输企业,应当对其驾驶人员、船员、装卸管理人员、押运人员进行有关安全知识培训"。安全教育、培训是危险货物运输单位确保安全生产、取得最佳经济效益和培养劳动后备力量的重要措施,是运输单位的一项重要职责。

(1)建立培训机构,制订培训计划。

从业人员的培训不同于学校的教育,它是对在职职工进行的职业教育,是在生产过程中开展教育。这种教育是多学科、多层次、多种形式的、具有广泛的群众性,带有速成的性质;而受教育的对象,在文化、技能、业务和年龄方面,又存在较大的差异,其要求也不尽相同。因此,道路危险货物运输单位应建立专门的培训机构,在交通运输部颁布的《道路危险货物运输从业人员培训教学计划与教学大纲》基础上,根据本单位运输危险货物种类的特性制订更有针对性、详细的培训计划,有计划、有针对性的对职工进行培训,方可取得预期的效果。

(2)培训内容。

以交通运输部颁布的《道路危险货物运输从业人员培训教学计划与教学大纲》为基础,进行基础培训。并可以考虑增加以下内容:

①公司概况、行业特点、操作规程、安全生产责任制、岗位责任制、应急预案等各种管理制度;

②本单位危险货物运输的特性及其安全注意事项,典型事故案例分析;

③预防事故的一般知识以及发生事故的应急救援知识;

④运输、装卸作业实践。包括各类设施、设备、车辆、工具的性能、结构及使用方法,劳动防护用品的正确使用等;

⑤采用的新工艺、新技术、新材料或者使用新设备的技术特性、防护措施及使用方法;

⑥每次运输、装卸作业之前,向从业人员告知运输生产作业存在的危险因素、防范措施和事故应急措施,以及应遵守的有关规定。

(3)激励机制。

为确保安全生产,强化安全管理,落实安全责任制,全面提升从业人员的素质,道路危险货物运输企业应建立有效的激励机制。对优秀员工给予一定的奖励,激发员工的进取心,使他们勇于学习和研究各项技能,提高员工责任心和安全意识。对于出现责任事故的员工要给予一定的处罚,预防类似事故的再次发生。例如可进行"驾驶人员星级评定"活动,即在企业内部实行驾驶人员星级评定制度,以驾驶经历、责任事故、遵守规章制度、技术、作风、安全责任感为标准,把驾驶人员分为五级,对应一星至五星,五星最高。将驾驶人员的星级与其驾驶作业、工资、福利、荣誉等联系起来,激励驾驶人员的工作热情,以确保企业无事故安全生产。

8. 劳动防护

劳动防护是指劳动者在生产中的安全和健康防护工作。加强劳动防护,搞好安全生产,是党和国家的一贯方针。我国宪法明确规定:"改善劳动条件,加强劳动保护。"《中华人民共和国刑法》中对干部的违章指挥、工人违章作业其后发生的重大伤亡事故,造成严重后果的,要追究其刑事责任;《中华人民共和国安全生产法》第三十七条规定:"生产经营单位必须为从业人员提供符合国家标准或者行业标准的劳动防护用品,并监督、教育从业人员按照使用规则佩戴、使用。"由此可见,劳动防护不是可有可无的,而是必须办好的大事。对于道路危险货物运输尤为重要,因为危险货物本身就具有一定危害性,采取相应的防护措施就可避免发生中毒、灼伤、爆炸、燃烧等造成从业人员的伤害和死亡。

(1)建立安全生产责任制。企业(单位)主要负责人对本单位的安全生产全面负责,要保证国家有关劳动保护法令和制度在本单位贯彻执行;并经常督促检查劳动防护、安全工作,及时消除危害职工身体健康和不安全的隐患;建立劳动防护制度,把劳动防护责任逐级落实到部门、班组、个人身上,并建立相应的责任追究制度。

(2)不断进行安全生产教育。宣传安全生产方针,交流安全生产经验,教授劳动防护用品的使用,提高作业人员操作水平,使他们能自觉贯彻执行安全生产方针和各项劳动保护政策及法令,认真遵守企业安全生产规章制度,保证生产安全。

(3)搞好防护用品和保健食品的发放管理工作。从事道路危险货物运输的企业(单位),应为生产一线的从业人员配备必要的劳动防护用品,使其在运输过程中减少不必要的伤害,达到生产、安全两不误的目的。还要准备一些急救用品,以备在运输过程中发生不测之时自救,避免或减少伤害。劳动防护用品使用后应集中在单位内清洗,对受污染的防护用品还应进行消毒,缩小污染源,保证生产力。

最后,做好从业人员的健康检查工作。从事道路运输、装卸危险货物的企业(单位)要制订从业人员健康检查计划,对从事危险货物运输作业的驾驶人员、押运人员及装卸管理人员进行定期体检,以确保作业人员身体健康。

三、危险货物运输企业管理人员要求

作为企业(单位)的管理人员,应具备以下一些基本条件:

(1)必须遵守中华人民共和国宪法和各项法律,认真贯彻执行党和国家的方针、政策,遵守有关货物运输法律法规,热爱本职工作,恪守职业道德。危险货物属于国家管制类货物,为确保生产、社会以及运输安全,国家、地方制定了一系列的法律、法规以及方针、政策来对其进行严格管理。道路危险货物运输管理人员应了解这些法律、法规及方针、政策,并自觉遵守,在法律、法规及方针、政策的允许下进行运输生产。

(2)不得有犯罪记录。因为道路危险货物运输涉及社会公共安全、人民生命财产安全和环境保护,是严格管制行业,要求管理人员不得有犯罪记录。

(3)须具备初中以上学历。由于道路危险货物运输专业性强和高危险性,以及业务管理人员在企业中的领导、生产组织、技术支持等作用和单位的需要,所以对业务管理人员的要求也相应比较高。只有具备一定的文化基础知识,特别是物理、化学等理工科和企业管理方面的知识,才能较好地理解、掌握危险货物的基本特性、运输安全、操作技能以及生产组织等业务管理人员应具备的技能。由于危险货物涉及到大量的物理、化学反应、专业术语、分子式、化学方程式等,这是学习危险货物运输必备的基础知识,在我国教学体系中,初中开设了物理、化学课程,教授了物理、化学的相关知识,所以,要求道路危险货物运输管理人员必须具备初中以上学历。

(4)须有从事道路货物运输业经营管理工作3年以上的经历,或从事经济管理工作5年以上的经历。道路危险货物运输管理由于其自身的特性,其组织化程度要求高,危险性大,安全要求高,管理难度大,因此,业务管理人员必须具有道路货物运输业管理经验或其他

经济管理方面的经验,才能更科学地组织运输,确保安全生产。

(5)管理人员应该掌握运输企业管理及危险货物运输安全管理等业务知识,必须了解所运的危险货物性质、危害特性、包装容器使用特性和发生意外时的应急措施。作为企业(单位)的管理人员,应掌握的业务知识:

①运输企业管理。

a. 交通运输基础知识,包括交通运输在国民经济中的地位与作用、运输服务的基本特征、运输供求的基本特征、道路运输的特点和功能;

b. 道路运输生产组织,包括道路运输生产过程及基本术语、运输生产组织的原则和任务、运输生产计划、运输生产车辆组织、运输生产劳动组织、道路货物运输组织;

c. 车辆技术管理与使用;

d. 装卸、搬运技术与组织工作;

e. 仓储管理。

②危险货物运输安全管理。

a. 危险货物管理方面的法律、法规、规章、标准;

b. 危险货物的分类、危害性及安全措施;

c. 危险货物标志(包括包装标志、车辆标志)、标签的识别及使用;

d. 危险货物品名表(即危险货物一览表)的使用;

e. 危险货物包装的分类、合格标识和包装基本要求;

f. 危险货物的运输、装卸、存储安全操作要求;

g. 危险货物运输车辆、设备技术要求;

h. 道路危险货物运输事故的应急预案(包括程序、方案、计划、人员、机构、器材及演练);

i. 典型道路危险货物运输事故分析及法律责任。

第八章 道路运输企业安全管理机制

第一节 安全管理工作的任务和内容

一、安全管理工作的任务

道路运输企业安全管理工作的目的是强化道路运输企业安全生产主体地位,以科学管理的思路,建立企业安全管理制度框架,进行安全生产管理,保障道路运输安全,防止人员伤亡和经济损失。其基本安全方针是遏制特大事故,最大限度减少重大事故,全面压缩一般事故,严格控制行车事故频率、事故死亡率、事故伤人率和经济损失率。

道路运输企业安全管理工作的主要任务是:

(1)认真执行道路运输法规、规范和标准;

(2)坚持"安全第一,预防为主,综合治理"的方针,按照"政府统一领导、部门依法监管、企业全面负责、群众参与监督、全社会广泛支持"的原则,建立"管生产必须管安全、谁主管谁负责"的安全生产责任制;

(3)采取科学有效的手段,制订切实可行的措施,做好事故预防工作,把交通事故消灭在萌芽状态;

(4)确保旅客和货物的人身与财产安全,最大限度地为社会提供安全、及时、经济、方便、舒适的运输服务;

(5)在当前要特别注意克服"重生产、轻安全,重经营、轻管理,重经济效益、轻思想教育"的"三重三轻"的思想,把"安全第一,预防为主"的方针真正落到实处。

二、道路运输企业安全生产管理工作的主要内容

道路运输企业安全管理工作涵盖的内容很广泛,这里将以保障行车安全为中心的运输企业安全管理工作的主要内容归纳为以下几点。

1. 确定安全控制指标

企业应按照安全管理目标的要求,制订阶段性的控制指标,对企业安全生产情况实行阶段性定量控制和考核。

安全控制指标的参数主要包括:一般、重、特大行车责任事故次数(次),行车责任事故频率(次/百车),行车责任事故死亡率(人/百车),行车责任事故受伤率(人/百车),直接经济损失率(万元/百车)等。

2. 建立安全管理制度

道路运输企业安全管理制度主要包括：

(1)企业全员安全管理制度：明确企业全体职员安全工作职责。

(2)安全会议制度：安全委员会会议每季度召开一次，企业安全例会每月召开一次，驾驶员安全例会每周召开一次，如遇特殊情况应随时召开有关会议。

(3)安全事故分析会议制度：针对本企业和外企业道路交通安全事故及时召开分析会。

(4)安全生产公告制度：定期对本企业的安全生产状况、安全管理人员、驾驶员的违章情况进行公告。

(5)安全考核制度：对企业安全管理人员和驾驶员，进行日常管理和安全运营的全过程考核。

(6)安全检查制度：根据企业安全考核要求和运输重要季节的需要，适时组织企业内部安全检查活动。

(7)奖惩激励制度：制订奖惩措施，根据安全考核结果实施奖惩，并保证落实到位。

(8)安全责任追究制度：对安全事故严格按照事故原因未查清不放过、责任人员未处理不放过、整改措施未落实不放过、有关人员未受到教育不放过的"四不放过"原则，追究事故直接责任人和有关负责人的责任。

(9)从业人员培训制度：制订对安全管理人员和从业人员年度及长期的继续教育培训计划，明确培训内容和年度培训时间。

(10)行车日志制度：加强对车辆的运行管理，记录的主要内容包括始发站、中途停靠站、终点站、停车时间、天气和道路状况，以及行车中发生的车辆故障、隐患、事故等。记录由驾驶员负责填写，企业有专人负责管理。

(11)驾驶员告诫制度：对驾驶员出车前要进行问询、告知，督促驾驶员做好对车辆的日常维护和检查，防止驾驶员疲劳、酒后或带病上岗，并将有关道路状况及天气情况及时告知驾驶员。

(12)档案管理制度：建立车辆技术档案、车辆保险档案、驾驶员档案；行车日志档案；事故档案等基础档案管理制度。

(13)企业安全生产管理所需要的其他制度。

3. 明确企业权利与责任

各企业应依据经营业务范围和规模大小，明确企业自身的合法权利以及需要承担的责任和义务。企业权利包括：

(1)按照法律自主经营，自主选择企业经营发展模式，企业的合法权利不受侵犯。

(2)制订企业安全生产管理各项制度。

(3)组织企业安全检查，对企业驾驶员经营行为和营运车辆进行经常性监督。

(4)制订并实施企业安全奖惩激励措施。

企业责任和义务包括：

(1)贯彻执行国家有关安全生产的法律、法规和政策，完成上级下达的各项安全考核指标。

(2)使用符合国家规定标准的车辆从事道路运输经营活动，提供道路旅客、货物运输的安全操作规范和安全工作环境。

(3)采取积极措施降低运输安全风险，针对已认定的风险制订防范措施。国家强制性的第三者责任险和承运人责任险投保率达到100%,并积极参投其他商业险种。

(4)企业法定代表人为安全生产第一责任人,对企业的运输安全生产条件予以保障;分管安全的领导为直接责任人;其他分管领导对分管范围的安全工作负责。企业领导和职员都实行"一岗双责"制,即对分管的业务负责,又对分管业务范围的安全工作负责。

(5)企业应当建立完善的教育和培训程序,保证所有相关人员充分理解有关规定、标准和指南等,保证相关人员接受运输安全管理体系需要的培训,保证涉及运输安全的新聘和转岗人员熟悉其职责,保证企业制度信息传递渠道畅通、企业职员和从业人员熟知安全生产管理制度。

(6)客运企业要与汽车客运站签订安全责任协议,明确双方的安全责任,督促驾驶员严格遵守汽车客运站的车辆安全例检等安全规定。

(7)积极推行现代化科学管理方法;积极采用新技术、新工艺、新设备和新材料,不断改善安全生产条件。

(8)企业对所有车辆及驾驶员(包括聘用)承担管理责任。

(9)企业要逐级实行安全生产责任追究制度。

4. 建立安全管理机构、配备安全管理人员

企业及其二级经营单位应依法设置专门的安全生产管理机构。对需要履行安全生产职责的所有人员,企业应当用文件形式明确规定其责任、权利及相互关系。

安全生产管理机构应配备适应工作需要数量的专职和兼职安全管理人员,考察政治素质、政策水平、文化程度;专业素质、管理经验和健康状况等综合素质,安全管理人员应经企业统一培训、考核合格,方可上岗,安全管理人员应保持相对稳定。

5. 做好安全生产基础保障工作

企业要从设备和经费等方面,为确保安全生产提供必要的保障和支持。

企业应当配备安全管理工作所需的交通工具、电脑及配套设备等办公和安全检查有关设备。同时企业应将上年度营运收入的0.5%~1%作为安全费用,专项用于安全生产,保证安全生产事故的抢险救灾和善后处理工作等安全投入资金的稳定来源,形成企业安全生产投入的长效机制。

6. 建立安全监督机制

企业应当任命指定人员,负责监控车辆的安全营运,直接与最高管理层联系,报告所观察到的缺陷,负责组织运输安全评审,提出纠正措施的建议。指定人员应具备安全方面的资格和从业经验,精通企业的各项安全生产管理制度。企业应当以文件形式明确规定指定人员的责任和权利。指定人员的责任和权利应包括:对企业安全生产工作进行监控;确保企业对车辆安全运行提供足够的资源支持。

此外,为保障各项制度和措施的顺利实施和执行,企业应当加强监督检查工作,实行专业监督、群众监督、举报监督等多种监督方式。

(1)专业监督:在企业安全管理机构统一领导下进行监督检查工作,各级专职、兼职安全员是专业监督的具体执行人。

(2)群众监督:以企业职员为主体,工会、共青团组织开展群众性安全生产活动,充分发挥乘客、新闻媒体及社会各界的监督作用。

(3)举报监督:企业应建立举报制度,公开举报电话号码、通信地址或电子邮件信箱,对接到的举报,企业应及时予以查处。

7. 加强驾驶员的管理

营运驾驶员应当经设区的市级道路运输管理机构考试合格，取得相应的营业性道路运输从业资格证。

企业应规定驾驶员录用条件，经企业有关部门组织学习、技能考试和安全意识考核合格并取得企业车辆驾驶资格后，方能录用，对新录用的驾驶员要确定试用期。驾驶员的录用，需经企业安全管理部门审核批准，审核人员对被录用的驾驶员安全经历和安全意识负责。

企业应当对驾驶员安全营运的驾驶适应性进行不间断的考核，并对违反法律、法规及安全操作规范的行为记录在案。

企业应建立驾驶员调离和辞退机制，对经考核确认已达不到企业要求的驾驶员，应调离或予以辞退，并将被辞退驾驶员的有关情况抄报相关主管部门。

企业应对驾驶员进行安全生产培训，包括初次进入培训、定期培训、特殊情况培训等。主要内容包括：道路交通安全法律法规、安全行车规定、企业安全生产状况等。

企业应安排适应营运线路要求数量的驾驶员。

企业应当建立驾驶员信息管理系统。

8. 加强营运车辆的管理

企业营运车辆购置、使用、经营方式和结构调整，应综合考虑各环节的安全保证因素，不得接受非产权所有车辆以企业的名义从事经营活动，营运客车、重型货车、半挂牵引车和危险货物运输车，应安装符合国家标准的行车记录仪、GPS等运行状态监控设备。要落实专职人员负责监控车辆行驶动态，及时分析处理行驶记录信息，对违章行为及时处罚并向上级报告。

营运车辆应当保持技术状况良好，符合国家有关标准要求，消防、防滑设备齐全。客运车辆技术等级必须达到营运线路要求的条件；货运车辆技术等级必须与其经营业务相适应，其中危险货物运输车辆专用装置必须为经有关部门检测合格，并配备必要的通讯工具。

进站营运车辆必须严格遵守《汽车客运站安全生产管理规范》的相关规定，自觉接受检查。

按照规定车辆进行维护与检测：企业应当制订程序，保证车辆按照有关规定和标准以及企业制定的相关要求进行维护和检测；按照规定的时间、里程间隔或定期进行检查；报告不符合规定的情况及可能的原因；采取适当的纠正措施；保存这些活动的记录。

营运车辆改型与报废必须严格执行国家规定的条件要求，由企业统一进行办理。

企业应当建立营运车辆信息管理系统。

9. 编写安全作业规范

依据不同岗位的工作特点和要求，企业要编制作业规范并印制成册，通过正规渠道让有关人员拥有并熟知。

安全作业规范内容包括：企业安全管理手册；安全管理人员工作规程；旅客运输驾驶员安全操作规程；包括出车前、收车后安全操作规程以及行车中在各种道路条件、气候条件和行车环境下的安全操作规程；危险货物运输驾驶员安全操作规程；危险货物运输押运员、装卸管理员安全操作规程；普通货物运输驾驶员安全操作规程；调度员安全操作规程；车辆行车记录仪、GPS的信息采集、分析和处理流程规程。

10. 建立应急救援体系

企业应建立安全生产应急救援体系，设置应急救援机构，配备应急救援人员和物质、设备、经费等。应急预案应标识、描述可能出现的紧急情况,制订紧急情况的应急和报告程序,明确应急指挥、人员机构、应急车辆和设备的储备以及处置措施,建立和完善救援互助网络,同时应及时排查和整改安全生产隐患,对重大危险源实施重点监控,制订应急行动的训练和演习计划。

第二节 安全管理机构和职责

道路运输企业要搞好安全管理工作,首先要有健全的安全管理机构,其次在安全管理机构中,各职能部门和职能人员必须有明确的职责范围,只有这样,安全管理工作才能从组织上落到实处。

一、安全管理机构设置和人员配备

1. 安全管理机构设置

道路运输企业应按照"全员、全过程、全方位管理"的原则,建立健全安全生产管理体系和安全生产防范制度。依靠制度创新和科技进步,不断提高企业安全管理水平。

各运输企业(业户)应根据自己的规模和具体情况,建立相应的安全管理机构,配备专(兼)职安全管理人员,安排安全管理专项经费。

一般中小企业推荐设立三级管理机构,大型企业推荐设立四级管理机构,机构设置如图8-1、图8-2所示。

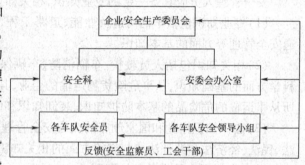

图8-1 三级安全管理机构图

安全生产委员会主任由企业法人代表担任,常务副主任由分管安全的负责人担任,副主任由党委书记、工会主席等人担任。

企业设安全部(处),负责全企业安全方面的指导和监督工作,配备专职安全管理人员,具体指导、管理、监督、协调全企业安全方面的工作。安全部(处)又同时履行安委会办公室职责,是全企业安全生产管理的职能部门。

企业下属的各单位,成立安全领导小组并设立安全科,配备专职安全管理人员;各基层单位(如车队)成立安全小组,并配备专职或兼职安全员。

企业建立以工会为主的安全监督机构和信息反馈渠道,以使安全管理工作更趋科学化。

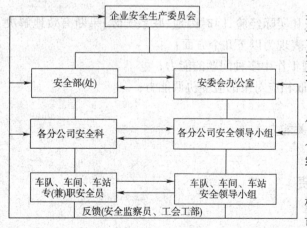

图8-2 四级安全管理机构图

2. 安全管理人员

道路运输企业专职安全管理人员人数的规定配置见表8-1。

企业规模与安全人员配置表　　　　　表 8-1

车辆数(辆)	安全管理人员(人)	车辆数(辆)	安全管理人员(人)
10~50	1~2	≥100	≥6
50~100	3~5		

安全管理人员要出色地完成自己职责范围内的安全管理工作,就必须具备相应的思想和业务素质。思想素质主要体现在职业道德方面,业务素质主要体现在知识、资历和能力方面。

1)安全管理人员的职业道德要求

(1)安全管理人员应有较高的思想觉悟和政策水平;

(2)遵守党纪国法;

(3)忠于职守、勇于负责、处事果断、办事认真;

(4)坚持原则、廉洁奉公,具有高度的事业心和责任感。

2)安全管理人员应具备的知识

安全管理人员应具备一定的专业知识、相关知识和法律知识。

(1)专业知识包括车辆构造及性能、道路工程、交通工程、运输工程、车辆技术管理、交通安全管理等方面的基本知识。

(2)相关知识包括人员救护、车辆消防、车辆保险、气象分析以及辩证法、心理学和行为科学方面的基础知识,从事危险货物运输的企业,其安全管理人员还需掌握常见危险品以及所从事运输的危险品的基本防护知识、装卸知识和储存知识。

(3)法律知识指党和国家颁布的交通安全管理方面的政策、法规和条例等;此外还有刑法、民法、经济法和涉外法律与纪律方面的相关知识。

3)安全管理人员应具备的资历

安全管理人员应有在运输企业基层工作3年以上的经历,熟悉车辆检测、维修和驾驶技术。从学历上讲,原则上应有大专及以上学历;不低于或相等于高中学历,经过专业培训,考试合格后方可上岗。

4)安全管理人员应具备的能力

安全管理人员应具备运用科学知识和实际经验,因时因地、联系实际、果断有效地解决具体问题和作出相应决策的能力。具体表现为以下几个方面:

(1)正确分析、判断和处理安全管理工作中多种问题的能力;

(2)对意外和突发事故及时果断采取相应对策的应变协调能力;

(3)较强的口头和文字表达能力;

(4)较强的内外事务沟通和社会公关能力;

(5)较强的组织领导能力。

二、各级机构和人员的安全职责

1. 安全生产委员会工作职责

(1)在企业法定代表人的领导下,全权负责本企业安全生产管理工作。

(2)贯彻落实党和国家安全生产的方针、政策、法规、法令和企业安全生产管理规章制度,并对执行情况进行监督检查。

(3)审定企业重要的安全管理规章制度,必要时提请职工代表大会审议。

(4)组织召开安全生产委员会会议,总结分析企业内部安全生产情况,及时解决倾向性问题,审议安全职能部门提出的安全生产工作计划。

(5)定期审议安全奖惩方案,审查安全经费使用情况;听取事故情况汇报,确定对有关人员处理办法。

(6)定期组织安全生产竞赛和安全联检活动。

2. 安全部(处)工作职责

(1)认真贯彻执行"安全第一,预防为主"的方针,组织、计划、布置、总结、评比企业安全工作,并对其履行指导、监督和服务责任。

(2)贯彻落实国家和上级管理部门有关安全生产的方针、政策、法规、规章和指示精神。

(3)贯彻落实企业行政、党委及安全生产委员会有关安全生产的决议、决定和指示。

(4)具体制订(或修订)企业内部安全管理和安全生产规章制度、安全操作规程,起草企业安全生产计划和总结。

(5)经常深入基层,掌握和了解企业安全生产情况,及时纠正违章,及时发现事故隐患和倾向性问题,并责成有关单位或部门限期落实整改。

(6)定期和不定期组织安全检查,掌握公司安全生产动态,每季度向安委会报告一次。

(7)负责事故的分析、统计和上报工作,建立事故档案,发生重大责任事故,应亲临现场,查清原因,落实责任,提出处理意见和落实预防措施。

(8)组织开展安全生产竞赛活动,总结推广先进经验,定期组织评优活动。

(9)负责企业运输生产驾驶员招聘、安全管理及再培训工作,配合做好年审工作。

(10)审核事故费用,具体办理旅客意外伤害保险理赔,监督内部车辆赔偿及安全互助金的使用,督促落实事故的"四不放过",定期通报重大违章及一般以上行车事故。

(11)指导和服务各下属单位安全生产职能部门的业务工作,督促各下属单位履行安全职责,落实安全管理规章。

(12)筹备安委会会议,定期召开全公司行车安全例会,通报分析各下属单位安全生产情况。

(13)在接到事故报告后,立即派人前往事故现场。发生死亡事故时,必须同时报告所在地的交通主管部门。

(14)负责特大、重大事故的调查和处理,对有关人员提出处理意见,并上报交通行业主管部门。

(15)行使安全否决权。

(16)一般中小运输企业的安全科参照以上执行。

3. 企业法定代表人安全工作职责

(1)组织贯彻落实党和国家安全工作方针、政策和法规,制订和完善企业安全生产规章制度,并检查督促实施。企业法定代表人是整个企业安全生产的第一责任人,与上级主管部门签订责任书。

(2)领导安委会的工作;主持召开企业安委会会议,审定年度安全生产工作计划,及时研究和解决安全生产中的各种重大问题。

(3)督促下属各单位、各部门行政负责人做好安全工作,并根据安全责任心及安全工作实绩正确行使聘任权。

(4)负责对各单位、各部门行政负责人和中层以上干部的安全奖惩,正确行使奖惩权。

(5)负责向职工代表大会报告企业安全生产工作情况,广泛听取职工意见和建议。

(6)遇有特大事故必须亲临事故现场,做好事故调查处理工作,总结教训,落实防范措施。

4. 企业分管安全的负责人(安全副总经理)工作职责

(1)在企业法定代表人的领导下,对全企业的安全生产负直接领导责任,主持企业日常安全工作。

(2)认真贯彻执行国家和上级颁布的有关安全生产的方针、政策和法规,并检查督促实施。

(3)组织和协调企业的安全工作,组织推广和总结安全生产中的典型经验。

(4)经常深入基层和现场,检查安全生产情况,发现事故隐患,及时责成有关部门限期整改和解决。

(5)组织全企业综合性安全大检查,在企业行政第一负责人因公外出期间,行使第一负责人的安全职能。

(6)发生重大事故,要督促职能部门及时报告当地交通主管部门,并亲临现场,查清事故原因,吸取事故教训,采取防范措施,具体指导协调事故处理。

(7)定期向安委会和法定代表人报告工作,并具体提出须由安委会、职代会研究、讨论和通过的安全工作议题。

5. 安全部(处、科)长工作职责

(1)对整个企业的安全工作负监督、检查、指导和服务责任。

(2)认真贯彻、落实国家及交通主管部门有关安全生产的方针、政策、法规、法令,把"安全第一,预防为主"的方针真正落到实处。

(3)制订并不断完善企业内部安全生产规章制度和各类人员行为规范,推行安全新机制并加强监督和检查,及时发现隐患,制订防范措施。

(4)实施安全目标管理,制订月、季、年度安全工作规划,严格考核,奖优罚劣。

(5)组织安全管理人员业务培训和驾驶员轮训及年审工作,不断提高其安全意识和综合素质。

(6)组织上路上线检查,实施有效的现场监督和动态监控。

(7)组织各种形式的安全竞赛活动。

(8)结合重大节假日、季节变换、政治活动等,组织安全检查,发现并及时处理安全问题和隐患,确保安全生产。

(9)发生死亡事故必须立即上报当地交通主管部门,并亲自参与重大及以上事故的处理与调查,切实抓好"四不放过"和善后处理。

三、安全生产管理工作的负责制

安全生产管理工作实行法人代表负责制,分管负责人责任制,并建立分级管理、逐级负责的体制。

(1)企业法人代表对企业的安全生产负第一责任,分管安全生产的负责人负直接责任,其他分管负责人负综合治理责任。

(2)企业下属各单位的行政第一负责人,对本单位安全生产负第一责任,分管安全生产的负责人对本单位的安全生产负直接责任。

(3)企业分管安全生产的负责人及其他负责人和下属各单位行政第一负责人对企业法人代表负责;下属各单位分管安全生产的负责人及部门负责人对各单位行政第一负责人负责。

(4)安全生产管理职能部门及相关部门负责人向分管安全生产的企业负责人负责。

(5)下属各单位的安全生产管理部门及相关部门负责人向本单位分管安全生产的负责人负责。

四、安全生产目标管理制度

企业实行安全生产目标管理制度,制订企业安全生产的方针和目标,并将目标层层分解到下属各单位及部门。按照上下关系,签订目标管理责任书;运输企业应与交通行业管理部门签订目标管理责任书。

道路运输企业生产安全包括两个方面:一是车辆运行安全,即不发生行车安全事故;二是指运输对象的安全,即运输过程中旅客或货物无伤、无损。

考核企业客、货运输安全性的企业安全生产评价指标有以下几种:

(1)万车公里事故频率 = $\dfrac{\text{行车安全事故次数}}{\text{总行程}/10000 \text{ 车公里}}$(次/万车·公里)

(2)旅客安全运输率 = $\dfrac{\text{年(或月)总运总人数} - \text{旅客伤亡人数}}{\text{年(或月)客运总人数}} \times 100\%$

(3)安全行车间隔里程 = $\dfrac{\text{报告期年(或月)营运总里程}}{\text{同期行车事故次数}}$(公里/次)

(4)货损率 = $\dfrac{\text{货物损毁件(吨)数}}{\text{同期运送货物总件(吨)数}} \times 100\%$

(5)货差率 = $\dfrac{\text{货物装运差错件(吨)数}}{\text{同期运送货物总件(吨)数}} \times 100\%$

(6)行包差错率 = $\dfrac{\text{报告期行包差错件数}}{\text{同期行包托运总件数}} \times 100\%$

(7)行车事故死亡频率 = $\dfrac{\text{报告期行车责任事故致死人数}}{\text{同期营运总里程}/10000 \text{ 车公里}} \times$(人/万车·公里)

第三节 安全管理措施及事故处理

一、企业安全管理措施

1.加强安全风险防范

道路运输企业必须具备与其经营范围相适应的责任赔偿能力,一旦发生责任行车事故,运输企业应具有承担赔偿责任的能力。运输企业加强安全风险防范能力的措施主要有:运输企业按国家规定,通过参加保险等形式,建立安全风险防范机制;企业必须将其各种不同经营方式的所有营运车辆全部纳入安全生产管理范围;企业领导要承担领导、管理、监督、检查、教育的责任,发生安全事故,实行责任追究制度;发生重大以上责任事故的运输业户,应限期整改,整改后达不到安全生产要求的,视情令其停业整顿直至取消经营资格。

2. 安全生产教育培训

为加强员工安全意识,提高企业员工工作技能,道路运输企业需要对员工进行针对性的教育培训,为保证培训效果,必须使培训教育工作制度化、经常化、正规化。

1) 安全管理人员培训

企业安委会每年组织至少一次,培训时间不少于 5 天,参加培训人员包括安全处(科)长及所有安全管理人员;企业各下属单位安全管理部门根据上级教育安排,结合本单位安全生产特点及岗位需要,每年自行组织不少于 2 次培训,培训时间不少于 5 天,参加培训人员为本单位全体安全管理人员。

安全管理人员培训内容包括党和国家关于安全生产的方针政策、上级安全生产文件及指示精神、安全生产法律法规、安全生产管理基础知识、岗位操作规程等。

2) 普通员工的培训

新招收的员工,结合拟安排的岗位工作特点,在上岗前必须进行必要的技术、业务培训,使他们掌握基本的安全常识。

对驾驶员的教育培训工作由企业各基层单位安全科负责组织,培训内容包括国家关于安全生产的方针政策、安全工作的重要意义、职业道德规范、交通规则、安全规章制度、安全操作规程、安全行车经验、安全评比条件、典型交通事故案例分析等。

3) 培训方法

教育培训方法可以多种多样,如请人授课、集中学习、传达文件、播放录像、收听广播、组织讨论学习、知识竞赛等。

为不影响生产,培训工作要因时因地制宜,要注意将脱产培训与在岗培训,企业培训与专门院校培训,普及性培训与提高性培训结合起来,以照顾各种不同的情况。

4) 注意事项

安全生产教育培训要注意理论联系实际,并与加强两个文明建设,开展职业道德教育,宣传好人好事结合起来;针对混合交通情况及所从事运输业务特点,与如何加强安全生产管理工作的讨论结合起来;针对员工工作岗位特点和职责,与思想政治工作结合起来,强化员工安全意识,避免空洞说教。

曾经发生重大事故的企业,要结合事故后果、原因及责任分析,反复进行教育,使员工痛定思痛,居安思危,吸取血的教训,警钟长鸣、常备不懈,时刻不忘安全工作。

每次教育培训要求提前安排好计划,保证每次参与培训人数,做好教育培训记录,强化培训效果,避免搞形式主义、走过场,对参加教育培训缺席较多的人员,要组织补课。

3. 安全生产会议

为加强安全生产源头管理,加强交流与协商,企业应经常性召开安全生产工作会议,一般按照周、月、季召开。

企业安全管理职能部门——安全处(科)应每周召开一次安全生产例会,召集本处(科)人员参加,协商交流信息,总结一周安全状况,安排本处(科)工作。

企业安委会办公室每月底召开一次安全生产例会,召集本企业安全生产分管领导、安全管理职能部门领导参加,传达上级文件精神,通报上月安全生产状况,检查上月安全例会相关决议落实情况,部署下月工作。

企业安委会每季度末召开一次大型安全例会,由安委会主任或副主任主持,召集企业安委会全体成员、各下属单位负责人和各安全管理职能部门领导参加,总结上季度安全生产工作,研讨存在的问题,部署下季度安全生产工作。

每次会议要求参加人员要提前准备好书面材料,包括总结前阶段安全生产情况,指出存在的问题,拿出具体的应对措施和工作计划,准时出席,做好记录。会后抓好落实,及时上报,及时反馈。

4. 监督检查

1) 监督检查的原则

(1) 分级负责制:企业安委会对下属各单位的监督检查负责;各下属单位对本单位的监督检查负责。

(2) 检查负责制:谁检查,谁签字,谁负责。

(3) 配合协作制:各单位应积极配合检查,任何单位和个人不得妨碍和干扰正常的检查。

2) 监督检查的方式

(1) 自查:企业下属各单位根据经营业务特点自行制订检查办法和检查内容,各单位安全负责人负责组织自查,每次自查结果上报企业安委会。

(2) 日常性检查:企业每季度组织一次常规性检查,检查具体时间可以视情况而定,如第一季度检查与"春运"相结合,第二季度检查与"五一"黄金周相结合,第三季度与"国庆"黄金周相结合,第四季度与"安全警示月"相结合。

(3) 专题性检查:企业根据国务院及相关部门、地方政府及有关主管部门要求,部署重要节假日、重点时间段期间、重大事件前后开展专项检查。

日常性检查与专题性检查在时间上接近或重合,或在内容上有一致性时,可以相互兼顾,结合进行。

日常性检查由企业安委会带队,有关人员参加;专题性检查一般由企业安委会临时组织相关人员组成专门检查组来实施。

3) 监督检查的内容

监督检查的内容可以分为一般内容和特殊内容。

(1) 一般内容。

监督检查的一般内容根据企业或下属各单位的业务经营范围和工作特点来确定,主要包括查思想、查管理、查制度、查现场、查隐患、查事故处理等。

①查思想:检查各级单位、各部门领导对安全生产管理工作是否有正确的认识,是否真正关心员工的安全和健康,是否认真贯彻落实党和国家的安全生产管理方针政策和各项安全劳动卫生法规。

②查管理:检查各级单位、各部门领导和安全管理工作人员在计划、布置、检查、总结、评比工作的同时,是否把安全生产管理工作摆在首要的位置;领导和管理人员对安全生产管理工作是否分工负责,是否落实了各级安全生产管理责任制;安全管理机构是否健全;普通员工是否参与了安全生产管理活动;群众安全生产监督组织网络是否建立并发挥作用。

③查制度:检查各项安全生产管理制度是否建立健全并得到贯彻落实,对特种作业人员,如危险货物运输、押运、装卸人员是否培训、考核、做到持证上岗。

④查现场:检查人员深入生产现场、运输车辆、运输线路等,检查相应安全设施是否配备到位,从业人员的操作行为是否符合安全规范。

⑤查隐患:查找可能导致交通事故、车辆损坏、运输货物泄露等安全事故的因素,并下达

整改意见书,明确整改措施和完成期限。

⑥查整改:在贯彻边查边改原则的同时,对以前查出的事故隐患是否按当时登记的项目、整改措施和完成期限进行了整改。

⑦查事故处理:检查各类事故是否按照规定及时报告,认真调查,严肃处理,并做到"四不放过"。

(2)特殊内容。

监督检查的特殊内容是指根据季节、行业、经营业务等特点进行特殊检查的内容;包括春夏秋冬"四季"安全生产检查,"春节"、"五一""国庆"、"元旦"等节日安全生产检查,"反三违月"、"安全活动周"、"安全活动月"、"安全警示月"等活动的安全生产检查。

4)监督检查的手段

安全生产监督检查采取听、看、问、查、议、评等方法进行,看现场管理,查基础资料,要全面认真,一丝不苟,从细从严。

"听"是指检查人员听取有关人员关于安全生产工作情况的汇报。

"看"是指检查人员到现场实地检查安全生产管理工作情况和查找存在的各种安全隐患。

"问"是指检查人员向被检查单位和人员询问有关安全生产情况。

"查"是指检查人员查看各种安全资料、台账和记录等文件资料。

"议"是指检查人员对"听"、"看"、"问"、"查"的情况进行汇总评议,形成评价结论、要求和意见。

"评"是指对被检查单位、部门和人员的安全工作进行评价,反馈意见,提出要求。

5)监督检查的总结

监督检查工作完毕后,要认真总结,立卷归档。对特殊内容的监督检查要形成书面材料,逐级上报。对存在问题的单位、部门和个人,检查组要签发隐患整改通知书,隐患整改单位要制订限期整改方案和计划,落实整改责任人,加强整改期间的跟踪监控,加大防范措施,确保安全生产。

5.安全生产隐患整改

为加强安全生产管理,迅速消除安全生产中发生的事故隐患,最大限度地减少一般事故,有效遏制重特大事故的发生,道路运输企业必须依据国家、行业和地方政府有关法律、法规以及企业内部相关制度,做好事故隐患的整改工作。

1)隐患及其分类

安全生产隐患是指可能导致事故发生的危险状态、人员的不安全行为和管理上存在的缺陷。根据隐患的危险性大小、可能造成后果的严重程度和经济损失情况,可以分为一般隐患、重大隐患和特别重大隐患三类。

2)隐患整改的原则

在进行安全生产隐患整改时,必须遵守以下原则:

(1)安全第一、预防为主的原则;

(2)"抓生产必须先抓隐患整改"和"谁主管、谁负责"原则;

(3)迅速、及时、安全、彻底的原则;

(4)实行隐患单位第一把手负责制,重特大隐患整改期间昼夜监控和重特大隐患整改上报制。

3)隐患发现与备案

本着"企业各下属单位负责,安全办公室监督,职工遵章守纪"的原则,大力鼓励企业各下属单位通过自查或员工自己查找事故隐患。

所有事故隐患必须建立隐患档案;重特大事故隐患应"一事一档";隐患档案内容一般包括:隐患单位、具体位置或部位、类型、相关图片、整改方案、整改责任单位、责任人、整改时限及标准要求,隐患整改阶段性总结及情况反馈意见、隐患注销和按照"四不放过"的原则查处事故隐患等相关资料。

备案。一般隐患由隐患单位建档,并报其上级主管单位备案,重特大隐患由隐患单位建档,并报主管单位和企业安全处或安委会办公室。

4)隐患整改措施

人员的不安全隐患应本着"发现一处,随时消灭一处"的整改原则。对人为隐患,要通过加强安全宣传教育,严抓各项制度落实,强化考核,拒绝"三违"现象,努力提高全员遵章守纪的自觉性和安全防范意识,消除人的不安全行为。

设备的不安全隐患整改,要增加必要的安全投入,及时按相应技术规范和标准要求维修、加固、整治隐患部位,重视隐患部位的养护和跟踪监控,加强现场管理,建立隐患整改信息联络体系,确保隐患整改措施得力,责任到人,整改到位。

隐患整改要按计划及时限要求完成。对一时不能整改彻底或整改期限长的,要采取强有力和切实可行的安全监控及防范措施,制订相应重特大险情和安全事故应急处理预案,严格执行24小时昼夜值班制和领导代班制,确保万无一失。

5)整改工作的监督、检查

企业安全处或安委会负责协调、指导、监督企业内隐患整改工作,隐患单位对隐患整改的具体方案实施、监控、安全防范具体负责。隐患整改单位的主管单位负责隐患整改单位的组织落实,方案实施,隐患监控及事故防范等措施的实施,并进行检查、督促和全面管理。

要建立隐患整改定期调度制度。隐患单位每周检查一次整改情况,安全处每旬检查与验收一次管辖范围内隐患整改情况。隐患整改调度按照单位自查,并实行书面整改材料,单位负责人签章,确保隐患整改计划的严肃性,促进整改及时到位,实现企业安全生产。

6)隐患整改总结及信息反馈

隐患整改完毕,隐患单位要形成隐患整改总结,填写隐患整改反馈单,并按规定上报。同时,按"四不放过"的原则查处事故隐患,追究构成事故隐患的相关责任人,以警后事,杜绝类似情况的再次发生。一般隐患由隐患单位的企业安全处复查,合格后,签署意见,隐患注销。重特大隐患由地方交通主管部门安委会根据企业的检查意见,组织有关人员进行复审。合格后由复审小组签署意见,并上报安全管理部门注销隐患。

7)奖惩

企业各单位要高度重视隐患整改工作,力求把各类隐患消灭在萌芽状态。对隐患整改,特别是重特大隐患整改及时、彻底的,安全处给予通报表彰,并对表现突出的职工给予一定的物质或资金奖励。

对存有隐患,尤其是重特大安全隐患瞒报,整改措施不力,或久拖不改,或不按规定及时整改的分公司,将取消评优资格,对因整改不彻底造成事故的,将追究隐患单位负责人和个人的责任。

二、事故处理机制

1. 事故调查

行车事故发生后应认真保护事故现场,采取措施排除险情,防止事故蔓延扩大,尽力抢救受伤人员。企业由安全管理部门牵头,纪检、技术、运务等相关部门人员参加,并吸收具有一定业务专长和资质的技术人员参加,组成专门事故调查小组,负责对行车事故进行调查,并提出处理意见。

发生一般事故,由所属单位安全管理部门调查处理;发生重大及以上事故,企业安全管理部门应立即报告所在地交通主管部门,由负责人率领事故调查小组去现场调查处理。

事故调查的主要内容:
(1) 发生事故的地点、时间、道路情况;
(2) 当事人的姓名、年龄;
(3) 事故的基本过程;
(4) 事故车辆的技术性能、安全设施设备情况;
(5) 发生事故时的天气和周围环境;
(6) 人员、车辆、货物受损情况;
(7) 整理和分析调查资料,确定事故原因和责任。

2. 事故处理

行车事故的处理应以公安管理部门的裁决书为准。企业安全管理部门根据公安部门的裁决,提出对事故责任者的内部处理意见,报分管安全的企业负责人和安委会审批。

企业安委会根据事故级别、责任大小和所造成的影响,按企业有关规定,在审批对事故当事人处理决定的同时,追究相关单位、部门负责人的领导责任,视情节轻重给予行政处分;构成犯罪的,依法追究刑事责任。

重大、特大事故处理完结后,企业应及时写出事故处理的总结报告和整改措施,报所在地交通主管部门。

要建立完整的事故档案,重大及以上事故必须一事一档。

运输企业必须按规定填报安全责任事故统计及各种报表。

3. 事故责任的追究及奖惩

根据"管生产必须管安全"和"谁主管谁负责"的原则,为增强企业负责人的责任心和自觉性,对运输企业负责人要建立事故责任追究制度和奖惩制度。

例如广东省规定:企业发生重大及以上事故,且负全部责任或主要责任,具有下列情形之一的,对企业主要负责人处以2万以上10万以下的罚款,并追究领导责任;构成犯罪的,依法追究刑事责任。

(1) 因渎职或玩忽职守导致事故发生,造成国家和人民生命财产严重损失或政治影响极坏的;
(2) 对下级部门及人员反映的危及安全的行为置若罔闻;不及时采取措施制止和处理而导致事故发生的;
(3) 纵容、包庇驾驶员及其他人员违章驾驶车辆或故意违反有关安全管理规定的;
(4) 指使、强令他人违章驾驶车辆的;
(5) 事故发生后,指示肇事人逃逸的;

(6)为逃避事故责任追究,互相串通,有意隐瞒不报或谎报的;
(7)发生了群死群伤特大安全责任事故的,或安全生产指标达不到要求的。

企业当年发生特大交通事故或安全指标不达标,且整改一年内仍不合格的,审批机关应降低企业的资质等级,同时重新确定其经营的客运线路类别。

被评为安全生产先进的企业,企业应给其负责人适当奖励,表现特别突出的,给予重奖;对在行车安全中做出显著成绩的集体和个人给予表彰、奖励,并与经济利益挂钩。

第四节 行车事故统计报告制度

一、行车事故报告程序

行车事故发生后,驾驶员和随车乘务员必须采取措施抢救伤员,同时应迅速向事故发生地交通主管部门、所属单位、安监、交警和消防等相关部门报告事故的车号、班次、时间、地点、受损情况、救助要求、事故原因等;事故单位在接到报告后,立即报告所属地交通主管部门。

事故发生地和事故单位所属地交通主管部门接到报告后,立即向上级交通主管部门报告事故情况,紧急情况下可越级上报。

行车事故报告程序框图如图8-3所示。

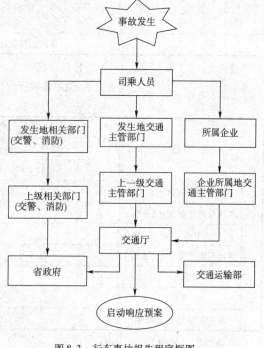

图8-3 行车事故报告程序框图

二、道路运输行业行车事故统计报告

1. 重特大事故快报

交通运输部要求,各省级交通主管部门对辖区内所属道路运输经营者和辖区内所发生的下列运输事故,应在接到报告后12小时内按照《道路运输行业行车事故快报》(表8-2)的表式报交通运输部,并及时续报事故调查和处理情况。

(1)一次造成死亡3人以上的运输事故;
(2)涉及外籍人员(包括港、澳、台)死亡的运输事故;
(3)造成重大污染的危险化学品(包括剧毒、放射、爆炸晶等)运输事故。

2. 行车事故月统计报告

交通运输部要求,各省级交通主管部门对辖区内所属道路运输经营者所发生的下列运输事故,按照《道路运输行业行车事故统计表》(表8-3)的表式按月汇总后,于每月15日前将上一月的统计报表报交通运输部。

(1)一次死亡1人以上的运输事故;
(2)危险化学品运输事故。

道路运输行业行车事故快报 表 8-2

报告单位:(盖章)

事故发生时间	年 月 日 时	天气情况	
事故地点		路况	
运行线路		线路类别	
发生事故单位		资质辞坂	
始发站(地)		车站等级	
车牌号		车型		背运证号	
核定人(吨)数		实载人(吨)数		危险化学品品名	
人员伤亡情况			
死亡(人)	失踪(人)		受伤(人)
事故情况			
事故初步原因及责任分析:			

被告人:　　　　报告日期:　　　　年 月 日 时

道路运输行业行车事故统计表 表 8-3

填报单位:(盖章)

项 目		事故次数(次)				死伤人数(人)	
		合计	一次造成死亡 10人以上	一次造成死亡 3~9人	一次造成死亡 1~2人	死亡	受伤
1	本月合计						
	本月与去年同期比(±%)						
	年度累计						
	累计与去年同期比(±%)						
2	客车						
	货车						
	危险化学品运输车辆						

单位领导:(签章)　　　　统计负责:(签章)
填 表 人:(签章)　　　　报送时间:
联系电话:

三、道路运输企业行车事故统计报告

1. 行车事故统计的目的及执行机构

1)目的

做好道路运输企业责任行车事故统计报告工作,及时、准确、完整地反映道路运输企业的事故状况,为政府安全管理部门、行业管理部门和企业自身分析事故原因;总结经验教训,制订安全对策提供依据,有利于道路运输行业和企业内部的安全生产管理,防止事故再次发生。

2)执行机构

在我国境内从事营业性道路运输的企业,包括各种经济成分和规模的运输经营业户,都有义务和责任将本企业行车事故按规定如实向当地交通主管部门和安全生产管理部门报告。

省、市、县交通主管部门负责统计上报本地区道路运输企业的行车事故。

3) 事故统计范围

(1) 国营、集体、民营的所有道路运输企业所属车辆发生的行车事故;

(2) 经有关部门以《交通事故责任认定书》、《调解书》、《判决书》认定的事故;

(3) 有次要及以上责任的事故均属统计范围。

2. 统计报告项目说明

(1) 事故等级。

事故等级分为轻微、一般、重大和特大事故 4 个等级。

轻微事故是指一次事故造成轻伤 1~2 人;或现场车、物(含牲畜伤亡)损失折款 1000 元以下的事故(当事故涉及多方时,包括多方车、物损失)。

一般事故是指一次事故造成重伤 1~2 人;或轻伤 3 人及以上;现场车、物损失折款 1000~30000 元以下的事故。

重大事故是指一次事故造成死亡 1~2 人;或重伤 3~10 人;或现场车、物损失折款 30000~60000 元以下的事故。

特大事故是指一次事故造成死亡 3 人及其以上;或重伤 11 人及其以上;或死亡 1 人,同时重伤 8 人及其以上;或死亡 2 人,同时重伤 5 人及其以上;或车、物损失折款 60000 元以上的事故。

(2) 事故类别。

事故类别分翻车、坠车、碰撞、刮擦、运行伤害、爆炸、失火等。翻车是指车辆(以下简称能量体)因各种因素偏离正常运行线路(以下简称能量线)并改变了原来的姿态,其倾斜度或不离开地面的翻转度在 90°~720°以上致使车辆最终一侧或一端着地或翻转后复又轮胎着地并失去能量的现象,可分为侧翻、滚翻、扎头翻和仰翻 4 种主要形态。

坠车是能量体因故偏离能量线从 2m 以上的高度落下,或翻转过程中有过一次或多次 2m 以上高度的陨落过程,最终失去能量的现象,可分为翻坠、冲坠和仰坠 3 种主要形态。

碰撞是指能量体在能量线上正面与其他能量体或物体相触而失去能量或相互失去能量并造成本体或他体点、面状的损伤或损害,或使他体被触后获能移动的现象。车辆之间可分为相对撞、迎头撞、侧面受撞、追尾相撞、连续追尾相撞、左转弯相撞、右转弯相撞 7 种主要形态。

运行伤害是指车辆在运行过程中因刮、擦、轧、搓、摔、挤以及车轮飞出或轮胎压飞路中物体而伤害人、物的现象。

刮擦是指能量体与能量体、能量体与非能量体发生过程接触后部分失能,造成被接触物体片、线状损伤或变态,有时本体也有部分损伤或变态的过程。车辆间的刮擦可分为会车刮擦(相向刮擦)、超车刮擦(同向刮擦)两种。

爆炸是指车辆因燃油或旅客携带的易燃、易爆物品因物理或化学的因素作用,发生急剧氧化(爆炸或闪燃)并伴有冲击波、热辐射、光亮、声响等效应,有时爆炸后还有持续燃烧的现象,能在极短时间内造成很大伤害的过程,不包括储气筒、轮胎受压爆炸(放炮)等纯物理现象。

失火是指因明火种、发动机回火、违章直接供油产生的溢火、排气歧管或排气管(消声器)过热或电器短路产生的火花引燃可燃物并造成一定损失或伤害的现象。

(3)事故责任。

事故责任分为:全责、主责、同责、次责4个等级。计算中的责任系数分别取1.0,0.75,0.5,0.25。

(4)实际事故次数是指"一般"及以上事故的起数;责任折合事故次数是指事故次数与相应责任系数的乘积的叠加。

责任折合事故次数 = ∑事故次数×责任系数。

(5)事故死亡人数是指事故发生的当时到7天内实际死亡的人数;责任折合事故死亡人数是指事故死亡人数乘以相应的责任系数之积的叠加。

责任折合事故死亡人数 = ∑事故死亡人数×责任系数。

(6)事故受伤人数是指事故中乘客、行人(及骑自行车人)和运输企业的职工等全部受重伤、轻伤人数之和。

责任折合事故受伤人数 = ∑事故受伤人数×责任系数。

(7)责任折合事故重伤人数 = ∑事故重伤人数×责任系数。

轻伤指物理、化学及生物等各种外界因素作用于人体,造成组织、器官结构一定程度的损害或者部分功能障碍,尚未构成重伤又不属轻微伤害的损伤。

重伤指使人肢体残废、毁容、丧失听觉、丧失视觉、丧失其他器官功能或其他对人体健康有重大伤害的损失。

属轻伤还是重伤,由法医或具有法医学鉴定资格的人担任,也可由司法机关聘请主任医师以上人员担任。

(8)直接经济损失包括:事故所发生的医疗费、误工费、住院伙食补助费、护理费、残疾者生活补助费、残疾用具费、丧葬费、死亡补助费、被抚养人生活费、交通费、住院费和财产直接损失。

3.有关指标的计算方法

(1)事故责任率:指统计时期内责任折合事故次数与实际事故次数之比。

$$责任率 = \frac{责任折合事故次数}{实际事故次数} \times 100\%$$

(2)百万车公里责任行车事故率 $= \dfrac{责任折合事故次数}{总行程 \div 10^6} \times 100\%$

(3)百万车公里责任行车事故死亡率 $= \dfrac{责任折合受伤人数}{总行程 \div 10^6} \times 100\%$

(4)百万车公里责任行车事故受伤率 $= \dfrac{责任折合受伤人数}{总行程 \div 10^6} \times 100\%$

(5)百万车公里直接经济损失率 $= \dfrac{统计期内直接经济损失}{总行程 \div 10^6} \times 100\%$

行车事故,指车辆在行驶和停放过程中造成人、畜伤亡和财务损失的事故,如碰撞、翻车、坠车、刮擦、运行伤害、爆炸、失火等。

责任行车事故,指运输企业负有全部、主要、同等、次要责任的行车事故。

总行程,指企业营运车辆的累计行驶里程和非营运车辆的累计行驶里程。

第九章 道路运输企业车辆安全管理

第一节 车辆安全管理概述

车辆是车辆运输企业的主要生产工具,是公路运输事业的物质基础,也是道路交通事故致因的一个重要因素。加强车辆管理工作,采取科学的管理制度和管理手段,是车辆运输取得良好投资效益和提高社会效益的基础工作,必须给予高度重视。

车辆管理就其广义来说,是指对车辆规划、选配使用、检测、维修、改装、改造、更新与报废全过程的综合性管理。其中车辆规划、选配、新车接收以及车辆使用前的准备方面的管理是车辆前期管理,车辆使用、检测、维护、修理方面的管理是车辆中期管理,车辆改装、改造、更新、报废方面的管理是车辆后期管理。车辆技术装备管理,车辆技术档案管理,车辆技术状况等级鉴定管理,车辆技术经济定额指标管理以及车辆停放租赁、停驶、封存和折旧等都属于车辆基础管理的范畴。

一、车辆安全管理的对象和目的

1. 管理对象

车辆技术管理的对象是所有运输车辆(车辆和挂车),包括各种隶属关系的从事营运和非营运的车辆,主要对象是营运车辆。

2. 管理目的

车辆技术管理的目的是保持车辆技术状况良好,为运输生产提供安全、优质、高效、低耗、及时和舒适的运力,保证车辆运行安全;确保车辆在使用中的良性循环,充分发挥车辆的效能,降低运行消耗,获得最佳的社会效益、经济效益和环境效益。

二、车辆安全管理的原则

车辆运输业技术管理坚持预防为主,技术与经济相结合,专业管理与群众管理相结合的原则,对运输业设备择优选配、正确使用、定期检测、强制维护、视情修理、合理改造、适时更新与报废,实行全过程综合性管理,依靠科技进步,努力提高车辆的管理水平和技术水平。技术管理的原则概括起来说,就是预防为主和技术与经济相结合的全过程综合性管理。

1. 预防为主原则

"预防为主"是指只有做好事前的预防性工作,才能使车辆经常保持良好的技术状况,尽量减少故障频率,保证安全生产,充分发挥车辆的效能,降低消耗,延长使用寿命。也就是说,它要求技术管理部门改变过去只考察技术管理工作的工作态度和工作方法,而要与财务部门和经营管理部门密切合作，从保持车辆技术状况的总前提出发，制订规章制度，提出实施方案，使技术与经济有机地结合起来。

2. 择优选配原则

"择优选配"是指车辆在购置前就要首先考虑运输市场的具体情况和运行条件，合理确定各种不同车型的选购与最佳配比关系（如：大、中、小型车的比例等），满足实际使用的需要。购置车辆时要考虑车辆的适应性、可靠性、经济性及维修方便性等因素，选购性能好、质量高、价格低的车辆；在具体运输过程中，要根据所承担运输任务的性质、运量、运距、道路气候以及油料供应等情况，合理配备车辆类型的构成：如大中小型车、汽柴油车、通用与专用车配备比例。"择优选配"不但会给运输单位带来长期效益，创造有利的经营条件，同时也为充分发挥车辆的运输效率打下良好的基础，给车辆管理和运输市场管理创造有利条件。"择优选配"车辆的过程，就是技术与经济相结合的过程。

3. 正确使用原则

"正确使用"是指车辆在使用过程中一定要根据车辆性能、结构和运行条件等，掌握车辆的操作和运用规程，正确使用。车辆使用的好坏，直接影响车辆技术状况、效能的发挥和运行消耗以及安全生产。盲目追求眼前效益，不维修、超载、超拖、超负荷运行是严重违背正确使用的原则，是有损于国家利益的破坏性行为。为了扭转车辆使用中的短期行为，运输企业必须将"正确使用"作为重要环节来抓。

4. 定期检测原则

由于随着车辆使用时间的延长，零部件的磨损会逐步加大，其使用强度和效能会下降，因此车辆在使用过程中其技术性能存在逐渐劣化的趋势；另外，在极端外力的作用下，有时也会发生技术性能的突变，相关零部件发生完全断裂或失效的状况。因此，为了保障企业运输过程的安全性，必须对企业车辆进行定期检测，以及时发现车辆的安全隐患。

"定期检测"是科学技术进步与技术管理相结合的产物，是车辆技术管理的核心，是实施强制维护、视情修理的前提，是贯彻预防为主和技术与经济相结合原则的重要环节，是实现车辆现代化管理的有效措施之一，也是实现行业管理的理想手段。实现"定期检测"最好的办法是建立综合性能检测站。

5. 强制维护原则

"强制维护"是指在计划预防维护的基础上进行状态检测的维护制度。它强调预防为主的方针，对企业的所有运营车辆按规定的行驶里程或时间间隔进行强制维护，在执行计划维护时结合状态检测，确定附加维护作业项目，以便及时发现和消除故障、隐患，防止车辆早期损坏，保证车辆技术状况在整个运输过程中始终处于完好状态。

6. 视情修理

"视情修理"是指随着检测诊断技术的发展和维修市场变化而提出的。车辆经过检测诊断和技术鉴定，根据需要确定修理时间和项目（包括作业范围、作业深度），既要防止拖延修理而造成技术状况恶化，又要避免提前修理造成浪费。视情修理体现了技术与经济相结合的原则，反映了维修技术的发展方向。

7. 合理改造、适时更新和报废

"合理改造、适时更新和报废"是指对在用车辆按照提高经济效益、社会效益和环境效益的原则，进行合理的改造或在适当时候新车辆或用高效率、低消耗、性能先进的车辆予以更换。型号老旧、性能低劣、物料超耗严重、维修费用过高的车辆再继续使用下去既不经济又不安全,也应适时报废。车辆的合理改造、适时更新和报废是全过程管理不可缺少的部分,是提高运输装备素质和经济效益的重要手段。车辆改装、改造前必须进行技术经济论证,以达到技术上可靠、先进,经济上合理的目的。

三、车辆安全管理的主要内容

对于道路运输企业而言,车辆安全管理是企业安全管理的重要组成部分,具体包括6部分内容。

(1)车辆基础管理;
(2)车辆使用管理;
(3)车辆检测诊断管理;
(4)车辆维护管理;
(5)车辆修理管理;
(6)车辆改造、更新和报废管理。

第二节 车辆基础安全管理

一、车辆的选配

车辆是车辆运输企业作业的物质技术基础,是运输企业的主要生产设备。组织运输生产首先要有合适的运输车辆。因此,应根据运输市场情况,以及当地的社会运力,油料供应、运量、运距和道路、气候等社会和自然条件,制订车辆发展规划,择优选配车辆,并做好车辆的分配和投用前的技术准备工作。选择车型是一项技术性、专业性很强的工作,它包括择优选购和合理配置两个方面。

1. 车辆的择优选购

车辆在设计时,是根据不同的道路和气候等运行条件而设计了不同的使用性能。企业在选购车辆时,应对车辆的适应性、可靠性、经济性、维修和配件供应的方便性、产品质量的优劣和价格等诸因素进行择优选购,以提高车辆的投资效益。此外,企业还应根据自己的技术管理水平和维修能力来选择新的车型,避免盲目性和随意性,以充分发挥车辆的运效和使用性能。因此,选购车辆必须遵循"技术上先进、经济上合理、生产上适用、维修上方便"的基本原则。

车辆能适应当地道路、气候等条件,就说明车辆的适应性好;车辆的可靠性一般用其发生故障的平均里程和频率来评价;易于早期发现故障、易于更换或修复损坏的零件,缩短维修时间,减少维修费用都是维修和供应配件方便性好的标志;同类型车的燃油经济性可能会有差异,尽管有时差异很小,但长期积累节约数量也相当可观。因此,对燃油的经济性必须进行比较,车辆使用寿命长显然是产品质量好的重要标志之一。所以,在选购车辆时,应从车辆的售价、适应性、可靠性、维修和配件供应方便性、使用寿命以及燃油经济性等因素综合考虑。

择优选购车辆是关系到运输单位和个人主要生产设备优劣的关键问题,应进行技术经济论证,避免盲目购置。要从实际出发,按需选购、量力而行,讲究实用可靠,以及尽可能达到少投入多产出,综合经济效益好的目的。

2. 车辆的合理配置

车辆的合理配置是指运输企业根据其所承担运输任务的性质、运量、运距和道路、气候以及油料供应情况等条件,合理配置车辆结构,如大、中、小型车辆比例,汽、柴油车比例,通用、专用车比例等等。通过合理规划,优化车辆构成,充分发挥车辆吨(座)位和客量的利用率,满足运输市场的需要。

车辆的合理配置的标志是:

(1) 车型先进、安全可靠、货物装卸(或旅客上下)方便。

(2) 车辆规格齐全,能与当地货(客)源相适应,且配比合理(吨位大小、座位多少、高中低档比例等),吨位利用率和客量利用率高。

(3) 车辆的油耗、维修费用、运输成本均低而利润高。

(4) 应变能力强,即能完成正常的生产任务,又能突出重点,完成特殊任务。

为此,配置车辆时,除需要考虑当地运输市场状况,弄清现有在用运输车辆的基本技术情况外,还应考虑下列因素:

(1) 车辆经常行驶的道路条件。

道路的通过能力、承载质量、坡度大小、路面质量和转弯半径等,均影响车辆的运行。因此,要注意所配置的车辆的技术参数是否适应所要行驶的道路条件,否则就会影响企业的运输效率。

(2) 气候、海拔条件。

根据气候、海拔情况的不同,企业应该选取不同的车辆以适应环境的要求,例如:寒冷地区就应考虑配置起动性能好的车辆,高原地区空气稀薄,应配置动力性能高的车辆,或配置装有进气增压发动机的车辆。因此,配置车辆时应充分考虑到本地区的气候和海拔条件。

(3) 油料供应情况。

车辆在使用中要消耗多种油料,如果油料来源困难,就会影响生产。所以选用新车时,尤其是进口车(使用优质燃润料)时,应注意到这一问题。

(4) 车辆使用的经验。

在性能先进的前提下,选择新车时,应尽量选用本单位熟悉的车型,这样在管理、使用、维修上有较为完整且行之有效的规章制度、技术措施,从而可以避免重新组织技术培训和摸索管理方法。

(5) 本单位或当地车辆构成情况和维修能力。

配置车辆时应考虑当地车辆构成情况,要避免一个地区或一个车队所拥有的车型过于复杂,以免给配件的供应、储备与维修工作带来困难。

总之,合理配置车辆对避免运力过剩,提高运输效率,节约能源,保障安全生产,降低运输成本,争取更多的客、货源都起到较大的作用。合理配置是指企业各车队根据所承担的运输任务的性质、运量、运距、营运路线、气候条件、装卸和配件供应情况等,合理配备车辆结构,确定大、中、小型车及通用车与专用的比例,既满足社会运输的需要,又能充分发挥车辆的吨(座)位利用率。也就是说,新车配备要根据车队生产的需要、技术专长、维修装置等进行,尽量保持车队的车型集中,方便车辆的管、用、养、修。

3. 车辆选配的主要技术指标

车辆选配的目的就是择优选购合适的车辆,根据车辆适应用途、外界自然条件等要求而确定车型,而反映适应上述外界条件的车辆本身,是由车辆的基本性能体现出来的。总体上,主要包括车辆的动力性、经济性、可靠性、安全性和使用方便性。

(1)动力性。

车辆的动力性有如下3个指标,即最高车速、所能克服的最大坡度和加速能力。

车辆的最高车速是指车辆在水平良好的路面所能达到的最高行驶速度。一般购车者都希望自己所购的车速较大。但是在一定的行驶环境下,车辆都有一个经济行驶速度,相应的最高车速大,经济行驶速度就越大。如果车辆常在高速路上进行长距离行驶和货物运输,那么较高的行驶速度会对运营有利。但是如果把这种车型拿到山间土路上行驶,它的高速性就发挥不出来。所以,在选购车辆时,车辆的最高车速应与运行条件相适应。

车辆的加速能力一般用加速时间来衡量,加速时间有两项,一项是车辆原地起步加速时间;一项是超车加速时间。原地起步加速时间是指车辆由1挡起步,并以最大的加速强度逐步换至高挡后达到某一预定的距离或达到一定车速所需的时间。一般以0km/h加速至100km/h所用的时间表示。超车加速时间是指用最高挡或次高挡由某一车速开始全力加速至某一高速所需的时间,一般选用30km/h全力加速至某一高速所需时间表示。

车辆的加速能力就是克服车辆惯性阻力的能力,它直接与发动机的功率与变速操纵系统的性能有关。车辆单位质量功率越大,加速性就越好,但是选购车辆时对于加速性的要求也同样应考虑车辆要行驶的道路条件。

车辆的最大爬坡度是指车辆满载行驶在良好路面上一挡的最大爬坡度(i_{max})。载货车辆使用范围较广,其最大爬坡度一般在 $i_{max}=30\%$,即 $16.5°$ 左右。越野车辆使用环境较差,对车辆的爬坡度要求较高,一般应达 $i_{max}=60\%$,即 $30°$ 左右或更高。

(2)燃油经济性。

燃油经济性是指单位燃油消耗量完成运输工作量的能力,车辆的燃油费用约占车辆运输成本的30%左右。因此,提高燃油经济性可降低运输成本。燃油经济性可用在一定条件下行驶单位里程的燃料消耗量来表示,如100km油耗(L/100km),或用在一定道路条件下单位车辆总质量在单位车辆行驶里程下的平均燃油消耗,如百吨公里油耗(L/100t·km)。上述前一个指标较适于衡量客运燃油经济性,而后一个指标由于把行驶里程和车辆总质量两项指标都考虑进去,更能体现商业运输中的燃油成本,所以较适于货物运输车辆。前一个指标意义在于车辆自身行驶100km燃油消耗量,而后一个是指单位车辆总质量(车辆本身质量加货物质量)行驶100km的燃油消耗量。

(3)可靠性。

车辆的可靠性是指车辆在规定的条件下和在规定的时间内完成规定功能的能力。它表示车辆顺利工作不产生损坏和故障的性能,常用以下几个衡量指标:

①车辆行驶每1000km由于技术故障而进行修理的次数;

②车辆每行驶1000km由于技术故障而造成停歇待修的时间;

③车辆的总成、部件(组合件)和零件在规定使用期限内的损坏和损伤情况。

车辆的可靠性与其各零部件设计的合理性有关,与生产的工艺与技术水平有关,与使用的材料的性能指标及表面处理方法有关,同时还与规定的车辆运行条件与本车实际是否相符有关。

(4)安全性。

安全性主要体现如下几点,车辆的制动性、车辆操纵的平稳及可靠性、车辆各部位的防撞性及内部安全防护设施的配置,其中最为主要的是车辆的制动性。

车辆的制动性又包括制动效能、制动效能的恒定性及车辆制动时方向稳定性。车辆的制动效能可用在满载时车辆以不同初速度制动时的最小制动距离表示；制动效能的恒定性指车辆在高温、高寒、潮湿及大坡度长距离条件下制动效果的恒定性。制动时车辆的方向稳定性是指车辆在制动中不发生跑偏、侧滑或丧失转向能力，而是能按驾驶员给定方向行驶的性能。

在选购车辆时，车辆各方面的安全性能符合驾车者运行条件基本要求的同时，应在条件允许的情况下，尽量选择有较完备安全设施和安全水准较高的车辆，如车内有良好的视野，有前、后风挡及后视镜的电热除霜装置、卤素前照灯、室内防眩后视镜、选装 ABS 制动防抱死系统、安全气囊等。

二、车辆的使用前期管理

1. 新车的检查与验收

车辆在出厂时，虽然已按规定进行了检查、验收，但是由于在运输过程中也有可能会造成意外的损伤。为了分清责任，确保车辆安全、可靠的行驶，在新车购置后应进行严格的检查与验收。检查、验收的主要内容有：

(1) 检查车辆的外观是否良好，有无变形、损坏，有无脱焊、掉漆、锈蚀或刮碰痕迹。

(2) 检查车辆各部的紧固情况。

(3) 检查车辆有无漏水、漏电、漏油、漏气。

(4) 检查散热器、风扇以及各连接件有无损伤、变形、掉漆等情况。

(5) 检查灯光、喇叭、刮水器和空调等工作是否正常。

(6) 检查车门窗玻璃升降是否平顺。

(7) 检查轮胎气压是否符合要求，轮胎橡胶是否有老化现象。

(8) 车辆起动后，应检查仪表工作是否正常、发动机运转是否正常、转向机构是否正常、制动系统工作是否可靠。

(9) 检查随车附件是否齐全（包括随车工具、车轮罩、灭火器等）。

(10) 检查随车资料是否齐全，进口车辆应包括进口商检证、说明书、货检单等资料。国产车辆应包括出厂证、合格证、说明书等资料。合格证上的发动机号、底盘号应与车相符，如果不符应拒绝提车。

2. 新车的接收与使用前的准备工作

运输单位对新购进来的车辆，应根据其不同的使用性能以及运输的客观实际需要，尽可能地将同一厂牌、同一车型的车辆分配在一个运输队中，否则将会因车型多而引起的配件种类和维修所需的专用工具过多，占用的流动资金增大；在缺少配件的情况下，有时就会因流动资金少而出现停工待料发生的现象，影响车辆的正常使用。

为了使新车尽快投入正常的运行，充分发挥其效能，延长其使用寿命，在接收新车时及新车使用前应做好以下几项工作：

(1) 接收新车时应按车辆购置合同和车辆的使用说明书的规定，对照车辆清单或装箱单进行验收，清点随车工具及附件等。在验收进口车辆时，要委托商检部门进行商检或邀请其共同验收，并要办好商检手续。

(2) 新车在投入使用前，应对驾驶员和维修工进行技术培训。使驾驶员掌握各种仪表和按钮等的用途、车辆的使用性能、使用中应注意的事项、日常维护中的维护要点及维护周期等,使维修工掌握新车的维修技术要点。

(3)新车使用前,应按制造厂的规定对车辆进行清洁、润滑、紧固、补给及必要的调整。

(4)新车使用前应对其进行一次全面的检查,重点检查车辆是否有缺件、损坏及制造质量等问题,如发现有较大问题要及时分析、解决。

(5)建立车辆的技术档案。

(6)严格按照制造厂规定的技术要求进行车辆走合及使用,并做好走合前的维护工作。在索赔期内,车辆如发生损坏,应及时作出鉴定报告,及时索赔。属于厂家责任的,应按规定程序向制造厂提出索赔申请,进行索赔。

(7)为了便于因质量问题需要提出索赔时,最好不要在索赔期内对车辆进行改装或加装其他附加装置。并要做好使用记录,以备查阅。

若接收的是在用车辆,应注意检查车辆装备是否齐全,其技术状况是否良好,如有技术档案的要注意查收其车辆的技术档案和有关技术资料,并向交车单位或交车人了解车辆使用情况。车辆交接后,有时还需要办理车辆的转籍和行驶牌证手续。

三、车辆技术档案管理

车辆技术档案是指车辆从新车购置到报废整个运用过程中,记载车辆基本情况,主要性能、运行使用情况、主要部件更换情况、检测和维修记录,以及事故处理等有关车辆资料的历史档案。它的作用是了解汽车性能、技术状况的动态、运行材料和维修材料、维修工时的消耗、汽车在运行期的经济效益;掌握车辆使用、维修规律,为车辆维修、改造和配件储备提供技术数据和科学依据;为评价技术管理水平的高低提供依据;还可为车辆制造厂提高制造质量提供反馈信息。因此,它是车辆技术管理中的一项重要的基础管理工作,应认真做好这一项工作。

1. 车辆技术档案的建立

各运输单位和个人必须逐车建立车辆技术档案,并应认真填写,妥善保管。车辆技术档案的格式由各省自治区、直辖市交通厅(局)统一制定,以使其内容和格式做到统一,便于管理。

车辆技术档案应作为发放、审核营运证的依据之一。交通运输管理部门要督促指导运输单位和个人建立车辆技术档案。对未建档案或档案不完整的车辆,交通运输管理部门应不予发放营运证。

车辆技术档案一般由车队负责建立,由车队的车管技术人员负责填写和管理。为了适应总成互换修理,车辆技术档案也可按总成立卡,随总成使用归入车辆技术档案内。车辆在检测、维修、改造时,必须随带技术档案进行有关项目的填写。车辆办理过户手续时,技术档案应完整移交,接收车辆单位应注意查收车辆技术档案。车辆被批准报废后,车管技术员办完报废处理手续并记入技术档案中,然后将技术档案上交有关部门保存。

2. 车辆技术档案的内容

车辆技术档案包括车辆基本情况和主要性能、车辆运行使用情况、检测和维修情况、车辆技术状况和事故处理情况等内容:

(1)车辆基本情况和主要性能。

记载车辆的装备、技术性能和规格、总成改装和变动情况等。

(2)车辆运行使用情况。

记载车辆的行驶里程、运输周转量、燃料消耗、轮胎使用、车辆机件故障等情况。

(3)车辆检测维修情况。

记载检测的内容、结果、时间及查明故障或隐患的部位、原因,解决对策和历次维修情况,以及各主要总成的技术状况。

(4)车辆技术状况。

记载车辆技术等级评定日期和评定等级。

(5)事故处理情况。

主要记载车辆机件事故发生的情况、原因、损失,解决对策和处理情况等。

3. 车辆技术档案的管理

车辆技术档案一般在车队由车管技术员负责填写执行,企业技术管理部门应定期进行检查。对车辆技术档案管理的要求是:

(1)记载应做到"及时、完整和准确"。及时就是指档案中规定的内容,要按时记载,不得拖延,不允许采用在一定时期以后,以"总算账"的方法追记。完整就是要按规定内容和项目要求,一项不漏地记载齐全,不留空白。所谓准确就是要一丝不苟、实事求是的记录,使其真实可靠。

(2)专人负责,职责分明。车队的车管技术员是技术档案的具体负责人,负责填写、执行和保管,并负全部责任。

(3)技术档案随车调动,车辆报废后应上交。

四、车辆技术状况分级与评定

1. 车辆技术状况分级评定内容

车辆经过一段时期的使用以后,技术状况将发生变化。变化和程度随行驶里程的长短不同及运行条件、使用强度、维修质量的不同而各有差异。为了及时掌握车辆的状况,采用相应技术措施,合理地组织安排运输能力,正确地编制车辆维修计划,各运输企业应定期对车辆性能进行综合评定,核定其技术状况,并根据国家有关标准将车辆技术状况划分等级,以便于车辆的合理运用和科学管理。

根据《营运车辆技术等级划分和评定要求》(JT/T 198—2004),营运车辆技术等级划分评定的内容为:评定营运车辆整车装备及外观检查、动力性、燃料经济性、制动性、转向操纵性、前照灯发光强度和光束照射位置、排放污染物限值、车速表示值误差等。

2. 车辆技术状况等级划分

根据《营运车辆技术等级划分和评定要求》(JT/T 198—2004)标准,营运车辆按照技术状况可分为一级车、二级车和三级车3个等级,其中"三级车"是营运车辆技术等级中最低一级要求,是社会车辆进入道路运输业,从事营运的门槛。

营运车辆在市场准入前,应当经综合性能检测并评定车辆技术等级,对于三级以上的所有车辆,进行等级评定时,检测的所有项目必须全部合格。具体评定方法参照 JT/T 198—2004 规定的营运车辆技术等级的评定项目和技术要求,该规定的评定项目共有 10 个大项 42 个小项,技术要求分为一级、二级、三级。

(1)一级车评定要求。

一级车必须满足的分级项目有:整车装备与标识;车身、车架、驾驶室;车门、车窗;车轮、轮胎;驱动轮输出功率;等速百公里油耗;制动力平衡;车轮阻滞力;转向盘最大自由转动量;

排放污染物控制;车速表示值误差(共 11 项)。

当受检车辆达到 JT/T 198—2004 标准中规定项目的一级车技术要求,且不分级的项目达到合格要求时,可以评定为一级车。

(2)二级车评定要求。

二级车必须达到的分级项目有:车架、车身、驾驶室;车轮、车胎;制动力平衡(共 3 项)。

当受检车辆除达到上述 3 项二级车的技术要求外,还必须在 8 个一级车项目(整车装备与标识;车门、车窗;驱动轮输出功率;等速百公里油耗;车轮阻滞力;转向盘最大自由转动量;排放污染物控制;车速表示值误差)中,至少有 3 项达到一级车的技术要求,且不分级的项目达到合格要求时,方可评为二级车。

(3)三级车评定要求。

三级车是车辆申请从事营运的最低技术要求,也是对营运车辆最基本的技术要求。

受检车辆在分级的项目中应达到三级车的技术要求,且没有分级的项目都达到合格要求时,方可以评为三级车。达不到三级的车辆,不能参与道路营运。

3. 车辆平均技术等级

车辆平均技术等级是综合体现汽车运输企业的技术管理水平、技术装备素质和企业发展潜力的主要技术经济指标之一,它标志着汽车运输企业所有车辆的平均技术状况。车辆平均技术等级可用式(9-1)计算。

$$车辆平均技术等级 = \frac{(1 \times S_1) + (2 \times S_2) + (3 \times S_3)}{各级车辆数的总和} \quad (9-1)$$

式中:S_1——一级车辆数;
S_2——二级车辆数;
S_3——三级车辆数。

五、车辆的改造、更新与报废

1. 车辆的改装与改造

车辆的改装、改造是车辆技术管理不可缺少的组成部分,是提高运输装备技术素质和取得良好经济效益的重要手段。符合"技术上可靠、经济上合理的原则"的车辆改装、改造,将对充分发挥车辆效率,满足市场运输需要,改善车辆技术状况和提高经济效益起到积极的促进作用。

(1)车辆改装。

为适应道路运输的需要,经过设计、计算、试验,将原车型改制成其他用途的车辆被称之为车辆技术改装。如经过设计、计算、试验后将在用货车改制成客车、半挂车、罐式车、箱式车或其他专用车。由此可以看出,车辆改装必须满足两个条件:一是必须改变原车型的用途;二是必须经设计、计算、试验后进行改制。两条缺一不可,否则就不能算为车辆改装。

车辆改装的目的是为了适应运输需要,提高运输效率,降低运行消耗。

(2)车辆改造。

为改善车辆性能或延长其使用寿命,经过设计、计算、试验,改变原车辆的零部件或总成,称为车辆技术改造。如经过设计、计算和试验,对已行驶多年的旧车、进口车,由于配件供应无着落或技术性能指标(经济性等)落后,可改变其个别总成、主要零件来延长使用寿命或将原车辆的发动机换装其他型号的发动机、换装高压缩比的气缸盖及凸轮轴等零件,提高其动力性,增加车辆的装载质量,改善性能等。由此可看出,所谓车辆改造,也必须满足两个条件:一是必须改变车辆的部分结构以达到改善其技术性能或技术状况,二是必须有设计、计算和试验等程序。

车辆改装和改造,在事前必须进行技术经济论证,符合技术上可靠,经济上合理的原则。也就是说通过对改装、改造方案的定性、定量分析,说明其技术上是可行的,经济上是合理的之后,才能进行车辆改装和改造。

对营业性运输车辆提出改装和改造的单位,应将改装、改造方案及数量报交通运输管理部门审批。交通运输管理部门应对运输市场是否需要,改装、改造的数量是否合适,设计方案是否符合技术上可靠、经济上合理的原则,受理车辆改装、改造的单位在技术上是否具备相应的条件等内容进行审查。审批后,运输单位方能进行改装或改造。对于安装节油装置等一般性技术改造,企业或车队可以自行决定。

改装和主要总成改造后的车辆必须经一定的道路里程试验或综合性能检测站测试,检验实际效果,发现存在的问题,然后加以改进,最后由主管部门组织专家进行技术鉴定,认定达到设计目标,满足使用要求后方能成批生产或出厂。车辆改装完工后,应到车辆监理部门办理车辆变更手续。

2. 车辆的更新与报废

1) 车辆的更新

车辆更新是运输单位维持简单再生产和扩大再生产的基本手段之一,是提高车况、降低运行消耗、提高经济效益的重要措施,而且车辆更新与其折旧资金的提取使用和车辆新度系数有密切关系。因此,车辆更新工作是运输单位领导、技术管理部门及其他有关部门的重要职责,必须认真做好。

用效率更高、消耗更低、性能先进的新车更换在用车辆,称为车辆更新。车辆更新包含了四个方面车辆更新的含义:

(1) 同类型新车辆替换在用车辆,如用同类型新解放或东风汽车替换在用的老解放车或东风汽车等。

(2) 高效率、低消耗、性能先进的汽车或大吨位车辆替换性能差或小吨位的在用车辆。

(3) 在用车辆尚未达到报废程度,但性能较差而被替换。

(4) 在用车辆已达报废条件而被替换。

由此可见,凡属上述四个方面的车辆替换都属车辆更新范围。

车辆更新的原则是提高经济效益和社会效益。原则上讲,车辆应按照经济寿命进行更新,但还要视国情而定,考虑到更新车的来源、更新资金、车辆保有量以及折旧率和成本等因素。

车辆更新实际上是对运输单位车辆配置的调整。车辆更新不仅仅是以新换旧和原有车型的重复,更重要的是保持和提高运输单位的生产力,降低运行消耗。至于更新的车辆是原车型还是新车型,要根据市场情况和货(客)源的变化情况来决定,同时还要考虑管理人员、驾驶员、修理工的培训、维修设备更换等相关因素的变化情况。车辆更新还应与改装、改造结合起来,使原有车辆具有以前不曾有的高效率、低消耗和先进的性能,这样做有时比购置全新车辆能更廉价地实现高效、低耗。另外,通过租赁车辆对原有设备更新,在现代经营中也是可以尝试的一种新办法。

因此,运输单位应把车辆更新工作提到重要议事日程上来,并组织有关人员进行研究和论证、提出车辆更新的最佳使用年限。运输单位可根据运输市场、汽车市场的动态、本单位的车辆结构情况,结合最佳更新年限,编制车辆更新规划和年度计划,并积极组织落实,以保证运输车辆经常处于高效、低耗的良好技术状况。交通运输管理部门要根据具体情况,督促运输单位和个体运输户的车辆及时更新。

2)车辆的报废

车辆经过长期使用后,技术性能变坏,小修频率高,运输效率降低,物料消耗增加,维修费用增高,经济效果不好。因此,车辆使用后期必然导致报废。车辆报废应严格掌握车辆报废的技术条件,任何提早报废必然造成运力的浪费,过迟报废则增高运输成本,影响运力更新,也不符合经济原则。

车辆或总成的报废,应符合经济合算、技术合理的原则。根据国家商务部2011年审议通过的《机动车强制报废标准规定》,制定运输企业参与营运车辆的具体报废条件。

(1)车辆整车报废条件。

①达到规定使用年限的。

《机动车强制报废标准规定》对不同使用用途和类型的车辆规定了其相应的最高使用年限,有关参与营运车辆的使用年限为:小、微型出租客运汽车使用8年,中型出租客运汽车使用10年,大型出租客运汽车使用12年;公交客运汽车使用13年;小、微型营运载客汽车使用10年,其他大、中型营运载客汽车使用15年;全挂车、危险品运输半挂车使用10年,集装箱半挂车20年,其他半挂车使用15年;

②达到规定行驶里程的。

机动车达到《机动车强制报废标准规定》要求行驶里程的,企业必须将机动车交售给机动车回收拆解企业,由报废机动车回收拆解企业按规定登记、拆解、销毁,并将报废的机动车登记证书、号牌、行驶证交公安机关交通管理部门注销。营运车辆的报废里程规定为:小、微型出租客运汽车行驶60万km,中型出租客运汽车行驶50万km,大型出租客运汽车行驶60万km;公交客运汽车行驶40万km;小、微型及大型营运载客汽车行驶60万km,其他中型营运载客汽车行驶50万km;装用单缸以上发动机的低速货车行驶30万km,微型载货汽车行驶50万km,危险品运输载货汽车行驶40万千米,其他载货汽车(包括半挂牵引车和全挂牵引车)行驶60万km;

③经修理和调整仍不符合机动车安全技术国家标准对在用车有关要求的。

④经修理和调整或者采用控制技术后,向大气排放污染物或者噪声仍不符合国家标准对在用车有关要求的。

⑤在检验有效期届满后连续3个机动车安全技术检验周期内未取得机动车检验合格标志的。

(2)各总成报废条件。

①发动机:在气缸体、气缸盖、曲轴、凸轮轴四个主要零件中,气缸体和其他两个以上主要部件严重损坏,无修复价值的。

②变速器:在变速器壳、变速器盖、第一轴、第二轴、中间轴五个主要零部件中,变速器壳及盖和其他一个以上部件严重损坏,无修复价值的。

③车架:纵横梁严重变形、断裂或严重锈蚀剥落,虽经加固而屡修屡断的。

④前桥:工字梁、转向节严重损坏,无修复价值的。

⑤后桥:在后桥壳、主减速器、差速器三个主要部件中,后桥壳和其他任何一个部件严重

损坏,无修复价值的。

⑥客车车身:骨梁断裂、锈蚀严重,需整根更换的下横梁、立柱超过半数以上的。

⑦货车车厢:纵、横梁和底板腐蚀(锈蚀)需更换半数以上的。

⑧货车驾驶室:骨架锈蚀、门窗严重变形、底板锈蚀严重,无修复价值的。

车队申请车辆报废时,由其主管部门鉴定、审批,并报交通运输管理部门备案。需要报废而尚未批准的车辆,应妥善保管,不得拆卸和更换总成、零件和附属装备。凡经批准报废的车辆,企业应及时办理吊销营运证,不准转让或挪作他用,总成和零件不得拼装车辆。

《道路交通安全法》第十四条明确规定,机动车实行强制报废制度。达到报废条件的机动车不得上路行驶,报废的大型车、货车及其营运车辆应当在公安机关交通管理部门的监督下解体。

第三节 一般条件下车辆使用安全管理

一、汽车的一般使用管理

1. 汽车的装载安全管理

汽车在设计时各项性能指标都必须与其装载条件相适应,如果不按规定装载,不仅会降低汽车的使用寿命,还会影响到汽车的安全行驶特性。首先,超载会加速零部件的磨损、变形和损坏,直接影响汽车使用寿命;其次,超载行驶,发动机处于高负荷工况,发动机冷却液温度和机油温度过高,使发动机容易损坏;再次,汽车超载,使车架、传动系统和轮胎等损坏提前;最后,超载影响行驶的稳定性、操纵的稳定性和制动性能,极易造成交通事故。

汽车在运营过程中必须按照规定进行装载。汽车的额定装载质量,要符合相关的规定(制造厂和行政主管部门的),在实际运营过程中不能超过额定装载质量;经过改造的汽车,要重新核定装载质量,并报有关管理部门备案;换轮胎时,轮胎负荷能力要符合要求;汽车装载要均匀,装载过于靠后,会使前轮发飘,汽车上坡时,出现翘头、甚至后翻。装载过于靠前会使转向沉重,前轮负荷过重,下坡制动时甚至使前轮胎爆破。装载偏斜,会使两侧轮胎受力不均,行驶及制动时产生跑偏。由于重心偏移而汽车难以操纵,车架、悬挂部分发生弯扭,尤其转弯时易发生翻车事故;载运易散落、飞扬、污秽物品时,应封盖。

2. 拖挂运输安全管理

拖挂运输是公路货物运输的趋势,具有运输效率高,运输成本低,道路资源利用率高的优点,但拖挂运输也必须符合相关的安全管理规定。拖挂时应该注意以下几点:

(1)拖带挂车时,只准许拖挂一辆;挂车的装载质量不超过拖车的装载质量;连接装置牢固。防护网和挂车的制动器、标杆灯、制动灯、转向灯、尾灯齐全。

(2)技术状况不良和走合期的汽车,不应拖挂。

(3)拖车空载不得拖带重载挂车。

(4)路况差的地方不宜拖挂。

(5)操作不熟练的驾驶员不得驾带挂的车。

3. 汽车润滑材料和轮胎的使用

(1)汽车润滑材料的合理使用。

在汽车运输中,润滑材料本身的消耗费用虽然不大,通常仅为总成本开支的1%~3%,

但实际上,它对运输企业的成本却有很大的影响。合理使用润滑材料,不仅可以降低润滑材料本身的消耗,而且还可以提高机件的润滑条件,减少摩擦和磨损,从而减少功率消耗,降低燃料消耗,延长机件使用寿命。所以,润滑材料的合理使用是一件不可忽视的工作。

在汽车运营过程中,润滑油的使用必须注意以下几点:

①定期换油。

在汽车的使用过程中,应根据发动机结构特性、运行条件和润滑油及燃料的质量按照汽车制造厂推荐或用户自行确定固定的换油周期(时间或里程)定期换油。

由于定期换油不需要对润滑油的质量进行鉴定、化验,操作简单、方便,目前国内普遍采用这种换油方法。但是采用按期换油的方法也会造成不该换的换了,浪费了油料,而该换的不换,润滑条件就无法保证,使机件磨损增加,所以定期换油的方法有不尽合理的地方。

②按质换油。

按质换油就是按润滑油的质量更换润滑油。由于定期换油的不合理性,随着在用润滑油化验技术的进步,按质换油正在逐步取代按期换油。

③定期换油同时控制油的指标。

这种方法是在规定了发动机换油期的同时也控制在用油的某些理化指标,必要时可提前报废的一种换油方法。它是定期换油和按质换油的一种综合方法。这样不仅可及时更换不适用的润滑油,更为重要的是能够发现发动机的隐患,以便能提前采取措施加以消除,从而避免造成重大损失。

(2)汽车轮胎的合理使用。

轮胎是汽车的重要部件。轮胎的经济价值在汽车总价值中占有较大比重。轮胎在运行中的消耗,占运输成本的10%~15%。因此,合理使用轮胎,提高轮胎的使用寿命,对降低运输成本具有重要意义。同时,保持轮胎良好的技术状况对确保行车安全,降低行驶阻力,减少油耗也有较大的影响。

为了合理使用轮胎、延长使用寿命,驾驶操作要做到:起步要平稳,避免轮胎在路面上滑移;行驶中要尽量避免紧急制动;行驶中要尽量选择较好的路面;控制车速、防止高速行驶导致胎温过高。

二、驾驶操作的基本要求和日常维护

汽车安全运行的关键所在是安全驾驶,一辆技术性能完好的汽车能否充分发挥其应有作用,平安顺利完成运输任务,驾驶员是重要因素。因此,驾驶员要根据不同的运行条件,及时正确地选择合理的驾驶方法,准确把握汽车动态,及时发现并排除各种行车故障,对汽车进行经常正确的维护作业,以保持其技术状况的良好,从而达到安全运行的目的。

1. 驾驶操作的基本要求

驾驶员驾驶过程中必须要了解基本的操作规程,以使汽车运行平稳安全。在行车前,预热发动机,低速升温、低挡起步。拖带挂车时,要检查主、挂车的连接机构。行驶中,及时换挡、注意发动机温度、平稳行驶、安全滑行。拖带挂车时,要减少主、挂车间的冲击。另外,驾驶员更应该掌握车辆起步、车速选择、安全车距的保持、会车和超车、调头和倒车等必要的安全操作技能。

2. 汽车的日常维护

汽车的安全运行不但受运行条件、交通环境及驾驶员因素的影响,而且还与汽车的技术状况有关，良好的汽车技术状况是安全使用的基本保障。汽车的技术状况和道路条件、使用强度、运行材料等因素有关，但更重要的是对汽车的日常维护工作质量如何。因此，汽车的日常维护工作对确保汽车行驶安全、延长使用寿命、降低运行消耗有重要意义。

为保证汽车的技术状况良好及行驶安全，驾驶员必须做到"三检"，即出车前检查、行车途中检查和收车后的检查。做到及时发现问题、迅速排除故障，正确补充润滑油和其他运行材料的消耗。具体维护内容有：

(1) 保持车容整洁，清洁汽车外观、发动机外表面。
(2) 检视补给各部润滑油（脂）、燃油、冷却液、制动液等。检查轮胎气压。
(3) 检视并校紧制动、转向、传动、悬架、灯光、信号等安全装置，确保行车安全。

三、汽车在走合期的使用

汽车的走合期，实质上是使新车和大修车向正常使用阶段过渡，对相互配合运动副零件的摩擦表面进行走合加工的工艺过程。

汽车走合期的目的是使零件表面的不平部分，逐渐磨去，形成比较光滑、耐磨而可靠的工作表面，以承受正常的工作负荷。根据走合期的工作特点，汽车在走合期内必须严格遵守走合规定，以保证走合的质量。走合期必须遵循的主要规定包括：减载、限速、选择优质燃润料和正确驾驶等。

1. 减载

汽车载质量的大小直接影响机件寿命，载质量越大，机件受力越大，引起润滑条件变坏，影响磨合质量。所以，在走合期内必须适当减载。一般载货汽车按额定载质量减载20%～25%，并禁止拖带挂车；半挂车按载质量标准减载30%～50%。为保证走合质量，汽车在走合期的加载应随着走合里程的增加而逐步增加，最终在走合期结束时，达到额定载质量。

2. 限速

走合期车速的高低，与负荷的影响是一样的，载质量一定，车速越高，发动机和传动机件的负荷也越大。因此，在走合期内不允许发动机转速过高。行驶中应按汽车使用说明书的规定控制各挡位的车速。货车的最高车速一般不超过40～50km/h；轿车发动机的最高转速一般不超过4200～4500r/min。在实际行驶时，其车速一般限制在各档最大车速的70%～75%以内。

3. 选择优质燃润料

为了防止汽油机出现爆燃，加速机件的磨损，所以应采用抗爆性好的燃料。另外，由于各部分间隙较小，应选用黏度较低的优质润滑油使摩擦表面得到良好的润滑。同时应按走合期维护规定及时更换润滑油，行驶中应注意润滑油的压力和温度，有异常情况及时排除。

4. 正确驾驶

走合期内，驾驶员必须严格按驾驶操作规程操作。发动机启动待水温达40～60℃时再用一挡起步；在行驶中，要保持发动机正常工作温度，发动机转速不应过高，换挡要及时，车速要控制；加速、换挡不要过急，防止传动装置承受冲击负荷，影响磨合质量。同时要注意听察各部位有无异响，检查有关部位是否过热，紧固各部外露螺栓、螺母。

5. 加强走合维护

汽车在走合期内，不应在恶劣的道路上行驶，以减轻各总成的振动和冲击。汽车走合期满，应按作业项目进行一次走合维护。汽车只有达到了良好的技术状况后才能投入正常使用。

第四节 特殊条件下车辆使用安全管理

一、汽车在低温条件下的使用

汽车在低温条件下使用时,由于气温低,发动机启动困难,总成磨损严重,机件有可能被冻坏,燃润料消耗增大等。

1. 低温对发动机启动性的影响

发动机的启动性,主要受机油黏度、燃油挥发性和蓄电池工作能力的影响。

1) 机油黏度的影响

发动机起动必须使曲轴从静态旋转到发动机启动时所必要的启动转速,并保证至发动机启动开始,这与曲轴的旋转阻力和启动转速有关。

曲轴启动时的旋转阻力有:气缸内压缩混合气的反作用力、运动部件的惯性力、各运动摩擦副的摩擦阻力等。当发动机一定时,前两种阻力变化不大,后者在低温条件下主要取决于机油黏度。机油黏度是随温度降低而增大的。

随着机油黏度增高,曲轴旋转阻力增大;发动机启动转速下降,同时影响汽油机的汽化过程,柴油机也因启动转速降低,压缩终点的压力和温度下降,从而造成启动困难。

2) 燃料挥发性的影响

燃料对发动机启动性的影响主要是挥发性。据资料介绍,随着温度的降低,汽油的黏度和比重增大,流动性变坏,雾化不良。试验证明:发动机进气流速一般不大于 3~4m/min,气温 0~12℃时,汽油只有 4%~10% 汽化;加上发动机机件的吸热作用,大部分燃料以液态进入气缸,造成启动困难,也加大了气缸的磨损。柴油机用的柴油,应具有很好的流动性和较低的黏度,否则会引起雾化不良,燃烧过程变坏,并有可能丧失流动性。

3) 蓄电池工作能力的影响

蓄电池在启动过程中,主要影响起动机的启动扭矩和火花塞的跳火能量。

常用的酸性蓄电池,在低温条件下使用时,主要受电解液的影响。随着温度降低,电解液黏度增大,向极板的渗透能力下降,内阻增加,促使蓄电池的容量和端电压下降,起动机无力启动发动机或达不到启动转速;端电压下降,火花塞电极间的跳火能量小,难以使可燃棍合气点火燃烧。这些也导致发动机不易启动。

2. 低温对汽车总成磨损的影响

试验研究表明,在发动机的使用周期内,50% 的气缸磨损是产生在启动过程之中,低温启动时对发动机的磨损更大。

发动机的磨损,不仅在冷启动过程中严重,在启动后没有达到正常温度之前也是很大的。

造成低温启动发动机气缸严重磨损的原因有:(1)缸壁得不到充分的润滑;(2)大部分燃料以液态进入气缸,洗刷缸壁油膜;(3)汽油中的含硫量在燃烧过程中产生的氧化硫,与缸壁上凝结的水分形成酸,引起腐蚀磨损。引起曲轴和轴瓦严重磨损的原因是:(1)机油黏度增大,流动性变差,使得机油不能及时压入到工作表面,润滑条件恶化;(2)机油被稀释和污染而变质;(3)在低温时,由于轴瓦的合金、瓦背和轴颈的膨胀系数不同;配合间隙变小,且不均匀。

传动系各总成在低温条件下使用时,由于正常温度得不到保证,齿轮及轴承得不到充分润滑,从而使零件磨损增大。根据研究表明:汽车主减速器的齿轮和轴承在 -5℃ 比在 +35℃ 的润滑油中运转,磨损要增大 10~20 倍。

3. 汽车在低温条件下使用的措施

如前所述,汽车在低温条件下使用时,存在着启动困难、磨损严重、通过性能变差等问题。为保证汽车的合理使用,应采取如下有效措施:

(1) 在进入低温季节前,企业机务部门要组织驾驶员和维修工学习汽车在低温条件下运行的有关基础技术知识,对所有的车辆安排换季维护,准备好防冻、防滑物资,下达发动机预热水用煤(柴)指标,检修预热水锅炉等设备。

(2) 做好预热保温工作。每天出车前,事先要对发动机进行预热,在散热器和发动机罩上加装保温套,蓄电池加装保温装置。

(3) 更换油液,调整油电系统;柴油发动机要选用适合温度要求的低凝点柴油;换用低温季节制动液;选用合适防冻液;调整发动机调节器,增大发电机充电电流;适当增大蓄电池电解液密度。

(4) 驾驶员要按照防冻防滑的规定进行操作。发动机预热后,用摇手柄摇转发动机曲轴 10~15 转,严禁用拖、顶方法启动发动机,每次踏动起动机的时间不得超过 3~5s,启动后待水温达到 40℃ 以上时用一挡起步,收车后要避开北风对吹停放,并放净冷却水等。当通过冰雪和泥泞道路时,轮胎要配装防滑链。

车站要注意当地天气预报,及时公布防冻防滑规定;调度部门要根据具体情况,发布减载、摘挂和停止运行等命令。

二、汽车在高温条件下的使用

汽车在高温条件下使用时,由于气温高,主要存在发动机过热和轮胎易于爆破等问题。

1. 发动机过热

发动机过热,会导致发动机充气系数下降,产生爆震和早燃现象,供油系产生气阻,零件磨损加剧等。

气温越高,发动机罩内的温度也越高,空气密度减小,充气系数下降,造成发动机功率降低。

爆震是发动机一种不正常的燃烧现象。强烈和经常的爆震,除了使发动机功率下降外,燃料消耗增大、烧坏活塞、活塞环、排气门和气缸垫等,气缸磨损量增大 1.5~3 倍,甚至使发动机损坏。产生的原因很多,主要是气温高。因为气温高,进入气缸的可燃混合气温度也高,发动机整个工作循环的温度也随之升高,而散热器效率降低,使发动机处于过热状态,增加了爆震的可能性。另外,气温高,汽油易于蒸发,在油管和汽油泵内出现"油气",形成气阻,影响正常供油,甚至造成供油中断现象。

2. 轮胎易于爆破

夏季气温高,橡胶易于老化,同时轮胎所用的材料都是不良的导热体,导致轮胎温度升高,内压增大,如不注意轮胎控温,或者轮胎成色偏低时,将会造成轮胎爆破而损坏。

3. 汽车在高温条件下使用的措施

针对汽车在高温季节使用存在的问题,应采取发动机防热、轮胎防爆等技术措施:

(1) 对所有的车辆在进入高温季节前进行换季维护。对汽油发动机供油系,要采取隔热、降温等有效措施,防止气阻;要加强对冷却系的维护,清除水垢,保持冷却效果;更换油液,调整油电系统。

(2)根据轮胎储备情况,组织整车换胎或将成色较好的轮胎装车使用;在行车途中注意控制轮胎的温度和气压,必要时应将车辆停于阴凉地点,待胎温降低后再继续行驶,严禁用放气或冷水浇泼方法来降低轮胎的气压和温度,防止轮胎的人为损坏。

三、汽车在高原和山区条件下的使用

汽车在高原地区行驶时,由于海拔高、气压低和空气稀薄,发动机充气量减少,致使发动机动力性和燃料经济性下降;在山区行驶时,由于地形复杂,经常遇到上坡、下坡、转弯、窄路等问题,往往不能保证制动安全有效。

1. 海拔高度对发动机动力性和经济性的影响

随着海拔升高,气压逐渐降低,空气密度减小,使得发动机充气量下降,混合气变浓,发动机的平均指示压力下降。对于四冲程发动机而言,平均指示压力与发动机功率的关系为:

$$N_i = \frac{735 P_i V_n n}{900} \tag{9-2}$$

式中:N_i——发动机指示功率(W);

P_i——平均指示压力(Pa);

V_n——发动机总工作容积(L);

n——曲轴转速(r/min)。

从式(9-2)可看出,对于一定型号的发动机,在转速不变的情况下,平均指示压力直接影响发动机的功率,即随海拔升高,发动机功率下降。

此外,随着海拔高度升高,进气歧管的真空度下降,发动机转速下降,怠速的稳定性变坏。

随着海拔高度增加,空气密度下降,充气量明显降低,混合气变浓,发动机油耗上升;又因发动机功率降低,汽车常用低挡行驶,燃料消耗更增大。

2. 在高原和山区条件下对汽车制动性能的影响

山区地形复杂,上坡、下坡、转弯、路窄等情况比较多,汽车行驶途中使用制动频繁。

汽车在山区行驶,由于下坡、转弯而减速制动,使摩擦片与制动鼓发热。特别是当汽车下长坡时,摩擦片的温度很高,往往超过了摩擦片技术条件所规定的温度(250℃)范围。这时,摩擦片的摩擦系数急剧下降,严重时制动可能会出现失效。同时,由于摩擦片连续高温,磨损加剧,破裂常有发生。

气压式制动系的汽车在高原山区使用时,由于海拔高,空气稀薄,空气压缩机的泵气率下降,加之制动频繁,耗气量大,很难保证车辆制动安全。

液压式制动系的汽车,在我国一般使用醇型制动液。这种制动液在高原山区使用时,常在管路中产生"气阻",使得制动失灵,造成事故。

3. 汽车在高原、山区条件下使用的措施

针对汽车在高原、山区条件下使用存在的问题,应分别采用相应的措施。

1)在高原地区改善发动机性能的措施

在高原地区行驶的汽车,发动机功率下降,燃料经济性变坏,其改善措施如下:

(1)提高发动机的压缩比。采用特制或在原缸盖上加工的高压缩比气缸盖。

(2)采用增压技术措施。柴油机装用增压器,能增加充气量,提高压缩终点的压力和温度,达到改善发动机动力性和经济性的目的;在汽油机上装用废气涡轮增压的困难较大,因而受到一定的限制,但作为在高原地区行驶的汽车为恢复原有发动机的功率,仍然是行之有效的一项措施。

2)汽车在高原、山区条件下改善制动效能的措施

汽车在高原、山区行驶时,由于制动频繁,使得制动效果差,其主要措施:

(1)加强维护,适当缩短维护周期,确保制动系工作正常,制动可靠。在行驶过程中,要防止制动鼓过热。严禁熄火空挡滑行。

(2)装备制动鼓散热水箱。为防止制动器过热,在下坡前开始对制动鼓外缘淋水冷却,基本能防止摩擦片烧蚀现象,保证制动效果。

(3)采用矿油型制动液。这种制动液系用低凝原油经常压蒸馏,取出一定馏分用酸碱白土精制,再加添加剂而制成的。它能消除制动管路中产生的"气阻"现象,经高原、山区使用较为理想。

(4)采用辅助制动器和改进摩擦片材料,提高摩擦片耐高温性能。

四、汽车在坏路和无路条件下的使用

坏路或恶劣道路是指泥泞的土路、冬季的冰雪道路和覆盖砂土的道路等。无路是指松软土路、耕地、草地和沼泽地等。

汽车在坏路和无路条件下的使用特点是:驱动轮与路面的附着力减小,车轮的滚动阻力增大。此外,还会有突出的障碍物影响汽车通过。从而,使汽车的驱动—附着条件恶化。汽车在坏路和无路条件下使用,燃料消耗量较大,比一般正常使用条件高出约35%。

在坏路和无路条件下使用时,改善驱动轮同路面之间的附着系数和减少滚动阻力对提高汽车的通过性是最有意义的。

从使用方面改善汽车通过性的措施如下:

(1)提高车轮与路面的附着力,或减少轮胎对地面的压力,防止车轮滑转;

(2)采取汽车自救措施;

(3)合理使用汽车轮胎。

在汽车驱动轮上装防滑键是提高车轮与路面附着系数的有效措施,已得到广泛应用。防滑链的形式主要取决于路面状况和汽车行走系的结构。防滑链有普通防滑链、履带式防滑链和防滑块。

普通防滑链是带齿的(圆型、V型或刀型)链条,用专用的锁环装在轮胎上。这种防滑链在冰雪路面和松软层不厚的土路上有良好的通过性,而在松软层厚的土路上效果明显下降。

履带链有菱形和直形的,履带链能保证汽车在坏路上,甚至驱动轮陷入土壤或雪内仍可以通过,菱形履带还具有防侧滑能力。

防滑链的缺点是链条较重,拆装不方便,更重要的是装有防滑链的汽车,其动力性和经济性均下降,在硬路面上行驶的冲击大,使轮胎和后桥磨损增大,因此仅在克服困难道路时,才予装用。

克服短而难行的无路地段时,宜使用容易拆装的防滑块和防滑带。

汽车克服局部障碍或陷住时,可采用自救措施。一般自救的方法是去掉松软泥土或雪

层,在驶出的路面上撒砂、铺石块或木板等,然后将汽车开出。也可以用绳索绑在树干(或木桩)和驱动轮上,如同绞盘那样驶出汽车。

此外,驾驶方法对提高汽车的通过性也有很大作用。例如,汽车通过砂地、泥泞土路和雪地等松软路面时,应降低车速(低速挡),以保证有较大的牵引力,同时减少了车轮对土壤的剪切和车轮陷入程度,提高了附着力。除降低车速外,还应避免换挡和加速并尽量保持直线行驶,因为转弯会使前后轮辙不重合而增加滚动阻力。

第五节　车辆维修安全管理

一、汽车维修的目的和分类

汽车维修是汽车维护与修理的总称。

1. 汽车维护

汽车维护是为了保持车辆技术状况良好而进行各种技术作业的总称。

汽车维护是在车辆行驶一定里程以后,按照规定定额里程及相应的作业项目来进行的。

汽车维护必须贯彻预防为主、强制维护的原则,以保证车容整洁,及时发现和消除故障、隐患,防止车辆早期损坏。

1)汽车维护的目的

汽车在使用过程中,由于受各种因素的影响,各机构和各零部件必然会随着行驶里程的增加而产生不同程度的自然松动、变形、磨损及机械损伤,如果不及时进行必要的技术维护,车辆的动力性能、燃料经济性能将会变坏,安全可靠性能将会降低,甚至会发生意外的损坏,直至最终丧失工作能力。

汽车维护是在计划预防的基础上提出来的,强调维护的重要性和强制性。它是以预防为主,根据各型车辆机械磨损和自然松动的规律以及各地的使用条件,进行技术维护作业,从而保证:

(1)汽车经常处于良好的技术状态,随时可以出车参加运输;

(2)在合理使用的前提下,不因中途机件损坏而影响行车安全和车辆停歇,使运输生产能够持续而正常地进行,以保证运输生产的连续性;

(3)汽车及其各总成,在两次修理期内能够达到最高的行驶里程;

(4)汽车在运行过程中,可以降低燃润料、零件和轮胎的消耗;

(5)汽车的噪声和废气排放不得超过标准要求,减小对环境的污染。

实践证明,任何"重使用,轻维护"和以小修代替维护作业的做法,都将导致车辆技术状况的恶化,燃润料消耗的增加,机构和零件的早期损坏,小修频繁。这种维护工作的失控现象,必将带来运输生产的被动性,在经济上造成损失。

2)汽车维护的分级

在汽车预防维护制度中,将汽车的维护按行驶里程归纳成组,并规定相应的维护作业内容,统称为汽车维护的分级。

汽车的维护作业包括清洁、检查、补给、润滑、紧固、调整等,除主要总成发生故障必须解体外,一般不得对其解体。

按照交通运输部《汽车运输业车辆技术管理规定》,汽车的维护分为日常维护、一级维

护、二级维护等。各级维护的主要内容如下:

(1)日常维护:是日常性的作业,其作业中心内容是清洁、补给和安全机件的检视。作业由驾驶员负责执行。

(2)一级维护:作业中心内容除日常维护作业外,以润滑、紧固、清洗为主,并检查有关制动、操纵等安全部件。作业由专业维修工负责执行。

(3)二级维护:作业中心内容除一级维护作业外,以检查、调整为主,并拆检轮胎,对轮胎进行翻边换位。作业由专业修理工负责执行。

为适应炎热和寒冷的气候条件,合理使用车辆,还应结合车辆的二级维护进行换季维护作业。

挂车维护分为一级维护和二级维护,其主要作业内容是:

(1)一级维护:以润滑、紧固作业为中心,检查紧固外露螺栓和螺母,润滑规定的部位。作业由专业维修工负责执行。

(2)二级维护:以检查、调整为中心,除执行一级维护全部作业项目外,拆洗轮毂轴承,加注润滑脂;检查、调整制动机构;拆检轮胎并对其换位;检查车架、牵引架和转盘的技术状况,排除故障。

属于自然磨损,且掌握了规律性的或在维修作业过程中临时发现的小修作业项目,应结合维护作业一并进行。无论结合作业或单独进行的小修作业,都要尽可能地采用零部件互换修理,以压缩车辆在厂时间。如果维修作业过程中结合的小修作业,其工时超过规定作业工时定额时,其超额工时部分应列为小修工时计算;所有小修用料和费用,也应单独进行考核。

汽车维护必须遵照交通运输管理部门规定的行驶里程,按期强制执行。各级维护作业项目和周期的规定;必须根据车辆结构性能、使用条件、故障规律、配件质量及经济效果等情况综合考虑。各级维护作业项目和周期一经确定后,不得任意更动,但随着运行条件的改善,新工艺、新技术和新材料的采用,维护作业项目和周期经交通运输管理部门同意后,可及时进行调整。

2. 汽车修理

汽车修理应贯彻视情修理的原则,即根据汽车检测诊断和技术鉴定的结果,视情况按不同的作业范围和深度进行,既要防止拖延修理造成车况恶化,又要防止提前修理造成浪费,从而克服了以行驶里程为基础确定的计划修理而造成的弊端。这是汽车维修制度的一项改革,体现了技术与经济相结合的原则。

1)汽车修理的目的

汽车在使用过程中,由于零部件和机构的自然磨损、变形、故障和其他损伤,致使动力性能下降,燃料经济性能变坏,安全可靠性变差而丧失工作能力。汽车修理的目的,旨在恢复车辆在使用过程中已丧失的工作能力和性能,使之能重新安全、可靠、低耗地投入运输生产,完成运输任务。

2)汽车修理的分类

汽车修理按照不同的对象和作业范围,可分为车辆大修、总成大修、车辆小修和零件修理四类。

(1)车辆大修:是新车或经过大修后的车辆,在行驶一定里程(或时间)后,经过检测诊断和技术鉴定,用修理或更换车辆任何零部件的方法,恢复车辆的完好技术状况,完全或接近完全恢复车辆寿命的恢复性修理。其目的是恢复车辆的动力性、经济性和坚固性,使其技术状况和实用性能达到规定的技术条件。

(2)总成大修:是车辆的总成经过一定使用里程(或时间)后,用修理或更换总成任何零件(含基础件)的方法,恢复其完好技术状况和寿命的恢复性修理。

(3)车辆小修:是用修理或更换个别零件的方法,保证或恢复车辆工作能力的运行性修理。

它主要是消除车辆在运行或维护作业过程中发生的临时性故障或发现的隐患。

(4)零件修理:是对因磨损、变形、损伤等不能继续使用而可修的零件进行修理。零件修理是通过各种工艺手段,恢复其技术性能,以节约原材料,降低维修费用。

二、汽车维修企业(户)经营的分类

汽车维修企业(户)分为一类汽车维修企业、二类汽车维修企业和三类汽车维修业户三种。

1. 一类汽车维修企业

一类汽车维修企业是指从事汽车大修、总成修理生产的企业,亦可从事汽车维护、汽车小修和专项修理生产。

2. 二类汽车维修企业

二类汽车维修企业是指从事汽车一、二级维护和汽车小修生产的企业。

3. 三类汽车维修业户

三类汽车维修业户是指专门从事汽车专项修理(维护)的企业和个体户。

三、一类汽车维修企业开业的安全条件

从事一类汽车维修的企业开业,必须具备下列安全条件:

1. 设备条件

企业配备的设备型号、规格和数量应与其生产纲领、生产工艺相适应;设备技术状况应完好,能满足维修、检测精度要求;允许外协的设备必须具有合法的技术经济合同书(各市、地、县至少有一家能承担外协加工的企业)。

一类汽车维修企业应具备必要的专用设备,试验、检测与诊断设备,通用设备,计量器以及主要工具。其中对汽车行驶安全有直接关系的主要维修、检测设备有制动鼓、制动盘和制动蹄摩擦片的修理设备、制动检测设备、四轮定位仪或转向轮定位仪、转向盘转动量和扭矩检测仪、侧滑试验台(允许外协)、前照灯检测设备等。从事轿车维修的还应配备车轮动平衡机。

2. 设施条件

(1)企业须拥有属于自己的场地,能提供土地和厂房的产权证明,租用场地的能提供合法的租赁证明,租用时间应不少于5年。

(2)经营场所周边300m内应无学校、医院、幼儿园、图书馆或其他文化设施,100m以内应无居民住宅,应远离政府办公机关、社会公共场所和市区主要街道。

(3)生产厂房和停车场的结构、设施必须满足汽车大修和总成修理作业的要求,并符合安全、环境保护、卫生和消防等有关规定,地面应平整坚实(混凝土结构)。生产厂房应为采用框架结构的通道式工业厂房。

(4)停车场地界定标志明显,不准占用道路和公共场所进行维修作业和停车。

(5)企业生产厂房和停车场的面积应与其生产纲领和生产工艺相适应。

①主要总成和零部件的修理、加工、装配、调整、磨合、试验、检测等作业应在生产厂房内进行。主要设备应设置在生产厂房内。生产厂房面积应不少于 900m^2。

②停车场面积应不少于 300m^2。

3. 人员条件

1)经营管理人员

企业主要经营管理人员应经过交通行业法规、经营管理、维修专业知识等培训,并取得培训结业证书。

2)安全技术管理人员

应至少有一名具有本专业知识并取得任职资格证书、为本企业正式聘用的工程师或技师以上的技术人员负责安全技术管理工作。技术人员应不少于 4 人。

3)技术工人

(1)企业工种设置应与其从事的生产范围相适应,各工种技术工人数应与其生产纲领、生产工艺相适应,生产人员应不少于 30 人。

(2)各工种技术工人必须经专业培训,取得工人职业资格证书,并经交通行业培训,取得上岗证,持证上岗。其技术等级为高级工应不少于生产人员数的 20%、中级工应不少于生产人员数的 30%。企业所配备的各工种技术工人,其中:

①汽车发动机维修工、汽车底盘维修工、汽车维修电工、汽车维修钣金工、汽车维修漆工等均为高级技工;

②其他工种,不低于中级技工。

(3)各工种均由一名熟练掌握本工种技术的技术工人负责。

4)质量检验人员

进厂检验、过程检验、竣工出厂检验,必须由专人负责。

(1)专职检查人员必须经过交通主管部门专业培训、考核并取得"质量检验员证"持证上岗检验。应有 1 名质量总检验员和至少 2 名质量检测员。

(2)应至少配备 1 名经正规培训取得正式机动车驾驶证的试车员,其技术等级不低于中级汽车驾驶员。试车员或由质量总检验员或质量检验员兼任。

5)汽车尾气检测调修员

必须有 2 名经过行业培训的汽车尾气检测调修员(可兼职)。

4. 质量管理条件

(1)必须具备并执行汽车维修技术国家标准或行业标准以及汽车维修相关标准。

(2)必须具备所维修汽车的维修技术资料及台账。

(3)应具有进厂检验单、过程检验单、竣工检验单、维修合同文本、出厂合格证和质量保证卡等技术文件。

(4)应具有并执行保证汽车维修质量的工艺设计、质量管理制度、检验制度、技术档案管理制度、标准和计量管理制度、机具设备管理及维修制度等。

(5)应建立畅通的维修技术资讯渠道,并采用计算机网络管理。

5. 安全生产条件

(1)企业应有与其维修作业有关的安全管理制度和各工种、各机电设备的安全操作规程。

(2)对有毒、易燃、易爆物品、粉尘、腐蚀剂、污染物、压力容器等均应有安全防护措施和设施。对有毒和易燃、易爆物品应分开单独储藏。

6. 环境保护条件

(1)企业的环境保护条件必须符合国家的环境保护法律、行政法规和国家环境保护部门关于废气排放、污水处理等有关规定。

(2)应积极防治废气、废火、废油、废渣、粉尘、垃圾等有害物质和噪声对环境的污染与危害。"三废"、通风、吸尘、汽化、消声等设施应齐全可靠,符合环境保护法律、法规、规章、标准的规定。

7. 流动资金条件

流动资金应不少于50万元。

8. 承担救援维修条件

企业能承担车辆救援维修业务,还应配备牵引车辆或救援维修工程车和通信工具。

9. 中外合资(合作)的一级汽车维修企业和特约维修中心(站)开业安全条件

(1)中外合资(合作)的一类汽车维修企业开业,除应具备合资(合作)维修企业特定的条件外,还必须具备上述一类汽车维修企业开业的各项安全条件。

(2)特约汽车维修中心(站)进行特约生产汽车的一类汽车维修生产范围内的维修作业时,必须具备上述一类汽车维修企业开业的各项安全条件。

10. 危险货物运输车辆维修企业开业的安全条件

危险货物运输车辆维修企业开业,必须具备下列各项安全条件:

(1)必须具备上述一类汽车维修企业开业的各项安全条件。

(2)必须具备与维修车辆所装载、接触的危险货物相适应的清洗、去污、熏蒸、防爆、防火、防污染、防腐蚀等设施和试压设备,专用拆装、维修、测试设备和工具,污水处理、危险品处理、残余物回收等装置及维修人员防护用具用品。

(3)必须具有在维修车辆上装载、接触危险货物的容器、管道、装置、总成、零部件的专用修理间。专用修理间应远离其他生产、生活场所独立设置,通风良好;专用修理间结构、建筑材料、设置的设施应与维修车辆所装载、接触的危险货物相适应;专用修理间使用面积不少于90m²;专用修理间周围应设置相适应的警戒区,警戒区内无火源、热源,并设置有警示牌。

(4)必须具有与维修车辆所装载、接触的危险货物相适应的专门的安全生产和劳动保护制度和设施。

(5)从事危险货物运输车辆维修的一类汽车维修企业,应至少有1名专职的安全管理人员,必须配备直接从事危险货物运输车辆维修的专职的生产工人和测试分析人员。

(6)危险货物运输车辆维修专职的安全管理人员、生产工人和测试分析人员必须经过岗前培训,掌握维修车辆所装载、接触的危险货物的性能和防爆、防火、防中毒、防污染、防腐蚀的维修知识以及维修操作技能,经交通主管部门考核合格并取得"道路危险货物运输操作证",持证上岗管理和作业。

相比,二类、三类汽车维修企业开业的安全条件与一类汽车维修企业相类似,具体可按国家标准《汽车维修业开业条件》(GB/T16739—2004)相关条款的规定执行。

第六节 车辆检测安全管理

为掌握汽车运输业车辆技术状况,保障在用道路运输车辆完好和维修质量,健全车辆质量监控体系,加强车辆综合性能检测站的管理,交通运输部于1991年4月23日发布第29号令《汽车运输业车辆综合性能检测站管理办法》,并于2005年12月1日起实施中华人民共和国国家标准《汽车综合性能检测站能力的通用要求》(GBT17993—2005)。以上办法和标准,对道路运输车辆综合性能检测站的安全管理作了具体规定。

一、汽车综合性能检测站的概念

汽车综合性能是指在用汽车动力性、安全性、燃料经济性、使用可靠性、排气污染物和噪声以及整车装备完整性与状态、防雨密封性等多种技术性能的组合。

汽车综合性能检测站就是按照规定的程序、方法,通过一系列技术操作行为,对在用汽车综合性能进行检测(验)评价工作并提供检测数据、报告的社会化服务机构,简称综检站。

省(区、市)交通厅(局)为本地区车辆综合性能检测站的主管部门。交通厅(局)对检测站的建立,应统筹规划,合理布局,避免重复建设。

经认定的检测站,是运输车辆技术状况监督检测和技术服务机构。检测站对运输车辆进行技术状况监督检测,不以营利为目的。

二、汽车综合性能检测站的服务功能

汽车综合性能检测站的主要任务是:
(1)依法对营运车辆的技术状况进行检测。
(2)依法对车辆维修竣工质量进行检测。
(3)接受委托,对车辆改装(造)、延长报废期及其相关新技术、科研鉴定等项目进行检测。
(4)接受交通、公安、环保、商检、计量、保险和司法机关等部门、机构的委托,为其进行规定项目的检测。

检测站应根据国家、行业标准进行检测,确保检测质量。尚未制订国家、行业标准的项目,可根据地方标准进行检测;没有国家、行业、地方标准的项目,可根据委托单位提供的资料进行检测。

检测站使用的计量检测仪具应按技术监督部门的有关规定,组织定期检定,保证检测结果准确可靠。

对经过综合性能检测的车辆,经认定的检测站应出具检测结果证明。检测结果证明可作为交通运输管理部门发放或吊扣营运证依据之一和维修车辆的出厂凭证。

检测站应建立检测档案,并定期向交通运输管理部门提供统计资料。

三、汽车综合性能检测站开业的安全条件

汽车综合性能检测站开业,必须具备下列安全条件:
1. 设备条件

汽车综合性能检测站根据级别和承担的任务,配备相应的检测设备,也可配备具有相应

功能的检测车,检测设备或检测车,由交通运输部汽车保修设备质量监督检验测试中心进行型式认定,定期公布。

对汽车运输安全有直接关系的主要检测设备,A级站须配备制动检测仪、制动踏板力计、驻车制动操纵力计、汽车底盘测功仪、侧滑检测仪、车轮定位检测仪、转向角检测仪、前照灯检测仪和声级计等;B级站须配备制动检测仪、制动踏板力计、驻车制动操纵力计、侧滑检测仪、车轮定位检测仪、转向角检测仪、前照灯检测仪和声级计等。

如汽车综合性能检测站采用计算机系统的,应满足下列要求:

(1)采用计算机系统后,应不影响原检测设备所具有的功能。

(2)采用计算机系统后,系统的示值误差应不低于原检测设备的精度要求。

(3)当计算机及其附属设备、接口等出现故障时,原检测设备应能正常工作。

2. 人员条件

各级检测站应配备站长、技术负责人、质量负责人和专职检测员。

(1)站长应具有大专以上文化水平或中级以上技术职称。

(2)技术负责人、质量负责人应具有相应专业中级以上(含中级)技术职称。

(3)全体检测人员必须经专门培训、考核、取得岗位合格证书。

3. 厂房、场地条件

(1)各级检测站应设置汽车检测间、停车场、试车路段等设施。

(2)各级检测站的汽车检测间的长度、宽度、高度应满足工作需要并符合建筑标准的要求。

(3)检测间通道地面的纵向、横向坡度应小于1%,在汽车制动检测台前后相应距离内,地面附着系数应不低于0.7。

(4)检测间应具有醒目的工位标志、指示信号、引车线等。各工位应有相应的检测面积,工艺流程布置合理,工作时各工位应互不干扰。

(5)检测间内采光和照明应符合《建筑采光设计标准》(GB 50033—2013)和《建筑照明设计标准》(GB 50034—2004)的有关规定。

(6)检测间内空气质量应符合《工业企业设计卫生标准》(GBZ 1—2010)的有关规定。

(7)各级检测站内应设置压缩气源。

(8)各级检测站的设计和使用应符合《建筑设计防火规范》(GBJ 16—2010)的有关规定,必须有消防通道、消防设施等,并严格执行有关消防条例和法规。

(9)各级检测站的卫生设施应符合GBZ 1—2010的有关规定。

(10)各级检测站的供电设施应符合《通用用电设备配电设计规范》(GB 50055—2011)的有关规定。

(11)检测间的防雷设施应符合《建筑物防需设计规范》(GB 50057—2010)的有关规定。

(12)停车场的面积应与检测能力相适应。

4. 管理制度

检测站必须建立检测设备管理制度、检测设备操作规程、工作人员岗位责任制、工作人员守则和档案管理制度等与质量监督要求相适应的各种规章制度。

四、汽车综合性能检测站的认定和处罚

凡按交通厅(局)规划建立,具备上述开业安全条件的检测站,经该站上级主管部门同

意,可向当地省、自治区、直辖市交通厅(局)提出认定申请。交通厅(局)会同当地有关部门对申报站的装备设施、工艺布置、计量仪具、人员组织和管理制度等进行审查认定。

对认定合格后的检测站,由当地交通厅(局)发给"检测许可证",并根据运输车辆检测制度组织运输和维修车辆进行检测。

省(区、市)交通厅(局)可指定一个A级站作为本地区的中心站直接管理。该中心站应经交通运输部汽车保修设备质量监督检验测试中心的认定,并接受其业务指导。认定后的中心站可对本地区其他各级检测站进行业务指导。

检测站如发生迁址、业务范围变更或停业等,应报当地交通厅(局)批准。

对不严格执行检测标准、弄虚作假、滥用职权、徇私舞弊的检测站,交通厅(局)或其授权的当地交通运输管理部门可根据《道路运输违章处罚规定(试行)》的有关规定处理。

汽车综合性能检测站要按规定进行计量认证,检测设备必须定期标定和校正,确保检测结果公正、准确;要按照国家和省的规定对检测质量、设备、人员、技术进行科学的管理,减少人为因素,确保检测结果的客观性。由于检测结果是车辆技术管理的重要依据,是加强维修企业管理的主要手段,是车辆安全行驶的"通行证",为此,检测机构必须对错误的检测结果承担法律责任。

第十章 道路运输企业驾驶员安全管理

第一节 驾驶员是交通安全的重要影响因素

随着道路交通运输事业的发展、世界汽车保有量的迅速增加和人口的增长,人们从实践中逐渐意识到,不能单靠车辆的改进和道路设施的增加来解决交通中日益增多的问题,尤其是交通安全问题,必须重视对道路使用者——人,特别是驾驶员的研究。随着人机工程学、认知心理学和系统工程学的发展,从事交通心理学研究的专家学者应用有关系统理论、信息加工理论,对驾驶人员以及人与车、人与路进行了全面协调的研究。

由相关的统计数据表明,在我国每年发生的道路交通事故中有95%以上的事故与机动车驾驶员有关,行人和非机动车驾驶员导致的事故占总事故的5%左右,由于道路环境和车辆故障造成的事故仅占事故总数的不到1%。由此可知人、特别是驾驶员是道路交通事故的主要因素,对道路运输安全起着非常重要的作用。

一、驾驶员是道路运输系统的重要组成部分

道路交通运输系统是由人、车、路(环境)和管理信息组成的具有客货运输功能的综合服务系统,属于典型的人机系统。在整个道路交通运输系统中,管理信息作为人、车、路联系的纽带,起着协调人、车、路相互关系的作用;道路及环境作为人机系统的外部空间,属于车辆运动的路线和场地;车辆作为人机系统的机械设备,是货物和旅客运输的工具,属于人操作的对象;人作为人机系统的操作者和使用者,在道路交通运输系统中处于核心地位。

人是道路交通系统中最重要的组成部分,是交通系统的主要参与者、组织者和实施者,既是道路交通运输系统的主体,也是系统的服务对象。道路交通运输系统中的人主要包括:机动车辆驾驶员、非机动车辆驾驶员、行人和交通管理人员。由于驾驶员是车辆的直接操纵者和使用者,车辆的行驶速度和行驶路径完全由其掌握,因此驾驶员是道路交通运输系统的核心组成部分,对道路交通运输的安全系起着关键作用。

二、驾驶员的可靠度具有很强的随机性

在道路交通运输中,驾驶员对车辆的操控是一个复杂的信息传递过程,根据信息的传递流程可以将驾驶员的驾驶行为简化为如图10-1所示的简化模型。

由图10-1可以看出,驾驶员在行车过程中车辆的控制包括五个环节,无论那个环节出现了信息传递阻滞或失真,都会导致道路交通事故的发生。

首先,道路的安全性,不仅取决于道路本身技术条件的可靠性,而且取决于这种可靠性

能否以"信息"的形式客观地显示出来,并为驾驶员所感受。显然,如果不能向驾驶员提供全面正确的道路信息,甚至提供了错误的信息,那么会使驾驶员分析判断失误,进而采取与道路不相适应的决策和驾驶行为。

图 10-1　汽车驾驶员操作过程框图

其次,道路即使提供了全面、可靠的信息,但还必须被驾驶员所接收,否则信息传递将被中断,驾驶员就无法作出正确的驾驶决策。实际上驾驶员是依靠感觉器官(眼、耳、鼻、舌、皮肤)获取情报(信息),其中以视觉情报为主,如果上述感觉器官的相应功能无法满足驾驶操作的需要,比如眼睛没有及时看清路面的障碍物,耳朵没有获取与交通安全有用的听觉信息,或者由于皮肤感觉的迟钝使得车辆的振动信息没有引起驾驶员的注意,则驾驶员通过感觉系统获取的感知信息必然会存在不足的现象,甚至可能漏掉非常必要的道路信息,没有准确的道路信息事故发生的概率将大大提高。

驾驶员的感觉系统就相当于机器的传感器,但其接收信息的稳定性却远远差于机器传感器,驾驶员感觉系统的感知能力具有很强的随机性和起伏性,饮食、情绪、天气、工作时间、道路条件、车辆性能等众多因素都会影响到感觉系统正常运行。

再次,感觉系统接收到的信息还必须在大脑中进行加工处理,才能作出决策指令。大脑中枢是驾驶员进行信息加工的地方。在这里,驾驶员根据自己的知识、经验与感知信息的特点进行分析判断,进而作出决策,并下达指令给运动器官(手和脚)。在此过程中,知识、经验、洞察力(称为预测系统)和动机、兴趣(称为动机体系),以及交通法规都起作用。如果主观判断与客观事态(外部环境)脱节,将成为事故发生的又一原因。而这种主观判断同样存在着很大的不确定性,面对同样的道路交通情况,即使同一驾驶员也会由于内部和外部因素的作用而作出不同的判断,有时甚至会作出完全相反的判断。

然后,正确的决策还必须要有充分的执行才能获得最佳的效果。驾驶员对车辆的控制行为是由运动系统来完成的,具体是指驾驶员的手和脚能否按照大脑中枢的决策采取适当的行动,这是驾驶技能的问题。比较而言驾驶技能相对比较稳定,但也会受到疲劳、情绪或身体状况的制约,这就是驾驶经验非常丰富的老驾驶员有时也会作出一些不可理解的车辆操纵行为从而导致事故的发生。

驾驶员对车辆的控制结果,最终还是要通过车辆自身的性能来实现的。即使驾驶技术熟练,操纵汽车的行动适当,但若汽车本身产生故障(如在紧急情况下方向失控、制动失灵等),亦将诱发交通事故的发生。

驾驶员对车辆操控的五个环节中,与驾驶员有关的信息采集、信息处理和决策执行都有很大的不确定性和随机性,使得驾驶员的可靠性无法得到有效的保证。况且道路有问题可以避开,车有问题(一般情况下)可以修理,而就目前技术而言,驾驶员的作用还是无可替代的。

三、驾驶员具有主观能动性的行为特征

主观能动性又称自觉能动性、意识的能动性,是指认识世界和改造世界中有目的、有计划、积极主动的有意识的活动能力。主观能动性是人类特有的行为特征。在面对危险的交

通状况下,驾驶员通过积极发挥人的主观能动性,可以有效降低行车的危险性,甚至将危险转化为安全。由于驾驶员具有主观能动性的行为特征,使得驾驶员对道路交通运输系统具有修复功能。例如驾驶员由于长时间的工作已经出现疲劳征兆了,他就可以通过在适当位置停车休息来改善这种身体状况;再比如车辆出现故障了,驾驶员同样可以通过对车辆修理的方法,使车辆恢复到原有性能。驾驶员的主观能动性能够有效避免事故的发生,因此驾驶员对道路交通安全有着重要影响。

由此可见,驾驶员是交通安全的主要因素,也就是说驾驶员是诸多矛盾中的主要矛盾。

历史的经验告诉我们,对于所有的灾害都不能听凭自然,任其降临和发展,必须尽人之所能,防患于未然,正因如此,人们对交通事故采取了积极的态度,这就是交通事故预防。

事故预防是一个庞大的系统工程,既关系到车辆的安全可靠性、道路安全设施、交通安全管理、必要的信息提供等等,更关系到道路使用者,尤其是驾驶员的综合素质。人们已经意识到驾驶员是主要矛盾,其本身所具备的安全可靠度才是交通安全的根本保证,所以我们应将精力主要用于驾驶员在各种交通环境下心理状态和行为特征的研究,从而提出预防事故的措施和办法。

第二节　驾驶员培训基本知识

一、驾驶员培训的必要性

驾驶员对道路交通安全有着非常重要的影响,是人—车—路(环境)系统中的中枢环节。为了彻底改变交通安全状况,最有效的措施就是去掉人的因素,把驾车的职能完全交给机器来执行,但就目前技术而言,在短期内实现汽车自动驾驶是不现实的。因此,不断提高驾驶员的安全可靠度是使道路交通安全得到充分保证的最根本、最有效的途径之一。

对于优秀的驾驶员所具备的安全素质不可能与生俱来,而是通过后天培训而获得。后天的驾驶培训至少可以完成驾驶技能、驾驶心理、安全意识提高等培训目标。

1. 驾驶员培训是有效提高驾驶员驾驶技能的根本手段

驾驶技能低下、对交通环境适应性差是驾驶员发生事故的一个重要原因。随着道路交通的迅速发展和机动车驾驶环境的复杂化、道路交通的事故隐患增多,要求驾驶员不但要有熟练的驾驶操作技能,更要有良好的对交通环境的适应性。

驾驶员驾驶技能低下的原因主要缘于:(1)未经严格的驾驶培训;(2)驾驶操作机会少。驾驶员对交通环境的适应性差,其主要原因为:(1)心理素质相对较差;(2)缺乏某些驾驶环境下的体验性训练等。如果能有效解决上述问题,将会成为一条预防交通事故的新途径。

通过事故预防心理学、车祸流行病学理论研究结合实际分析,发现上述这些原因均与驾驶培训有关联。通过改变驾驶培训方式,更新驾驶培训内容,将应试型培训变为素质型培训,师徒型培训变为科技型培训,从而提高驾驶培训效果,把学习驾驶员培训成安全驾驶员,必然会大大减少驾驶员发生事故的频率。

2. 驾驶员培训是增强驾驶员安全意识的有效方法

交通安全意识主要包括社会责任意识和遵章守法意识。它与驾驶员个人的社会责任感、驾驶道德、操作技能、对道路交通法规的遵守以及道路交通安全知识的掌握与运用程度有关。由人的行为理论可知,安全意识支配着人们的安全行为,是实现安全目标的重要因素。通过对道路交通事故中人的因素的分析可知,超速行驶是最主要的因素,占 23.13%,其次是疏忽大意和措施不当,比例达 21.86% 和 18.58%,疲劳驾车的比例为 13.11%,所有这些因素都与安全意识不足有关。

交通安全意识的培养是驾驶职业培训的重要内容之一,在教学过程中培训学校及其教练员应将安全意识教育作为培训的主线,将其贯穿在驾驶培训的各个环节。

驾驶学员的交通安全意识教育,是推进驾驶员素质教育的基础工作,是预防交通事故、保障交通安全的有效途径。驾驶培训学校及其教练员的教学任务不仅是传授给驾驶学员驾驶技能,使学员顺利考取驾驶证,还要培养驾驶学员珍爱生命、遵章守法的交通安全意识。安全意识教育不仅是驾驶培训学校和运输企业的神圣职责,也是降低道路交通事故的最有效途径之一。

3. 驾驶员培训是驾驶员获取安全知识的必要途径

交通安全知识意识和良好驾驶习惯的形成与驾驶员对道路交通安全知识的认知程度直接相关。掌握必要的交通安全知识是养成良好的安全意识和驾驶习惯的前提。如让驾驶学员掌握交通法规知识、培养遵纪守法意识,掌握交通风险知识,学会提前预测和防范风险,熟悉交通安全心理常识,有效进行自我心理调节,通晓车辆构造知识,正确保养和维护车辆、自觉实施安全检视,进行驾驶技能训练,提高车辆驾驭能力,减少操作失误等。通过对大量的交通事故案例分析可知,大量的事故是由于缺乏安全知识造成的。

二、驾驶员培训内容及考核

1. 交通法规及基本技能培训

经过驾驶员培训的受训者是否达到培训要求必须要进行相应考核,否则,培训只是一种形式,无法实现安全驾驶、事故预防的培训功能。为了考核、检验培训效果,我们对驾驶员考核内容、考试方法进行了系列研究。

驾驶培训效果测评实质上就是驾驶员考试,其考试内容非常重要,因为它对培训工作在一定程度上起着导向作用。为此,我们和国内同行专家曾进行过多次研讨,根据不同时期交通形势出现的新情况新特点,共同提出了关于驾驶员考试的修改意见。具体考试内容如下:

(1)驾驶员必须掌握交通法规和相关知识;
(2)驾驶员必须具有场地驾驶中的实车移位倒库安全操作能力;
(3)驾驶员必须具有实车道路安全驾驶的能力。

2. 驾驶员心理素质培训

三、模拟驾驶培训

虚拟三维仿真技术的提出和发展为汽车驾驶模拟器的研究和开发提供了新的手段。驾驶模拟器也继由最初运用于航空驾驶训练之后,被迅速应用到汽车训练中。自 2004 年以来,国家相关管理部门相继出台了各项政策。在交通运输部《机动车驾驶培训机构资格条件》中提出驾培机构在开办时配备驾驶模拟器作为可选配置之一。国内一些省市也相继出台政策,有的已经把配备驾驶模拟器作为开业的必备条件。此外,自 2004 年开始,教育部已开始启动高中阶段课程改革,到目前为止全国已有 20 多个省市进入课改实验阶段,汽车驾驶模拟器已经列入部分学校选修课程。目前发达国家已普遍运用汽车驾驶模拟器作为培训工具。

1. 模拟驾驶优点

随着未来全民驾驶的形势发展,驾驶员已不再局限于以往工人阶层,越来越多的精英阶层(高文化程度、高层管理者等)以及自驾车拥有者纷涌入学。可见,面对培训对象和培训要求的变化,运用科技手段改进传统的驾驶员培训方法已势在必行。

模拟驾驶培训是指受训者在驾驶模拟器上模仿汽车驾驶的一种训练方法。模拟驾驶训练可以弥补实车训练的不足,如可以进行驾驶技能提高训练,可以不受时间、地区的限制随时、随地训练等,从而使学员驾驶技能提前成熟,有效缩短培训周期;同时通过其科学设计的危险场景的模拟训练,可实现驾驶员危险情景的体验式驾驶,组织驾驶心理素质训练,有效提高学员对危险信息的心理预知能力,从而提高驾驶员安全预防交通事故的能力。

2. 驾驶技能模拟培训

驾驶员驾驶技能低下主要表现在驾驶操作不规范、不熟练和驾驶操作不当。根据教学规律运用教育心理原理进行科学训练可以使驾驶技能大大提高。

汽车驾驶模拟培训是科学的驾驶辅助训练方法。采用驾驶模拟培训来提高驾驶技能主要体现在:(1)驾驶操作规范训练。由于模拟培训是使用统一的标准化的视景教材,可以消除不同教练员传授不同的操作要领的弊端,使受训者驾驶操作全部标准化、规范化,可以有效纠正驾驶员的驾驶操作错误。(2)充实驾驶训练时间。驾驶模拟培训可以不受天气的限制,可以不受教练车故障及教练员的限制,因而可以保障受训者有足够的时间训练以增加训练量以达到技术娴熟的目的。(3)反复操练驾驶操作。驾驶模拟培训便于反复操作练习同一动作或一组动作,直至达到动作规范、熟练。(4)从难从严训练。驾驶模拟培训不会影响道路交通,不会发生交通事故,所以可以组织高速公路、雨雾雪天等特殊交通环境从难从严驾驶训练。(5)紧急情况操作训练。驾驶模拟培训可以模拟训练交通紧急处置的操作动作,从而提高应急处置的驾驶操作能力。

3. 驾驶心理素质模拟培训

1)驾驶员心理素质模拟培训内容

驾驶员在驾驶过程中,实际上是一个对交通信息的感知、判断和处理的心理过程(图10-2)。驾驶心理培训应针对驾驶信息处理机制的主要环节——感知、判断、决策、处理等进行有目的的训练,如速度估计训练、反应能力训练、注意力训练、危险感受性训练、耐心训练等,根据训练目的设计不同内容的驾驶情境进行模拟训练。从事故预防角度出发,不仅应训练受训者的车礼让的安全意识、遵章守纪的安全意识、操作规范的安全意识、文明礼让安全意识、预见性驾驶的安全意识;还要训练受训者的冒险性、冲动性、自信性、行动性等安全态度和包括注意力、反应能力、判断能力、危险感受性等在内的安全认知,结合培训教学大纲主要心理训练内容见表10-1。

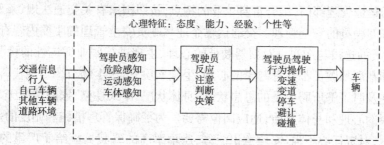

图10-2 驾驶员驾驶心理机制

驾驶员驾驶心理培训主要内容　　　　　表10-1

驾驶心理过程	心理训练内容	训练情境
认知	运动感知 视觉搜索模式 注意力 危险感知	一般道路驾驶 "零违章"驾驶 （交通标线、标志） 高速体验驾驶 冰雪路面驾驶 雾天驾驶 复杂道路驾驶
反应	复杂反应判断	城市道路驾驶 复杂道路驾驶
判断	速度判断 距离判断 地形判断 车体判断	高速体验驾驶 山区道路驾驶 高速公路驾驶 变更车道驾驶 复杂道路驾驶

2）驾驶心理素质模拟培训方法

针对驾驶心理培训内容，运用汽车驾驶模拟器进行心理模拟练习是科学有效的手段。驾驶心理素质模拟训练方法的关键是设计科学合理的训练情境或场景。受训者在逼真的情境或场景中体验、感受训练的内容，以实现心理训练的目的。因此，模拟训练要求心理训练场景的设计必须符合教育心理学原理和训练的教学规律。

第三节　企业驾驶员安全管理

如前所述，国内外的研究资料的证明，由驾驶员直接责任造成的交通事故约占事故总数的70%～90%。因此，我们在充分了解了驾驶员的心理、生理特性与交通安全的关系后，就要加强对驾驶员的安全管理，这对减少交通事故，确保人民生命财产安全以及提高运输企业的经济效益和社会效益都有着十分重要的意义。

一、驾驶员安全管理的内容

驾驶员的安全管理不管对公安交通管理机关还是交通运输管理部门和运输企业都是一项十分重要的工作，也是整个交通安全管理工作的重点。作为运输企业要配合公安交通管理机关和交通运输管理部门，结合自身企业的特点，按照国家有关交通法规、条例、标准和规范的要求搞好驾驶员的安全管理。交通运输企业驾驶员安全管理的主要内容有：

（1）驾驶员的选拔与淘汰。对新驾驶员的心理、生理进行职业适应性的检测，以保证新上岗驾驶员和在职驾驶员都具有健康的心理、生理素质，运用生物节律等现代科技知识指导行车安全。并及时了解所聘人员的思想状态、身体状况、个人性格、家庭情况等，保证所聘驾驶员具有健康的心理和身体素质，适应岗位需要。为了确保管理措施和制度的落实，提高驾驶员安全认识，对责任心不强、安全意识淡薄、违章率高的驾驶员应给予严肃的批评、教育，对超过3次不改的，予以辞退，把好源头关，把好驾驶员的招聘、录用、考核关。

(2)安全培训教育。通过系统学习交通法律、法规、服务规范等,进一步提高员工们的思想认识,克服麻痹思想、侥幸心理,通过组织收看安全教育录像片,以实例进行深刻的剖析,要求广大司乘人员认真反省,从自身做起,努力提高安全意识,杜绝事故隐患。通过对驾驶员的定期培训,以提高驾驶员应对复杂情况的能力,消除由于驾驶技能问题导致的道路交通事故。

(3)组织对驾驶员的日常安全检查和情绪管理,特别是出车前的安全检查和安全问询,确保驾驶过程中身体健康、心情愉快,以提高客货运输的安全性。

(4)加强交通智能运输安全监控管理。智能运输系统是集卫星技术、信息技术、数据通信传输技术、电子技术控制和计算机技术等当今世界最先进的技术之大成的全新高科技术系统,它通过实现人、车、道路的密切配合来加强交通道路运输的安全性监控。还可以利用GPS平台系统对车辆进行监督管理,利用高科技系统带来的管理措施,防止事故隐患,减少事故带来的损失,提高安全管理水平。

(5)配合公安交通管理机关做好驾驶员的违章、肇事处理工作,并注意在事故处理过程中维护企业和当事人的合法权益,落实整改措施,并做好驾驶员的审验工作。

(6)完善驾驶员的安全技术档案,并做好违章、肇事的统计工作。对一些思想素质低下,责任心不强,违章违规现象严重的坚决予以解聘。对驾驶员加强教育和管理,提高驾驶员的素质,驾驶员在行驶前应注意制订合理的行车计划,不要疲劳驾驶,不要超速行驶,对车辆要进行必要的检查,应按要求使用安全带,自觉遵章守法。

(7)组织开展"安全活动日"和"安全活动月"活动,制订完善安全操作规程,总结推广安全驾驶技术,积极搞好安全竞赛活动。

(8)研究驾驶员的作息时间制度、膳食结构、工资福利、劳动保健等问题,搞好驾驶员的生活管理;做好驾驶员的家属工作,积极开展"贤内助"活动,支持驾驶员的工作。

(9)推行安全目标管理,建立以安全生产责任制为中心内容的驾驶员安全管理的各项规章制度,把驾驶员安全管理纳入企业标准化工作中去。

二、企业驾驶员的选拔

根据美国康局乃狄格州对3万名驾驶员的驾驶记录进行调查,发现其中有4%的人在6年里发生了占总事故数36%的事故。我们把4%的人称为具有事故倾向性的事故多发者,他们人数不多,但发生的事故却不少。其原因是这少数人在心理、生理特性方面存在着较大的个体差异性,正是由于这种差异性,使他们成为事故多发者,因此他们是不适应从事驾驶汽车工作的。所谓驾驶员职业适应性的选择,就是把那些不适应从事驾驶汽车的少数事故多发者从驾驶员队伍中及时发现并剔除出去。

特别是对运输企业的职业驾驶员,尤其应该谨慎选择。因为他们参与交通的程序高,时间长,而且往往会由于驾驶员的个人因素导致整车人的生命安全得不到保障。所以,对于运输企业的职业驾驶员,除了要符合《道路交通安全法》里面申请驾驶证的基本条件外,还应从心理、生理、性格等各个方面从严选择,以确保企业的运输安全。

1. 企业驾驶员适应性选择的内容

1)身体选择

身体选择是发现和排除其生理条件和健康状况不能胜任驾驶工作的人。我国公安交通管理机关目前在驾驶员的身体条件和健康状况方面,主要检查其视力、听力、辨色力、血压及循环系统、神经系统,另外还检查四肢、躯干、颈部的运动能力和身高。

2) 文化选择

文化选择是发现和排除现有知识和文化水平不能胜任驾驶汽车的人。我国公安交通管理机关目前对驾驶员文化程度的要求是比较低的,即初中毕业为最低文化程度。事实上,根据汽车工业的发展,特别是电子技术在汽车上的普遍应用,把初中毕业作为驾驶员的最低文化程度标准已不能适应对职业驾驶员的要求。对于职业汽车驾驶员起码应具有职业高中的文化程度,才可以满足学习和安全驾驶的需要。

3) 职业道德选择

职业道德选择是发现和排除那些精神风貌、社会公德、职业责任等不够健全,不适宜从事驾驶汽车的人。驾驶员的职业道德主要体现在优质文明服务、对社会对他人负责及遵章守纪、安全礼貌行车等方面。

4) 心理素质选择

心理素质选择是发现和排除那些感知特性、反应特性以及个性心理特征不适应驾驶汽车的人。心理素质选择是职业适应性选择中最主要、最关键的内容。这一工作在发达国家早已开展,我国近几年才刚刚起步,还有待进一步落实和提高。

5) 驾驶技能选择

驾驶技能选择是发现和排除那些驾驶技能较差,安全经验不足的驾驶员。对于从事旅客运输的驾驶员,特别是大型客车和城市公共汽车、无轨电车的驾驶员,驾驶技能的选择尤其重要。我国公安交通管理机关对从事大型客车、无轨电车的驾驶员,要求其必须具有3年以上安全驾驶大型货车的经历。此外,还要求这些驾驶员的技术要熟练、操作要规范。

2. 企业驾驶员适应性选择的方法

驾驶员职业适应性选择中的身体选择主要是通过医学检查来实现的,文化选择可通过查阅驾驶员档案并结合文化考核来实现,职业道德选择可通过平时考察及鉴定来实现,驾驶技能选择可通过场地驾驶和道路驾驶来实现。而心理素质选择则是一项十分复杂的工作,我国在这方面已建立了比较详细的检测体系,并颁布了检测标准《职业汽车驾驶员适宜性检测评价方法》(JT/T 442—2001),分别从速度估计测试、选择反应时间测试、选择反应误反应次数、处置判断、动视力、暗适应、深度知觉等方面进行检测和评价。

3. 企业驾驶员的选拔与考核

企业对职业驾驶员的选拔除了要进行相应的适宜性选择外,还必须制订一定的要求,以提高企业驾驶员队伍的素质。对于客运企业驾驶员而言,必须经交通警察部门审核合格并持有相应的A1A2大客车驾驶证件;必须经道路交通主管部门审核合格,并持有大客从业资格证件;三年内有发生道路交通事故致人员死亡负同等责任及以上的,或有酒后驾车的,超载超过20%的或超速超过50%的或12个月内累计扣分达到12分的,不得聘用其为驾驶员。

企业在正式聘用驾驶员之前还必须进行理论和实际操作考试,根据考试成绩择优录取。考试内容可分为理论科目考试和实际操作考试,理论科目考试主要考察驾驶员职业道德、道路运输法规、车辆维修及技术管理知识、道路运输业务知识的掌握情况;实际操作考试主要考核驾驶员实际驾驶技能、特别是特殊环境下的驾驶技能、机动车常见故障排除、行车安全检查等实践能力。

三、企业驾驶员的教育

我国驾驶员队伍在发展社会主义的交通运输事业、沟通城乡经济、建设现代化的社会主义强国方面起了重要作用。但由于驾驶员的工作性质决定了他们经常单独驾驶汽车外出活动,本身流动性较大,工作又很分散,在客观上给交通运输主管部门和运输企业开展思想政治工作带来了一定难度,使驾驶员教育工作不便集中开展,这就导致部分驾驶员放松了对自己的要求,表现为缺乏主人翁态度和高尚的职业道德,对安全工作责任心不强,对学习技术和交通法规漠不关心,从而使驾驶员队伍的整体思想、文化、技术素质偏低。此外,从对驾驶员的责任事故分析发现,大部分事故都与驾驶员的法纪观念、职业道德和技术水平等有密切关系。所以对驾驶员进行教育就成为一项长期、细致、艰苦且难度很大的工作。各级交通运输主管部门和运输企业都应与公安交通管理机关密切配合,共同搞好驾驶员的教育工作。

审验是公安交通管理部门对持有《中华人民共和国机动驾驶证》的驾驶员进行的定期教育和审查制度。审验时进行身体检查和心理检测,审核违章、事故是否处理结束。对审验合格者,在其驾驶证上按规定格式签章或记载。未记载审验合格签章的驾驶证无效。

1. 教育内容

驾驶员教育的内容包括技术教育、职业道德教育、法制教育和责任教育四个方面。

1) 技术教育

我国驾驶员的整体文化素质偏低,这对学习新技术、新结构、新材料,掌握车辆性能及正确驾驶操作技能都有很大影响,所以技术教育应从提高文化水平和技术水平两方面着手。

文化水平是掌握先进科学技术的基础。随着汽车工业的发展,汽车的结构和性能相应都有较大的改进和提高,特别是电子技术在汽车上的应用使汽车本身成为多种学科科技知识的综合载体。加强对驾驶员的文化水平教育,对掌握多种科技知识,熟悉和了解先进的车辆结构、性能以及正确、安全节能的驾驶操作技术无疑具有明显的奠基作用。

技术水平是安全驾驶的基础,技术水平教育包括汽车新技术、新结构、新材料的学习,车辆维护、修理知识及故障排除技巧的学习,安全、节能的驾驶方法的学习,驾驶员劳动心理、生理知识的学习等。

2) 职业道德教育

道德是调整人们之间以及个人与社会之间关系的一种行为规范。道德有三个特点:第一,道德是在一定物质生活条件基础上,在人们思想意识中自然形成的;第二,道德行为是靠社会舆论以及人们的信念、习惯、传统和教育的力量来维持。人们往往以善与恶、正义与非正义、公正与偏私、诚实与虚伪、正确与错误等观念来评价他人的行为,进而调整人们之间的关系;第三,在一定的阶级社会,道德尽管是多种多样的,但无一不打上阶级的观念和意识的反映。

职业道德是同职业活动密切相联系的,它是从事一定职业的人在职业活动的整个过程中必须遵循的职业行为规范。职业道德是社会道德的重要方面,一定的职业道德总是与一定的职业为对社会所负的特殊责任联系在一起的。驾驶员的职业道德是同驾驶员对社会所负的特殊责任联系在一起的。汽车驾驶员肩负着旅客的人身安全、货主的货物及国家财产的安全等重任。因此,其职业道德的标准应是:优质文明服务、安全礼貌行车。这就是说在整个旅客和货物运输过程中全方位地向旅客和货主提供优质文明的服务,达到安全、及时、方便、经济、舒适的目标和要求,使旅客和货主称心满意。在行车中要严格遵守交通法规和安全操作规程,确保行车安全。所谓遵守交通法规主要指遵守《中华人民共和国道路交通管理条例》中的有关行车的"安全规定"和"路权规定"。"安全规定"指的是在交通活动中,必须严格遵守保障行车安全的有关标志、速度、超车、跟车、会车、让行、停车、装载及对车辆的安全技术条件要求等一系列的规定。"路权规定"指的是通行权和先行权的规定,即空间路权和时间路权的规定。所谓遵守安全操作规程主要指起步、加速、制动、换挡等操作动作要规范,要符合行车安全的需要。

在对驾驶员进行职业道德教育时,要紧密结合交通法规教育,围绕职业道德标准,以优质文明服务和安全礼貌行车为中心开展工作,但在具体的教育过程中不能一味地唱高调,要求驾驶员无私奉献,将国家、社会和他人的利益放第一位,而应强调不讲职业道德会对驾驶员自身带来什么样的不良后果,以提高驾驶员遵守职业道德的自觉性。

3) 法制教育

交通法规是为维护交通秩序,便利交通运输,保障人民生命财产安全而在交通管理方面制定的基本法律和规章制度。遵守交通法规是对每一个驾驶员的起码要求,确保旅客和货物的安全是每一个驾驶员的神圣职责。驾驶员的法制教育应以交通法规为重点,同时也要学习有关刑法、民法和经济法等方面的一些知识。另外,法制教育应和职业道德教育紧密结合起来进行,才能收到事半功倍的效果。

开展法律法规和规章制度教育活动时,要避免照本宣科,要在学习条文的同时,举一些驾驶员身边的事例、熟知的事例,使活动生动具体,达到预定的目的和效果,通过学习教育,可以提高驾驶员的法律法规意识、遵纪守法意识,自觉遵守交通规则,预防和减少交通事故的发生。

4) 责任教育

无论是职业道德还是法制,都是对人行为的一种规范,它规定了哪些行为尽可能不要做,哪些行为绝对不可做。但在目前常规的教育中,我们更多的是强调不规范的驾驶行为和违法行为对其他交通参与者、旅客和货物造成的损失,较少提及对驾驶员切身利益的损害。实际上由于人的自我保护性,驾驶员最为关心的还是自身的利益,所以在教育时必须明确告诉驾驶员不道德的驾驶行为和违法行为应当承担的责任,特别是刑事责任。

对于任何一位企业职业客运驾驶员,首先,必须严格遵守交通规则和操作规程及客运管理有关规定,按时参加安全学习,精心保养车辆,严格执行"三检"制度(出车前,行驶中,收车后)和例保制度,确保行车安全和车辆技术状况良好,不开带"病"车和超员车。其次,应当遵守运输纪律,服从调度命令和现场指挥,认真执行运行作业计划,正点运行,按时完成各项运输任务。再次,要爱护车辆,保持车容整洁,车上各项设施齐备有效,节约燃料润料,做到质优高产低耗。最后,运行中驾驶员有义务协助乘务员维护好乘车秩序,车上未安排乘务员时要做好行包的监装和监卸工作,做到不越站、不甩客、不停车办私事、不载无票乘客和行包,按规定线路营运。对于违反企业规定的驾驶员,可根据严重程度和损害后果分别进行批评教育、罚款、处分、调离岗位和解聘的处罚。

2. 教育形式

我国的汽车运输企业在结合驾驶员工作特点,对驾驶员进行教育方面总结了许多宝贵的经验和方法,归纳起来主要有以下几种形式:

(1) 坚持每日出车前的安全例会教育和安全嘱咐。每日出车前的安全例会教育对保证本次出车安全十分重要。每日出车前的安全例会教育主要是总结前一天的安全行车情况,指出事故隐患和苗头;交代当天行车安全注意事项,如驾驶员的生物节律状态、道路线型特点、环境气候状况等。对车队行驶,要特别强调保持队形和前后安全距离,教育驾驶员谨防发生群死群伤事故。对接送出席庆典活动人员的驾驶员,要特别强调严禁酒后驾车的规定。

(2)坚持每周一次的"安全活动日"教育。"安全活动日"是在每周内抽出半天或一个晚上时间,作为固定的安全活动时间的一种教育形式。时间一旦确定,就要持之以恒,长年坚持下去。"安全活动日"主要用来总结一周来的安全行车情况,提出安全行车的要求。其主要内容包括总结安全行车经验、分析违章和肇事原因、研究安全防范措施、学习传达有关安全管理的文件、规范和标准、开展自查和互查、表彰先进典型等。

(3)坚持"三会一课"教育。即月初安全布置会、月末安全检查会、季末安全评比会,另外再加安全教育课。通过"三会一课"制度的贯彻,使安全教育在每一阶段都落到实处,再结合经常性的安全教育,做到知人、知事、知思想、知生活,从而使安全教育能对症下药,永不间断,收到良好的效果。在"三会"教育的基础上,利用生产淡季,定期来开办安全教育课,对驾驶员进行系统的安全知识、驾驶技术、法规制度等方面的教育。

(4)坚持每年一次的"安全活动月"教育。根据汽车运输企业的特点,选择一年中的生产旺季,开展"安全活动月"教育。"安全活动月"教育应大张旗鼓的宣传,制造舆论,形成声势,引起驾驶员、企业和全社会的重视。让社会所有的人都参与进来,对提高全民的安全意识,减少交通事故,保障交通畅通和安全有着重要意义。

(5)有计划地进行企业全员轮训。企业领导层要有计划地安排企业的领导人员、管理人员和生产工人,结合各自的工作特点和专业、工种情况举办不同层次的岗位培训班,以提高企业全员的素质,为安全管理工作打下良好的基础。

(6)不定期地举办各种驾驶员安全学习班。安全学习班是根据企业的实际情况举办不同层次、不同年龄、不同特点的驾驶员安全学习班。例如高、中、初级驾驶员安全学习班,老、中、青年驾驶员安全学习班,违章肇事驾驶员安全学习班等,在这些不同的学习班里,结合各类人员的优势和劣势,选学不同的法规和文件,达到扬长避短,优势互补的效果,保证行车安全。对违章肇事驾驶员还要帮助他们分析违章肇事原因,用血的教训帮助其提高认识,并结合自己的违章肇事行为,在查清原因的基础上,认清危害、找到差距、制订措施、防患未然,从而提高安全行车的自觉性。

(7)召开多种形式的会议进行安全教育。会议教育是一种很好的安全教育形式。例如举办安全知识竞赛会、行车经验交流会、违章肇事处理会、典型交通事故现场会、先进事迹表彰会、安全驾驶研讨会等多种形式的教育会议,均可从正反两个方面收到理想的效果。

(8)对特殊人群的教育。凡违章肇事驾驶员,由安全管理科组织学习教育或上报公安交通管理部门参加轮训。被通知轮训学习的驾驶员,不得借故拒绝参加接受教育。

(9)开展"贤内助"教育活动。"贤内助"教育是对驾驶员的爱人、子女等进行的一种教育活动。通过教育使家属能做到每天出车前给驾驶员交代安全,回家后询问安全,把组织教育变为家属的细致工作。通过教育还可以使家属体贴、谅解驾驶员的辛劳,支持驾驶员的工作,从而保持驾驶员的最佳心理状态和良好的身体状况,从而减少交通事故,把安全行车落到实处。在开展这项工作时,要大力表扬本企业"贤内助"的典型人物,通过榜样的力量和现实教育,带动所有家属争做"贤内助",为企业的安全工作作出贡献。

3.教育原则

安全教育是驾驶员安全管理的一项经常的、十分重要的工作,安全教育落实了,"安全第一、预防为主"的方针在贯彻中就有了思想基础。要搞好安全教育工作,必须遵循思想政

治工作的一些原则,才能收到应有的效果。这些原则是:
(1)耐心细致,不厌其烦的原则;
(2)动之以情,晓之以理的原则;
(3)奖励为主,处罚为辅的原则;
(4)谨防粗暴,严禁压制的原则;
(5)持之以恒,贯彻到底的原则。

四、企业驾驶员的审验

《机动车驾驶证申领和使用规定》机动车驾驶员应当按照法律、行政法规的规定,定期到公安机关交通管理部门接受审验。

1. 驾驶员审验的时间

持有大型客车、牵引车、城市公交车、中型客车、大型货车驾驶证的驾驶员,应当在每个记分周期结束后三十日内到公安机关交通管理部门接受审验。但在一个记分周期内没有记分记录的,免予本记分周期审验。在异地从事营运的机动车驾驶员,向营运地车辆管理所备案登记一年后,可以直接在营运地参加审验。

2. 驾驶员审验的内容和方法

机动车驾驶证审验内容包括:

(1)道路交通安全违法行为、交通事故处理情况,主要审查驾驶员安全行车及违章、肇事是否及时得到处理;

(2)身体条件情况,包括驾驶员的心理、生理素质及健康状况,审核驾驶员是否适宜继续从事驾驶汽车工作;

(3)道路交通安全违法行为记分及记满12分后参加学习和考试。

持有大型客车、牵引车、城市公交车、中型客车、大型货车驾驶证一个记分周期内有记分的,以及持有其他准驾车型驾驶证发生交通事故造成人员死亡承担同等以上责任未被吊销机动车驾驶证的驾驶员,审验时应当参加不少于3小时的道路交通安全法律法规、交通安全文明驾驶、应急处置等知识学习,并接受交通事故案例警示教育。

对交通违法行为或者交通事故未处理完毕的、身体条件不符合驾驶许可条件的、未按照规定参加学习、教育和考试的,不予通过审验。

驾驶员的审验工作由驾驶员所在企业安全管理机构配合公安交通管理机关进行。其方法可以灵活多样,一般由企业安全管理人员组织驾驶员对其进行安全教育,学习交通法规及公安交通管理机关发布的审验文件;在学习教育的基础上总结交流安全行车经验,分析典型交通事故,自查互查遵章守纪和安全行车情况,由驾驶员作出自我总结和鉴定,在小组会议评议和审查;最后由公安交通管理机关审核违章、肇事是否已经处理,对已经处理的驾驶员经审查合格后,进行心理、生理素质检测和健康检查,合格者填写《年度审验登记表》,在驾驶证和年度审验表上签注审验合格章。

3. 审验的有关规定

(1)凡持有《中华人民共和国机动车驾驶证》的驾驶员(包括实习期)必须参加审验,经审验合格并办理合格签章后,方具有驾驶资格。

(2)凡持有A(大型客车)、B(大型货车)、N(无轨电车)、P(有轨电车)类准驾车型驾驶证者,持有C(小型汽车)类准驾车型驾驶证并兼营业性运输者,年龄超过60周岁者,每年审验一次,必须检查身体和进行心理、生理检测;凡持有其他准驾车型驾驶证的驾驶员每两年审验一次,可免除检查身体。心理、生理检测视具体情况而定。

(3)审验时对年龄超过60周岁的,注销准驾车型A、B、N、P类驾驶证。

(4)对在外地因故不能返回接收审验的驾驶员,可委托外地车辆管理所代理。

(5)对违章和事故未处理的驾驶员,待处理结束后补审验手续。

(6)对受吊扣驾驶证未满期限的驾驶员,待吊扣期满后补办审验。

(7)对受刑事处分的驾驶员不予审验。

(8)未记载审验合格签章的驾驶证,其驾驶员不具备驾驶资格证。

五、企业驾驶员的安全技术档案管理

驾驶员的安全技术档案是每一个驾驶员安全行车和参加其他安全活动的真实记录;是考核和奖惩驾驶员以及年度审验、安全教育的重要依据;是分析交通事故规律、采取有效防范措施的有用材料,它在驾驶员安全管理工作中具有重要作用。

驾驶员安全技术档案主要应填写以下内容:

(1)驾驶员登记资料;

(2)驾驶员参加安全活动记录;

(3)驾驶员违章、肇事记录;

(4)驾驶员安全行车里程记录;

(5)驾驶员奖励和惩罚记录;

(6)驾驶员审验记录;

(7)驾驶员心理、生理检测(包括生物节律)及健康状况检查记录;

(8)对驾驶员个人和所驾车辆安全检查记录。

驾驶员安全技术档案的格式应由企业安全管理委托会统一印制,并逐人装订成册。年初应将其下发车场(队),由车场(队)安全技术人员负责保管和填写,年终收回,由安全技术管理部门统一保管。车场(队)安全技术人员在填写安全技术档案时一定要做到及时、准确、连接、完整,只有这样,才能使驾驶员的安全技术档案起到应有的作用。

第四节 驾驶员素质与安全驾驶

道路交通的开放性特点以及运输生产采取的单独驾驶作业方式,决定了驾驶员是影响道路交通安全的重要因素,特别是在我国混合交通比较常见的情况下更是如此,经过仔细分析可知,其中一个最根本的原因就是驾驶员素质低下,与我国复杂的道路交通环境极不适应。

人员安全素质是安全生理素质、安全心理素质、安全知识与技能要求的总和。其内涵非常丰富,主要包括:安全意识、法制观念、安全技能知识、文化知识结构、心理应变能力、心理承受适应性能力和道德行为约束能力。驾驶员的素质主要包括:身体素质、心理素质、驾驶技能素质、职业道德素质和文化素质。

一、驾驶员的身体素质对行车安全的影响

作为机动车驾驶员必须有一个适应驾驶工作条件的健康体质和敏捷的反应速度,才能

适应于现代汽车及运输行业的发展,才能在各种不同道路环境和气候条件下安全、优质地完成工作任务。否则,可能会给国家和人民带来不可估量的损失。虽然《机动车驾驶证申领和使用规定》对其申请驾驶证者的身体条件有具体的规定,但有学者认为目前对驾驶员身体条件检验存在两点不足之处:首先放松了身体检验标准,随着社会的发展和生活的需求,汽车进入家庭,使得学习和掌握驾驶技术的人越来越多。而部分培训学校往往只注重经济效益,忽略对驾驶员的身体条件检验,有些初学驾驶员根本没有通过医疗部门体检,有的人在视力、听力、变色力、身高等条件上根本没有达到其标准,甚至可能有少数人还存在着妨碍安全驾驶的疾病或生理缺陷。可以想象这样的人驾驶机动车又怎样能保证其安全行车;其次,随着科学技术成果在汽车上的大量应用,机动车车速越来越快,交通情况越来越复杂,对驾驶员的身体素质要求也必然越来越高。

1. 视觉机能对安全行车的影响

视觉机能是影响驾驶员最重要的感觉功能,驾驶员在行车过程中有80%以上的信息都是通过视觉来获得的,驾驶员只有具有良好的视觉特性,才能确保安全行车。视觉机能包括视力、视野、空间知觉、暗适应与明适应、色觉等。

1) 视力

视力即视敏度,指的是分辨遥远的物体或物体细微部分的能力。它包括静视力、动视力和夜视力。

静视力则是在人和观察对象都处于静止状态时所检测的视力。这是驾驶员对外进行观察的基础,可以说没有良好的静视力,就不能看清道路情况,很容易造成误操作,引发事故。公安部2012年颁布的《机动车驾驶证申领和使用规定》要求,申请大型客车、牵引车、城市公交车、中型客车、大型货车、无轨电车或者有轨电车准驾车型的,两眼裸视力或者矫正视力达到对数视力表5.0以上。申请其他准驾车型的,两眼裸视力或者矫正视力达到对数视力表4.9以上。

动视力是指人与观察对象有相对运动时检测的视力。驾驶员在驾驶车辆过程中的视力为动视力。研究表明:(1) 动视力随车速的变化而变化,一般动视力比静视力低10%~20%,特殊情况下低30%~40%,因此当距离一定时,在低速下能看清的交通标志,在高速下就不一定能看清楚了;(2) 静视力是动视力的基础,但静视力好并不一定动视力好。所以动视力较差的驾驶员应当有意识地控制车速,以防事故的发生。

随着汽车行驶速度的提高,驾驶员视力明显下降。相关研究表明:当以60km/h的车速行驶时,一般驾驶员可看清240m以内的标志;当车速增大到80km/h时,只能看到160m之内的标志,车速提高33%,视认距离减少36%。为了保证驾驶员在发现前方障碍物时,能有足够的时间辨认和采取措施,总是希望车速提高时,视认距离也能相应增加。但是由于受人的生理条件限制,其结果恰恰相反。

动体视力可用动体视力检测仪进行检查。

2) 视野

眼睛除所注视的目标外,还能看见一定空间范围内的物体,这种所能看见的空间范围就是视野。头部和眼球保持不动时所看到的空间范围称之为静视野。

视野范围内的视力称为周边视力,这是中央窝以外视网膜的功能。

一般正常人单眼视野范围上侧约60°,下侧约70°,内侧约60°,外侧约90°。双眼水平综合视野可达180°。

另外视野还与物体的色彩有关,其从大到小依次为白、蓝、红、绿。

与静视野对应的还有一个动视野。当头部固定不动,眼球自由转动所能看到的范围称之为动视野。动视野比静视野左右约宽15°,上方约宽10°,下方基本相同。

周边视力对驾驶员来说是很重要的,它可使驾驶员发现那些需要仔细观察的目标,如从视线盲区驶出的车辆,突然跑到路上的儿童等。如果驾驶员周边视力差(视野狭小)或损伤,就看不清道路环境的全面情况,难以发现突然发生的变化,从而影响安全行车。有些人的视野的范围比正常人小,有严重缺陷的人甚至只能看到两眼正前方的物体,像隧道一样,这种人的视觉称为"隧道视觉"。驾驶员的视野范围要有一定的广度,有"隧道视觉"的人是不宜担任驾驶任务的。

在行车过程中人的视野并不是一成不变的,随着汽车行驶速度的提高驾驶视野会逐渐变窄,无法看清道路两侧近处的景物。例如,汽车的行驶速度为40km/h时,注视点在车前约180m处,其视野范围可达90°~100°;车速增加到70km/h时,注视点移到车前360m处,视野范围只有65°;车速增加到100km/h时,注视点在车前600m处,视野范围只有40°。正因如此,车辆在长直线路段上行驶时,驾驶员应主动控制车速并适当变动注视点,避免由于疲劳诱发交通事故。

视野可用视野计来测量。

3)夜视力

夜间视力是指驾驶员在夜间黑暗情况下所表现的视力。

由于视力与光照强度关系密切,即视力随光照强度的加大而增强,在照度0.1~1000m烛光时二者几乎成直线关系。由于夜晚照度低下而引起的视力下降叫做夜近视。

夜间由于光照不足,驾驶员很难看清和预见道路上的各种情况,因此夜间行车比白天危险得多。研究发现,尽管夜晚行人稀少,车辆密度小,但事故率很高(占50%以上)。

影响夜视力的因素,除光照强度外,物体的对比度和颜色也有一定的影响。一般地说,亮度大、对比度大的物体容易辨认,对不同的颜色,辨认的难易程度也不同。实验结果表明,在没有路灯仅靠汽车近光灯的情况下,一个身穿白色衣服的行人,当他距车82.5m时,驾驶员就可以看到有白色物体;距车42.9m时,能断定是一个人;距车19m时,则可看清行人的移动方向。若是穿黑色衣服的行人,则上述数据分别为42.8m、18.8m和9.6m。可见夜间行人着装的颜色对驾驶员视力的影响也较大。夜间驾驶员辨认距离见表10-2。

夜间驾驶员辨认距离　　　　　　　　　　表10-2

衣物的颜色	白	黑	乳白	红	灰	绿
能发现某种颜色的距离(m)	82.5	42.8	76.6	67.8	66.3	67.6
能确认是某种物体的距离(m)	42.9	18.8	32.1	47.2	36.4	36.4
能断定其移动方向的距离(m)	19.0	9.6	13.2	24.0	17.0	17.8

4)视力适应

(1)暗适应。

人由光亮的地方突然进入黑暗的地方,开始时视觉感受性很低,看不清东西,经过一段时间后,视力才逐渐恢复,变得能够识别黑暗中的物体,这个过程叫做暗适应。

在暗适应过程中,由于眼睛瞳孔有个放大过程,一般瞳孔直径由2mm变到8mm,使进入眼球的光线增加10~20倍;同时视网膜上也有个化学物质变化过程。所以暗适应需要的时间较长,通常需要5~15min,完全适应需要30~40min。

驾驶员夜晚在没有路灯的公路上会车时，双方突然关掉前照灯，以及大白的天突然进入没有照明的隧道时，都会有个暗适应过程，这时要特别注意行车安全。

白天高速公路隧道入口前的照度几乎高达几万勒克斯(lux)，而隧道内的照明一般只有100勒克斯(lux)，这时驾驶员进入隧道，眼睛大约会产生10s左右的视觉障碍，可能会引起交通事故；与此相类似，夜晚驾驶员由灯光辉煌的城市驾车驶入没有照明设施的郊区道路时，驾驶员也会出现所谓的暗适应问题。这种因亮度相差悬殊，使驾驶员感到洞内很黑以致无法辨认洞内障碍物的现象，称之为"黑洞效应"。据报道，在西安火车站地下隧道修好不到一年的时间里，竟发生了46起事故，显然与"黑洞效应"有关。

人与人之间暗适应时间的长短区别很大，不言而喻，暗适应时间长的人，夜晚行车或穿过隧道的安全性比较低。

暗适应有专门的暗适应检测仪进行检查。

（2）明适应。

当人由黑暗骤然进入非常明亮的环境时，感到光线耀眼，眼睛也有个习惯和视力恢复过程，这叫做明适应。如驾驶员从长隧道刚出来见到太阳，就有这个现象。

明适应比暗适应快得多，一般只需数秒到1min。

驾驶员在长隧道中行驶时间较长，已逐渐适应了暗视场环境。当驶出洞口时，洞外高亮度的景物会在驾驶员眼中形成一个明亮的"白洞"。如果恰在前方"白洞"范围内有大型车辆行驶，则在感应现象作用下，难以辨认大型车后所跟的小型车。这种现象叫白洞效应。

以上可见，隧道内的照明设计对安全有较大的影响。

5) 空间知觉与立体视力

在这里首先介绍一下有关知觉的概念。所谓知觉是指直接作用于感觉器官的客观事物的整体在人脑中的反映。对于一个目标，驾驶员通过注视获取其信息，然后大脑解释。当这些感觉变得有意义时，驾驶员才对目标产生知觉。

空间知觉是指人对物体的形状、大小、远近、方位等特性的知觉。空间知觉是由人的多种感官，如视觉、听觉、触觉、运动觉、平衡觉等相互作用而形成的，其中视觉中的立体视力尤为重要。例如，人对距离的知觉，则主要是依靠视觉系统提供的信息完成的。这些信息有的来自于眼球的运动感觉，有的来自视觉本身，而来自视觉的信息是最主要的。在视觉信息中，又以"双眼视差"信息最为重要。现代视差消息理论认为，双眼在观察一个物体时，由于两眼之间存在一定的距离（大约65mm），两眼从不同角度看这个物体，在视网膜上所成的像是有一定区别的，这样就在两眼视网膜上感受到不完全相同的刺激，形成两个稍有差异的视像，即双眼视差，此时两眼非对应的视觉刺激就变成神经兴奋，传到大脑皮层，经过分析和综合，便加工形成深度知觉（立体视觉）。在实际观察对象物的时候，对象物以外近处和远处的其他物体的视像便落在视网膜的不对应部位上，因而产生深度知觉，感到那些物体比所注视的对象物近些或远些。

双眼视差是驾驶员知觉立体物体和物体前后距离的重要信息。一般双眼视力正常的人都具有正常的距离知觉，只有极少数人距离知觉能力很弱，甚至缺乏距离知觉，这种人被称之为"立体视盲"。患有立体盲的驾驶员，难以估计交通环境中各种车辆、行人、物体的形状、大小和距离，因而容易发生交通事故。以超车为例，如果驾驶员是立体盲，无法了解被超车辆的大小和距离，对迎面来车的远近又无法估计，自然无法掌握超车时机。一旦超车，难免发生擦、挂或相撞事故。

因此,立体视盲是一种比色盲、夜盲更为有害的眼病。据统计,我国有一千多万人是立体视盲,立体视觉异常者高达30%。研究表明,患立体视盲的驾驶员事故率明显高于立体视觉正常的驾驶员,见表10-3。

立体视觉异常与事故的关系 表10-3

视 力	调查人数	肇事人数	肇事率
正常	1844	274	14.86%
立体视觉异常	97	37	38.14%

驾驶员的双眼视差(空间知觉),可用深度知觉检测仪或立体盲图册来检查。

6)错觉

错觉是对外界事物不正确的知觉,是知觉恒常性的颠倒。错觉的产生机理非常复杂,目前还没有一个统一的定论。有人认为错觉可能是生理和心理原因引起的,由于同一分析器内部的相互作用,不同分析器所提供的信号不一致,当前知觉与过去经验相矛盾,或思维推理上的错误等,都可能是造成错觉的原因。

错觉的例子非常多,例如在景观无变化、单调的长直线路段上行车,驾驶员感到枯燥,行驶同样距离的时间显得长一些,相反,若在道路线形优美,两侧风景秀丽,则对行车时间感觉短一些。在驾车过程中最常见的错觉为弯道错觉和坡道错觉。当道路中心线的偏角较小时,如果在该处设置了平曲线,则会由于驾驶员的视觉特性,使得曲线看起来要比实际长度小一些,从而产生公路为急转弯的错觉。另外,当驾驶员行经凹形路段时,位于下坡段看对面的上坡段,会认为上坡段的坡度比实际坡度要大,从而易导致下坡路段上行车时,驾驶员觉察不出自己是在下坡。

有一些错觉会经过长时间的实践活动后慢慢改正,不再形成错觉,而有一些错觉则会重复出现,不易克服。无论能否克服,驾驶员都应该知道这种客观现象的存在,在具体行车过程中通过主观意识去避免。

2.年龄与安全行车的关系

相关研究表明,35岁以下和55岁以上驾驶员的道路交通事故发生率较高。

30岁以下的驾驶员称为青年驾驶员。他们精力充沛,思维敏捷,是人生的黄金时期。在这个年龄段里,对行车安全影响最大的是婚姻和家庭。

未婚青年年龄大多在25岁以下,其情绪的不稳定除了与家庭束缚、工作压力、对未来前途的彷徨等有关外,最主要的原因是由于性成熟出现的选择配偶的需要继之而产生的一系列反应。如行车中不自觉地观看行走的异性青年;初恋的神秘,热恋的甜蜜极大地冲击着他们的心理,迫使他们不时思索和品味。更有甚者,恋爱进展顺利,则喜上眉梢;如果失恋,则整天愁眉不展,甚至狂躁不安。这些都会分散他们的注意力和精力,尤其失恋后的情绪波动,很容易开赌气车,借以消气。这些都对安全驾驶极为不利。

另外,青年人的精神和运动机能处于急速发展期,对社会和自然的认识尚未成熟,驾驶经验也不足,也会影响安全。另据调查发现,20岁以下驾驶员的事故率占同龄人数的65%,21~30岁驾驶员的事故率也在50%以上。另据北京的一项调查,发现50%以上的死亡事故是28岁以下驾驶员产生的。

已婚青年驾驶员大多经济上渐趋独立,个人解决问题的能力提高,心理状态趋向稳定。但已婚青年驾驶员,甜蜜的爱情生活,导致了他们不愿执行长途运输任务,出车中盼望早些回家,从而造成开快车的现象。这样也容易发生事故。

重要的是,30岁以下的年轻人正处于事业的起始阶段,极富冒险精神,喜欢寻求刺激,增强好胜,这是人的本性,特别是男性驾驶员尤其如此。在具体的驾驶行为当中,表现为青年男性驾驶员喜欢超车、超速、抢道行驶,以体现其驾驶技能高超,或车辆性能优越,从而在心理上得到一种胜利者的满足感,有时会不自觉地产生一种赛车心态。所有这些心理的潜意识都易于导致事故的发生。

所以说,青年人的心理状态不容忽视,要加强教育和管理,以提高其安全驾驶水平。

对于55岁以上年龄段的老驾驶员,虽然其心理机能比较稳定,驾驶技能也比较娴熟,但由于随着年龄的增长,生理机能逐渐发生变化,其心身机能处于较低水平,特别是在操作能力及反应敏捷性等方面与年轻人相比有较大下降,故增大了发生道路交通事故的危险。

3. 性别对安全驾驶的影响

随着汽车逐渐走入寻常百姓家,女性驾驶员也越来越多了,她们与男性驾驶员一样也是道路交通的重要参与者。但由于男女在生理诸方面存在着差异,使得他们对安全驾驶有着不同的影响。

男女的性差,使各自的性格、兴趣、态度以及行动表现出很大的不同。这在日常生活中都有体验。此处不再赘述。单就汽车驾驶工作而言,从身体整体条件来看,女性驾驶员低于男性驾驶员。主要表现以下几个方面。

(1) 女性身高一般不及男性,在驾驶室中坐高低,视野小,对行车安全不利。

(2) 体力(如手的握力、脚的蹬力以及耐久力等)不如男性,对驾驶操作不利。

(3) 女性的某些生理状况不利于安全行车。如经期反应带来的疲倦、烦躁不安、头晕;妊娠期头晕、恶心、食欲减退等不良反应;怀孕中后期体形变化,动作迟缓,有气无力,给驾驶操作带来不便;更年期头痛、失眠、心情烦躁等,都有碍于行车安全。

总的来说,由于身体条件的不同,男性驾驶汽车比女性优越。当然这并不是说妇女不能开车,问题在于我们要正视女性的特征,合理安排她们的工作。例如,女性驾驶员一般安全意识比男性强,且开车中小心谨慎,耐心细致,这些都是一般男性驾驶员不及的长处。正是这些长处,女性就适合于在城市充当公共汽车或出租车驾驶员,或跑些短途运输;而其不如男性的特征,决定了她们不宜于长途运输。统计得知,女性驾驶汽车超过8h后事故率较高。

男女驾驶员在性格上有所不同。男性驾驶员一般偏于外倾、积极、正义感强,富于攻击性;女性驾驶员偏于内倾,攻击性弱,直观而且情绪变化大。性格上的不同,导致其呈现不同的驾驶风格和特征。

4. 疲劳对安全行车的影响

驾驶疲劳是指由于驾驶作业所引起的身体上、心理上的疲劳及客观测定驾驶员机能低落的总称。

驾驶员长时间开车就会发生驾驶疲劳现象。疲劳使驾驶员观察判断能力下降,反应迟钝,注意力不集中,操作失误增多,严重时出现行车中打瞌睡现象,极易引起重大交通事故。统计资料表明,疲劳驾驶是交通死亡事故的主要原因之一。世界各国因疲劳驾驶所造成的交通事故,在交通事故总数中占有相当比例。据法国国家警察局统计,这在交通事故占交通伤害事故的14.9%,占死亡事故的20%。

人处在不同的觉醒状态时,其意识水平、工作效率以及诱发交通事故的危险性,有明显的区别(表10-4)。

人的意识水平与工作可靠性的关系　　　　　　　　表 10-4

等级	意识状态	注意力	生理状态	工作可靠性
0	无意识、失神	0	睡眠	0
1	低意识（昏沉）	不注意	疲劳、打瞌睡	0.9 以下
2	松弛状态	迟钝	安静、正常	0.99～0.99999
3	正常、清醒、积极状态	活跃	积极活动	0.99999 以上
4	兴奋，紧张状态	注意力集中判断停止	失常、恐怖	0.9 以下

从表 10-4 可以看出，当驾驶员处于最佳觉醒水平时，意识就处于正常的清醒状态，注意力活跃，心理、生理及操作活动都处于积极活动之中。在这种状态下，驾驶员很少发生交通事故；如果处于疲劳状态，驾驶员就处于低意识昏沉之中，反应迟钝、注意力不集中，驾驶效能下降；若是处于过度疲劳阶段，由于深度困倦打瞌睡，则注意力丧失，很容易发生事故，这是一种极为危险的状态。

据研究，在一般情况下，驾驶员一天内开车时间超过 10h，前一天睡眠不足 4.5h，事故率必然比较高。因此，《中华人民共和国道路交通安全法实施条例》规定，机动车驾驶员连续驾驶 4h 的，必须停车休息。长途客运汽车驾驶员 24h 内累计驾驶时间不超过 8h；日间连续驾驶 4h、夜间连续驾驶 2h 的，必须停车休息，休息时间不少于 20min。

5. 饮酒对安全行车的影响

酒后、醉酒驾驶，是一种极易引发道路交通事故的严重交通违法行为。据统计，在我国每年有 2%～3% 的道路交通事故是由驾驶员饮酒导致的，由酒驾造成的死亡人数占事故全部死亡人数的 3%～5%。

不论酒量大小，只要饮用了含有酒精的酒水，包括白酒、啤酒或果酒等，血液中含有酒精成分均为饮酒。饮酒后，酒会对人的中枢神经起麻醉抑制作用。相关资料显示，酒后驾车发生事故的比率为没有饮酒情况下的 16 倍，几率高达 27%。因此，各国都规定酒后严禁开车，违者将予以重罚。

酒后驾车的危害归纳起来，有以下五点：

一是触觉能力降低。饮酒后驾车，因酒精麻醉作用，人的手、脚触觉较平时降低，往往无法正常控制加速踏板、制动踏板及转向盘。

二是判断能力和操作能力降低。饮酒后，人对光、声刺激的反应时间延长，从而无法正确判断距离和速度。科学研究发现，饮酒者每 100mL 血液中含酒精 50mg 时，反应能力即有所下降，达到 100mg 时，下降约 35%，达到 150mg 时，下降 50%，并使人动作失调，手脚失控。驾驶员在没有饮酒的情况下行车，发现前方危险情况，从视觉感知到踩制动踏板的动作之间的反应时间一般为 0.75s。饮酒后尚能驾车的情况下反应时间要减慢 2～3 倍，同速行驶下的制动距离也要相应延长，这大大增加了出事的可能性。

三是视觉障碍。饮酒后会使视力暂时受损，视像不稳，辨色力下降，因此不能发现和正确领会交通信号、标志和标线。饮酒后视野还会大大减小，视像模糊，眼睛只盯着前方目标，对处于视野边缘的危险隐患难以发现。

四是心理变态。酒精刺激下，人有时会过高估计自己，对周围人劝告常不予理睬，往往作出力不从心的事。

五是疲劳。由于酒精的麻醉作用，驾驶员饮酒后特别容易困倦，甚至于处于睡眠状态，主要表现为驾车行驶不规律，空间视觉差等疲劳驾驶行为。

二、驾驶员的心理素质对交通安全的影响

机动车驾驶员的心理素质与驾驶工作是息息相关的,心理素质主要包括反应、性格、情绪行车和注意力四个方面,这些都随着人的生理素质、社会经历和实践活动的不同而有所差异。在交通事故中,因为心理素质方面原因造成的交通事故占驾驶员原因的7.4%。

1. 注意对安全驾驶的影响

注意是指人的心理活动对一定事物的指向和集中,正是由于这些指向和集中,人才能清晰地反映周围客观现实中存在的特定事物,而离开其他事物。驾驶员的注意是指在行车途中,驾驶员的心理活动有选择地指向和保持集中于与行车有关的车辆、行人、信号及路面状况等道路交通信息。驾驶员在正常行驶过程中,其所应具有的主要注意品质如下:

(1)注意广度。注意的广度又被称之为注意的范围,是指在同一时间内所能清楚掌握对象的数量。由于驾驶员时刻面临大量的、复杂的道路交通信息,所以只有保持一定的注意广度,才能从中获取有效信息。因此,驾驶员必须通过驾驶知识的不断学习和注意对象的深入认识,以扩大注意的广度,提高自己感知事物的能力。

(2)注意分配。在同时进行两种或多种活动时,把注意指向不同的对象,称之为注意的分配,如驾驶员在行车过程中既要注意前方路面的情况,又要转动转向盘和控制加速踏板等。驾驶员在行车过程中,必须把注意有效分配在有关的道路交通信息上,才能作出适当的、及时的反应。通常以选择注意能力作为评价的指标。选择注意能力代表了驾驶员在当前情境下不同信息竞争后的选择和指向。

(3)注意稳定。注意的稳定是指注意长时间地保持在感受某种事物或从事某种活动上。个体对某一事物保持注意的时间存在个体差异,注意的稳定性好坏与人的主体状态有关,当身体健康、精力充沛时,注意的稳定性就好,反之就差,由于其他刺激物的干扰或过于单调的刺激都会引起驾驶员注意稳定性的下降,即注意得到分散。驾驶员在行驶过程中,需要在一定时间内把注意集中于一定的交通信息,注视和预测交通状态的发展,才能作出适当的反应,所以其注意品质必须具有一定的稳定性。

(4)注意的转移。注意的转移是指驾驶员积极、有效地把注意从一种信息转移到另一种信息上,每一次的注意转移都会带来注意的重新分配。如驾驶员在行车过程中,开始注意前方的交通状况,但当发现路侧有标志时,就会立即把注意转移到交通标志上去,以辨认标志的内容。驾驶员只有合理地进行注意转移,才能对各种信息作出正确的选择。

如果驾驶员的注意稳定性差,那么他就很难在一段时间内把注意力完全集中于当前的驾驶行为上,因而不能有效识别与安全有关的交通信息,故特别容易导致交通事故发生。如果驾驶员在复杂的信息条件下注意力分配不当,不能把注意力有效地分配到当前的各个驾驶行为上,那么就会出现顾此失彼的现象,操作判断失误就会发生,往往也会导致事故的发生。另外,驾驶员的注意持续时间对安全驾驶也有着重要影响,如果注意力保持的持续时间短,则易受外界因素干扰,注意力易分散,驾驶员的安全驾驶将得不到保障。

在许多交通事故的认定当中,常常将原因归于驾驶员"麻痹大意",但实际上,事故发生的原因很多,这里面既有人的因素,如驾驶员的身心状态、知识技能、操作方法、处理紧急情况的经验等;也有物的因素,如车辆技术状况、道路安全设施等;同时也有管理及其他方面的因素,极为错综复杂。如果置这些因素不顾,仅笼统地归之于"不注意",就会使事故原因简单化,不能真正起到减少事故的效果。

2. 反应对安全驾驶的影响

驾驶员的反应特性对安全驾驶有着重要影响,从大量的测试与事故统计分析来看,驾驶员的反应与交通事故的关系存在如下规律。

1) 反应时间长的人容易发生事故

反应时间长,往往错失采取措施的良机,容易酿成事故。紧急制动中反应慢就是一例。

调查与测试的情况确实如此。据波兰对肇事驾驶员心理生理的研究发现,13%的肇事是由于驾驶员心理活动功能低下,反应迟钝造成的;日本关于肇事次数与反应时间关系的调查数据(表10-5)亦表明,肇事次数多的驾驶员反应时间长。笔者课题组曾对76名驾驶员做过测试。在76名驾驶员中,38名没有发生过一次事故,称为优秀驾驶员组;24名只发生1次事故,称为一般事故组;其余14名都发生过2次或2次以上事故,称为事故多发组。测试结果发现,三组驾驶员在选择反应时间上存在着显著差异,尤其优秀组与事故多发组的差异更为显著,即使一般事故组与事故多发组也存在较为明显的差异。故可以认为驾驶员选择反应时间长是肇事的原因之一。

肇事次数与反应时间长短的关系 表10-5

事故次数	0~1	2~3	4~7	8~9	10~12	13~17
反应时间(s)	0.57	0.7	0.72	0.86	0.86	0.89

2) 反应时间稳定性差的驾驶员容易发生事故

用选择反应检测仪对驾驶员进行测定,还发现有些驾驶员各次所测的反应时间很不稳定,时长时短,或者说突发性的反应迟钝现象常有出现。这些人即使让其紧张起来,努力持续地重新接受检测,其反应的不稳定性和突发性的延迟仍然发生。优秀驾驶员与事故多发驾驶员在反应时间稳定性上确实有显著差异,而且反应时间稳定性与事故高发相关。

反应时间稳定性是驾驶员情绪稳定性在测试时的表现。根据我国的一项统计,每个汽车驾驶员每天至少要遇到200次险情。试想如果在这些险情中有那么几次反应迟钝,就有引发事故的可能性。可见反应时间稳定性与安全行车关系很大。

对于反应迟钝和反应时间不稳定的人,预防发生事故的办法只有一个,就是行车中与前车保持充裕的距离,或者说要保持能够使车停止的车头时间。所谓车头时间,是指认知和反应时间(从发现前方所停车辆、行人或障碍物,到踩制动踏板或开始打转向盘的时间)的最大值(一般为3s)再加上踩制动踏板到车辆完全停止所需的时间(当车速为60km/h时,为1.4s)。所以如果能保持(3+1.4)s以上的时间,便可以说有充裕的车头时间。

3) 在复杂反应中误反应多的人容易发生事故

我们在大量检测调查中还发现,错误反应次数多的人,事故率较高。分析原因,一是错误反应多的人,大脑中枢识别判断功能差,这样就容易作出错误决策;另一个原因是性格急躁,在没有判断清楚之前就采取行动,把这种人叫做"动作优先"。

1982年日本丸山先生用自己开发的速度反应检查仪对驾驶员进行检测的结果,明确指出了容易发生事故的人中,有动作优先的倾向。也就是说,动作在先确认在后的人事故倾向性大。这些人把"快"放在了重要的位置上。所以对驾驶员来说,最重要的是"正确观察";而有快速行动倾向的驾驶员,正是忽视了这个"正确观察",错误地感知了交通场面而招致了事故的发生。

3. 情绪对安全驾驶的影响

驾驶员在积极的情绪状态下,一般来说差错失误比较少,工作效率也高;而在消极的情绪状态下，不但运输生产的效率低下，而且因精神不振，反应迟钝，观察和思考的主动性降低，操作失误增多，自然会对安全驾驶带来严重的不利因素。为了确保驾驶员的安全驾驶，运输企业和驾驶员本人都要时刻关注驾驶员的情绪变化，尽力控制和调节驾驶员的情绪，如果驾驶员情绪严重低落，就应强制停止驾驶行为，确保行车安全。

驾驶员的情绪有三种行为表现。

（1）心境。心境是一种较弱的、平静而持久的情绪状态，它是人在特别高兴或特别不愉快时的情感留下的遗波。

驾驶员在良好的心境下，感知清晰，判断敏捷，操作准确；而在压抑、沮丧的心境下会感到什么都不顺眼，可能会促使其强行超车，开斗气车等，容易导致事故。

美国曾调查过 460 名离婚的驾驶员的事故记录，发现离婚前 3 个月和离婚后 3 个月的违章、肇事次数要比其他人多得多，尤其离婚后的 3 个月更为明显。这都是与消极的心境分不开的。

（2）激情。激情是强烈的、暴风雨般的、激动而短促的情绪状态。这种情绪状态往往是由一个人生活中具有重要意义的事件引起的。

驾驶员在激情状态下难以自制，会影响观察、判断和操作，所以容易发生事故。例如在狭窄道路上意欲超车而前车占道不让时，就可能激起后车驾驶员的愤怒而出现激情。在这种激情状态下，后车驾驶员有可能不顾危险强行超车而导致事故发生。所以要教育驾驶员，遇事时要慎重、平静，善于控制自己的情绪，避免激情爆发，或者转移注意力以冲淡激情爆发的程度。

（3）应激状态。驾驶员在紧急情况下所表现出的行为状态称为应激状态。行车中遇到突如其来的情况（如行人突然从车前跑着横穿公路）或在十分危险的条件下，驾驶员必须迅速、几乎没有选择余地作出决定，利用过去的经验，集中意志力和果断精神。此时紧急的情景会惊动整个有机体，且能很快地改变有机体的激活水平，心率、血压、肌紧度发生显著改变，从而引起情绪的高度应激化和行动的积极化。"应激状态"比一般的"激情"更严重，认识的狭窄使其很难实现符合目的的行动，容易作出不适当的反应。

在复杂的交通环境中，驾驶员在行车中要想完全避免遇到任何紧急情况几乎是不可能的。据美国的调查，汽车驾驶员平均每行驶 800km 就会遇到一次紧急情况。当然紧急情况未必就一定发生事故，而发生交通事故的只有一小部分紧急情况。不过应该认识到，紧急情况毕竟离交通事故不远了，成为事故的可能性很大。因为在应激状态下，尤其在急迫的危险时刻，驾驶员的行为改变了，但改变不得法，往往不能很好地去处理一些近在手边的问题，所以容易发生事故。

还有一些驾驶员在紧急的危险状态下，会把加速踏板当作制动踏板猛踩下去，直到发生事故才"醒悟"过来。有人把这解释为"应激是对一种情绪的唤醒"。

4. 驾驶员性格与安全驾驶的关系

性格是人对客观现实稳固的态度以及与之适应的习惯的行为方式的心理特征，是个性的重要方面。由于性格的组成相当复杂，因之对性格的分类看法多有分歧。但大多心理学家把性格分为以下 3 种。

1）理智型

这种性格的驾驶员，能以理智来衡量和支配自己的行动，能正确对待自己和外界交通情况。正因如此，行车中能够做到礼让，不强行通过，不采取冒险行动，遵守交通法规和驾驶操作规程。

2）意志型

这种性格的驾驶员，有明确的行动目标，有自制力，行为坚决果断，很少受外界干扰。在驾驶行为上表现得遇事沉着冷静，处理情况不优柔寡断。

3）情绪型

这种性格的驾驶员易受情绪支配，在驾驶行为上表现很不稳定，常有赌气、报复他人的表现。通过大量的调查分析得知，交通事故与驾驶员的性格特征有密切关系。表10-6是日本大阪大学长山泰久教授根据调查研究的结果，对事故多发组与无事故组所做的比较。

从表10-6中可以看出，协调性差，情绪不稳定，自我控制能力差，以自我为中心，不关心别人，而且容易冲动的驾驶员易发生交通事故，而且善于关心别人，有社会责任感和同情心的驾驶员，在紧急情况下不惊慌失措，有利于安全驾驶。

事故多发组与无事故组的心理特点和性格特征的比较　　　　表10-6

	心里特点和性格特征	事故多发组、违反常规习惯	无 事 故 组
心理特点	知识水平	低	高
	人与人关系	关系淡薄、不太亲密	关系融洽、亲密
	个人欲望	强烈、易冲动	少
	攻击性	强	小
	情绪稳定性	不稳定、兴奋强烈	稳定
	感受性	过敏、容易改变气氛	正常
	相互理解	困难	可能
	虚荣心	强	少
	快乐的追求	强	不强
	神经质症状	强	小
	把握事态	主观、单一	客观、综合
	适应性	异常	正常
	社会的同情心	弱	强
	安全态度	冒险性	安全为首位
	安全教育观念	轻视、消极性	重视、积极性
	交通法规观念	轻视	重视
	注重生命观念	缺少	强烈
	事故责任感、反省态度	缺乏	强烈
性格特征	性格倾向	外向	内向
	协调性	小	有
	以自我为中心	强	弱
	自我控制	困难	可能
	驾驶技术的自信心	逞能	正常
	活动性	大	小

关于性格中冒险性问题，研究表明，开车中爱冒险是导致交通事故发生的主要原因之一。之所以如此，是因为爱冒险的驾驶员存在一种侥幸心理，认为事故只会降落在别人头

上,自己操纵车辆,可以控制危情,因而不会发生事故,于是轻视驾驶工作。甚至认为,过去几次冒险并未发生什么不幸,致使冒险的胆子越来越大,最终导致事故发生。

人的性格不是固定,也不是单一的,在外界环境影响下具有可塑性,可以通过安全教育使他们克服性格中的弱点,确保安全行车。

三、驾驶技术素质对安全驾驶的影响

表10-7为营运车驾驶员道路交通事故发生数、事故死亡人数与驾龄的关系,由表可以看出,3年以下驾龄的驾驶员发生的道路交通事故的比例比较大,5年以下驾龄的驾驶员所导致的事故数占总事故数的45%左右,大约是6~10年驾龄的1.5倍,11~15年驾龄的2.8倍,16~20年驾龄的6.5倍,而且随着驾龄的增长无论是事故起数还是死伤人数都有明显下降的趋势。随着驾龄的增加,驾驶员的驾驶技术素质自然也会获得提升,由此说明驾驶技术素质对安全驾驶有着重要影响。在我国,由于道路交通以混合交通为多,对驾驶员的驾驶经验及熟练的驾驶技能要求较高,而低驾龄的年轻驾驶员上路驾驶时间短,技术不太熟练,加上心理素质的不稳定,易冲动,往往容易导致交通事故的发生。

交通事故与驾驶员驾龄的关系 表10-7

驾龄(年)	事故数(起)	占总数	死亡人数(人)	占总数	受伤人数(人)	占总数
<1	19332	11.37%	5159	10.23%	23368	11.93%
2	16770	9.86%	4624	9.17%	19473	9.94%
3	14612	8.59%	4110	8.15%	16863	8.61%
4	12478	7.34%	3552	7.04%	14182	7.24%
5	12066	7.10%	3432	6.81%	13311	6.79%
6~10	48630	28.60%	14904	29.56%	55091	28.12%
11~15	27062	15.91%	8403	16.66%	30934	15.79%
16~20	11805	6.94%	3795	7.53%	13958	7.12%
>20	7286	4.28%	2445	4.85%	8737	4.46%
合计	170041	100.00%	50424	100.00%	195917	100.00%

驾驶员的技术素质包括驾驶技术和安全行车经验两个方面,据研究,因驾驶技术水平低造成的交通事故占驾驶员原因导致交通事故总数的40%左右,其中主要为:路况估计不足、跟车距离太近、车速过高、措施不当等。

驾驶技术又包括基本驾驶技术和特殊条件下的驾驶技术。最基本的驾驶技术是机动车驾驶员完成驾驶任务,保证安全驾驶的必备条件,它包括两个方面的内容——安全行车知识和驾驶基本技能。安全行车知识主要包括车辆构造及使用性能、交通法规知识、复杂道路复杂气候条件下的安全驾驶、伤员急救及危险品运输方面的知识。安全行车知识主要通过学习理论知识、先进经验获得。驾驶基本技能包括驾驶姿势、驾驶室各部件的正确使用、安全起步、停车、换挡、转向、掉头、倒车以及如何控制车速、如何选择安全间距、如何超车、会车、跟车、通过路口等。驾驶员只有掌握基本驾驶技能,才能根据不同的交通情况,采取正确的驾驶操作,否则极易导致事故发生。

驾驶员除了应具备最基本的驾驶技术外,还应具备在复杂条件下和紧急情况下的驾驶技能。所谓复杂条件下的驾驶主要包括城市道路驾驶、山区道路驾驶、冰雪路面驾驶、雨雪雾天驾驶、夜间驾驶、泥泞与翻浆路面驾驶、拖挂牵引驾驶等。由于受到自然条件方面的限制,这些情况下的驾驶非常危险,需要驾驶员根据不同的自然条件,综合运用各方面的知识经验,采取不同的驾驶操作,驾驶员只有熟练掌握了复杂条件下的驾驶技能,才能保证复杂条件下的行车安全。对于驾驶员来说,紧急情况是不可避免的,故驾驶员是否具有处理紧急情况的能力对保证行车安全意义重大。驾驶员要培养处理紧急情况的能力,一是要在危险情况下保持镇静,进行迅速理智的判断;二要善于总结经验,熟悉环境,做到心中有数;三要加强果断、自制、稳定等个性品质的锻炼。

四、职业道德素质对安全驾驶的影响

职业道德是指从事一定职业的人,在工作过程中,应遵循与其职业特点相适应的行为道德规范的总和。道路交通事故的发生一般都是驾驶员违章造成的,而机动车驾驶员的职业道德水准对违章驾驶有着严重影响,与道路交通安全有着密切的关系。

由事故分析研究可知,在所有发生的道路交通事故中,特别是一些重大道路交通事故中,有相当一部分是由于驾驶员缺乏职业道德违章驾驶所致。2010 年全国共发生交通事故 219521 起,共中由机动车驾驶员违章驾驶导致的交通事故有 199934 起,占总事故的 91.08%,死亡人数占总数的 92.02%。由此可知,驾驶员不讲职业道德也是交通安全的一大隐患。

驾驶员职业道德素质低,不仅会由于交通违章而引发事故,而且还会导致交通事故发生后的逃逸案频频发生,使受伤者错过了最佳的抢救时机,不但给受害者造成了巨大的心理、生理创伤,而且也败坏了"救死扶伤"的最基本的社会公德。

加强驾驶员的职业道德素质教育,消除驾驶员的各种不良行为,是保证安全行车的必要条件。各级交通管理部门及有关单位必须加强对驾驶员的职业道德素质教育,使驾驶员树立起高的事业心和责任感,树立起良好的职业道德观念,做到谨慎驾驶、安全行车。与此同时,广大驾驶员也要自觉地增强职业道德意识,遵纪守法,以一种对自己、对家人、对社会负责的态度来安全驾驶,确保自己和他人的生命财产安全不受伤害。

五、驾驶员文化程度对安全驾驶的影响

文化程度与人们认识问题、处理问题的能力有关联。文化程度不同,处理问题方式也不同。驾驶员对交通安全问题,不同文化程度的人安全态度是不一样的。为此,我们抽取合肥市 3 个运输公司的驾驶员,对文化程度与道路交通事故关系进行了分层分析,发现文化程度越高,对安全越重视,越易于养成安全驾驶行为,发生事故的可能性越低,结果见表 10-8。

合肥市 1988 年三企业驾驶员文化程度与道路交通事故的关系　　　　表 10-8

文 化 程 度	驾驶员人数	发生事故数	事故发生率(%)
高中	140	12	8.57
初中	166	21	12.65
小学	260	53	20.38

第五节　驾驶适宜性检测

一、事故倾向性

1. 事故倾向性研究

交通事故是不是人人都平等发生,还是某些特定的人发生的多?如果是某些人容易发生,其他的人不容易发生的话,那是什么原因造成的呢?为了探讨这一问题,科学家们付出了不懈的努力。

早在1919年,英国学者格林(M·Green)和伍兹(H·Woods)在研究工厂女工事故时,发现在同一时期,同种危险程度的工作环境下,98名女工中有43名未发生事故,但却有5名女工都连续发生过4次以上的事故。于是他们在英国产业疲劳会议上发表了"人类中存在一些事故多发者"的研究报告。几年后,另一位学者牛保德(E·M·Newbold)对13类有关工作的工人进行了调查研究,结果也是少数人发生了半数以上的事故,以此确认了格林和伍兹的报告,并慎重地指出了"人类中存在一些比别人更容易发生事故的具有某种特质的人"的论断。1939年,英国心理学家法默(E·Farmer)和钱伯斯(E·G·Chambers)在前人研究的基础上,提出了"事故倾向者具有事故亲和性的个人特性"的假想,并把它叫做"事故倾向性",从此便产生了这个概念。

到了20世纪50年代末60年代初,关于事故倾向性的研究达到了高潮,"事故倾向性"已成了一个习惯用语。当然其中也有不同看法,或者认为存在某些片面性,但是否定的意见却明显缺乏说服力。看来,事故倾向性是交通心理学自始至终研究的中心问题。并且由此引出了驾驶适宜性的概念,发展到驾驶适宜性检查、事故预知和预防等。

2. 事故倾向性存在研究

机动车驾驶员是道路交通事故的主体,这一结论已被大量的统计数据证明了。进一步分析还可发现,在引发事故的驾驶员中,20%左右的驾驶员却引发了40%左右的事故,说明驾驶员中存在一部分事故多发的驾驶员。

相关研究表明,事故的发生并非偶然,而是因人而异,它集中在部分特定人群范围内,并且具有一定的长期的稳定性,这种长期稳定多发事故的特征我们称之为事故倾向性,我们把这部分长期稳定多发事故的驾驶员称为事故倾向性驾驶员。据研究我国职业驾驶员人群中存在事故倾向性驾驶员的比例为6%~8%。

所谓事故倾向性是指一定时期内特定环境下,具有潜在的诱发事故心理、生理素质特征,它既是稳定的,也是可变的,它是一种特性—环境—时间的三维模型,即:(1)一定诱发事故的心理、生理素质是稳定的;(2)一定时期、特定环境下此种特性得以激发;(3)一定环境下特定时期内,此种特性被高度激发而诱发事故。事故倾向性驾驶员存在比例为6%~8%,他们发生道路交通事故的比例在30%以上。

二、驾驶适宜性理论

1. 驾驶适宜性理论

既然事故倾向性是确实存在的,那就是说明一部分人适宜从事驾驶员这一职业,而另一部分人却不适宜从事这一职业。那么首先谈"适宜性"这个基本概念。由于个体差异的存在,对于不同性质的工作,不同的人存在一个适宜性的问题。

适宜性,是指人具有可能圆满完成某一工作的素质。而素质是指有圆满完成某一工作所必需的最低限度的生理、心理特征和技能。

归纳起来,适宜性有以下几种理解:

(1)指执行作业所必备的身体、心理最低特性。

(2)从事故灾害角度来说,指某人在作业上所发生的错误、灾害或事故频度低于其所属集团的平均数时,所具备的特征。

(3)对于某一作业,其在一定时间内完成的作业量超过集团的平均数;或作业量相等,而其能在比集团平均时间更短的时间内完成时,该人可以说具有适宜性。

事故的发生除了与作业能力相关外,还与引起作业意欲的动机和情绪有关系。为了提高工作效率和防止灾害发生,在重视作业能力的同时,还必须研究驾驶员的情绪和动机。

驾驶适宜性,是指人具有可圆满、无差错地完成汽车驾驶工作所必备的素质,即最基本的心理、生理素质,包括职业训练前已具备的天生的、潜在的素质和由后天经验或学习所形成的整体能力。

驾驶适宜性是由驾驶员的先天素质和后天学习的技能构成的,二者是相对稳定而又相互弥补的。实际上造成驾驶技术差别也是取决于驾驶员的先天素质,即心理、生理状态。

人的行为是在动机支配下,由人的心理、生理状态决定的。以往在分析事故成因时,大多仅以驾驶员"责任心不强"、"操行失误"等为结论,很少研究和分析操行失误是怎样由驾驶员心理、生理状态造成的。其实交通管理部门和运输企业的领导,若能认真研究驾驶员产生不安全行为的原因、心理活动规律、主观动机和需要之间的内在联系,进而有针对性地引导和教育驾驶员在行车时避免不安全因素,则是促进行车安全的治本措施。

2. 驾驶适宜性检测

通过对事故倾向性和驾驶适宜性理论的研究可知,对于汽车驾驶这项作业,有的人适宜,有的人不适宜(主要指职业驾驶员)。但是如何进行判断,却是个大问题。如果我们能够运用科学手段对驾驶员的心理、生理状态进行检测,作出驾驶适宜性判断。一方面对新驾驶员严格执行选拔标准,避免不具备驾驶适宜性的人进入驾驶员队伍(指职业驾驶员队伍);另一方面对现有在岗驾驶员进行定期轮训检测,对肇事驾驶员进行检测和再教育,使其心理生理状态、驾驶技能、职业道德等得到训练和提高,并淘汰那些确定不宜再开车的驾驶员。这样将会使我国驾驶员队伍的素质普遍得到提高,从而使交通事故大幅度降低下来,达到积极的预防事故的目的。

国外对驾驶适宜性理论进行了较长时间的研究,其中尤以日本研究得最为活跃。在这一理论的指导下,开发出了一系列检测诊断仪器。前苏联高尔基卫生、劳动与职业病科学研究院以及德国、波兰等,也研制有多种仪器。

3. 驾驶适宜性影响因素分析

1)生理特征分析

为了研究驾驶员的事故倾向性与其生理机能的关系,选择事故倾向性驾驶员与安全驾驶员对与机动车驾驶有关的部分生理机能,如心肺功能、视力、听力、体力等进行对比分析。对比分析可知,事故倾向性驾驶员与安全驾驶员在生理机能方面没有显著性差别。这一结果说明,只要符合身体条件的驾驶员发生事故与其生理机能没有明显的相关关系。这也提示我们,在驾驶过程中,并非驾驶员的某些生理机能优秀开车就越安全。少数驾驶员自认为自己身体好(如视力良好或者体力强壮或者精力充沛等),就认为开车不会发生事故,以致淡化自己的安全意识而发生意外。

2）心理特征分析

在20世纪80年代以前，国内几乎没有研究涉及个体心理对交通事故的影响问题，为探讨交通事故发生原因，我们率先在国内尝试性地开展了驾驶员心理学研究。个体心理特征是个体稳定地、经常地表现出来的能力、性格、气质等心理特征的总和。根据相关的研究结论可知，与驾驶适宜性有关的心理因素有许多，但相关性高，可操作性强的有：

（1）安全态度。

驾驶员的安全态度是驾驶员在行车中必须具备的安全行驶的观念，其与驾驶行为密切相关。事故倾向性驾驶员与安全驾驶员在安全态度上有显著性差异。事故倾向性驾驶员总体上有自我中心倾向、自信心水平高、行动无准备性、冲动、驾驶行为不慎重、认知能力偏低、在事故责任归属时倾向外因等特点。事故倾向性驾驶员在事故责任归属时总认为是环境、车辆或其他人的过错，很少追究自身原因，因而事故发生后不认真总结经验教训，不能充分认识自身素质的不足，对事故预防没有足够的警惕，以致出现反复发生事故的现象。与安全驾驶员相比，事故倾向性驾驶员表现出明显的认知失误。事故倾向性驾驶员对交通信息的预测乐观，不能发现潜在的交通危害，因而驾驶行为无准备性，盲目超车、开快车。在行驶过程中，事故倾向性驾驶员表现出强烈的自我中心，无谦让精神，有冲动行为，不严格遵守交通规则，这些都是不安全态度的特征，在特定的交通环境中极易引发交通事故。

（2）危险感受。

危险感受是指对外部环境潜在危险的主观认知评价及其相应的准备行为。危险感受理论认为，驾驶员在驾驶过程中对道路交通信息的加工一般需要经过两个阶段：①比较暂时的空间策略要求和记忆中的有关操作特点，以估价策略执行后不发生事故的可能性；②比较避免潜在危险的必需条件与记忆中的人、车系统满足这种条件的能力。因此，驾驶员会自我发展一种图式，代表所经历的交通危害和自己行为的暂时空间情景范围，驾驶员总是将这些图式不断与观察到的交通情景相匹配，以便于知觉、影响或接受危险，采取安全的驾驶行为。事故倾向性驾驶员与安全驾驶员在知觉点、态度点、综合点上均存在差异显著性，事故倾向性驾驶员不论在对危险认知方面还是在行动准备方面都有一定的缺陷，因此较易发生事故。

（3）速度估计。

在行车过程中，驾驶员经常要对距离和车速进行判断，以完成避让、超车、会车等驾驶行为。速度估计是指对速度感知判断的准确性及过高或过低估计车速的倾向，是运动感知能力的反映。驾驶员的速度估计包括两个方面：对自身车速的估计及对对向车或被超车的车速估计。对自身车速的估计受行车条件和环境的影响，但也与驾驶员的个人素质和经验有关，即使是在同样的驾驶环境条件下，不同驾驶员对速度估计的偏差也不一样。而在驾驶过程中，驾驶对两车的距离间隔和对相对速度的估计往往对自车速度的估计更为重要。高估两车的相对速度，容易造成尾撞；会车时速度估计偏低或距离估计偏大，也会造成正面冲撞。在行车过程中，由于驾驶员本身对速度估计的不准确而肇事的现象屡见不鲜。

（4）复杂反应判断。

驾驶员的驾驶过程是一个复杂的信息加工处理过程，驾驶员把注意力指向信息的摄取（瞭望前面道路状况，听机械声音是否异常等）、信息的加工（注意观察到的事物，根据以往经验作出判断，思考如何应付环境的变化）和动作的发出（控制车速、掌握转向盘等），也就是注意—分析—判断的过程。复杂反应判断就是指人在各种不同的复杂条件下，注意力的分配能力和在不同刺激下适当的知觉反应能力及其抗干扰能力。根据交通工程测试计算,当驾驶员发现外界刺激信息时,一般要在0.5s这个瞬间内迅速及时地作出正确判断,采取相应的动作,这一过程如稍有疏忽就有可能酿成交通事故。

(5)注意力。

注意的能力主要包括注意的稳定性、注意的分配性和注意的持续性,对注意的稳定性用注意总失误次数表示,注意的分配性用左、右注意失误次数差异来反映,注意的持续性用练习率来表示,即 $L = (\alpha - b)/\alpha \times 100\%$。

研究表明,事故倾向性驾驶员与安全驾驶员的总操作失误次数存在显著的差异($P < 0.01$),事故倾向性驾驶员的总失误次数明显高于安全驾驶员,表明事故倾向性驾驶员的注意稳定性偏低,在一段时间内很难把注意力完全集中于当前事物,因而不能有效识别障碍物,而容易发生交通事故。事故倾向性驾驶员在复杂的信息条件下注意力分配不当,不能使注意力有效地分配在当前的各个任务上,因而表现出顾此失彼的现象。事故倾向性驾驶员的练习率明显低于安全驾驶员,可见事故倾向性驾驶员注意力保持的持续时间短,易受外界因素干扰,注意力易分散。

由此可知,具有事故倾向性的驾驶员注意力具有稳定性低、持续时间短,注意力分配不当等特征。

(6)深视力。

驾驶员在行车过程中需要对周围物体相对运动速度、相对空间位置及距离进行判断,这种对三维空间的远、近距离感知能力在心理学上称为深视力。深视力是驾驶员获得相对运动对象的速度、空间位置及距离等信息的重要途径。深视力与交通事故产生之间的相关联系及我国事故倾向性驾驶员与安全驾驶员之间的深视力差异见表10-9。

事故倾向性驾驶员与安全驾驶员深视力比较　　　表10-9

项　目	事故倾向性驾驶员	安全驾驶员	差　值	t	P
均值(mm)	18.70	13.50	5.20	7.24	<0.001
标准差	5.38	4.23	5.08	—	—

从表10-9可以发现事故倾向性驾驶员和安全驾驶员之间的深视力有显著意义上的差异,事故倾向性驾驶员深视力相对低下。由于驾驶员是凭借深视力来准确判断与运动物体的空间距离和空间位置的,而深视力偏低的事故倾向性驾驶员对物体的空间位置、速度及距离等信息的判断能力较低,在行车过程中对尾随距离的判断,会车、超车时相对距离的判断都会有一定程度的偏差,因此常常会因速度、距离的估计错误而发生尾撞、侧撞等交通事故。

(7)动态视力。

驾驶员在行车过程中,几乎95%的视觉信息都是动态信息,因此动态视力比静态视力更为重要。动态视力与交通事故之间的相互关系见表10-10。

事故倾向性驾驶员与安全驾驶员动、静视力比较[$\bar{x} = \lg(1 + \bar{x})$]　　　表10-10

组　别	静视力		动态视力		静—动视力差	
	$\bar{x}_{静}$	S	$\bar{x}_{动}$	S	$\bar{x}_{(静-动)}$	S
事故倾向性驾驶员	0.3324	0.05730	0.2718	0.05422	0.1072	0.05038
安全驾驶员	0.3243	0.05560	0.2279	0.05320	0.1523	0.05127
t	0.72		4.09*		4.44*	

注:*代表$P<0.01$。

表10-10表明,事故倾向性驾驶员与安全驾驶员的动态视力值、静态视力差值皆存在显著差异,事故倾向性驾驶员的动态视力相对偏低。

(8) 夜视力。

在交通事故的成因研究中,我们发现夜间交通事故比率高,且事故危险严重。造成夜间交通事故发生主要原因之一是夜间能见度低,驾驶员很难辨别路面交通情况。人们通常以暗适应时间作为夜视力的评价指标,暗适应是指人从亮处突然进入暗处后,人眼恢复正常视觉的过程。事故倾向性驾驶员频发事故与夜视力的相关性见表10-11。

事故倾向性驾驶员与安全驾驶员的暗适应时间比较($\bar{x} \pm S$) 表10-11

	事故倾向性驾驶员	安全驾驶员	t	P
暗适应时间(ms)	28.12 ± 6.34	17.15 ± 5.17	9.38	0.01

由表10-11可知,事故倾向性驾驶员与安全驾驶员的暗适应时间存在显著性差异,前者的暗适应时间明显较长。夜视力低下的驾驶员在夜间行车时对外界信息缺乏及时有效的感知,尤其在夜间行驶的过程中,两车交会、路面照度分布不均或路面交替出现水渍等情况时,极易发生交通事故。

三、驾驶适宜性检测标准

在"十一五"国家科技支撑计划项目的支持下,研究人员在前期研究基础上,总结影响驾驶员安全驾驶的相关因素,进一步分析了驾驶员驾驶过程中的操作特性,对行业标准《职业汽车驾驶员适宜性检测评价方法》(JT/T 442—2001)进行了修订,形成了修订的汽车驾驶适宜性检测体系。新标准通过对驾驶员动体视力、暗适应、夜视力、深度知觉、速度估计、周边风险感知、手脚反应时间和错误次数8项感知特性指标,选择反应、紧急反应、连续紧急反应、注意力4项判断特性指标和操作能力1项操作特性指标,从对驾驶员安全行车影响最大的感知、判断、操作3个方面来反映营运车辆驾驶员的适宜性。

通过对大量事故组和安全组驾驶员各项检测指标的对比分析,采用聚类分析的方法制订出各项指标单项标准,即可以对驾驶员的驾驶适宜性作出初步的评价,而且还可以指出驾驶员在驾驶适宜性方面的不足之处。

驾驶适宜性的单项指标标准虽然也可以对驾驶员的驾驶适宜性作出初步判断,但由于它只能衡量职业驾驶员单方面素质的水平,不能全面地衡量驾驶员的驾驶适宜性,为了对驾驶适宜性作出一个综合判断,还需要制订出驾驶适宜性的综合评判标准。

采用因子分析法得到相互独立的公因子,计算各个公因子与事故次数之间的相关系数,各相关系数的绝对值与各相关系数绝对值之和的比值即为各公因子反映适宜性的权系数,将各公因子乘以权系数并累加,即可得到驾驶员适宜性的综合评定模型见式(10-1)。

$$Y = 1.0123X_1 + 2.8111X_2 + 0.0390X_3 + 1.0040X_4 - 31.4284X_5 + 0.0243X_6 + 0.0483X_7 + 1.6790X_8 + 0.0595X_9 + 0.0058X_{10} + 0.0004X_{11} + 0.0982X_{12} + 0.0016X_{13} + 0.2680X_{14} + 22.7894 \tag{10-1}$$

式中:Y——综合评价指标; X_1——速度估计误差均值;

X_2——选择反应错误次数; X_3——选择反应时间变动率;

X_4——深度知觉判断误差均值; X_5——动体视力均值;

X_6——暗适应时间; X_7——处置判断错误次数;

X_8——夜间视力等级; X_9——紧急反应时间变动率;

X_{10}——连续紧急反应时间极差值； X_{11}——中心反应时间均值；
X_{12}——中心反应错误次数； X_{13}——周边反应时间均值；
X_{14}——周边反应错误次数。

最后对综合标准数据进行聚类,形成 4 个级别的判定标准,基本可以用来衡量职业驾驶员的驾驶适宜性水平,见表 10-12。

驾驶适宜性综合评价指标值　　　　表 10-12

级　别	A	B	C	D
下限	—	19.5	28.6	38.2
上限	19.4	28.5	38.1	—

注:1. 综合评价为 A、B 的驾驶员适应性较好;综合评价为 D 的驾驶员适应性较差。
　　2. 综合评价为 C 的驾驶员适应性关键性指标——选择反应错误次数、动体视力、夜间视力和深度知觉至少有一项不适宜,企业用人时应注意回避使用不适宜项。

第六节　安全意识与职业道德

一、道路交通安全意识

1. 交通安全意识的重要性

现在人们已经清楚地知道,人的活动是道路交通系统中各要素相互关联的纽带,交通事故主要是由人的因素引起的,这是国内外研究得出的一致结论。据我国公安部每年对国内交通事故的统计表明,由于落后的交通意识和不文明(不遵守交通法规)的交通行为而引发的交通事故占 90% 以上;据厦门市初步调查测试,厦门有 40% 的出行者有斑马线意识,11.2% 有随意性,48% 没有斑马线意识。

在社会生活中,除了物质是第一位之外,其次就是人的意识了。意识是一种心理活动,它与一般的心理、生理因素是相互关联的,而且它对人的行为起着决定性的支配作用。实践证明,良好的意识可使不良的心理和生理因素得到修正和弥补。大多数交通事故是由于违反交通法规而引起的,那么为什么总有些人在交通活动中有法不依,明知故犯而不遵守交通规则呢? 其实在许多情况下并不是人的心理生理素质与车辆、道路和交通环境不协调,也不是心理和生理存在缺陷,而是由于交通安全意识过于淡薄。根据统计,2000 年我国公安部门纠正各类交通违章 2.7 亿多次,几乎平均每 5 个人就有 1 次,可见我国公民的交通安全意识整体仍然比较差。

2. 交通安全意识的内涵

交通安全意识的主要内容,包括具有良好的大众意识、自尊自爱意识和遵章守法意识。这对所有的交通参与者,无论是机动车驾驶员、非机动车驾驶员还是行人,都是非常重要的。

1) 大众意识和自尊自爱意识

大众意识是社会公德在人头脑中的体现。具有大众意识的人,不仅能把自己置身于大众之中,而且把自身和大众融为一体,把自己的行为不单纯地看作为一种个人行为。在这种意识驱使下,许多驾驶员不但处处遵章守法,而且开车中表现了良好的驾驶作风,行车的安全性自然就会得到保障。

为了大众的利益,为了社会的利益,驾驶员应努力控制自己不发生交通违章行为,不惜

"牺牲"自己一点速度和时间,换来交通畅通和安全是值得的,也是对社会的一种贡献。因此驾驶员首先要懂得自尊自爱,其思想意识才能升华到大众意识的高度。

2)遵章守法意识

遵章守法意识主要体现在交通参与者的自觉性上。自觉的本身也是一种约束,不过这个约束不是靠监督和行政命令,而是靠本人的自我约束。如果把这种自我的约束逐渐变成习惯,就成了自觉的意识行动。

3. 交通安全意识的三个境界

交通安全意识可分为初级、高级和超脱三个境界。

1)初级境界

如果交通参与者尤其驾驶员在交通活动中,仅以不发生交通事故作为行为准则,可以说他的交通安全意识属于初级境界。

2)高级境界

如果交通参与者在交通活动中,不仅注意安全行车、走路,尽其努力避免交通事故发生,而且注意以自己的行动确保道路交通畅通。这也可以说他的交通安全意识达到了高级境界。

虽然交通事故导致的是国家和人民生命财产的损失,而道路交通堵塞导致的主要是时间损失。但在时间就是金钱,时间就是生命的快节奏的今天,交通事故和交通堵塞给社会带来的损害是一致的,而且后者不亚于前者。据公安部的统计数据,2003年、2004年我国道路交通事故造成的直接经济损失分别为33.69亿元和27.75亿元。另据中国科学院可持续发展战略研究组首席科学家牛文元的研究成果表明,因交通拥堵和管理问题,中国15座城市每天损失近10亿元财富,其损失之巨,远远大于交通事故。况且还有交通污染带来的损失无法估计。可见,作为汽车驾驶员,不仅要保证自己的行车安全,还要以保证交通畅通为己任。

3)超脱境界

交通参与者在交通活动中,不仅能非常自觉地保证道路交通安全畅通,而且时刻能够从交通的全局考虑问题,这就是交通安全意识的超脱境界。

交通安全意识的超脱境界,是交通参与者,自尊自爱意识、大众意识和遵章守纪意识的完全结合。这应该作为每个交通参与者尤其是驾驶员努力的目标。

二、驾驶员的职业道德

驾驶员作为道路运输生产方式的主角,其身心素质是决定运输安全和生产效率的重要因素。但要想成为一名优秀驾驶员,不仅要有较高的心理、生理素质和娴熟的驾驶技术,而且还要具有高尚的职业道德修养。

1. 职业道德的定义

职业道德是指人们在从事特定的工作或劳动过程中,从思想到行为所应具备和必须遵循的行为规定和准则,也是人们在进行本行业活动时,对整个社会所负的道德责任和义务。它要求从事自己职业的人们忠于职守,提倡敬业精神,提倡主人翁的劳动态度,提倡人们在生产和工作中互相关心、互相帮助、相互理解、相互协作和奉献精神。

2. 驾驶员职业道德

在道路运输业中,驾驶员是运输关系的主体,因之时时刻刻都体现着自身的道德修养,体现着特殊的职业道德特征。

驾驶员在驾驶车辆的过程中,掌握的是没有生命、没有思想的车辆,人与车成为一个整体,与行驶在道路上的其他车辆、行人、非机动车打交道。在处理这些关系中,驾驶员处于关键的地位,如何处理好面临的问题,采用什么方法解决这些矛盾,在整个活动中所表现的语言和行为的总和,就是职业道德是否良好的具体体现。

有些驾驶员在一般情况下,尚能遵章守纪,但在某些特殊的情况下就会自觉不自觉地自我欺骗和自我迁就。例如在无人检查的路段上,超员、超载、超速,尤其是在车厢已经满足而又遇见亲朋好友上车时;当货主或熟人以美酒好言款待时;当家中有急事或急需赶到某地时;无论好友或亲戚提出借车时等等,碍着"人情"、"面子",怕得罪人,尤其怕得罪领导,于是就情不自禁地违反交通法规。这些都与职业道德相悖。更有甚者,在发生交通事故后,置国家财产和人民生命安全于不顾,驱车逃逸,这不仅是职业道德败坏,而且触犯了刑律,无疑应受到法律制裁。

3. 驾驶员职业道德修养主要体现

驾驶员的职业道德修养主要体现在以下几个方面:

(1)全心全意优质服务是运输生产驾驶员的义务和责任。驾驶员应以为人民服务和对社会负责的态度对待和履行职业行为规范,这是衡量其道德意识和职业道德的基本标准之一。

(2)安全完成运输生产任务。安全是客、货运输的基本要求,因为它直接关系到国家和人民生命财产的损失。因之驾驶员要特别强化安全意识,提高驾驶技能,绝对保证运输安全。

(3)正点及时。正点及时是社会生产、消费对运输行业的要求,因之驾驶员要加强责任感,严格遵守工作纪律,提高工作效率和质量,保证准时将旅客或货物运抵目的地。

(4)团结协作。由于运输生产环节很多,如果没有团结、协作和配合,运输生产任务就无法完成。实践证明,以国家和集体利益为重,加强团结,互相帮助,是顺利完成运输生产任务的主要手段。

(5)勤俭节约。勤俭节约是思想意识和道德观念的体现。驾驶员应爱护公物,节约材料,精心维护车辆,遵守操作规程,这些都是勤俭节约的重要手段。

4. 驾驶员职业道德标准

(1)坚持我为人人,热诚为旅客和货主服务。这是驾驶员职业道德的核心,因为驾驶员既是生产者,又是经营者。这样就应以主人翁的态度来对待工作,应牢固树立"一切为用户,为旅客服务"的思想,对待用户要以礼相待,以诚相见,这样旅客、用户才会相信你,使你在为旅客服务的同时获得更多的收益。同时我为人人还应表现在途中若遇危急伤病人员时,应发扬人道主义精神,提供运输方便;或遇天灾人祸时应积极参与抢救;遇到抛锚车辆要主动停车相助。

(2)热爱本职工作,不断提高技术业务水平。这是各行各业职业道德的共同要求,机动车驾驶员更应该充分认识它的意义和自己所承担责任的重大,陶冶高尚的职业道德情操,树立强烈的责任心和事业心。钻研业务,不断提高驾驶、维修技术水平和处理各种复杂交通情况的能力,做到车辆勤检修、勤维护,使车辆经常保持良好的技术状态和整洁的车容,使自己有精湛娴熟的业务技能,才能赢得更多的用户和旅客,在高效率完成运输任务的同时,取得良好的社会效益和经济效益。

(3) 文明运输,礼貌待客,优质服务。交通运输是一种服务性的行业,每天要接待来自四面八方的旅客和货主,因此作为驾驶员热情、诚恳地接待每一位货主和旅客是职业道德的基本要求。文明的语言,优质热情的服务,尊重旅客,爱护货物,才能使旅客乘坐舒心,货主运货放心,这样方便更多地赢得旅客和货主,提高经济效益。

(4) 遵章守纪,安全正点。交通运输具有点多、面广、线长的特点,驾驶员应牢固树立安全第一的思想,对人民生命财产的安全负责。要确保客、货运输安全、正点、及时,驾驶员必须自觉地遵守各种规章制度、纪律和职业道德,把强制执行变成自身的道德要求,把外在压力变成自觉的道德信念。只有这样才能做到交通运输"畅通无阻、四通八达、安全正点、优质高效"的要求。否则,势必导致隐患百出,事故频繁,安全正点就无法保证。

(5) 情操高尚,作风正派。驾驶员应处处讲社会公德,有高尚的道德情操和良好的驾驶作风。在行车中要文明礼貌,礼让三先,严格遵守交通法规和操作规程,维护良好的交通秩序,安全礼让相互帮助,主动扶危解难,救死扶伤。

5. 驾驶员职业道德与安全驾驶的关系

(1) 不良驾驶作风的表现。

①违章超车、超速行车、转弯猛拐,不顾交通安全。

②开车随心所欲,只顾自己行车方便,无视他人行车和他人安全而争道抢行,横冲直撞。

③酒后开车,开车时吸烟和不专心,与他人交谈、调笑。

④疲劳开车、违章超载,片面追求经济效益。

⑤开"风头"车、斗气车、赌气车,抢黄灯、闯红灯。交警纠正时强词夺理,不服纠正。

⑥带病开车和开"带病"车,平时不维护,出车不检查,不清洁车容。

⑦行车中乱用喇叭,城区高音、怪音、喇叭长鸣,扰乱环境,不讲公德。

⑧乱停乱放。

⑨发生交通事故畏罪潜逃,或借故逃走。

⑩把车交给无证人员驾驶,只顾"面子"不顾交通法规。

⑪自认为技术高超,我行我素,见车就超、见缝插针、见位就占、见道就抢,潜伏着严重的交通事故隐患。

(2) 遵守交通法规确保行车安全。

一切交通法规、交通标志和标线,甚至交通标语口号、安全警句都是经过长期实践、探索,甚至以血的代价,逐步总结形成和发展而来的。它既是调节交通过程中,人、车、路相互关系的法律规范,也是驾驶员和行人在开车和行路中应遵循的道德规范。违犯交通法规,对驾驶员来说不仅仅是职业道德的问题,更有甚者若酿成交通事故,不但给他人带来生命财产的损失,本身的生命财产和利益也受到损害。因此,驾驶员应把遵守交通法规变成自觉职业道德信念,确保行车安全。

(3) 行车中保持心胸开阔、忍让为上,可避免交通事故发生。

道路是大家的,大家都在道路上行走或行车,难免会发生一些误会和冲突。若驾驶员在行车途中,互不相让,互相赌气,你不让我我也不让,互相报复,这样事必闹僵,最终将影响情绪,甚至导致车祸发生。若对误会和冲突,一方姿态高一点,度量大一点,忍一下,让一步,以礼相待,误会就会消除,矛盾就会化解,以轻松愉快的心情驾车,就能确保安全。

据交通事故统计资料表明,有许多事故就是因"度量"小,好争个"面子",结果酿成大祸。"度量"小主要表现为:"唯我独尊"、"老子天下第一",好开"英雄车"、"斗气车"、"赌气车"，例如两车相会或有人要超车时，不是"先慢、先让、先停"，而是"你多占一点路，我就寸土不让"，针锋相对，宁可两车"顶牛"，造成交通堵塞。更有甚者用车作为斗气的工具，结果导致车毁人亡的重大事故发生。经验证明，事故中不少是行车互不相让引起的。例如车辆通过没有信号灯的人行横道时，如何对待横过马路的行人？是抢先通过，还是让行人先走？当然这只是个时间先后的问题。在这种情况下，职业道德高尚的驾驶员，肯定采用后者，以安全为重，不抢先，不挤占，礼让行人。

三、驾驶员安全意识与职业道德的培养

1. 驾驶员安全意识的培养

驾驶员的安全意识不是天生就有的，而是在后天教育的基础上，逐步培养起来的，所以说驾驶员安全意识的提高，必须通过安全宣传教育来实现。从管理方面来讲，交通安全宣传教育是道路交通管理工作的先导，并贯穿在整个交通工作的过程中，是调节道路交通管理与道路交通系统群体、个体关系的重要手段之一。也可以说交通安全宣传教育这种信息传播方式，是交通管理机关通过各种手段实现既定目标的一种心理策略。

通过对大型运输公司的汽车驾驶员调查分析研究，发现安全宣传教育能够有效降低事故发生率，是一种具有非常重要意义的事故预防对策。

2. 驾驶员职业道德培养

汽车驾驶员职业道德品质并不是先天具有的，而是后天在职业活动中，经过教育、自我锻炼和自我改造而不断形成和发展起来的。要使自己成为一个道德高尚的人，关键在于在职业生活中能够按照职业道德、原则和规范，自觉地进行职业道德的培养，不断向先进看齐，从而不断提高职业道德水平。在实际工作中始终严格按照职业道德规范要求去做，并不断进行自我反省和自我改造才能达到目的。另外，驾驶员职业道德品质的培养绝不是一蹴而就的，而是一个长期的艰巨复杂的过程，由于每个驾驶员都生活在复杂的社会环境中，受社会环境的影响，他们思想必然产生这样或那样的变化。因此，汽车驾驶员道德修养需要反复培养，才能收到应有的效果。

汽车驾驶员职业道德培养的主要方法有：

1）重视学习

汽车驾驶员要培养自己高尚的职业道德品质，必须重视学习，不断丰富自己业务和职业道德知识。首先要学好汽车驾驶员职业道德规范的基本知识。其次要学好科学文化知识、专业知识和驾驶技能，掌握为旅客、货主、车主服务的本领，才能履行自己职业道德的义务。否则，不但不能为旅客、货主服好务，而且还可能会给他们的生命和财产造成威胁，就没有什么职业道德可言。第三要向模范人物学习，并以此来激励自己，不断提高自己的职业道德水平。第四要树立正确的人生观、价值观、世界观。

2）勤于实践

汽车驾驶员职业道德是在职业生活中产生的，职业实践是驾驶员职业修养的基础，一个人只会在口头上讲一些职业道德条文，或只是检讨自己不符合职业道德的言行，而且不真正去实践，并不改正不符合职业道德要求的行为，这样讲职业道德是没有效果的。因此，只有把自己懂得的职业道德规范运用到职业实践中去，指导自己的职业活动，并用实践及其效果来对照检查自己的思想和行为，从而发扬优点，纠正错误，不断提高自己的职业道德水平，达到职业道德培养的目的。只有通过自己的亲身实践，才能认识到它的必要性和合理性，才能

加以接受,并自觉地用来规范自己的职业行为,从而提高自己的职业道德水平。另外,随着汽车运输业的发展变化,在职业实践中,还会遇到各种新情况、新问题,这就促使人们要不断进行职业道德的锻炼、完善和提高。

3) 自省和自律

自省,通常表现为自我批评,它是职业道德培养的重要方法。自律是指职业道德培养过程中的道德境界和在无人监督的情况下洁身自爱、自我约束、自我考验、自我锻炼的道德觉悟和自制力,对汽车驾驶员尤为重要。

自律,首先要学会自我约束,严守道德规范,去除私心杂念。其次要严于律己,自觉按照道德规范去做,注意从小事做起,从我做起,持之以恒,把职业道德规范变成自己的职业道德行为习惯,达到自律的较高境界。

4) 培养良好的心理品质

心理是人脑对客观现实的反映,人的需要受其动机的支配,同时"人心不同,各如其面"。人的动机亦受其职业条件、环境的影响,并在某种情境中激发出一种追求,无论在性格、气质和能力上均有一种特定的要求。因此,作为驾驶员在实践过程中要注意自我良好的心理品质的培养,逐步形成"勤劳、忍让、冷静、自制"的素质,克服自我弱点,调节自我情绪,特别是在遇到同行、货主蛮横、刻薄的要求时,能做到自我调节,自我约束,沉着、正确处理,切不可一时莽撞酿成事端。日常工作中,要做到有理有节,把从事优质服务的良好动机通过其行为表现出来,不断使良好的心理品质得到培养和锻炼,提高职业道德修养。

总之,职业道德培养,重在实践、贵在自觉、勇在坚持、难在自律。驾驶员应努力掌握上述方法,加强职业道德的培养,努力提高职业道德的水平,以适应现代社会发展的需要。

第七节　事故急救知识

一、道路交通事故现场救援现状

根据对大量的交通死亡事故调查可知,死亡人员中少数人除事故当场即死亡外,大多数是重伤无法得到救护而死亡的。究其原因,一是事故当事人无法及时报警,巡警人员巡查时间间隔不可能在 1h 以内;二是巡警人员无救护能力,无必需的快速专用工具,未备必备的药品等;三是附近的服务区与医院没有急救的各种有效准备。

根据法国民防部门统计,同样伤势的重伤员,在 30min 内获救,其生存率为 80%,在 60min 内获救,生存率为 40%,在 90min 内获救,其生存率仅为 10% 以下。据卫生部提供的一份资料表明:在 1000 例交通事故伤害者中,只有 14.3% 是乘救护车到达医院。另外,在我国车祸死亡者中只有大约 40% 是当场死亡,60% 的人死于医院或送医院途中,其中约 30% 的受伤者因为抢救不及时而死亡。据统计,仅在事故现场实施及时正确的抢救这一项就可使 10% 以上的受伤者得以生还和康复。由此可见,事故发生后的尽快施救,缩短被困伤员的获救时间,是减少事故死亡率的关键。但目前,绝大多数的事故现场救护仍是靠当事者的自救和互救,或者是路过车辆的司乘人员的帮助。这些自发的救护,确实挽救了不少人的生命,也使人们意识到现场救护是减少交通事故所造成的人员伤亡的一个有效途径。

根据发达国家的经验,只要重视交通安全管理,制订交通安全目标和对策,投入资金,保证对策实施就一定会收到效果。英国、法国的交通事故率保持逐年降低的趋势,1990 年英国全国所有道路死亡 5217 人。德国事故死亡率保持逐年快速下降,到 1991 年,全年所有道路死亡人数只有 7906 人。日本的三个五年交通安全计划的实施,保证了日本交通事故率、死亡人数呈下降趋势的例子就是最好的例证。而这些国家都是把普及现场救护和正确实施交通事故现场救护作为降低交通事故死亡率和致残率的一个重要手段大力普及。且同时开展有关交通事故紧急救援理论方法的研究,加强用于救援设备的开发与装备。

二、道路交通事故现场急救的基本知识

1. 现场救护的原则

在判明情况的前提下,先抢救危重伤员,后护理一般伤员;先处理危及生命的严重损伤,后处理一般损伤;在不加重可能是隐蔽伤的条件下,进行明显伤的处理和伤员的翻动、搬运。

2. 现场救护的步骤

(1)应控制和制止大出血和疏通呼吸道,这是保住伤者生命的首要环节。

(2)固其伤肢是控制减轻疼痛、避免骨折、损伤血管神经、防止伤情加重的首要环节。

(3)其他处理,如包扎、心肺复苏等。

3. 现场救护基本动作

发生交通事故时,伤员的生死往往取决于几个简单的动作。动作不当,可加重伤员的损伤,造成伤员立即死亡或终生残废。

(1)保持冷静,阻止目击者采取一些危险或不必要的动作;尽量少挪动伤员,必需挪动时,应注意头部、颈部和躯干保持在一条直线上,防止受伤脊柱的伤情加剧。

(2)让伤员处于侧卧安全状态,以防吸进血液或呕吐而窒息。

(3)确定伤员是否存在阻碍呼吸的情况,观察嘴内是否有异物(如糖果、假牙、血块)等,如不能呼吸,应进行口对口人工呼吸。

(4)避免给伤员吃喝东西,如出现伤员休克时,在确定伤员消化道没有损伤时,可给予食盐的饮料,少量饮用。

(5)不应当把骑摩托车伤员的安全头盔脱掉,除非有呕吐现象或呼吸停止。

(6)保护现场。设置安全警告标志。对出事车辆应熄火停机,不应抽烟,排除在原现场再次出现车祸或因车辆溢油而发生火灾等二次事故。

(7)绝对避免把似乎已死亡的伤员丢下不管。

(8)传呼急救报警。

现场救护人员实施正确的搬运和急救,能减少伤者继发损伤。

4. 事故现场受伤者生命体征的判断

交通事故发生后,有些受伤者可能很快出现休克或者死亡,这就要很好地判断伤情,以便急救。

1)呼吸的判断

为了确定受伤者是否有呼吸,可以将耳朵贴近受伤者的口,同时平视他的胸部与腹部。如果受伤者仍有呼吸,就可以听到或感觉到他的呼吸,并看到他胸腹的动作。在呼吸极微弱时,不易见到胸廓起伏,可用一小棉花片或薄纸片、树叶等放在病人鼻孔旁,看这些物体是否随呼吸来回飘动,以判断有无呼吸存在。垂危病人呼吸变快、变浅、不规则,一般受伤者在临死前,呼吸变慢,不规则直至呼吸停止。这时胸廓起伏消失,鼻孔不再出气。

2)心跳的判断

脉搏是血液流经动脉血管时的压力波动,直接显示心脏的跳动。检查心脏跳动停止的受伤者时,常检查他的颈动脉,在喉结与相连肌肉间的项窝处,可以触知颈动脉搏动。心跳停止时,颈动脉搏动消失,受伤者意识丧失,瞳孔散大,皮肤发紫。

3)意识的判断

在事故现场,意识判断以直接观察受伤者瞳孔的变化为主。正常时,两眼的瞳孔等大等圆,遇到光线能迅速收缩。当受伤后,两眼瞳孔不等大,可能缩小或放大;用电筒光线刺激,瞳孔不收缩或收缩迟钝。当其瞳孔逐渐散大、固定不动,对光反应消失时,病人陷于死亡。

5.事故现场受伤者伤情判断

交通事故发生后,由于车祸的"强烈袭击"可使人体心、肺、神经、内分泌机能发生严重障碍,尤其是大出血、直接威胁伤员生命,因此救护者必须对受伤者的伤情迅速作出初步判断,以便按"轻重缓急"的原则急救和后送。

1)意识状态

正常人的意识是清楚的,反应是灵敏的,对事物的地点、时间判断是准确的,但当车祸发生后,因受伤部位的不同,其意识改变不尽相同。意识改变一般是由于脑部损伤,创伤性休克,剧烈疼痛等因素造成。若脑部受伤后只有一时性不省人事,且时间不超过 10~20min,那样表示伤不重;如受伤后一直昏迷或伤后昏迷和清醒交替重复出现,则表示脑损伤严重,同时伴有剧烈持续的头痛和频繁的呕吐,以及瞳孔大或大小不等的改变。

2)脉搏、呼吸的变化

正常人的脉搏(65~85 次/min)、呼吸(16~20 次/min)、节律是均匀的,但当发生车祸后,若伤员脉搏细快、面色苍白、皮肤湿冷、烦躁口渴,呼吸浅、快、甚至困难,这是出血性休克和肺、胸膜损伤的表现。若脉搏慢而洪大,呼吸慢而深,这是脑损伤的表现。这些都是危险信号,应火速送就近医院抢救。

3)确定受伤的部位、性质、范围和程度

在交通事故现场短时间内,要确定伤员受伤的部位、性质、范围和程度是有一定的难度,但只要细致观察,就可以作出初步判断。一般地说伤情的轻重与全身情况是一致的,否则就可能有多发伤和内脏伤。因此,必须首先明确判断伤员伤情是出血性休克还是颅脑损伤,是内脏还是骨折,是脊髓损伤还是一般的外伤,是开放性的还是闭合性的损伤,以及受伤范围的大小和轻重程度等等,以便于及时救护。

三、事故现场常见的几种紧急情况急救

在交通事故中由于机械创伤、热创伤、出血、心理创伤等因素,受伤者常常出现昏厥、虚脱、休克、出血、溺伤、烧伤、重要器官的损伤和骨折等紧急情况。以上情况常发生在交通事故的当时或此后的最初阶段。

1.昏厥

昏厥是指突然失去知觉,同时丧失感觉功能,心跳和呼吸微弱。昏厥是大脑一时性广泛性供血不足所致。急救时,需将受伤者放平,头部偏低,以使血液流入脑部;敞开衣领,以使呼吸轻松;可用冷水喷面;如仍在持续昏厥的情况下,应按前面介绍的方法进行人工呼吸。

2.虚脱

虚脱是由于流入心脏的血液减少,血压突然下降而导致的。它与昏厥的区别是没有完全失去知觉。急救时,立即将受伤者平卧,以增加回心血量和脑部血液供应并给保暖,喝些

热水,并准备立即送往附近医院治疗。

3. 创伤性休克

在正常情况下成人失血占人体总血量的10%时毫无影响,但失血如果超过2000mL后果就很严重了,因剩余的血液已经不够循环全身之用。如不立即设法止血,可能引起休克,甚至有危及生命的危险。急救时,要让受伤者感到温暖,使其绝对安宁,可灌一些热水,服用止痛片等;为了防止昏迷和休克,应避免发生重复性剧痛,挪动要倍加小心,不要移动骨折的肢体,断肢的固定要牢靠,缠好绷带、止血带、夹板后,应将受伤者立即送入附近的医院。

4. 出血

血管受到损伤会导致出血。出血分为外部出血和内部出血(关节、腹腔、胸膜、颅内)。动脉出血、静脉出血和毛细血管出血是不同的。动脉出血是极其迅速而又大量地出血,有生命危险。从伤口冒出的血液如泉涌一般,颜色鲜红。静脉出血的特征是,血液不停地、均匀地从伤口流出,颜色较暗。毛细血管出血时,看不见局部出血的血管,其出血似从海绵里滴出,并会很快停止。出血尤其在低凝血液的情况下,是特别危险的。

出血后常用的止血方法有:

(1)指压止血法。

是用于紧急情况下的一种简便、行之有效的临时止血法。多用于四肢、头面、颈部及肩部出血。方法是:根据动脉走行位置,用手果断准确地压在伤口的近心端,把动脉压在邻近的骨面上,即可止血。然后改换其他方法。

(2)止血带止血法。

多用于四肢较大的动脉出血。主要是橡皮止血带。此外,尚可用三角巾、绷带等物,进行绞棒止血以代替橡皮止血带。

(3)加压包扎止血法。

一般出血都可用此法。该法既可止血又可达到包扎伤口之目的。方法:取纱布、棉花等物做好垫子放在伤口的纱布上,然后加压包扎即可。

5. 包扎

一般创伤均必须正确包扎。包扎在创伤急救中应用非常广泛。包扎时应注意以下事项。

(1)包扎前,首先要寻找伤口。寻找伤口时,夜晚较为困难,可利用光亮或询问伤员,找到负伤的部位。

(2)找到伤口后,应先将衣服解开或把衣服脱去。

(3)伤口内异物,不可随意取出,以防引起出血和内脏脱出。

(4)包扎时,敷料接触伤口的一面,必须保持无菌,防止加重感染。

(5)包扎不宜过紧,以免压迫神经和影响肢体远端的血液循环,但也不宜过松,否则敷料移动,易于脱落。

(6)不要在伤口上打结,以免压迫伤口而增加伤员痛苦,结应打在避开伤口的部位上。

(7)四肢包扎时,指(趾)端应暴露出来,以便随时观察局部血液循环情况。

6. 骨折与固定

骨折是交通事故中常见的损伤之一,而骨折的现场固定在以后的治疗中占重要地位,简单有效的受伤部位固定将关系到伤员的愈后和伤肢的功能恢复。其现场固定,皆属临时固定,因此必须根据当时条件,灵活机动的进行处理,有利于受伤者搬运。

四、车辆急救箱的配备

大量交通事故常发生在远离医疗机构和道路复杂的偏僻地域,所以,使尽可能多的有关人员懂得和掌握急救知识是非常重要的,同时在车辆中配备急救药箱也异常必要,以便自救或互救时使用。

急救药箱可备下列药品和器材:

(1)消毒绷带:2包;
(2)急救包:2个;
(3)消毒棉花:1包;
(4)三角巾:2包;
(5)医用胶布:一块;
(6)2%碘酒:1瓶;
(7)75%酒精:1瓶;
(8)止血粉:1瓶;
(9)止血带:2条;
(10)去痛片:10片;
(11)消毒敷料:10块;
(12)镊子:1把;
(13)手术剪刀:1把。

将单位和急救中心或医疗机构的电话号码贴在醒目的位置,便于呼救。

第十一章 道路运输企业应急管理

应急管理是道路运输企业安全管理的重要环节和内容,其管理水平直接决定了交通事故和灾害发生救援的有效性和快速性,我国相关法律也对其进行了相应的规定。2007年11月1日正式生效的《中华人民共和国突发事件应对法》规定"企业事业单位应当根据所在地人民政府的要求,结合各自的实际情况,开展有关突发事件应急知识的宣传普及活动和必要的应急演练,履行统一领导职责或者组织处置突发事件的人民政府,应当组织协调运输经营单位,优先运送处置突发事件所需物资、设备、工具、应急救援人员和受到突发事件危害的人员"。交通运输部发布的《公路交通突发事件应急预案》,对公路交通突发事件的应对方法进行了总体规定。《交通运输应急管理规定》对交通运输事故的分级与应急相关事项进行了规定。由以上规定可知,应急管理是道路运输企业非常重要的管理内容,也是法律规定运输企业必须遵守的义务和责任。

第一节 道路运输企业突发事件的概念

突发事件是应急管理研究的对象。通常认为,突发事件具有随机性、突发性、隐蔽性和高度不确定性。从应急管理角度出发,突发事件可分狭义和广义两种。从狭义上来讲,是指在一定区域内突然发生的,规模较大且对社会产生广泛负面影响的,对生命和财产构成严重威胁的突发事件或灾难。从广义上来说,突发事件是指在组织或者个人原定计划之外或者在其认识范围之外突然发生的,对其利益具有损伤性或潜在危害性的一切事件。

道路运输企业突发事件是指道路运输企业在运营过程中突然发生的对正常企业运营有重大影响或危及到生命财产的重大事件,诸如重大交通事故、火灾、重大天气灾害、恐怖袭击以及其他突发事件引发的运输需求剧烈变化等事件。

研究道路运输企业突发事件就要首先对风险、安全以及相关的概念有一个全面的认识。

一、风险和安全

通俗地讲,风险就是发生不幸事件的概率。换句话说,风险是指一个事件产生我们所不希望的后果的可能性。

职业安全健康管理体系和 HSE 管理体系中,对"风险"的定义是指:某一特定危害事件发生的可能性和后果的组合。可见,突发事件的大小及紧急程度,是根据危害事件产生的频率和后果的严重程度来判定的,称为风险频率和风险程度。

风险频率:又称损失频率,是指一定数量的标的,在确定的时间内发生事故的次数。

风险程度:又称损失程度,是指每发生一次事故导致标的毁损状况,即毁损价值占被毁损标的全部价值的百分比。

一般认为安全的内涵就是无危则安、无损则全。但是,有了"风险"这一概念之后,"安全"概念的内涵也拓宽了。在职业安全健康管理体系和 HSE 管理体系中对"安全"的定义是"免除了不可接受的损害风险的状态"。所以,我们对安全管理从科学的视角来看实质是一种风险管理,安全的程度也取决于我们对风险的认识和可接受的水平。由于风险是客观存在的,所以绝对的"安全"状态也是不存在的。事实上,"安全"是一个相对的概念,安全的状态取决于接受风险的程度,而对风险的接受程度又取决于对风险的认识和风险偏好。所谓的安全就是把风险控制在可以接受的程度和范围内,这个判别准则就是"合理、实际、尽可能低"的原则。

二、道路运输企业突发事件分类

目前,我国将突发事件分为自然灾害、事故灾难、公共卫生事件和社会安全事件四类。

(1)自然灾害:指那些由于自然原因而导致的突发事件,比如地震、龙卷风、海啸、洪水、暴风雪等。自然灾害对道路运输企业的影响较大,如近年来频发的冰冻雨雪灾害对道路运输企业的正常运营产生非常大的影响。

(2)事故灾难:主要是指人类在生活、生产和经营活动中,因人为因素或设备设施和材料等物的因素造成的破坏性紧急事件,包括那些由于人类活动或者人类发展所导致的预料之外的事件或事故,如化学品泄漏、核放射线泄漏、设备故障、车祸、城市火灾等。事故灾害是道路运输企业面临的主要灾害,如交通事故、危险品运输事故和运输企业火灾事故等,道路运输企业应急管理的主要研究对象是事故灾难。

(3)公共卫生事件:主要是指由病菌、病毒引起的大面积的疾病流行等事件,如"非典"、霍乱、甲型流感、多人食物中毒等。这类事件会对道路运输企业的客流和货流产生影响,从而导致道路运输企业受损。

(4)社会安全事件:主要是指由人们主观行为产生、危及社会安全的突发事件,如暴乱、非法游行、民族宗教等群体性事件引起的社会动荡以及涉外突发事件、恐怖活动、战争等一些事件。此类事件也主要对道路运输企业的客流和货流产生影响,某些时候也可能会波及到运输企业,如公交爆炸等恐怖袭击。

已有研究表明,对道路运输企业影响较大的突发事件主要包括如下四类:

(1)交通事故。

交通事故是道路运输企业所面临的主要突发事件,目前我国营运车辆造成的事故比例依然很高,特别是群死群伤事故仍呈现高发态势。统计数据表明,"十一五"期间,营运车辆肇事导致一次死亡10人以上特大道路交通事故127起,占总量的84.1%。

(2)危险品运输事故。

危险品运输事故是道路运输企业可能面临的主要突发事件之一,道路运输企业进行危险品运输时会形成流动的危险源,对人类生活、生产及自然环境构成潜在的严重威胁,它造成的危害主要包括燃爆、健康和环境三个方面。

①燃爆危害。

绝大部分危险货物为易燃、易爆物品,如压缩气体、液化气体、易燃液体、易燃固体、自燃物品、遇湿易燃物品、爆炸品、氧化剂和有机过氧化物等,还有相当一部分有毒品和腐蚀品也属于易燃、易爆物品。在危险货物运输过程中,外界环境的不断改变、温度和压力的交替变化与危险货物本身的特性往往存在冲突,在某些环节稍有不慎,极易导致火灾、爆炸事故发生。由于危险货物性质特殊,一旦发生事故,后果往往比较严重,容易引发物质、财产损失和人员伤亡,甚至造成群死群伤的重特大事故。

②健康危害。

危险货物中有相当一部分货物的毒性很强,很容易伤及人的生命。如液氯泄漏后,吸入高浓度氯气可引起人的迷走神经反射性心跳骤停或喉头痉挛而死亡。皮肤接触液氯或高浓度氯会造成灼伤或急性皮炎。如果长期无防护接触某些危险化货物,容易导致职业病,目前已经有150~200种危险货物被认为是致癌物质。

③环境危害。

危险货物在运输过程中,一旦发生车辆倾翻、运输罐破裂、容器爆炸等突发事件,都可能造成危险货物泄漏、流失,使有害物质进入水源、空气等环境,如不及时处置,易于进一步扩散、迁移、转化,使生态系统的结构与功能发生变化,对人类以及其他生物的生存和发展产生不利的影响,造成严重污染,进而影响到人的健康。

(3)企业其他安全生产事故。

企业在运营生产过程中可能会遇到很多其他生产事故,如火灾、机械操作伤害、触电事故、中毒、高空坠落、碾压等,此类事故与服务性企业和制造企业常见的安全生产事故类似,对运输企业的正常运营影响较大。另外,部分具有危险品临时存放地点运输企业,可能导致爆炸、中毒、污染等安全生产事故。

(4)自然灾害。

部分自然灾害对道路运输企业的正常运营影响较大,如洪水、暴雨、大雪、雷击、大雾、地震等自然灾害,可能对运输企业的设施和设备、行车安全和人员安全造成较大或重大伤害和损失。

第二节 道路运输企业突发事件风险管理

道路运输企业突发事件应急管理主要包括风险管理、应急管理和应急保障管理三个部分。其中,风险管理主要是事前的预防管理,应急管理和应急保障都是为事件发生时和发生后的应急管理提供服务,是事中和事后应急管理。

顾名思义,风险管理是指如何在一个肯定有风险的环境里把风险减至最低的管理过程。道路运输企业经营过程中会存在很多风险,如经营风险、投资风险、事故风险等,都可以进行风险管理。

就道路运输企业安全管理来讲,风险管理是通过识别道路运输企业可能面临的危害,分析风险发生的概率和后果严重程度,评估风险级别,决定哪些风险需要处置以及采取何种控制措施进行控制,从而在意外情况下能够及时恢复到正常状态的全部管理过程。风险管理体现事故预防的思想,确保在伤害发生前风险得到控制。风险管理作为一门技术,是HSE管理体系研究的核心内容,也是应急管理的基本前提和重要工作基础,贯穿于应急管理工作的始终。通过风险分析与评估,确定风险控制是否充分,有助于确定需要重点考虑的危险与紧急状况,明确应急管理的对象。同时,可以依据风险分析结果,开展应急能力评估,对应急资源进行需求分析,从而为应急预案的编制、应急准备和应急响应系统提供必要的信息和资料。

风险管理主要包括风险识别、风险评估、风险控制几个部分,具体如图11-1所示。

一、道路运输企业突发事件风险识别

道路运输企业风险识别(或叫危害识别、危险源辨识、风险因子筛选等)是道路运输企业风险管理的第一步,即识别道路运输企业运营过程中可能遇到突发事件风险源和风险因素,对它们的特性进行判断、归类,并鉴定风险性质。主要包括如下步骤:

1. 资料收集与分析

明确风险管理的对象和范围,收集国内外相关法规和标准,了解同类设备、设施或工艺的生产和事故情况,评价对象的地理、气象条件及社会环境状况等。

2. 危险因素辨识与分析

根据所分析道路运输企业的设备、设施或场所的地理、气象条件、工程建设方案,工艺流程、装置布置、主要设备和仪表、原材料、中间体、产品的理化性质等辨识和分析可能发生的突发事件类型、发生的原因和机制。

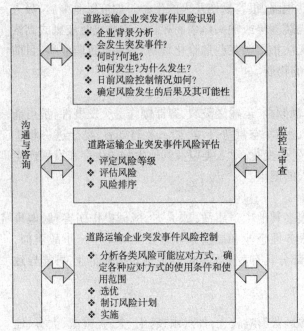

图11-1 道路运输企业突发事件风险管理过程

3. 风险源的初步量化

对所分析道路运输企业面临的突发事件风险进行分析,分析每类风险可能的后果,确定下一步风险评估的范围。

常用的风险识别方法有:专家调查法(头脑风暴法、德尔菲法、问卷调查法)、安全检查表法、预先危险性分析(PHA)、矩阵分析法、故障树分析法等。

运输企业存在的风险与企业的类型、经营范围、管理水平等密切相关,不同的运输企业存在风险识别的结果也会具有较大的区别。这里将以公路危险品运输企业为例进行风险识别分析。

对危险品运输安全问题而言,就是要尽可能地保证危险品在运输和储存过程中不发生生命财产受损害或环境受污染的事件,并在一定时间内到达目的地。危险品运输突发事件其实就是运输过程四要素之间关系不和谐导致的出乎人们意料的和不希望发生的破坏性事件。危险品运输企业的风险也主要存在于这四个方面。

1. 人的因素

危险品运输系统中的人包括驾驶员和道路交通管理人员,下面就分别从这两个方面对其风险进行分析。

(1)驾驶员因素包括未遵守操作规程、不按危险品运输规定审批备案及采取防护措施、擅自超载或疲劳驾驶、缺乏危险品运输知识和无应急技能等。由于危险品运输种类繁多,运量增大,有些企业组织运输前未对驾驶员进行危险品运输培训,一旦出现危险状况,驾驶员无所适从,扩大了事故影响。如果驾驶员平时缺乏应急技能以及心理素质的培养,将会加重突发事件的后果。

（2）道路交通管理人员因素。道路交通管理人员未通过上岗前考核，工作人员缺乏对易燃易爆危险物品的识别能力和自身处各类突发事件的能力。突发事件发生时，工作人员应有条不紊紧急处理。遇紧急情况，应急指挥中心及驾驶员应根据车辆所在区间位置、事故特点、风向等综合因素确定应急方案，并迅速实施，组织人员疏散或减少危险品泄漏。

2. 车辆的因素

道路交通中汽车出现故障而又不能及时停靠或紧急停车，常常酿成追尾相撞等特大交通事故，已有事故数据显示引发交通事故的车辆故障主要有爆胎、机件故障、车辆被动安全保护缺陷三个因素。

3. 道路交通环境因素

公路交通环境包括道路通行条件、道路附属设施、地质、土质、水文、气候条件等。

4. 道路交通运营组织管理因素

如果管理上存在缺陷，同样会导致突发事件的发生。目前从保障危险品运输安全的实际情况来看，危险品安全管理机制和安全投入是确保危险品运输安全的重要管理手段。

（1）管理机制。

为了保证危险品运输长期正常运行，要求设立专门的安全管理机制，并配备足够的专兼职安全管理人员，并明确规定他们各自的职责。且管理人员只有在经过相应的安全培训后才能持证上岗。

（2）安全投入。

危险品运输企业应该具备安全生产条件所必需的资金投入。每年投入相当数量的安全专项资金，安排用于配备劳动防护用品及进行安全生产培训的经费，依法参加工伤保险，为从业人员交纳保险费，从而最大限度地减少事故损失。

二、道路运输企业突发事件风险评估

风险评价是在进行风险识别的基础上，对识别出的风险采用定性分析和定量分析相结合的方法，估计风险发生的频率、风险范围、风险严重程度（大小）、变化幅度、分布情况、持续时间和频度，从而找到影响安全的主要风险源和关键风险因素，确定风险区域、风险排序和可接受的风险基准。

道路运输企业风险评价的目的是将各种数据转化成可为决策者提供决策支持的信息，进而对各风险事件后果进行评价，并确定其严重程度排序。在确定风险评价准则和风险决策准则后，可从决策角度评定风险的影响，计算出风险对决策准则影响的度量，由此确定可否接受风险，或者选择控制风险的方法，降低或转移风险。

在评价风险损失的严重性时，应注意风险损失的相对性，即在评估风险损失时，不仅要正确估计损失的绝对数，还要估计组织对可能发生的损失的承受力。在确定损失严重性的过程中，除了必须考虑所有风险事件可能产生的类型的损失及其对主体的综合影响外，既要考虑直接损失、有形损失，也要考虑间接损失、无形损失。风险影响与损失发生的时间、持续时间、频度密切相关，这些因素对安全生产的影响至关重要。

通过风险评价，把风险发生的概率、损失严重程度以及其他因素综合起来考虑，就可得出发生各种风险的可能性及其危害程度，再与风险的判别标准、组织目标相比较，就可确定危险等级，进而决定采取什么样的措施以及控制措施应采取到什么程度。

风险评价的方法主要有：专家打分法、蒙特卡罗模拟法、概率分布的叠加模型（MM模型）、随机网络法、风险影响图分析法、风险当量法等，进行道路运输企业突发事件风险评估时需分析同类道路运输企业的分类突发事件发生案例和所分析公司以往所发生突发事件的情况，结合相应的分析方法进行风险评估，本部分将以危险品运输企业的危险品运输为例介绍一种基本的风险评估方法。

对于危险品运输而言，风险应该是运输过程中突发事件发生的概率与突发事件所造成的后果的乘积，其数学表达式为：

$$F = K \cdot S \tag{11-1}$$

式中：F——为危险品运输风险；
　　　K——危险品运输发生突发事件的概率；
　　　S——危险品运输突发事件造成的后果。

危险品运输面临的风险主要包括人、设施、环境、管理四个方面的因素。危险品运输设施主要包括车辆和防护设施。防护设施主要是指运输过程中用于安全防范的物理保护系统，如烟探测器、传感器、屏蔽门等。有效的物理保护系统能够监测事故，并能延缓时间，以便部署应急响应力量，将突发事件消灭在萌芽状态中。其他方面出现问题，如果相应的防护措施仍然有效，突发事件也可能不会发生。因此，危险品运输的风险为：

$$K = \sum_{i=1}^{p} (k_i + r_i + h_i + g_i)(1 - s_i)h_i \tag{11-2}$$

式中：K——危险品运输的风险；
　　　k_i——由车辆因素导致第 i 种突发事件发生的概率；
　　　s_i——防护措施防止第 i 种突发事件发生的概率，如果没有防护措施，概率为0；
　　　r_i——人员因素导致第 i 种突发事件发生的概率；
　　　h_i——环境因素导致第 i 种突发事件发生的概率；
　　　g_i——管理因素导致第 i 种突发事件发生的概率；
　　　i——危险品运输突发事件的种类；
　　　s_i——第 i 种突发事件产生后果的严重性。

三、道路运输企业突发事件风险控制

道路运输企业突发事件风险控制就是对风险识别、风险评估后可接受的风险进行控制，即落实监控措施，从而保证风险管理能达到预期的目的。其目的是：核对风险管理策略和措施的实际效果是否与预见的相同；寻找机会改善和细化风险控制计划，获取反馈信息，以便将来的决策更符合实际。在风险控制过程中，及时发现那些新出现的以及预先制定的策略或措施不见效或性质随着时间的推迟而发生变化的风险，然后及时反馈，并根据对生产活动的影响程度，重新进行风险识别、评估和分级，同时还应检验和完善风险事件的判别标准和判据。

风险控制的主要方法有：监督、审核、检查等，道路运输企业突发事件风险控制的重点是风险的动态监控和识别。

第三节　道路运输企业突发事件应急管理

道路运输企业突发事件应急管理包括应急预案、突发事件分类分级、应急管理组织机构

及职责、应急响应机制和应急恢复五部分内容。

一、道路运输企业突发事件应急预案

道路运输企业突发事件应急预案是应急管理工作的前提和基础。为了正确应对处置道路运输企业在运营过程中，由于设备故障、操作失误或不可抗力等因素可能引起的各种灾害事故以及其他事故，而预先制订应急行动方案。应急预案是应急响应过程中的指导性文件，是有效组织应急救援行动的必要条件。为了有效组织道路运输企业突发事件的应急救援行动，需建立宏观综合预案到微观重大危险源企业现场应急预案相结合的预案，并通过定期组织应急演练和采用相应的应急预案绩效评估方法进行应急预案绩效水平的评估，以指导应急预案的更新。

应急预案按适用对象范围可以划分为四种类型：综合预案、专项预案、现场预案和单项预案。综合预案是整体预案，以场外指挥与集中指挥为主，从总体上阐述应急方针、政策、应急组织结构及相应的职责，应急行动的总体思路，应急救援活动的组织协调等。专项预案是针对某种具体的、特定类型的紧急情况，例如危险物质泄漏、火灾、某一自然灾害等的应急而制订的。采取综合性与专业性的减灾、防灾、救灾和灾后恢复行动。现场预案是以现场设施或活动为具体目标所制订和实施的应急预案，所针对的特定的具体场所通常是突发事件风险较大的场所或重要防护区域等。单项预案是针对大型公众聚集活动和高风险的建设施工活动制订的临时性应急行动方案。一般所有道路运输企业都必须具有一个综合预案，其他专项预案、现场预案和单项预案需根据企业突发事件风险、企业规模、企业领导人需求等情况考虑是否建立相应的应急预案体系。道路运输企业应急预案类型如图11-2所示。

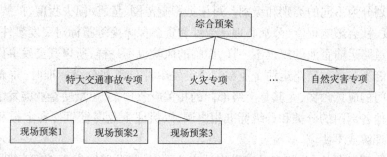

图11-2　道路运输企业应急预案类型图

不同级别和种类的运输企业可能具有不同的应急预案体系，如危险品运输企业就必须具备危险品相关的专项预案，其他企业则可以没有。大型运输企业可能四种预案类型都具备，而小型运输企业一般只要具有综合预案和现场预案即可满足应急需求。因此，运输企业需根据各种的风险特点和实际需要确定自己的应急预案体系，然后根据预案体系组织相关人员编制各类预案。另外需要注意的是预案的种类具有相对性，如运输企业的综合预案公路交通突发事件应急预案体系中一般只能相当于现场预案。

我国交通运输部发布的《公路交通突发事件应急预案》规定公路交通突发事件应急预案体系包括四个部分。

（1）公路交通突发事件应急预案。公路交通突发事件应急预案是全国公路交通突发事件应急预案体系的总纲及总体预案，是交通运输部应对特别重大公路交通突发事件的规范性文件，由交通运输部制定并公布实施，报国务院备案。

(2)公路交通突发事件应急专项预案。交通突发事件应急专项预案是交通运输部为应对某一类型或某几种类型公路交通突发事件而制定的专项应急预案,由交通运输部制定并公布实施。主要涉及公路气象灾害、水灾与地质灾害、地震灾害、重点物资运输、危险货物运输、重点交通枢纽的人员疏散、施工安全、特大桥梁安全事故、特长隧道安全事故、公共卫生事件、社会安全事件等方面。

(3)地方公路交通突发事件应急预案。地方公路交通突发事件应急预案是由省级、地市级、县级交通运输主管部门按照交通运输部制定的公路交通突发事件应急预案的要求,在上级交通运输主管部门的指导下,为及时应对辖区内发生的公路交通突发事件而制订的应急预案(包括专项预案)。由地方交通运输主管部门制订并公布实施,报上级交通运输主管部门备案。

(4)公路交通运输企业突发事件预案。由各公路交通运输企业根据国家及地方的公路交通突发事件应急预案的要求,结合自身实际,为及时应对企业范围内可能发生的各类突发事件而制订的应急预案。由各公路交通运输企业组织制订并实施。

二、道路运输企业突发事件分类分级

对道路运输企业突发事件的分类分级是应急管理工作的基础,是制订各种应急预案的前提条件,只有在确定突发事件的类别与级别的基础上,才能更快地拿出处理问题的应对方案。否则,将会导致选择处置方案偏离实际情况,资源调配不当,延误突发事件的最佳处置时机。

道路运输企业突发事件分类分级是根据突发事件的类型、特征、危害程度等因素,把各种突发事件划分为不同的类别和级别。可依据影响范围、危害/损失程度、扩散要素、时间要素、认知程度、社会影响程度、公众心理承受度和资源保障度等指标对突发事件进行分级。

不同的道路运输企业的规模不一样,面临的风险也不一样,所以其突发事件分类和分级的标准也可能不一样。道路运输企业在制订突发事件分类和分级标准时,需充分调研与企业相关各部门的应急预案,尤其是上级部门的相关应急预案,尽量使企业突发事件分类和分级标准与其他各部门的分类和分级标准相协调,以保证企业突发事件在上报和协调过程中不产生错误理解或不协调。

交通运输部发布的《公路交通突发事件应急预案》将公路突发事件归为四类(表11-1),其分类方法对我国道路运输行业的突发事件分级具有总体指导作用,道路运输企业的突发事件分级也需和该分级方案相匹配和衔接。

三、道路运输企业突发事件应急管理组织机构及职责

道路运输企业必须明确突发事件应急管理的组织机构和机构内成员具体职责,以保证所有相关人员在发生突发事件后能够快速投入应急工作。道路运输企业应急管理组织机构通用模式总体组织架构包括指挥部和各执行部门。在规模较小的突发事件中,指挥部和各执行部门可能集中在一个人身上,但当突发事件扩大时,总指挥需要在指挥部中指派各类专职岗位(包括副总指挥、公共信息官员、安全官员以及联络官员等),并建立各执行部门(包括策划部、行动部、后勤部及财务管理部)协助处理突发事件。图11-3 为道路运输企业应急组织机构总体框架。

公路交通突发事件预警级别　　　　　表 11-1

预警级别	级别描述	颜色标示	事　件　情　形
Ⅰ级	特别严重	红色	因突发事件可能导致国家干线公路交通毁坏、中断、阻塞或者大量车辆积压、人员滞留,通行能力影响周边省份,抢修、处置时间预计在 24h 以上时; 因突发事件可能导致重要客运枢纽运行中断,造成大量旅客滞留,恢复运行及人员疏散预计在 48h 以上时; 发生因重要物资缺乏、价格大幅波动可能严重影响全国或者大片区经济整体运行和人民正常生活,超出省级交通运输主管部门运力组织能力时; 其他可能需要由交通运输部提供应急保障时
Ⅱ级	严重	橙色	因突发事件可能导致国家干线公路交通毁坏、中断、阻塞或者大量车辆积压、人员滞留,抢修、处置时间预计在 12h 以上时; 因突发事件可能导致重要客运枢纽运行中断,造成大量旅客滞留,恢复运行及人员疏散预计在 24h 以上时; 发生因重要物资缺乏、价格大幅波动可能严重影响省域内经济整体运行和人民正常生活时; 其他可能需要由省级交通运输主管部门提供应急保障时
Ⅲ级	较重	黄色	Ⅲ级预警分级条件由省级交通运输主管部门负责参照Ⅰ级和Ⅱ级预警等级,结合地方特点确定
Ⅳ级	一般	蓝色	Ⅳ级预警分级条件由省级交通运输主管部门负责参照Ⅰ级、Ⅱ级和Ⅲ级预警等级,结合地方特点确定

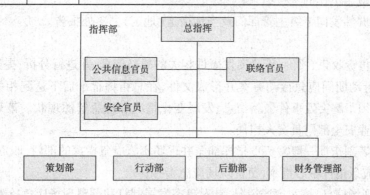

图 11-3　道路运输企业应急组织机构总体框架

1. 指挥部

指挥部由总指挥与各类专职岗位人员所构成。在基本架构上,当突发事件规模不大时,总指挥可以处理整个事件或者指派专人处理整个事件;但当突发事件规模扩大时,总指挥可以启动各类专职岗位(在联合指挥时还包括相关单位代表)共同处理突发事件。

一般来说指挥部的总指挥由运输企业的负责人担任,副总指挥由运输企业负责生产安全副职和其他负责人担任,总指挥全面负责指挥部的应急工作。

公共信息官员的主要负责与公众、媒体沟通,与其他相关机构交流;准确地发布有关突发事件的原因、规模和现状的信息,以及资源使用状况等内部或外部需要的一般信息;发挥信息监督的重要作用。需要注意,无论是哪一类指挥机构的发布必须经总指挥批准。

安全官员的主要职责是监测突发事件行动并向总指挥提出关于行动安全的建议,包括应急响应人员的安全与健康问题;在应急行动过程中安全官员有权制止或防止危及生命的不安全行为。需要注意的是,在应急指挥体系内,无论有多少机构参与,仅任命唯一的安全官员。联合指挥结构下的其他部门或机构,可以根据需要委派安全官员助手。行动部门由策划部门领导,必须在应急响应人员安全与健康问题上与安全官员密切配合。

联络官员是应急指挥体系与其他机构联系的枢纽,洽谈机构包括政府机构、非政府机构以及企事业单位等。联络官员征求并收集参加应急救援的各个功能负责单位和支援单位意见,及时向总指挥报告,同时也把指挥部的战略、战术意图传达给各个参战单位,使所有应急救援行为更加统一、协调、有序。

指挥部是运输企业应急管理的最高指挥机构,负责突发事件的应急指挥,职责如下:
(1)接受上级主管部门的领导,落实有关工作指示;
(2)审定并签发突发事件应急预案;
(3)审定并组织实施应急预案的演练;
(4)根据预测与预警结果,开展风险评估;
(5)下达预警和预警解除指令;
(6)下达应急预案启动和终止指令;
(7)确定现场应急指挥中心人员,并下达派出指令;
(8)指定新闻发言人,审定新闻发布材料;
(9)审定应急处置的指导方案;
(10)在应急处置过程中,负责向上级主管部门求援,并配合政府应急工作;
(11)审查应急工作的考核结果;
(12)审定并签发向上级主管部门及当地街道(地区)办事处报告。

2.策划部

策划部门负责收集、评价、传达突发事件相关的战略信息,并进行分析,提出相关战略行动计划,制订行动期间应急行动方案并形成文件,在总指挥批准后下达到相关应急功能单位。该部门必须了解突发事件最新信息、发展变化情况和应急资源现状。策划部门负责人通常由运输企业安全部门负责人担任。

策划部或者副指挥一般需负责指挥部派驻现场实施应急指挥的部门,职责如下:
(1)按照应急指挥中心指令,负责现场应急指挥;
(2)收集现场信息,核实现场情况,针对事态发展制订和调整现场应急抢险方案;
(3)负责整合调配现场应急资源;
(4)及时向应急指挥中心和地方政府汇报应急处置情况;
(5)协调与地方政府相关应急救援工作;
(6)按照应急指挥中心指令,负责现场新闻发布工作;
(7)收集、整理应急处置过程中的有关资料;
(8)核实应急终止条件,并向应急指挥中心请示应急终止;
(9)负责应急指挥中心交办的其他任务。

3.行动部

行动部主要是协调及负责行动部门各个小组的运作,执行突发事件行动方案中确定的应急行动,负责管理突发事件现场战术行动,直接组织现场抢险,减少各类危害、抢救生命与财产,维护突发事件现场秩序,恢复正常状态。

4. 后勤部

后勤部主要是协调及负责后勤部各个小组的运作，负责提供各项设施、服务及工具，包括提供所需的设备器材。后勤部门支持所有的突发事件应急资源需求，包括通过采购部门定购资源，向突发事件人员提供后勤支持和服务。后勤部门一般是由供应、食品、运输、设施、通讯、医疗六个分部门组成。如果需要，可以将这六个分部门分为两个分组，即服务分组和支援分组。应当注意，成立哪些部门要根据实际情况而定，并非一定要成立所有的部门。

5. 财务管理部

突发事件应急管理活动需要财务和行政服务支持时，就必须建立财务管理部门。对于大规模突发事件的情况，涉及来自多个机构的大量资金运作时，财务管理部门作为应急指挥系统的一个关键部门，负责为多机构各类救援活动提供资金。

四、道路运输企业突发事件应急响应机制

突发事件发生后，道路运输企业突发事件应急指挥部接到事件报警后，决定是否启动应急响应，应急响应主要包括应急响应程序、事件上报、信息发布等。

1. 应急响应的一般程序

突发事件发生之后，应根据突发事件分类分级，迅速判定突发事件的类型和级别，启动对应的应急预案和与之相关的保障预案，调动应急资源对突发事件进行处置。响应程序可划分为应急启动、正式行动、基本恢复和应急响应结束四个过程。

（1）应急启动。

突发事件一旦爆发，应迅速开展以下几方面的工作：成立临时应对小组，迅速收集相关信息，向上级部门报告，尽最大努力阻止事态的蔓延；对突发事件的类型、影响范围、严重性、紧迫性和变动趋势作出快速评估，启动应急预案和配套支持预案；选定报警形式，向社会报警；及时向国家、部门、周边等有关政府部门进行信息通报；启动正式应急机构的工作。

（2）正式行动。

应急预案启动后，应急机构应迅速作出具体工作安排和各种资源与应急力量部署，依靠权威人士，快速对突发事件作出判断，制订突发事件处置方案，开展突发事件处置工作。同时，要实时跟踪、监测事态的发展，及时调整应急力量，做好相应的扩大应急准备。向社会及时发布事态进展信息，让公众了解事实真相，遏制流言蜚语的传播。

（3）基本恢复。

突发事件得到控制后，进入临时应急恢复阶段，该阶段包括现场清理、人员清点和撤离、警戒解除等。

（4）应急响应结束。

当突发事件得到有效控制之后，应及时向社会和各应急机构宣布应急响应工作结束。

2. 突发事件上报

企业按照规定尽快将所发生的突发事件报告当地相关政府主管部门。应急结束后，统计突发事件的发生时间、地点和结束的时间及严重程度，突发事件的简要情况，人员伤亡及财产损失，安全生产突发事件涉及范围，已采取的措施等内容。

突发事件结束后，把突发事件发生过程中现场人员对突发事件的分析等内容进行记录，并将现场突发事件调查的结果移交给突发事件调查处理小组，进一步对突发事件发生的原因进行彻底调查，最终查明突发事件原因。

3. 信息发布

突发事件信息发布是应急活动中信息沟通的重要内容之一,可达到政府与社会组织和公众之间的相互理解和支持,杜绝谣言的产生,避免发生群体性的社会恐慌。突发事件信息发布也是解决问题的一种手段,只有及时、准确、全面了解事态的发展,社会组织和公众才能配合政府和运输企业积极参与应急活动,发挥社会整体的效能。同时起到社会监督的作用,防止应急活动行为的失误。

信息发布的部门主要由公共信息官员负责。在新闻发布过程中,应遵守国家法律法规,准确适当,实事求是,客观公正,内容全面。新闻发布时可分为信息汇集、处理、编辑、审核与审批、发布和跟踪六个工作步骤。

(1) 突发事件信息汇集。

突发事件信息汇集应使用突发事件应急管理体系建立的正规信息传递渠道,保证信息来源的真实性和可靠性。对于来自其他渠道的信息要进行核实,防止虚假信息的出现。

(2) 突发事件信息处理。

突发事件信息处理非常重要,既是信息提炼、升华的过程,也是去伪存真的过程。在突发事件信息汇集过程中,会有大量相关信息的聚合,需要条理化,建立相互之间的内在联系。同时,对存在的不实信息要进行辨识。

(3) 突发事件信息编辑。

要由管理人员、专业人士、技术人员、应急专家组成突发事件信息编辑小组,确定突发事件信息发布的主题内容,社会问题专家以及相关学者共同确保突发事件信息发布符合突发事件信息发布的原则。

(4) 突发事件信息审核与审批。

在突发事件信息发布之前,企业领导应按照管理程序进行审核,对发布时间、地点、方式和媒体等相关内容作出批示。

(5) 突发事件信息发布。

完成以上步骤之后,实施突发事件信息发布。为保证突发事件信息发布的顺利进行,应做好各种安全防范工作。

(6) 突发事件信息跟踪。

在突发事件信息发布之后,应密切关注社会公众和组织的反响,关注舆论的相关报道、某些突发事件还应关注国际媒体和舆论的看法。

五、道路运输企业突发事件应急恢复

1. 心理干预机制

事故(无论是自然的灾难,还是人为的灾祸)对于人们造成的伤害有时常常是毁灭性的,它除了给事故当事人带来身体上的伤害以外,更重要的是会给当事人心理和精神上带来更大、更严重的伤害,以及由此造成当事人的思维方式、情感表达、价值取向、生活信念以及对生命价值的看法等许多人格上远期的变化。对创伤性事故可能产生的心理影响进行及时的评估和预测,对于受害者进行不同时期的援助可以减轻急性应激反应的程度,对那些比较严重的受害者进行早期的心理干预,能够阻止或减轻远期心理伤害和心理障碍的发生率,对已经出现远期严重心理障碍的受害者进行心理治疗,可以减轻他们的痛苦程度,帮助他们适应社会和工作环境。所以,对于可能产生的事故和在事故发生时和发生后,有组织、有计划地为受害人提供心理援助和干预是非常必要的,对于和谐社会的构建和安定的企业氛围局面是非常必要和有意义的。

2. 监督审查机制

应急结束后,现场应急指挥中心应深入调查突发事件发生原因,分析应急过程中应急管理措施的得失,确定突发事件发生的初步原因、取得的经验和吸取的教训及对预案的修改建议。

3. 奖惩责任机制

奖惩责任机制是与监督审查等机制相配套的机制。这里所讲的奖惩责任也是针对突发事件应急管理体系内部的应急活动管理而言的。奖惩责任机制是激励机制的一种,既有正激励也有负激励,既有精神激励也有物质激励,以此推动突发事件应急活动向着系统化、体制化、长期化、法制化的方向发展。

第四节 道路运输企业突发事件应急保障

在应急预防与响应的全过程中,人、财、物等方面的应急保障起着决定性作用。俗话说"巧妇难为无米之炊",没有充分应急保障的响应和救援一般都会以失败告终。通常,应急保障主要包括物资装备保障、应急队伍保障、应急技术保障、资金保障、人员防护保障及应急依托等。

一、应急物资装备

应急物质资源是一个包含内容广泛的概念,它包括突发事件的预防、救援、恢复等环节所需要的各种救援物资、应急设备和设施等,如消防设备和设施、医疗急救设备和药品、照明装备、应急电力设备、救生图、救灾帐篷等。以火灾事件为例,应急物质资源主要包括用于救火的消防车、水、沙、灭火剂等。

应急物资从使用范围和对象上可划分为三大类:一是保障人民生活的物资,主要指粮食、食油和水、电等;二是工作物资,主要指处理危机过程中专业人员所使用的专业性物资,工作物资一般对某一专业队伍具有通用性;三是特殊物资,主要指针对少数特殊事故处置所需特定的物资,这类物资储备量少,针对性强,如一些特殊药品等。

企业突发事件一般不会引起生活物资困难,第三类物资需求量也较少,道路运输企业应急物资主要是储备第二类物资,储备时需考虑到各相关部分的物资储备情况,不必储备所有需求物资。如火灾物资储备时就不需储备消防车,一般只需和消防部门做好事先应急沟通就可以了。

二、应急队伍

应急队伍是应急保障体系的重要组成部分,是防范和应对突发事件的重要力量。应急队伍按照职能和分工的不同分为以下三类:

1. 专业或专职队伍

专业或专职队伍主要是指消防、公安、急救、医疗等专业队伍和单位,是突发事件处置行动的重要参与者。专业队伍以提高现场工作效率为中心,熟练掌握和运用专业技术、专业装备,依托医院、消防等专业机构进行基地化建设。运输企业应与各专业专职队伍建立联系,以保证突发事件发生时可以及时申请专业队伍应急。

2. 临时或兼职队伍

为有效应对大规模突发事件，特别是面对自然灾害等需要动用大量人力资源应对的突发事件时，需要众多的非专业人员配合专业队伍进行突发事件的处置工作。所以在建设专业应急队伍的同时，还要做好非专业应急人力资源的储备。运输企业的应急人力储备主要来源于企业员工，主要储备兼职应急队伍，对企业员工进行培训，处理较小的突发事件或者帮助专业队伍进行应急处置。

3. 专家及技术支持

专家主要是指事故灾难、自然灾害、公共卫生、社会安全等相关领域的专业研究人士。这些专家对于特定领域的突发事件有发言权，在突发事件处置过程中可为应急决策部门提供科学的事件处置建议。应急管理中应该吸收社会各方面专家、实验室、监测及检测机构等作为技术支持，为应急工作提供相应的支持、咨询等服务。运输企业主要是建立与各类专家的联系，建立长期合作咨询关系，以实现专家的技术储备。

三、应急技术

应急信息技术是构建在信息系统之上的预警、响应、处置及恢复一体化的技术集成，是规范管理、及时响应、科学决策的技术支撑的主体，已逐步走向智能化发展的道路。借助现代信息技术的手段，对于应急管理时效性强、信息量大、情况复杂多变的特点，构建起网络化的信息管理、传递、决策指挥辅助系统成为当前的首要工作。目前，应急管理信息技术研究与应用主要以应急平台建设为主体，在平台体系中集成了应急信息数据库、监测与预警系统、事故模拟仿真系统、数字化应急预案和移动指挥系统等。

运输企业需根据各自实际情况，建立"平灾结合"的企业监控管理信息系统，系统既可以为日常监管和办公服务，也可以在突发事件发生时为应急管理服务。

四、应急资金

应急资金是指企业应急体系建设、应急设施设备及其运行维护、应急救援装备和事故应急救援行动等所需的必要资金。应急资金的主要用途如下：

（1）紧急费用保障。主要是应急救援队伍启动费用，应急指挥协调动员机构运转费用，现场救援费用，紧急生产启动、应急物资装备采购和进口、应急物资调运所必需的周转金，征用非政府物资资产的补偿、赔偿费用，受灾居民伤病治疗、生活救济补助费用等。运输企业应设立一定额度的应急准备金，专门用于应急支出，当年未使用完的结转下年使用，每年预算应将准备金补足。

（2）日常应急管理费用保障。主要用于通信系统整合、网络信息系统建设和维护，应急计划、预案和标准规范编制等，保障专业应急队伍建设、应急演练、演习，应急后评估等工作。

（3）储备物资费用保障。大部分物资储备都存在时限问题，如金属材料锈蚀、电器设备老化、医药化学物质失效、粮食食品陈化变质等。由于市场价格波动造成的储备资产规模的增减，要完善核销补偿机制，用较小的储备成本获得较可靠的储备保障。

企业应制订应急资金保障措施、使用办法和管理、监督制度，以保证应急资金的合理有效使用。在统筹兼顾各项支出时，应优先保证应急经费的支出。

第十二章 道路运输企业安全评价

第一节 安全评价基本知识

一、安全评价的定义和分类

1. 安全评价的定义

安全评价又称危险评价或风险评价,是以实现安全为目的,应用安全系统工程原理和方法,辨识与分析工程、系统、生产经营活动中的危险、有害因素,预测发生事故造成职业危害的可能性及其严重程度,提出科学、合理、可行的安全对策措施建议,作出评价结论的活动。安全评价可针对一个特定的对象,也可针对一定区域范围。

2. 安全评价基本原则和目的

安全评价基本原则是具备国家规定资质的安全评价机构科学、公正和合法的自主开展安全评价。

安全评价的目的是查找、分析和预测工程、系统存在的危险、有害因素及危险、危害程度,提出科学、合理、可行的安全对策措施建议,指导危险源监控和事故预防,以达到最低事故率、最少损失和最优的安全投资效益。

3. 安全评价的分类

根据不同阶段,安全评价分为三类:安全预评价、安全验收评价、安全现状评价。

(1)安全预评价(Safety Assessment Prior to Start)。

在建设项目可行性研究阶段、工业园区规划阶段或生产经营活动组织实施之前,根据相关的基础资料,辨识与分析建设项目、工业园区、生产经营活动潜在的危险、有害因素,确定其与安全生产法律法规、规章、标准、规范的符合性,预测发生事故的可能性及其严重程度,提出科学、合理、可行的安全对策措施建议,作出安全评价结论的活动。

(2)安全验收评价(Safety Assessment upon Completion)。

在建设项目竣工后正式生产运行前或建设完成后,通过检查建设项目安全设施与主体工程同时设计、同时施工、同时投入生产和使用的情况,检查安全设施、设备、装置投入生产和使用的情况,检查安全生产管理措施到位情况,检查安全生产规章制度健全情况,检查事故应急救援预案建立情况,审查确定建设项目满足安全生产法律法规、规章、标准、规范要求的符合性.从整体上确定建设项目的运行状况和安全管理情况,作出安全验收评价结论的活动。

(3)安全现状评价(Safety Assessment in Operation)。

针对生产经营活动中的事故风险、安全管理等情况,辨识与分析其存在的危险、有害因素,审查确定其与安全生产法律法规、规章、标准、规范要求的符合性,预测发生事故或造成职业危害的可能性及其严重程度,提出科学、合理、可行的安全对策措施建议,作出安全现状评价结论的活动。

安全现状评价既适用于对一个生产经营单位评价,也适用于某一特定的生产方式、生产工艺、生产装置或作业场所的评价。

二、安全评价的作用和意义

安全评价对于生产经营企业的安全生产具有非常重要的意义,其作用主要表现在以下几个方面。

1. 实施全过程和全方位安全控制

安全评价可以帮助企业对生产设施(设备)系统地从计划、设计、制造、运行、储运和维修等全过程进行安全控制。

通过安全预评价可以避免选用不安全的工艺流程和危险的原材料以及不合适的设备、设施,当必须采用时,可以提出降低或消除危险的有效方法。

通过安全验收评价可以查出设计中的缺陷和不足,及早采取改进和预防措施,提高生产项目的安全水平。

通过安全现状评价,可以了解系统的现实危险性,为进一步采取措施降低危险性提供依据。

此外,在这些评价过程中,评价范围不仅仅包括主要生产装置,还包括影响正常生产活动的辅助生产系统和管理系统等。

因此,通过安全评价,可以找出生产过程中潜在的危险有害因素,特别是可以查找出未曾预料到的、被忽视的危险因素和职业危害,识别系统中存在的薄弱环节和可能导致事故和职业危害发生的条件,针对这些环节和条件提出相应的对策措施,预防、控制事故和职业危害的发生,尽可能做到即使发生误操作或设备故障系统存在的危险因素也不会导致事故和职业危害的发生,实现生产过程的本质安全化。对于无法完全消除危险的情况,在安全评价中还可以进一步对一些后果比较严重的主要危险因素和职业危害采用定量分析法,预测事故和职业危害发生的可能性后果的严重性,并制订减少和控制事故后果蔓延的对策措施,从而最终全过程、全方位地对安全生产进行控制。

2. 提高生产经营单位的安全管理水平

首先,安全评价可以使企业安全管理变事后处理为事先预防。传统安全管理方法的特点是凭经验进行管理,即事故发生后再处理的"事后过程"。通过安全评价,可以预告辨识系统的危险性,分析企业的安全状况,全面地评价系统及各部分的危险程度和安全管理状况,促使企业达到规定的安全要求。

其次,安全评价可以使企业安全管理变纵向单一管理为全面系统管理。现代工业的特点是规模大、连续化和自动化,其生产过程日趋复杂,各个环节和工序间相互联系、相互作用,相互制约。安全评价不是孤立地、就事论事地去解决生产系统中的安全问题,而是通过系统分析、评价全面地、系统地、有机地、预防性地处理生产系统中的安全管理,这样使企业所有部门都能按照要求认真评价本系统的安全状况,将安全管理范围扩大到企业各个部门、各个环节,使企业的安全管理实现全员、全方位、全过程、全天候的系统化管理。

最后,安全评价可以使企业安全管理变经验管理为目标管理。安全评价可以使各部门、全体职工明确各自的安全指标要求,在明确的目标下统一步调,分头进行,使安全管理工作做到科学化、统一化、标准化,从而改变仅凭经验、主观意志和思想意识进行安全管理,没有统一标准和目标的状况。

3. 合理控制安全成本

保障安全生产需要一定的安全投入,安全费用是生产成本的一部分。虽然从原则上讲,当安全投入与经济效益发生矛盾时应优先考虑安全投入,然而考虑到企业自身的经济、技术水平,按照过高的安全指标提出安全投资将使企业的生产成本大大增加,甚至陷入困境。因此,安全投入应是经济、技术、安全的合理统一,而要实现这个目标则要依靠安全评价。安全评价不仅能确定系统的危险性,还能考虑危险性发展为事故的可能性及事故造成损失的严重程度,进而计算出风险的大小,以此说明系统可能出现负效益的大小,然后以安全法规、标准和指标为依据,结合企业的经济、技术状况选择出适合企业安全投资的最佳方案,合理地选择控制、消除事故的措施,使安全投资和可能出现的负效益达到合理的平衡,从而实现用最少投资得到最佳的安全效果,大幅度地减少人员伤亡和设备损坏事故。

三、安全评价程序和内容

1. 安全评价程序

安全评价程序包括前期准备,辨识与分析危险、危害因素,划分评价单元,定性、定量评价,提出安全对策措施建议,作出评价结论,编制安全评价报告。图12-1 为安全评价程序框架图。

2. 安全评价内容

(1) 前期准备。

明确评价对象,备齐有关安全评价所需的设备、工具,收集国内外相关法律法规、标准、规章、规范等资料。

(2) 辨识与分析危险、有害因素。

根据评价对象的具体情况,辨识和分析危险、危害因素,确定其存在的部位、方式,以及发生作用的途径和变化规律。

(3) 划分评价单元。

评价单元划分应科学、合理。便于实施评价,相对独立且具有明显的特征界限。

(4) 定性、定量评价。

根据评价单元的特性,选择合理的评价方法。对评价对象发生事故的可能性及其严重程度进行定性、定量评价。

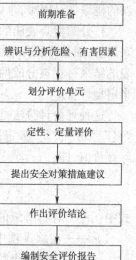

图 12-1 安全评价程序框架图

(5) 安全对策措施和建议。

依据危险、有害因素辨识结果与定性、定量评价结果,遵循针对性、技术可行性、经济合理性的原则,提出消除或减弱危险、危害的技术和管理对策措施建议。

对策措施建议应具体详实、具有可操作性。按照针对性和重要性的不同,措施和建议可分为应采纳和宜采纳两种类型。

(6) 安全评价结论。

安全评价机构应根据客观、公正、真实的原则,严谨、明确地作出安全评价结论。

安全评价结论的内容应包括高度概括评价结果,从风险管理角度给出评价对象在评价时与国家有关安全生产的法律法规、标准、规章、规范的符合性结论,给出事故发生的可能性和严重程度的预测性结论,以及采取安全对策措施后的安全状态等。

四、几种安全评价方法简介

1. 概述

根据系统的复杂程度,可以采用定性、定量或半定量的评价方法。具体采用哪种评价方法,还要根据行业特点以及其他因素进行确定。但无论采用哪种方法都有相当大的主观因素,都难免存在一定的偏差和遗漏。各种安全评价方法都有它的特点和适用范围。

1)定性评价方法

定性评价法主要是根据经验和判断对生产系统的工艺、设备、环境、人员、管理等方面的状况进行定性的评价。比如安全检查表、预先危险性分析、失效模式和后果分析、危险可操作性研究、事件树分析法、故障树分析法、人的可靠性分析方法等都属于此类。

2)半定量评价法

半定量评价法包括作业条件危险性评价法(LEC)、打分的检查表法、MES法等。这种方法大都建立在实际经验的基础上,合理打分,根据最后的分值或概率风险与严重度的乘积进行分级。由于其可操作性强,且还能依据分值有一个明确的级别,因而也广泛用于地质、冶金、电力等领域。因化工、煤矿、航天等行业的系统复杂、不确定性因素太多,对于人员失误的概率估计困难,难以应用。

打分的检查表法的操作顺序同前面所述的检查表法,但在评价结论时不是用"是/否"来回答,而是根据标准的严与宽给出标准分,根据实际的满足情况打出具体分,即安全检查表的结果一栏被分成两栏,一栏是标准分,一栏是实得分。由于有了具体数值,就可以实现半定量评价。

这种评价计分法是把安全检查表所有的评价项目根据实际检查结果分别给予"优"、"良"、"可"、"差"等定性等级的评定,同时赋予相应的权重(如4、3、2、1),累计求和,得出实际评价值,即:

$$S = \sum_{i=1}^{n} f_i \cdot g_i \tag{12-1}$$

式中:f_i——评价等级的权重系数;

g_i——在总N项中取得某一评价等级的项数和;

n——评价等级数。

依据实际要求,在最高目标值(N项都为"优"时的S值S_{max})与最低目标值(N项都为"差"时的S值S_{min})之间分成若干等级,根据实际的S值所属的等级来确定系统的实际安全等级。

3)定量评价法

定量评价法是根据一定的算法和规则对生产过程中的各个因素及相互作用的关系进行赋值,从而算出一个确定值的方法。若规则明确、算法合理,且无难以确定的因素,则此方法的精度较高,且不同类型评价对象间有一定的可比性。

美国道(DOW)化学公司的火灾、爆炸指数法,英国帝国化学公司蒙德工厂的蒙德评价法,日本的六阶段风险评价方法和我国化工厂危险程度分级方法,我国易燃、易爆、有毒危险源评价方法均属此类。

2. LEC 评价法

这是一种评价具有潜在危险性环境中作业时的危险性定量评价方法。它是用与系统风险率有关的 3 种因素指标值之积来评价系统人员伤亡风险的大小,这 3 种因素是:L 为发生事故的可能性的大小;E 为人体暴露在这种危险环境中的频繁程度;C 为一旦发生事故会造成的损失后果。但是,要取得这 3 种因素的科学准确数据却是相当烦琐的过程。为了简化评价过程,采取半定量计值法,给 3 种因素的不同等级分别确定不同的分值,再以 3 个分值的乘积 D 来评价危险性的大小。即 $D = LEC$。

D 值大,说明该系统危险性大,需要增加安全措施,或改变发生事故的可能性,或减少人体暴露于危险环境中的频繁程度,或减轻事故损失,直至调整到允许范围。

(1) 发生事故的可能性的大小 L。事故或危险事件发生的可能性的大小,当用概率来表示时,绝对不可能的事件发生的概率为 0,必然发生的事件的概率为 1。然而,在作系统安全考虑时,绝对不发生事故是不可能的,所以人为地将"发生事故可能性极小"的分数定为 0.1,而必然要发生的事件的分数定为 10,介于这二者之间的情况指定了若干个中间值。

(2) 暴露于危险环境的频繁程度 E。人员出现在危险环境中的时间越多,则危险性越大。规定接连出现在危险环境的情况定为 10,而非常罕见地出现在危险环境中定为 0.5。同样,将介于两者之间的各种情况规定了若干个中间值。

(3) 发生事故产生的后果 C。事故造成的人身伤害变化范围很大,对伤亡事故来说,可从极小的轻伤直至多人死亡的严重结果。由于范围广阔,所以规定分数值为 1~100,把需要救护的轻微伤害的分数规定为 1,把造成多人死亡的可能性分数规定为 100,其他情况的分数值均在 1 与 100 之间。

(4) 危险性分值 D。根据公式就可以计算作业的危险程度,但关键是如何确定各个分值和总分的评价。根据经验,总分在 20 以下被认为是最低危险,这样的危险比日常生活中的骑自行车去上班还要安全些;如果危险分值到达 70~160 之间,那就有显著的危险性,需要及时整改;如果危险分值在 160~320 之间,那么这是一种必须立即采取措施进行整改的高度危险环境;分值在 320 以上的高分值表示环境非常危险,应立即停止生产,直到环境得到改善为止。危险等级的划分是凭经验判断,难免带有局限性,不能认为是普遍适用的,应用时需要根据实际情况予以修正。危险等级划分如图 12-2 所示。

实例:某涤纶化纤厂在生产短丝过程中有一道组件清洗工序,为了评价这一操作条件的危险度,确定每种因素的分数值如下。

事故发生的可能性(L):组件清洗所使用的三甘醇,属四级可燃液体,如加热至沸点时,其蒸气爆炸极限范围为 0.9%~9.2%,属一级可燃蒸气。而组件清洗时需将三甘醇加热后使用,致使三甘醇蒸气容易扩散到空间,如室内通风设备不良,具有一定的潜在危险,属"可能,但不经常",其分数值 $L = 3$。

暴露于危险环境的频繁程度(E):清洗人员每天在此环境中工作,取 $L = 6$;发生事故产生的后果(C):如果发生燃烧爆炸事故,后果将是非常严重的,可能造成人员伤亡,取 $C = 15$,则有:

$$D = LEC = 3 \times 6 \times 15 = 270$$

评价结论:270 分处于 160~320 之间。危险等级属"高度危险的范畴,需要立即整改"。

分数值	事故发生的可能性(L)	分数值	人员暴露危险环境的频繁程度(E)
10	完全可以预料到	10	连续暴露
6	相当可能	6	每天工作时间暴露
3	可能，但不经常	3	每周一次，或偶然暴露
1	可能性小，完全意外	2	每月一次暴露
0.5	很不可能，可以设想	1	第年几次暴露
0.2	极不可能	0.5	非常罕见的暴露
0.1	实际不可能		

$D=LEC$

分数值	事故严重度/万元	发生事故可能造成的后果(C)
100	>500	大灾难，许多人死亡，或造成重大财产损失
40	100	灾难，数人死亡，或造成很大财产损失
15	30	非常严重，1人死亡，或造成一定的财产损失
7	20	严重，重伤，或较小的财产损失
3	10	重大，致残，或很小的财产损失
1	1	引人注目，不利于基本的安全卫生要求

LEC法　危险性分级依据

危险源级别	D值	危险程度
一级	>320	极其危险，不能继续作业
二级	160~320	高度危险，需要立即整改
三级	70~160	显著危险，需要整改
四级	20~70	一般危险，需要注意
五级	<20	稍有危险，可能接受

图 12-2　LEC 分级法

3. MES 评价法

MES 分级法如图 12-3 所示。

该方法将风险程度(R)表示为：$R=LS$，其中 L 表示事故发生的可能性；S 表示事故后果。人身伤害事故发生的可能性要取决于人体暴露于危险环境的概率 E 和控制措施的状态 M。对于单纯的财产损失事故，不必考虑暴露问题，只考虑控制措施的状态 M。

MES 的适用范围很广，不受专业的限制，可以看作是它对 LEC 评价方法的改进。

4. MLS 评价法

该法由中国地质大学马孝春博士设计，是对 MES 和 LEC 评价方法的进一步改进。经过与 LEC、MES 法对比，该方法的评价结果更贴近于真实情况。该方法的评价方程式为：

$$R = \sum_{i=1}^{n} M_i L_i (S_{i1} + S_{i2} + S_{i3} + S_{i4}) \tag{12-2}$$

式中，R 为危险源的评价结果，即风险，量纲为 1；n 为危险因素的个数；M_i 是指对第 i 个危险因素的控制与监测措施；L_i 为作业区域的第 i 种危险因素发生事故的频率；S_{i1} 为第 i 种危险因素发生事故所造成的可能的一次性人员伤亡损失；S_{i2} 为第 i 种危险因素的存在所带来的职业病损失（S_{i2} 即使在不发生事故时也存在，按一年内用于该职业病的治疗费来计算）；S_{i3} 为第 i 种危险因素诱发的事故造成的财产损失；S_{i4} 为第 i 种危险因素诱发的环境累积污染及一次性事故的环境破坏所造成的损失。

分数值	控制措施的状态(M)	分数值	人员暴露于危险环境的频繁程度(E)
5	无控制措施	10	连续暴露
3	有减轻后果的应急措施,包括警报系统	6	每天工作时间暴露
1	有预防措施,如机器防护装置等	3	每周一次,或偶然暴露
		2	每月一次暴露
		1	每年几次暴露
		0.5	非常罕见的暴露

$R=MES$

分数值	事故后果(S)			
	伤害	职业相关病症	设备财产损失	环境影响
10	有多人死亡	—	>1亿元	有重大环境影响的不可控排放
8	有1人死亡	职业病(多人)	1000万~1亿	有中等环境影响的不可控排放
4	永久失能	职业病(1人)	100万~1000万	有较轻环境影响的不可控排放
2	需医院治疗,缺工	职业性多发病	10万~100万	有局部环境影响的可控排放
1	轻微,仅需急救	身体不适	<3万	无环境影响

分级依据:$R=MES$

分级	有人身伤害的事故(R)	单纯财产损失事故(R)
一级	>180	30~50
二级	90~150	20~24
三级	50~80	8~12
四级	20~48	4~6
五级	<18	<3

图 12-3 MES 分级法

MLS 评价方法充分考虑了待评价区域内的各种危险因素及由其所造成的事故严重度;在考虑了危险源固有危险性外,还反映对事故是否有监测与控制措施的指标;对事故的严重度的计算考虑了由于事故所造成的人员伤亡、财产损失、职业病、环境破坏的总影响;客观再现了风险产生的真实后果:一次性的直接事故后果及长期累积的事故后果。MLS 法比 LEC 和 MES 法更加贴近实际,更加易于操作,在实际评价中也取得了较好效果,值得在实践中推广。

5. 易燃、易爆、有毒重大危险源评价法

该方法是在对大量重大火灾、爆炸、毒物泄漏中毒事故资料统计分析的基础上,从物质危险性、工艺危险性入手分析了重大事故发生的原因、条件,评价事故的影响范围、伤亡人数和经济损失后得出的。该方法提出了工艺设备、人员素质以及安全管理 3 大方面的 107 个指标,组成评价指标集。

该方法采用的数学评价模型为:

$$A = \left\{\sum_{i=1}^{n}\sum_{j=1}^{m}(B_{111})_i W_{ij}(B_{112})_j\right\} B_{12} \prod_{k=1}^{3}(1-B_{2k}) \tag{12-3}$$

式中，$(B_{111})_i$ 为第 i 种物质危险性的评价值；$(B_{112})_j$ 为第 j 种工艺危险性的评价值；W_{ij} 为第 j 种工艺与第 i 种物质危险性的相关系数；B_{12} 为事故严重度评价值；B_{21} 为工艺、设备、容器、建筑抵消因子；B_{22} 为人员素质抵消因子；B_{23} 为安全管理抵消因子。

该方法的工艺流程如图 12-4 所示。该方法用于对重大危险源的风险评价，能较准确地评价出系统内危险物质、工艺过程的危险程度、危险性等级，能较精确地计算出事故后果的严重程度。

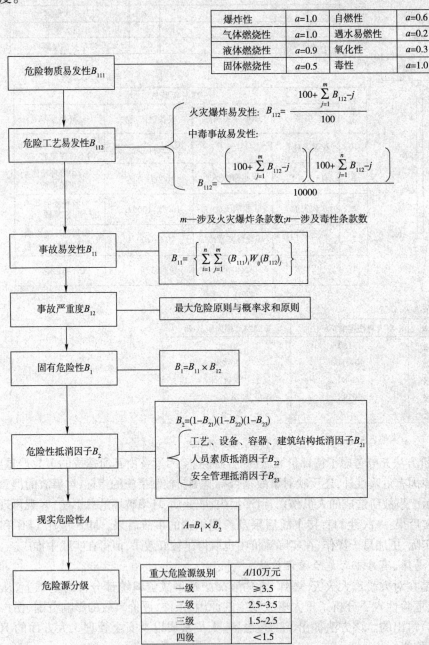

图 12-4　中国的易燃、易爆、有毒重大危险源评价

6. 基于 BP 神经网络的风险评价法

这种方法的评价模型如图 12-5 所示。

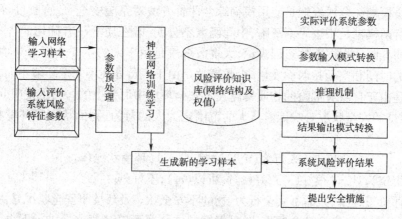

图 12-5　基于优化 BP 神经网络的系统安全评价模型

BP 神经网络在系统风险评价中的应用实现如下。

(1)确定网络的拓扑结构,包括中间隐层的层数,输入层、输出层和隐层的节点数。

(2)确定被评价系统的指标体系,包括特征参数和状态参数。运用神经网络进行风险评价时,首先必须确定评价系统的内部构成和外部环境,确定能够正确反映被评价对象安全状态的主要特征参数(输入节点数、各节点实际含义及其表达形式等)以及这些参数下系统的状态(输出节点数、各节点实际含义及其表达形式等)。

(3)选择学习样本,供神经网络学习。选取多组对应系统不同状态参数值时的特征参数为学习样本,供网络系统学习。这些样本应尽可能地反映各种安全状态;其中对系统特征参数进行$(-\infty,+\infty)$区间的预处理,对系统参数应进行$(0,1)$区间的预处理。神经网络的学习过程即根据样本确定网络的连接权值和误差反复修正的过程。

(4)确定作用函数。通常选择非线形 S 型函数。

(5)建立系统风险评价知识库。通过网络学习确认的网络结构包括:输入、输出和隐节点数以及反映其间关联度的网络权值的组合;具有推理机制的被评价系统的风险评价知识库。

(6)进行实际系统的风险评价。经过训练的神经网络将实际评价系统的特征值转换后输入到已具有推理功能的神经网络中,运用系统风险评价知识库处理后得到评价实际系统的安全状态的评价结果。

实际系统的评价结果又作为新的学习样本输入神经网络,使系统风险评价知识库进一步充实。

神经网络理论应用于系统风险评价中的优点如下:

(1)利用神经网络并行结构和并行处理的特征,通过适当选择评价项目克服风险评价的片面性,可以全面评价系统的安全状况和多因素共同作用下的安全状态。

(2)运用神经网络知识存储和自适应特征,通过适当补充学习样本可以实现历史经验与新知识完满结合,在发展过程中动态地评价系统的安全状态。

(3)利用神经网络理论的容错特征,通过选取适当的作用函数和数据结构可以处理各非数值性指标,实现对系统安全状态的模糊评价。

7. 系统综合安全评价技术

1)安全模糊综合评价

模糊综合评价是指对多种模糊因素所影响的事物或现象进行总的评价,又称模糊综合评判。安全模糊综合评价就是应用模糊综合评价方法对系统安全、危害程度等进行定量分析评价。所谓模糊是指边界不清晰,中间函数不分明,既在质上没有确切的含义,也在量上没有明确的界限。根据事故致因理论,大多数事故是由于人的不安全行为与物的不安全状态在相同的时间和空间相遇而发生,少数事故是由于人员处在不安全环境中而发生的,还有少数事故是由于自身有危险的物质暴露在不安全环境中而发生的。为了说明问题并简便起见,将某系统的安全状况影响因素从大的范围定为人的行为、物的状态和环境状况,故因素集为:

$$U = \{人行为(u_1),物状态(u_2),环境状况(u_3)\}$$

评价集定为:$V = \{很好(v_1),好(v_2),可以(v_3),不好(v_4)\}$

实际评价过程中,人的不安全行为、物的不安全状态及环境不安全状况是由许多因素决定的,必须采用多级模糊综合评价,并且根据具体情况可以多次这样进行下去,二者的评价原理及方法是一致的。多级模糊综合评价分为多因素、多因素多层次两种类型,其基本思想是:将众多的因素按其性质分为若干或若干层次,先对一类(层)中的各个因素进行模糊综合评价,然后再在各类之间(由低层到高层)进行综合评价。

2)安全状况的灰色系统评价

灰色系统理论在系统安全状况评价中也得到了应用。应用灰色关联分析法判断安全评价各指标(要素)的权重系数就是典型的应用实例。系统安全管理往往都是在信息不很清楚的情况下开展的,安全评价与决策也都是在信息部分已知、部分未知的情况下作出的,可以把系统安全(或系统事故)看为灰色系统,利用建模和关联分析,使灰色系统"白化",从而对系统安全有效地进行评价、预测和决策。在系统安全中,许多事故的发生都起源于各种偶然因素和不确定因素,事故系统显然是灰色系统。应用灰色预测理论对各种事故发生频次、人员伤亡指标、经济损失等进行预测评价是可行的。

3)系统危险性分类法

危险与安全是相互对立的概念。导致人员伤害、疾病或死亡,设备或财产损失和破坏,以及环境危害的非计划事件称为意外事件。危害性就是可能导致意外事件的一种已存在的或潜在的状态。当危险受到某种"激发"时,它将会从潜在的状态转化为引起系统损害的事故。

根据危险可能会对人员、设备及环境造成的伤害,一般将其严重程度划分为4个等级。

第一级(1类):灾难性的。由于人为失误、设计误差、设备缺陷等导致严重降低系统性能,进而造成系统损坏,或者造成人员死亡或严重伤害。

第二级(2类):危险的。由于人为失误、设计缺陷或设备故障造成人员伤害或严重的设计破坏,需要立即采取措施来控制。

第三级(3类):临界的。由于人为失误、设计缺陷或设备故障使系统性能降低或设备出现故障,但能控制住严重危险的产生,或者说还没有产生有效的破坏。

第四级(4类):安全的。人为失误、设计缺陷、设备故障不会导致人员伤害和设备损坏。

表12-1归纳了上述4种危险等级,表中区分了人员伤害和设备损坏(含环境危害),只要根据人员伤亡或设备损坏一项内容就可以确定危险等级。

4)危险概率评价法

概率评价法是较精确的系统危险定量评价方法,它通过评价某种伤亡事故发生的概率来评价系统的危险性。系统安全分析中的故障树分析法对顶上事件发生概率的计算方法有详细介绍,在此重点讨论如何通过所得的概率来进行系统危险评价,问题的关键是确定危险性评价指标。

危 险 分 级　　　　　　表 12-1

分类等级	危险性	人员伤害	设备损坏
1	灾难性的	严重伤害或死亡	系统损坏
2	危险的	暂时性重伤或轻伤	主要系统损坏
3	临界的	轻微的、可恢复性的伤害	较少系统损坏
4	安全的	无	无

(1) 安全指数法。日本的中村林二郎以伤亡事故概率与伤害严重度之积来表示危险性,即:

$$D = \sum H_i \cdot P_i \tag{12-4}$$

式中,D 为危险性;H_i 为某种伤害严重度;P_i 为发生严重度 H_i 的事故概率。

从统计的观点出发,对于大量的伤害事故,伤害严重度是从没有伤害直到许多人死亡的连续变量。假设最小的伤害严重度为 h_0,最严重的伤害为 ∞,则伤害严重度在 $h_0 \sim \infty$ 之间连续变化。对于这样的连续随机变量,其概率密度函数为 $p(h)$,则伤害严重度 $h \sim (h+d_h)$ 之间事故发生的概率为 $p(h) \cdot d_h$。

(2) 死亡事故发生概率。直接定量地描述人员遭受伤害程度往往是非常困难的,甚至是不可能的。在伤亡事故统计中通过损失工作日来间接地定量伤害严重程度,有时与实际伤害程度有很大偏差,不能正确反映真实情况。而最严重的伤害——死亡,概率界限十分明确,统计数据也最可靠。于是,往往把死亡这种严重事故的发生概率作为评价系统的指标。

第二节　道路运输企业安全评价方法

一、道路运输企业安全评价概述

对道路运输企业安全生产的研究,可以概括为两个方面,一是道路运输企业安全生产的目标确定和管理理论;二是安全生产的实现途径。前者是理论问题,后者是现实问题,这两方面的问题是紧密联系在一起的,其联系的纽带就是对道路运输企业的安全评价。道路运输企业安全评价是道路运输企业安全生产从理念进入操作层次至关重要的环节,如果没有道路运输企业安全评价指标体系、评价方法和评价模型,道路运输企业安全生产的思想只能停留在定义上,既无法给出科学的界定,也无法指导实际操作。另一方面,道路运输企业安全评价必然涉及到方案的提出、制订、论证、评估等问题。尤其是对方案能否满足道路运输企业安全生产的要求作出判断,显得尤为重要。对一个企业而言,其当前的生产状况满足安全生产要求的程度如何,也要作出评估和判断,以便确定下一步工作的重点和方向。从系统分析的角度来看,道路运输企业安全评价是道路运输企业安全生产管理、控制和决策的基础工作。

对处于一定时空位置的系统来说,其状态既是系统过去运行的结果,也是其未来发展的起点和基础。道路运输企业安全评价就是要通过对道路运输企业安全生产系统的分析和评估,找出系统运行过程中出现的问题、面临的危机或机遇,从而帮助决策者采取措施,以保证系统稳定、和谐的发展,并产生尽可能大的效益。为了使安全评价理论得到具体的应用,有必要根据道路运输企业的特点,从不同的侧面和角度,全面地来描述道路运输企业安全生产系统,以达到对道路运输企业进行安全评价的要求。

道路运输企业是一个复杂的系统,它是一个由多种因素相互作用、相互制约下的复杂混合体。为了对道路运输企业安全生产进行科学、合理的评价,就必须全面了解并分析影响道路运输企业安全生产的各种因素;这里所研究的道路运输企业安全生产主要是指以行车安全为中心的安全生产,而没有包括企业内部因火灾、用电和机械伤害等因素而造成的伤害。在影响道路交通安全的人、车、路、环境、管理等因素中,对于作为运输市场主体的道路运输企业来说,道路、环境等因素是其不可控制的,人(驾驶员)、车辆(载运工具)、企业管理是其可以控制的。所以本节所说的安全评价,是对道路运输企业以行车安全为中心、与企业综合管理水平,驾驶员、车辆等因素密切相关的安全生产系统进行评价。

对道路运输企业进行安全评价的目的一般可以认为有两个,一是对多个不同的企业(多个样本)的比较和排序,即横向比较评价问题;二是测定和衡量某企业(单个样本)一段时间以来的安全生产状况,可称为纵向比较评价或动态趋势评价。

本节以当前道路运输企业安全生产现状为依据,以系统理论为指导,运用定性分析和定量分析相结合的方法,从道路运输企业安全评价的目的、对象和范围入手,对道路运输企业安全评价理论与方法进行探讨和研究。

二、安全评价指标体系的建立

研究道路运输企业安全评价问题,首先要解决的就是评价指标或指标体系问题。道路运输企业安全评价指标体系是评价的关键。

1. 建立安全评价指标体系的重要性

一般来说,建立道路运输企业安全评价指标体系的重要性体现在以下四个方面:

(1)通过建立道路运输企业安全评价指标体系,构建评估信息系统,对企业安全生产状况进行评估,为管理决策提供依据。

(2)通过评价与比较,找出差距和薄弱环节,并分析原因,及时提供给政府管理部门,以便采取对策,促进道路运输业的健康发展。

(3)利用指标体系政府引导贯彻有关政策意图,督促、引导完成道路运输行业的发展目标。

(4)通过分析评价,利用预测手段制定道路运输企业安全生产管理目标和规划,从而进行有效的宏观管理。

2. 道路运输企业安全评价指标体系的构建原则

要进行道路运输企业安全评价工作,首先就需要有一些能够科学、全面地描述道路运输企业安全生产实际状况的参数或物理量,即必须构建道路运输企业安全评价的指标体系。基于道路运输企业安全生产内容的繁杂性及其系统的复杂性,构建道路运输企业安全评价指标体系应遵循以下原则:

(1)科学性原则。

指标体系应建立在科学基础上,指标概念必须明确,指标与目标必须一致,各指标应协调一致并保持相对独立性,体现道路运输企业安全评价的内涵,突出道路运输企业安全评价的系统目标。

(2)系统性原则。

应将道路运输企业安全生产系统作为一个相对独立的整体,置身于社会经济大系统中,并从这个大系统中研究道路运输企业安全生产与经济发展、社会进步等因素之间的关系。不能孤立地研究安全生产目标,而应通过所设计的指标体系,系统全面地反映现象内在的本质。

(3)简明性原则。

选择的指标应尽可能简单明了,并具有代表性,能够准确、清楚、全面地反映整体要求,不可偏废,重要指标不能遗漏。指标的设置要围绕评价目的有针对性地加以选择,在满足全面性和独立性的前提下,指标体系应尽可能简洁明晰富有代表性,避免给评价、分析比较造成困难和混乱。

(4)可比性原则。

评价指标设置应尽可能采用通用的名称、概念和计算方法,使各相关指标具有可比性;同时,也要考虑历史资料的可比性问题,以利于进行横向、纵向的对比分析。

(5)适用性原则。

设置指标的目的,是为分析评价而服务的,因此所选的指标不仅要有明确的含意,而且要有一定的外在表达形式,能够直接计算测量或观察得到,这样才能在工作中应用,具有可操作性。同时应考虑涉及指标的信息容易获取,尽可能利用已有的或常用的统计数据和调查方法加以确定,以保证指标的适用性和有效性。

3. 指标体系的构建过程

指标体系的构建过程可分为两个阶段,即指标初选过程和指标完善过程。

(1)指标初选过程。

指标体系的初选过程有综合法和分析法两类。

综合法是指对已存在的一些指标群按一定的标准进行聚类,使之体系化的一种构造指标体系的方法。如在一些已拟定的指标体系基础上,做进一步的归类整理,使之条理化后形成一套指标体系;分析法是指将度量对象和度量目标划分成若干部分,并逐步细分,直到每部分都可以用具体的统计指标来描述和实现。

(2)指标完善过程。

初选后的指标体系未必是满意的,还必须对初选的指标体系进行完善化处理。测试每个指标的数值能否获得,那些无法或很难取得准确资料的指标,或者即使能够取得但费用很高(高于指标体系本身所带来的社会与经济效益)的指标,都是不可采用的。同时,测试每个指标的计算方法、计算范围及计算内容的正确性,并对指标体系中指标的重要性、必要性和完备性进行分析。

重要性是指根据各评价指标的重要程度,保留重要指标,剔除对评价结果无关紧要的指标。一般利用德尔菲法对初选拟定的指标体系进行匿名评议。如设某指标体系中某层次(或某子指标集合)有 m 个指标,请 n 位专家评议。

设 E_{ij} 为指标 i 第 j 级重要程度的量值(一般将重要程度分为5级,即 $j=1,2,3,4,5$,分别代表:极度重要、很重要、重要、一般、不重要); n_{ij} 为对第 i 个指标评为第 j 级重要程度的专家人数。则有,第 i 个指标专家意见的集中程度 $\bar{E}_i$:

$$\bar{E}_i = \frac{1}{n}\sum_{j=1}^{5} E_{ij}n_{ij} \tag{12-5}$$

$\bar{E}_i$ 的大小确定了指标 i 的重要程度的大小,反映了 n 个专家的评价期望值。

专家对第 i 个指标重要程度评价的分散程度,用标准差 δ_i 表示:

$$\delta_i = \sqrt{\frac{1}{n-1}\sum_{j=1}^{5} n_{ij}(E_{ij} - \bar{E}_i)} \qquad (12\text{-}6)$$

一般若 $\delta_i > k_0$,k_0 为 $(0,1)$ 间某一数值,一般可取 $2/3$,说明专家意见分散,可重新进行咨询评议。

专家意见协调程度用变异系数 V_i 表示:

$$V_i = \delta_i / \bar{E}_i \qquad (12\text{-}7)$$

V_i 反映了专家对第 i 指标评价的协调程度。

δ_i 越小,V_i 越大,说明专家意见越协调。由 $\bar{E}_i$、δ_i、V_i 综合决定是否需要进行下一轮咨询。若满足要求,则以最后一轮各指标的 $\bar{E}_i$、δ_i 的大小为判断依据,决定保留哪些指标,剔除哪些指标,最后把指标体系确定下来。

必要性是指构成统计指标体系的所有指标从全局考虑都应是必不可少的,不能存在冗余现象。如果指标体系中存在高度相关的指标,会影响评价结果的客观性,必须对指标进行相关性分析。一般选用极大不相关原理来进行分析。具体做法是:首先计算指标间的相关系数 γ_{ij},然后根据实际问题确定一个相关系数的临界值 M,如果 $\gamma_{ij} \geq M$,可删除权数小的指标 x_i 或 y_i,如果 $\gamma_{ij} < M$,则指标 x_i、y_i 均保留。

完备性是指评价指标体系是否能够全面地反映和测度道路运输企业安全生产的主要特征和发展状况。一般通过定性分析予以判断。

总之,道路运输企业安全评价指标体系要体现道路运输企业安全评价的内涵,包含道路运输企业安全生产影响因素的各个方面:企业综合管理水平、驾驶员管理水平、车辆管理水平、考评周期内安全生产状况等。

三、道路运输企业安全生产标准化考评管理办法

为贯彻落实国务院关于加强企业安全生产工作的要求,交通运输部经过多年的探索于 2012 年制定了《交通运输企业安全生产标准化考评管理办法》,进一步规范了交通运输企业安全生产标准化考评及其管理行为。

1. 标准化考评指标

将交通运输企业分为 16 类,分别开展安全生产标准化考评。

(1) 城市公共汽车客运企业安全生产达标考评;
(2) 城市轨道交通运输企业安全生产达标考评;
(3) 出租汽车企业安全生产达标考评;
(4) 道路旅客运输企业安全生产达标考评;
(5) 道路危险货物运输企业安全生产达标考评;
(6) 道路交通普通货运企业安全生产达标考评;
(7) 道路货物运输场站安全生产达标考评;
(8) 机动车维修企业安全生产达标考评;
(9) 汽车客运站安全生产达标考评;
(10) 港口客运(滚装、渡船渡口)码头企业安全生产达标考评;
(11) 港口普通货物码头企业安全生产达标考评;

(12)港口危险货物码头企业安全生产达标考评;

(13)水路旅客运输企业安全生产达标考评;

(14)水路普通货物运输企业安全生产达标考评;

(15)水路危险货物运输企业安全生产达标考评;

(16)交通运输建筑施工企业安全生产达标考评。

本书主要介绍道路旅客运输企业安全生产达标考评,道路旅客运输企业安全生产达标考评指标有 16 大类、50 项评价指标,如图 12-6 所示,全面地反映了旅客运输企业各个安全生产环节,有利于安全运输的管理,降低道路交通事故的发生率。

2. 达标等级划分

交通运输企业安全生产标准化达标等级分为一级、二级、三级,其中城市轨道交通企业安全生产达标标准等级分为一级、二级。

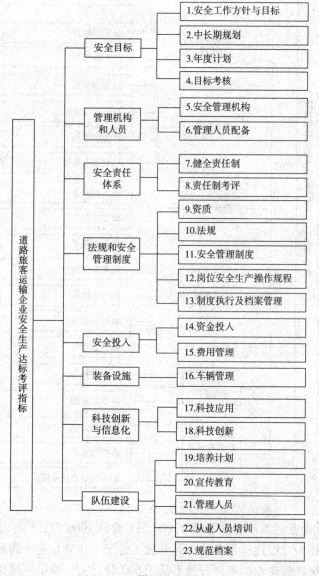

图 12-6

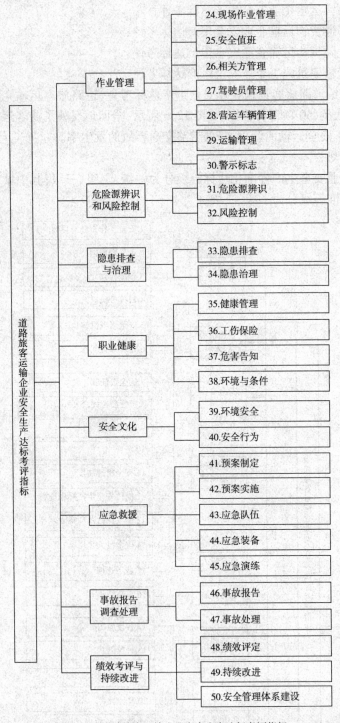

图 12-6　道路旅客运输企业安全生产达标考评指标

评为一级达标企业的考评分数不低于 900 分（满分 1000 分，下同）且完全满足所有达标企业必备条件，评为二级达标企业的考评分数不低于 700 分且完全满足二、三级达标企业必备条件，评为三级达标企业的考评分数不低于 600 分且完全满足三级达标企业必备条件，见表 12-2。

道路旅客运输企业安全生产达标考评表　　　　表 12-2

考评内容	考评要点		分值	考评评价	得分
一、安全目标(35分)	1. 安全工作方针与目标	①制订企业安全生产方针、目标和不低于上级下达的安全控制指标	5★★★		
		②制订实现安全工作方针与目标的措施	5		
	2. 中长期规划	制订和实施企业安全生产中长期规划和跨年度专项工作方案	5★★		
	3. 年度计划	根据中长期规划,制订年度计划和年度专项活动方案,并严格执行	5		
	4. 目标考核	①将安全生产管理指标进行细化和分解,制订阶段性的安全生产控制指标	5		
		②制订安全生产目标考核与奖惩办法;	5		
		③定期考核年度安全生产目标完成情况,并奖惩兑现	5		
二、管理机构和人员(40分)	1. 安全管理机构	①成立安全生产委员会(或领导小组),下属各分支机构分别成立相应的领导机构。安委会职责明确,实行主要领导负责制	10★★		
		②按规定设置与企业规模相适应且独立的安全生产管理机构	15★★★		
		③定期召开安全生产委员会会议。安全生产管理机构和下属各分支机构每月至少召开一次安全工作例会	5		
	2. 管理人员配备	按规定足额配备专职安全生产和应急管理人员	10★★		
三、安全责任体系(45分)	1. 健全责任制	①企业主要负责人、分管领导、全体员工安全职责明确,制订并落实安全生产责任制,层层签订安全生产责任书,并落实到位	10★★		
		②主要负责人或实际控制人是安全生产第一责任人,按照安全生产法律法规赋予的职责,对安全生产负全面组织领导、管理责任和法律责任,并履行安全生产的责任和义务	5★★		
		③分管安全生产的负责人是安全生产的重要负责人,统筹协调和综合管理企业的安全生产工作,对安全生产负重要管理责任	5		
		④其他负责人和全体员工实行"一岗双责",对业务范围内的安全生产工作负责	5		
		⑤安全生产管理机构、各职能部门、生产基层单位的安全职责明确并落实到位	10		
	2. 责任制考评	根据安全生产责任进行定期考核和奖惩,公告考评和奖惩情况	10★★		

续上表

考评内容		考评要点	分值	考评评价	得分
四、法规和安全管理制度(70分)	1. 资质	《道路运输经营许可证》、《企业法人营业执照》合法有效，经营范围符合要求	5★★★		
	2. 法规	①及时识别、获取适用的安全生产法律法规、标准规范	5		
		②将法规标准和相关要求及时转化为本单位的规章制度，贯彻到各项工作中	5		
		③执行并落实安全生产法律法规、标准规范	5		
		④将适用的安全生产法律、法规、标准及其他要求及时对从业人员进行宣传和培训	5		
	3. 安全管理制度	①制订并及时修订安全生产管理制度，包括：a. 安全生产责任制；b. 安全例会制度；c. 文件和档案管理制度；d. 安全生产费用提取和使用管理制度；e. 设施、设备、货物安全管理制度；f. 安全生产培训和教育学习制度；g. 安全生产监督检查制度；h. 事故统计报告制度；i. 安全生产奖惩制度	10		
		②对从业人员进行安全管理制度的学习和培训	5		
	4. 岗位安全生产操作规程	①制订并及时修订各岗位的安全生产操作规程，并发放到岗位（职工）	10★★		
		②对从业人员进行安全操作规程的学习和培训；从业人员严格执行本单位的安全操作规程	5		
	5. 制度执行及档案管理	①执行国家有关安全生产方针、政策、法规及本单位的安全管理制度和操作规程，依据行业特点，制订企业安全生产管理措施	5		
		②每年至少一次对安全生产法律法规、标准规范、规章制度、操作规程的执行情况进行检查	5		
		③建立和完善各类台账和档案，并按要求及时报送有关资料和信息	5★★★		
五、安全投入(50分)	1. 资金投入	①按规定足额提取安全生产费用	10★★★		
		②安全生产经费专款专用，保证安全生产投入的有效实施	15★★		
		③及时投入满足安全生产条件的所需资金	10		
		④为旅客投保承运人责任险	5★★		
	2. 费用管理	①跟踪、监督安全生产专项经费使用情况	5		
		②建立安全费用使用台账	5		

续上表

考评内容		考 评 要 点	分值	考评评价	得分
六、装备设施(75分)	车辆管理	①车辆技术等级符合行业标准规定要求	5★★★		
		②车辆持有效的《道路运输证》、《机动车行驶证》、《道路客运班线经营许可证明》，在规定位置放置客运标志牌	10★★★		
		③车辆按规定配备安全锤、三角木、警示牌、防滑链等安全设备，配足有效的灭火器	15★★★		
		④制订并落实车辆技术管理制度，按国家规定的技术规范对车辆进行定期维护与检测，保持运输车辆技术状况良好	15★★★		
		⑤运营车辆符合国家标准规定的使用年限或运营公里数	10★★★		
		⑥严格执行车辆的强制报废制度，加强临近报废车辆的技术监管，及时处理临近报废车的安全隐患	10		
		⑦安全生产设施设备符合有关规定，并保证齐全、完好，没有随意改动	10		
七、科技创新与信息化(100分)	1.科技应用	①制订并落实卫星定位装置安装使用规定	10★★		
		②旅游包车、三类以上班线客车按规定安装使用具有行驶记录功能的卫星定位系统车载终端，并正常使用	15★★★		
		③车辆卫星定位系统车载终端接入符合行业标准的监控平台和全国重点营运车辆联网联控系统	10★★		
		④定期检查车载终端使用情况，确保车辆在线时间；车载终端工作正常、监控数据准确、实时、完整传输	5	1	
		⑤建立符合行业标准的道路运输车辆卫星定位企业监控平台，及时向上级监管平台传输定位数据，并保证数据真实、准确	10★		
		⑥企业平台所录入的车辆和驾驶员的基础资料、车辆技术档案信息，记录车辆行驶情况等信息准确、完整	5		
		⑦配备专职人员负责监控车辆行驶和驾驶员的动态情况，分析处理动态信息	5		
		⑧建立监控值班制度，对营运车辆24h实时动态监控；对上级监管平台发出的指令进行应答，并执行有关要求	10		
		⑨按照有关规定及时纠正和处理超速、疲劳驾驶、故意破坏卫星定位装置等违法违规行为，记录违法违规驾驶员信息，至少保存3年时间	5		
		⑩建立动态监控工作台账	5		
	2.科技创新	①组织开展安全生产科技攻关或课题研究	10		
		②设有其他安全监管信息系统	10		

续上表

考评内容	考评要点		分值	考评评价	得分
八、队伍建设(90分)	1. 培训计划	制订并实施年度及长期的继续教育培训计划,明确培训内容和年度培训时间	10		
	2. 宣传教育	组织开展安全生产的法律、法规和安全生产知识的宣传、教育	10		
	3. 管理人员	①企业主要负责人和管理人员具备相应安全知识和管理能力,并取得行业主管部门培训合格证	10★★★		
		②专(兼)职安全管理人员具备专业安全生产管理知识和经验,熟悉各岗位的安全生产业务操作规程,运用专业知识和规章制度开展安全生产管理工作,并保持安全生产管理人员的相对稳	15		
	4. 从业人员培训	①从业人员每年接受再培训,提高从业人员的素质和能力,再培训时间不得少于有关规定学时。未经安全生产培训合格的从业人员,不得上岗作业	10★★		
		②转岗人员及时进行岗前培训	10		
		③新技术、新设备投入使用前,对管理和操作人员进行专项培训	10		
	5. 规范档案	①建立健全安全宣传教育培训考评档案,详细、准确记录培训考评情况	5		
		②对培训效果进行评审,改进提高培训质量	10		
九、作业管理(155分)	1. 现场作业管理	严格执行操作规程和安全生产作业规定,严禁违章指挥、违章操作、违反劳动纪律	10		
	2. 安全值班	制订并落实安全生产值班计划和值班制度,重要时期实行领导到岗带班,有值班记录	10		
	3. 相关方管理	两个或两个以上单位共用同一设施设备进行生产经营的现场安全生产管理职责明确,并落实到位	5		
	4. 驾驶员管理	①制定并落实驾驶员行车安全档案管理制度,实行一人一档	10		
		②严格审查驾驶员的驾驶证件、从业资格和驾驶经历,符合条件的签订聘用合同	10★★★		
		③客运车辆每日运行里程超过400km(高速公路直达超过800km)的,按规定配备2名以上驾驶员;驾驶员连续驾驶时间不超过4h,或者24h内累计驾驶不超过8h	15★★★		
		④及时掌握极端天气及路况信息,提示作业中的驾驶员谨慎驾驶	10		
		⑤驾驶员按照规定填写《行车日志》	5★★★		

续上表

考评内容		考评要点	分值	考评评价	得分
九、作业管理(155分)	5.营运车辆管理	①有车辆技术档案,实行一车一档,内容记载及时、完整和准确,不得随意更改	10★★★		
		②落实专人负责车辆技术管理工作,车辆安全技术状况符合有关规定	10		
		③建立并落实车辆安全检查制度。做好出车前、行车中及收车后的车辆检查工作	10★★		
		④维护、维修作业须在交通运输管理部门认定的汽车维修企业进行	10		
	6.运输管理	①客运班车按照许可的线路、班次、站点运行,在规定的途径站点进站上下旅客,不得改变行驶线路,不得站外上客或者沿途揽客	15		
		②客运车辆严格按核定人数范围内载客运行,无违反规定超速、超员运输	10★★★		
		③合理调整发车时间,对夜间途经达不到夜间安全通行条件的三级(含)以下山区公路,禁止通行	10		
	7.警示标志	在存在危险因素的作业场所和设备设施,设置明显的安全警示标志,警示、告知危险种类、后果及应急措施	5		
十、危险源辨识与风险控制(40分)	1.危险源辨识	①开展本单位危险设施或场所危险源的辨识和确定工作	10		
		②辨识重大危险源,采取有效防护措施,按规定报有关部门备案	10★★		
	2.风险控制	①及时对作业活动和设备设施进行危险、有害因素识别	10		
		②向从业人员如实告知作业场所和工作岗位存在的危险因素、防范措施以及事故应急措施	5		
		③对危险源进行建档,重大危险源单独建档管理	5		
十一、隐患排查与治理(70分)	1.隐患排查	①制订隐患排查工作方案,明确排查的目的、范围,选择合适的排查方法	10		
		②每月至少开展一次安全自查自纠工作,及时发现安全管理缺陷和漏洞,消除安全隐患。检查及处理情况应当记录在案	15★★★		
		③对各种安全检查所查出的隐患进行原因分析,制订针对性控制对策	10		
	2.隐患治理	①制订隐患治理方案,包括目标和任务、方法和措施、经费和物资、机构和人员、时限和要求	5		
		②对上级检查指出或自我检查发现的一般安全隐患,严格落实防范和整改措施,并组织整改到位	5		
		③重大安全隐患报相关部门备案,做到整改措施、责任、资金、时限和预案"五到位"	10★★		
		④建立隐患治理台账和档案,有相关的记录	5		
		⑤按规定对隐患排查和治理情况进行统计分析,并向有关部门报送	10		

续上表

考评内容		考评要点	分值	考评评价	得分
十二、职业健康（25分）	1.健康管理	①设置或指定职业健康管理机构，配备专（兼）职管理人员	5		
		②按规定对员工进行职业健康检查	5		
	2.工伤保险	为驾驶员办理工伤保险	5		
	3.危害告知	对从业人员进行职业健康宣传培训。使其了解其作业场所和工作岗位存在的危险因素和职业危害、防范措施和应急处理措施，降低或消除危害后果的事项	5		
	4.环境与条件	为从业人员提供符合职业健康要求的工作环境和条件，配备与职业健康保护相适应的设施、工具	5		
十三、安全文化（35分）	1.安全环境	①设立安全文化廊、安全角、黑板报、宣传栏等员工安全文化阵地，每月至少更换一次内容	5		
		②公开安全生产举报电话号码、通信地址或者电子邮件信箱。对接到的安全生产举报和投诉及时予以调查和处理	5		
	2.安全行为	①开展安全承诺活动	5★		
		②编制旅客运输安全知识手册，并发放到职工	5		
		③组织开展安全生产月活动、安全生产竞赛活动，有方案、有总结	5		
		④对在安全工作中作出显著成绩的集体、个人给予表彰、奖励，并与其经济利益挂钩	5		
		⑤对安全生产进行检查、评比、考评，总结和交流经验，推广安全生产先进管理方法	5		
十四、应急救援（85分）	1.预案制定	①制订相应的突发事件应急预案，有相应的应急保障措施	10★★★		
		②结合实际将应急预案分为综合应急预案、专项应急预案和现场处置方案	5★★		
		③应急预案与当地政府预案保持衔接，报当地有关部门备案，通报有关协作单位	5		
		④定期评审应急预案，并根据评审结果或实际情况的变化进行修订和完善	10		
	2.预案实施	①开展应急预案的宣传教育，普及生产安全事故预防、避险、自救和互救知识	5		
		②开展应急预案培训活动，使有关人员了解应急预案内容，熟悉应急职责、应急程序和应急处置方案	5★★★		
		③发生事故后，及时启动应急预案，组织有关力量进行救援，并按照规定将事故信息及应急预案启动情况报告有关部门	10		

续上表

考评内容	考评要点		分值	考评评价	得分
十四、应急救援(85分)	3.应急队伍	①建立与本单位安全生产特点相适应的专兼职应急救援队伍,或指定专兼职应急救援人员	5		
		②组织应急救援人员日常训练	5		
	4.应急装备	①按照应急预案的要求配备相应的应急物资及装备	5		
		②建立应急装备使用状况档案,定期进行检测和维护,使其处于良好状态	5		
	5.应急演练	①按照有关规定制订应急预案演练计划,并按计划组织开展应急预案演练	10★★★		
		②应急预案演练结束后,对应急预案演练效果进行评审,撰写应急预案演练评审报告,分析存在的问题,并对应急预案提出修订意见	5★		
十五、事故报告调查处理(50分)	1.事故报告	①发生事故及时进行事故现场处置,按相关规定及时、准确、如实向有关部门报告,没有瞒报、谎报、迟报情况	10★★★		
		②跟踪事故发展情况,及时续报事故信息,建立事故档案和事故管理台账	5		
	2.事故处理	①接到事故报告后,迅速采取有效措施,组织抢救,防止事故扩大,减少人员伤亡和财产损失	10		
		②发生事故后,按规定成立事故调查组,积极配合各级人民政府组织的事故调查,随时接受事故调查组的询问,如实提供有关情况	5		
		③按时提交事故调查报告,分析事故原因,落实整改措施	5		
		④发生事故后,及时召开安全生产分析通报会,对事故当事人的聘用、培训、考评、上岗以及安全管理等情况进行责任倒查	5		
		⑤按"四不放过"原则严肃查处事故,严肃查处安全生产事故,严格追究责任领导和相关责任人。处理结果报有关部门备案	10★		
十六、绩效考评与持续改进(35分)	1.绩效评定	每年至少一次对本单位安全生产标准化的实施情况进行评定,对安全生产工作目标、指标的完成情况进行综合考评	5		
	2.持续改进	提出进一步完善安全标准化的计划和措施,对安全生产目标、指标、管理制度、操作规程等进行修改完善	10		
	3.安全管理体系建设	根据企业生产经营实际,建立相应的安全管理体系,规范安全生产管理,形成长效机制	20★		

注:"★"为一级必备条件;"★★"为二级必备条件;"★★★"为三级必备条件。必备条件为考评指标中申请相应达标级别的企业必须完全满足的指标项。

交通运输部主管全国交通运输企业安全生产标准化工作并负责一级达标企业的考评工

作。省级交通运输主管部门负责本管辖范围内交通运输企业安全生产标准化工作和二、三级达标企业的考评工作。

3.考评组织

坚持客观、公正、公开、透明的原则,由各级交通主管部门建立或认定考评机构,聘任考评人员。

考评机构应具备以下条件:

(1)交通运输事业单位或经批准注册的交通运输系统社团组织;

(2)具备固定办公地点和必要的设备;

(3)具有一定数量从事相关领域考评工作需要的管理人员及考评员;

(4)建有相应的管理制度。

考评员应具有交通运输相关学历和工作经历,并经专业培训、考试合格取得资格。

各级主管机关负责考评员适任条件的审核、考试发证、注册登记等管理工作,并建立档案。考评机构应建立考评员日常管理档案,并按年度向主管机关备案。

企业通过考评的,由考评机构报主管机关审核同意后,向该企业签发安全生产标准化达标证书。未通过考评的或经主管机关审核不合格的,企业应采取纠正措施并可在3个月后重新申请考评。

参 考 文 献

[1] 交通运输部.2012年公路水路交通运输行业发展统计公报[R].2013.
[2] 交通运输部综合规划司,长安大学运输科学研究院.2012中国高速公路运输量统计调查分析报告[R].2012.
[3] 交通运输部.2011年全国交通运输统计资料汇编[M].2012.
[4] 陈洪根,柴华奇.安全管理的理论与模型分析[J].人类工效学,2005,2:49-51.
[5] Firenze B. Labor Safety System Research [J]. Safety Science Journal,2001.
[6] Heinrich HW. Industrial Accident Prevention [M]. 5th ed. New York:McGraw–Hill,1980.
[7] 国务院法制办政法司.中华人民共和国道路交通安全法[M].北京:人民交通出版社,2003.
[8] 国务院法制办政法司.中华人民共和国道路交通安全法释义[M].北京:人民交通出版社,2003.
[9] 王振民.中华人民共和国道路交通安全法释义及实用读本[M].北京:中国言实出版社,2003.
[10] 国务院.中华人民共和国道路运输条例.2004.
[11] 张穹,冯正霖,等.中华人民共和国道路运输条例释义[M].北京:人民交通出版社,2004.
[12] 中华人民共和国交通部.道路运输安全监督管理指南.2006.
[13] 中华人民共和国交通部.汽车客运站安全生产管理指南.2006.
[14] 全国人民代表大会.中华人民共和国合同法.1999.
[15] 全国人民代表大会常务委员会.中华人民共和国安全生产法.2002.
[16] 中华人民共和国交通运输部.道路货物运输及站场管理规定.2009.
[17] 中华人民共和国交通部.JT/T 631—2005 道路货物运输企业等级[S].2005.
[18] 刘敏文,等.危险货物运输管理教程[M].北京:人民交通出版社,2004.
[19] 中华人民共和国交通部.道路危险货物运输管理规定.2005.
[20] 中华人民共和国交通部.JT618—2004 汽车运输、装卸危险货物作业规则.2004
[21] 刘浩学,付锐.汽车运输企业运输生产安全管理机制及事故预防的研究报告[R].2001.
[22] 李百川,李时锋.广东省道路运输安全生产行业管理对策研究报告[R].2002.
[23] 湖南省公路运输管理局.汽车运输企业经营管理[M].北京:人民交通出版社,2001.
[24] 潘春森.高级汽车驾驶员培训教材[M].北京:人民交通出版社,2004.
[25] 邵毅明,等.高等级公路交通安全管理[M].北京:人民交通出版社,2001.
[26] 金会庆.道路交通事故防治工程[M].北京:人民交通出版社,2005.
[27] 公安部交通管理局.道路交通事故统计年报(2002—2004).
[28] 佘廉,姚志勋,茅荃.公路交通灾害预警管理[M].石家庄:河北科技出版社,2004.
[29] 张校贵,景存仁.交通事故现场人车急救[M].西安:西安交通大学出版社,1997.
[30] 李百川.汽车驾驶员适宜性检测及评价[M].北京:人民交通出版社,2003.
[31] 杨百韬.驾驶技术与交通安全[J].公安大学学报,1999,2:24-26.

[32] 左雷,刘维平.驾驶员素质与行车安全[J].北京汽车,2004,5:37~40.
[33] 杨培刚,梁勇.论驾驶员的素质与交通安全的关系[J].湖南工业职业技术学院学报,2003,6:27-28.
[34] 张宏,王力,李蔚.机动车驾驶员身体素质对交通事故的影响[J].职业与健康,2001,8:9-11.
[35] 罗云,樊运晓,马晓春.风险分析与安全评价[M].北京:化学工业出版社,2004.
[36] 李百川,李家本,等.道路运输企业安全评价指标体系建设项目研究报告[R].2006.
[37] 卓宇.道路运输企业安全评价研究[D].西安:长安大学,2004.
[38] 李松.道路运输企业安全管理评价指标体系建设项目研究[D].西安:长安大学,2006.
[39] 孙伟.汽车客运站安全评价指标体系研究[D].西安:长安大学,2006.
[40] 巩航军.模糊综合评价方法在道路运输企业安全评估中的实际应用[J].浙江交通职业技术学院学报,2006,1:16-18.
[41] 苏为华.多指标综合评价理论与文法研究[D].厦门:厦门大学,2000.
[42] 李政.道路交通安全评价研究[D].西安:长安大学,2001.
[43] 国家安全生产监督管理总局.安全评价通则[S]AQ8001—2007.2007.
[44] 夏国建,潘焕梁.道路运输安全管理[M].北京:人民交通出版社,2003.
[45] 李作敏.现代汽车运输企业管理[M].北京:人民交通出版社,2003.
[46] 马骏.交通运输安全管理[M].北京:人民交通出版社,1998.
[47] 中华人民共和国交通运输部.道路旅客运输及客运站管理规定.2005.
[48] 中华人民共和国交通运输部.公路交通突发事件应急预案.2009.
[49] 刘景凯.企业突发事件应急管理[M].北京:石油工业出版社,2010.
[50] 中华人民共和国交通运输部.道路货物运输及站场管理规定.2009.
[51] 阚洪生.大型公共交通设施项目风险管理研究[D].青岛:青岛理工大学,2010.
[52] 莫露全,刘毅.城市公共交通运营管理[M].北京:机械工业出版社,2004.
[53] 毛保华,王明生.城市客运管理[M].北京:人民交通出版社,2009.
[54] 裘瑜,吴霖生.城市公共交通运营管理实务[M].上海:上海交通大学出版社,2004.
[55] 国家安全生产应急救援指挥中心.交通运输安全生产应急管理[M].北京:煤炭工业出版社,2010.